张培刚传

武汉地方志办公室 著

中国·武汉

图书在版编目(CIP)数据

张培刚传/武汉地方志办公室 著. —武汉：华中科技大学出版社,2013.10
ISBN 978-7-5609-9454-3

Ⅰ.①张… Ⅱ.①武… Ⅲ.①张培刚(1913～2011)-传记 Ⅳ.①K825.31

中国版本图书馆 CIP 数据核字(2013)第 244850 号

张培刚传　　　　　　　　　　　　　　　　武汉地方志办公室　著

策划编辑：周小方　陈培斌
责任编辑：曹　红
封面设计：饶　益
责任校对：封力煊
责任监印：周治超
出版发行：华中科技大学出版社(中国·武汉)
　　　　　武昌喻家山　　邮编：430074　电话：(027)81321915
录　　排：华中科技大学惠友文印中心
印　　刷：湖北新华印务有限公司
开　　本：730mm×1060mm　1/16
印　　张：27.5　插页：12
字　　数：386 千字
版　　次：2013 年 11 月第 1 版第 1 次印刷
定　　价：138.00 元

本书若有印装质量问题,请向出版社营销中心调换
全国免费服务热线：400-6679-118　竭诚为您服务
版权所有　侵权必究

《张培刚传》撰写委员会

顾　　　问：谭　慧
主　　　任：李培根　唐良智
常务副主任：贾耀斌
副　主　任：徐长生　张建华　刘志辉　舒　炼
委　　　员：（按姓氏笔画排序）
　　　　　　方齐云　邓华和　邓先海　王勇祥
　　　　　　叶爱霞　阮海洪　刘雅然　张卫东
　　　　　　汪小勤　吴明堂　宋德勇　姚卫东
　　　　　　姜新祺　程　鹏　熊新华

《张培刚传》撰写组

组　　长：舒　炼
副 组 长：姚卫东　王勇祥　程　鹏
成　　员：叶爱霞　邓先海　吴明堂　董利萍　黄红萍

《张培刚传》撰写人名单

整体构思、大纲设计、书稿审修
　　………………… 谭　慧　徐长生　张建华　舒　炼
全书统稿 ……………………………………… 舒　炼　程　鹏
第一章至第五章 ……………………………………… 叶爱霞
第六章、张培刚年谱 ………………………………… 程　鹏
第七章至第九章、第十一章至第十四章 …………… 邓先海
第八章、第十五章 …………………………………… 吴明堂
张培刚赋(代后记)及第五章、第十四章、
第十五章　书稿 ……………………………………… 舒　炼

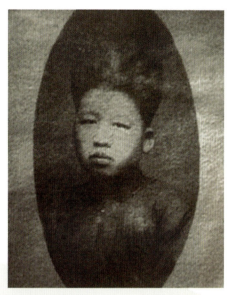

少年时的张培刚

1931年填写的报考国立武汉大学的报名表

1934年6月获法学学士学位照

1934年留影

1938年在汉口

1947年摄于武汉大学

1936年在国立中央研究院社会科学研究所
工作期间留影

1937年与好友千家驹夫妇及母亲合影

1941年9月，第五届清华公款留美学生在香港合影。左起第一排：屠守锷、蒋明谦、叶玄、吕保维；第二排：陈新民、黄家驷、励润生、陈梁生、黄培云；第三排：胡宁、梁治明、孟庆基、张培刚、朱宝复

1942年冬摄于美国康桥赵元任教授家。右起第一排：赵元任、赵夫人、胡适、周夫人；第二排：周一良、赵新娜、严夫人；第三排：杨联升、张培刚、吴保安（吴于廑）、严仁赓

1941年初冬摄于美国哈佛大学哈佛纪念像前

1941年冬摄于美国哈佛大学。左起第一排：关淑庄、方显廷、吴保安；第二排：张培刚、胡光泰、李惠林；第三排：王念祖、吴君、谢强

1948年6月，摄于在印度召开的联合国亚洲及远东经济委员会第二届大会会议期间。右一为李卓群，后中为张培刚

1948年11月，赴澳大利亚参加联合国亚洲及远东经济委员会第三届大会，摄于印尼机场。左二为冀朝鼎，右二为张培刚

1948年，张培刚（左一）在印尼碧瑶参加国际稻米会议时与当地人士留影

1947年,张培刚与他的研究生合影于珞珈山武汉大学。左起:鲁庭椿、丁良诚、万典武、张培刚、朱馨远、曾启贤、黄镒

1948年在珞珈山东湖畔

1949年6月15日,武大经济系教授杨端六、戴铭巽、张培刚(第二排左三)、周新民、谭崇台、李崇淮等与经济系50级大学本科毕业生的合影

1957年,张培刚(前排中)从华中工学院卸任基建办主任,调到政治经济学教研室

1958年8月,张培刚(前排左二)和政治课教研室教师下放红安县建苏公社参加劳动,与贫下中农徐大妈(前排中)合影

1979年5月1日,中华外国经济学说筹委会成员在杭州合影。左起第一排:陈彪如、张培刚、陈岱孙、吴斐丹、刘涤源、朱绍文;第二排:陆惠敏、王治柱、李竞能、宋则行、蒋自强、厉以宁、任维忠、钦北愚;第三排:宋承先、黄志贤、李宗正、钱荣堃、吴易风、黄范章

1980年6月,张培刚(前排中)在日本东京参加物资经济学术讨论会

1984年冬,与哈佛大学校友吴于廑(左一)、周一良(中)合影

1984年张培刚在家中进行学术研究

1987年6月,中美经济合作学术会议在华中工学院召开。图为省市领导和学院负责人与参加会议代表的合影。前排右六为张培刚

1988年夏,张培刚参加在中国人民大学举行的《发展经济学》教材审稿会。图为张培刚(前排右四)与参与审稿会的代表的合影

1989年6月24日与辜胜阻在法国巴黎南郊合影

1989年张培刚应荆门市政府的邀请,在荆门市政府礼堂作学术报告

1990年，在华中工学院讲课

1992年12月在三亚市与陈小鲁（左一）、杨建文（右一）合影

1992年，华中理工大学经济发展中心开展双周学术研讨会，张培刚与师生们就发展经济学的问题进行深入探讨

1990年，张培刚（右）在北京看望著名经济学家陈岱孙（左）

2000年，张培刚参加在香港举行的亚洲农业研究发展基金会议

2000年，张培刚与在香港举行的亚洲农业研究发展基金会议的参会者在一起

2000年6月14日与诺贝尔经济学奖获得者赫尔维茨（Leonid Hurwicz）亲切交谈

张培刚（右一）与他的学生董辅礽（左二）、万典武（左三）参加学术研讨会

2002年10月23日与武大校友、台湾前"经济部"部长赵耀东亲切交谈

2002年10月20日在发展经济学与中国工业化研讨会上与台湾学者施建生（左二）、于宗先（右一）等人的合影

2002年与香港大学著名经济学教授张五常（立者）合影

2004年与德国杜伊斯堡大学教授卡瑟尔（Dieter Cassel）（左二）、马库斯·陶伯（Markus Tauber）（左一）及其秘书合影

2004年，张培刚与夫人谭慧（前排坐者）在京与他的弟子们合影

2005年11月，张培刚（左）在深圳参加张五常教授70岁生日祝寿会上与周其仁相遇合影

2007年与邹至庄（左）、林少宫（右）合影

2007年张培刚与韩德培（右二）、陶德麟（左一）合影

2006年4月，与获得首届张培刚发展经济学优秀成果奖的获奖者何炼成（左二）、林毅夫（右）、史晋川（左一）合影

2010年12月11日，在第三届张培刚发展经济学优秀成果奖颁奖典礼暨2010中国经济发展论坛会上，97岁的张培刚亲自为哈佛大学教授帕金斯（右二）、李实（右一）、卢锋（左二）、张军（左一，由范子英代领）颁发证书和奖金

1988年6月,时任湖北省委书记的关广富(左二)、副书记钱运录(左一)在省社科院调研时,与院长夏振坤(右二)、顾问张培刚亲切交谈

2004年9月10日,中共中央政治局委员、湖北省委书记俞正声(右)在华中科技大学党委书记朱玉泉(左)、校长樊明武(中)的陪同下看望张培刚教授,并亲切握手交谈

2005年1月,时任国务委员陈至立(中)在教育部部长、原华中科技大学校长周济(左一)、中科院院士杨叔子(左二)的陪同下视察华中科技大学时看望张培刚并亲切交谈

2008年9月9日,湖北省省长李鸿忠(右二)在华中科技大学党委书记路钢(左二)、校长李培根(左一)的陪同下看望张培刚

张培刚、谭慧结婚照（1954年4月10日）

张培刚夫妇摄于1957年

1985年张培刚、谭慧合影

2004年张培刚、谭慧金婚合影

2011年春季，张培刚夫妇最后一张合影

1975年4月27日,张培刚夫妇(右二、右三)与大哥张卓群遗孀(中)及张家晚辈合影

2002年12月19日,张培刚夫妇与谭家兄妹及部分晚辈合影。右四为谭崇台

被张培刚视为己出的姨侄叶虎,从呱呱落地起就一直在张培刚夫妇身边长大,直到出国攻读学位。在"文革"政治风暴中,每当张培刚被批斗或劳动疲惫归来时,尚不谙世事的虎儿,天真而亲切地迎上前去叫声"伯伯",使张培刚感到莫大的慰藉,舐犊之情浓浓

2004年6月在森林公园与外孙刘祥怡喂鸽子

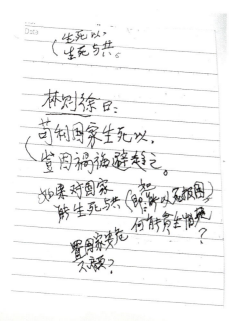

手迹

哈佛课堂笔记

2000年6月，张培刚为弟子舒炼撰著的《"牛肚子"论——中部经济发展战略研究》一书作的楹联

2011年11月27日，发展经济学奠基人张培刚教授追悼会在武昌殡仪馆举行

张培刚的学生唐良智在追悼会上首先发言，深情回顾了师从张培刚先生所感受到的教诲

序

唐良智

武汉地方志办公室长期致力于武汉历史文化名人研究，最近撰写了经济学一代宗师张培刚先生的传记，请我作序，我作为武汉市人民政府市长责无旁贷、义不容辞。作为张培刚先生的学生，既感到十分荣幸，又非常惶恐，遂勉力而为，谈谈对先生学术贡献及人格魅力的粗浅认识。

盛世修志，是绵延我国两千余年的文化传统。一部好的志书，既是记录地方历史沿革和发展历程的信史，也是探索历史规律、提供决策参考的依据，可以充分发挥"资治、教化、存史"的重要功能。

马克思曾经说过，社会"发展的加速和延缓在很大程度上是取决于这些'偶然性'的，其中也包括一开始就站在运动最前面的那些人物的性格这样一种'偶然情况'"[①]，强调了杰出人物对于历史发展所起的重大作用。武汉地区山清水秀，人杰地灵。悠悠3500年历史，名人辈出，涌现出程颐、程颢、谭鑫培、朱光亚、张培刚等一大批历史文化名人。他们或出生、成长在武汉，或生活、工作在武汉，在这里留下了浓墨重彩的华章。他们热爱祖国、报效桑梓，勇于创新、甘于奉献，为民族复兴、祖国强盛

---

① 《马克思恩格斯文集》第十卷，人民出版社2009年版，第354页。

贡献了毕生心血，影响、激励了一代又一代人。

张培刚先生1913年7月出生于湖北省黄安县(今红安县)。1925年春考入武昌私立武汉中学，1928年毕业；1929年考入武汉大学文预科班，1934年武汉大学经济系本科毕业。1941年远涉重洋，赴美国哈佛大学攻读经济学。1945年获博士学位，论文《农业与工业化》获哈佛大学"大卫·威尔士奖"。1946年，任武汉大学经济系主任和教授。1948年，任联合国亚洲及远东经济委员会顾问和研究员。1950年，任武汉市人民政府委员、市财政经济委员会委员。1953年，任华中工学院(今华中科技大学)筹委会委员、基建办主任。"文革"结束后，任华中工学院社会科学部主任、教授，华中科技大学经济管理学院和经济学院名誉院长，经济发展研究中心主任。

张培刚先生是我国具有国际影响的著名经济学家，发展经济学的创始人之一。20世纪40年代出版的《农业与工业化》，不仅是发展经济学的奠基之作，也是我国工业化理论形成时期的代表作。20世纪90年代，主编出版《新发展经济学》，进一步深化农业大国工业化和现代化理论路径与政策内涵的探索，至今闪烁着智慧之光。张培刚先生也是我国著名的教育家，从教六十余载，桃李满天下，为祖国的现代化建设培养了一批又一批人才。

"志属信史"。《张培刚传》以时间为主线，分为"故乡红安"、"求学武汉"、"哈佛奇迹"、"赤子报国"和"再创辉煌"等十五个部分，在梳理大量史料的基础上，较完整地把握了传主的生平事迹、事业追求、心路历程和学术成就，真实、生动地再现了张先生卓越而平凡、辉煌而淡泊的传奇人生，给人们以多重启迪。

"文以载道"。地方志是具有独特文化价值的国情书、市情书。我希望，从事地方志研究编撰的同志，既重视历史，也关注现实，不断创新编纂体例和方法，推出更多更好的武汉历史文化名人传记，进一步弘扬以爱国主义为核心的民族精神和以改革创新为核心的时代精神，为武汉现代化建设作出应有贡献。是为序。

二〇一三年八月

目 录

第一章　故乡红安 ·· 1

　一、出生八里湾 ·· 2

　二、家中幼子 ·· 4

　三、少年萌志 ·· 6

第二章　求学武汉 ·· 9

　一、入读私立武汉中学 ·· 9

　二、武汉大学文科预科生 ····································· 12

　三、读书座右铭 ··· 17

　四、珞珈山骄子 ··· 22

　五、师生情深 ·· 26

　六、投身抗日救亡运动 ·· 31

第三章　农村调查 ·· 34

　一、清苑农家经济调研 ·· 34

　二、浙江粮食运销问题调查 ·································· 37

　三、广西粮食问题研究 ·· 40

　四、《农业与工业化》研究雏形 ······························ 41

　五、报考清华庚款留美生 ····································· 46

第四章　留学哈佛 ·· 51

　一、远渡重洋 ·· 51

　二、初入名校 ·· 53

　三、艰辛打工 ·· 55

四、拜访赵元任学监 …………………………………………… 57
　　五、结缘胡适博士 ……………………………………………… 61
　　六、聆听宋美龄演讲 …………………………………………… 64
　　七、相知同窗好友 ……………………………………………… 66

第五章　哈佛奇迹 ………………………………………………… 70
　　一、师从名师张伯伦、熊彼特、布莱克、厄谢尔 …………… 70
　　二、走一条前人未走过的路 …………………………………… 79
　　三、"世界上最疼我的人走了" ………………………………… 82
　　四、《农业与工业化》荣获大卫·威尔士奖 …………………… 84
　　五、《农业与工业化》的独特见解 ……………………………… 86
　　六、《农业与工业化》为发展经济学奠基 ……………………… 95

第六章　海外归来 ………………………………………………… 100
　　一、重返珞珈山 ………………………………………………… 100
　　二、出任武汉大学经济系主任 ………………………………… 102
　　三、走上教学讲坛 ……………………………………………… 108
　　四、保护进步学生 ……………………………………………… 112

第七章　赤子报国 ………………………………………………… 120
　　一、ECAFE 官员 ……………………………………………… 121
　　二、接受马列主义 ……………………………………………… 126
　　三、与中共党组织联系 ………………………………………… 131
　　四、参加"新教协" ……………………………………………… 134
　　五、"应变"及护校 ……………………………………………… 136
　　六、说服学者李崇淮留下 ……………………………………… 140

第八章　参政足印 ………………………………………………… 144
　　一、举办新民主主义经济讲座 ………………………………… 144
　　二、参与武大接管工作 ………………………………………… 148
　　三、维护新政权经济秩序 ……………………………………… 152
　　四、任首届武汉市人民政府委员 ……………………………… 155

五、学者型的民青联副主任委员 ……………………… 158
　　六、参加中共中央马列学院学习 ……………………… 161

第九章　筹建华工 ……………………………………… 163
　　一、选择喻家山为校址 ………………………………… 163
　　二、主持华工校园设计 ………………………………… 168
　　三、七千人的"总管家" ……………………………… 172
　　四、平房中的婚礼 ……………………………………… 184
　　五、Peikang Chang 在"工地" ………………………… 188

第十章　蹉跎岁月 ……………………………………… 193
　　一、红安建苏公社劳动 ………………………………… 194
　　二、参加恩施"四清"运动 …………………………… 198
　　三、放牛向阳湖 ………………………………………… 201
　　四、短暂的英语教学生涯 ……………………………… 205

第十一章　老牛奋蹄 …………………………………… 207
　　一、参与编审《政治经济学辞典》 …………………… 208
　　二、重返学术讲台 ……………………………………… 213
　　三、同厉以宁两度合作 ………………………………… 218
　　四、参与国外学术交流 ………………………………… 224
　　五、开展外国经济学说交流研究 ……………………… 228
　　六、中译版《农业与工业化》问世 …………………… 232
　　七、老牛奋蹄的精神 …………………………………… 240

第十二章　垒筑高地 …………………………………… 244
　　一、创办经济研究所 …………………………………… 245
　　二、创办经济发展研究中心 …………………………… 249
　　三、推动经济学院跨越式发展 ………………………… 252

第十三章　再创辉煌 …………………………………… 260
　　一、"发展经济学向何处去？" ……………………… 261

二、创建新发展经济学 ………………………………………… 267
　三、编著《发展经济学通论》 …………………………………… 277
　四、完善新发展经济学理论体系 ………………………………… 283
　五、提出"牛肚子"理论 ………………………………………… 288

第十四章　学者风范 ……………………………………… 295
　一、为振兴大武汉出谋划策 ……………………………………… 295
　二、桃李满天下 …………………………………………………… 312
　三、"大家"、"大师"和"荆楚社科名家" ……………………… 324
　四、经济学界的"张培刚奖" …………………………………… 328
　五、生活中的大师 ………………………………………………… 334

第十五章　大师远去 ……………………………………… 353
　一、各界痛别 ……………………………………………………… 353
　二、垂范千古 ……………………………………………………… 359
　三、心曲缅怀 ……………………………………………………… 364

张培刚年谱 …………………………………………………… 368

张培刚赋(代后记) ………………………………………… 426

第一章 故乡红安

湖北红安，原名黄安，于明朝嘉靖年间建县。

据《黄安县志》记载，因春秋时地属古黄国，为求"地方宁谧，生民安妥"，故名"黄安县"。1952年9月，为了纪念鄂豫皖革命根据地和中国工农红军第四方面军创建于此，湖北省人民政府报请中南军政委员会转呈中央人民政府政务院批准，改黄安为红安。

红安位于大别山南麓，山川秀丽，人杰地灵。唐代诗人杜牧，宋代大文豪苏轼，明朝理学家耿定向和思想家、文学家李贽及《西游记》作者吴承恩等文人墨客均在此寄情山水、吟诗作赋、著书立说，留下了许多不朽的诗篇。

在这片古老而神奇的土地上，孕育了宋明理学的奠基者、北宋大儒程颢、程颐兄弟；诞生了董必武、李先念两位国家主席。它还是"黄麻起义"的策源地，中国工农红军第四方面军的诞生地，鄂豫皖苏区的政治、经济、军事、文化中心，走出了韩先楚、秦基伟、陈锡联等223名将军，故成为中国乃至世界闻名的"中国第一将军县"。

和这些理学大儒、开国元勋、共和国将军一样，作为发展经济学创始人的张培刚也彪炳史册。1945年，32岁的张培刚在哈佛大学图书馆不足6平方米的空间，用10个月的时间写出博士论文《农业与工业化》。这篇论文，最早提出了系统的农业国工业化理论，惊动了当时的经济学界，后来被公认为发展经济学的奠基作。我国当代经济学的泰斗陈岱孙先生评价这篇论文说，"它是为第二次世界大战后成为一新兴经济学科的'发展经济学'开先河的著作"。张培刚凭借这篇论文获得了哈佛大学1946—1947年度大卫·威尔士奖。至今,张培刚是最早获得此奖项的东方人,也是获此奖项的唯一一位中国人。多位荣获诺贝尔经济学奖的学者如萨缪尔森(Paul Samuelson)、索罗(Robert Solow)、斯宾塞(Michael Spence)等人也曾先后获得过大卫·威尔士奖。后来威廉·阿瑟·刘易斯(William Arthur Lewis)以发展经济学的理论获得1979年度诺贝尔经济学奖,而张培刚早在刘易斯获奖前10多年就提出了发展经济学的理论观点。因此,经济学家厉以宁说:"他是发展经济学的创始人之一,这个在国内外经济学界是没有争议的。因为他是最早建立自己的、适合于发展中国家的经济发展的一条模式。"

他的学生遍布海内外,很多成为中国经济学界的中流砥柱。他两次回国,共赴国难,却在人生最黄金的30年里,只能盖房子、养牛、种地。1998年,85岁高龄的张培刚收到迟来20年的礼物——他带头申请的博士点批了下来。他中更蹉跌,但一直没有改变那颗赤子之心和经世济民的情怀。因此,有人形容他是一颗被岁月蒙尘的闪亮星星。我国经济学领域有着"南有张培刚,北有马寅初"之说,这也是对张培刚的崇高赞誉。

在长达70年多年的学术耕耘中,张培刚对发展经济学的开创和新发展作出了卓越贡献,对现代经济学在中国的引介和传播发挥了极其重要的先导作用。

回望张培刚的一生,我们的目光自然要从那个充满传奇色彩的红安古镇八里湾开始。

一、出生八里湾

八里湾镇位于红安县南端,东临宽广清澈的倒水河,背依小金山、卓旺山。1913年7月10日(农历六月初七),张培刚就出生在八里湾成家田的一户普通农家。在张培刚的记忆里,最让人流连忘返的总是那片燕语呢喃的青山秀水，最美的是站在山坡上远眺。奔腾不息的倒水河，千回百转，无论时光怎样流转，它总是默默流向远方。越过波光粼粼的河水，便是永远充满神秘的起伏不定的绵亘远山。家乡大河和遥不可及的黛色神秘，给了张培刚童年无尽的幻想。

八里湾地方虽不大，可翻开县志，你不能不感叹这里的文化底蕴深厚与人杰地灵。在革命战争年代，八里湾不仅诞生了上将周纯全、中将刘飞两位人民军队高级将领，还走出了一代国际国内享有盛名的"文将军"——著名文学家、翻译家叶君健。其长篇小说《山村》、翻译作品《安徒生童话选》，已是家喻户晓，脍炙人口。

在少年张培刚的记忆里，家乡的吴氏祠是那样的精彩绝伦。如诗如画的吴氏祠是一幢民俗古建筑，声名远播，被誉为"鄂东第一祠"。吴氏祠集建筑、木刻、陶塑、石雕等艺术于一体，始建于清乾隆年间，它建筑考究，布局严谨，三幢房屋之间有庭院相隔，廊庑相连。屋顶上建有龙头鱼尾式巨檐，其墙壁、门窗、栏杆等均以神话人物、珍禽猛兽、山川风景雕绘而成。祠堂门口上高高的牌楼异常醒目，翘起了龙头鱼尾式的三层飞檐，牌楼面上悬挂着一系列的铜铃，风过时"叮叮当当"地发出悦耳的响声，丈余高的特制大青砖筑成的围墙将祠堂包裹成一个整体，显得十分坚固雄壮。

吴氏祠的建造，虽流传有不同版本的神奇传说，但吴氏祠之妙处，在于其内部构造的精妙和精雕细琢。祠内门、柱、廊无一不雕龙画凤，题材广泛，造型生动，形象逼真，天工巧夺。据说其建筑班底是当时最负盛名的肖家石匠班子，这套班子专在"江、吴、程、谢"四大富户中做房子，绘制祠堂的图纸亦是精心修改定稿的。木工班子更是名声显赫，为闻名两湖（湖北、湖南）的"黄孝帮"掌墨牵头，极尽雕画镌刻之能事，是吴氏花重金特地聘来的，他们在红安只做了吴氏祠这一家祠堂，随后转向他地去了。

吴氏祠前庭大院，有一棵两株合抱的桂花树，据说为清同治年间栽种，几度枯荣，现仍然枝繁叶茂，被视为族中圣物。当地有位才子说，这两株合抱的大桂花树，一株是张培刚，一株是叶君健，他们都长在八里湾这棵"大树上"。金秋丹桂飘香时，数里之外都能闻到桂花馨香。岁月沧桑，物换星移，多少豪门巨宅、华宇巍楼灰飞烟灭，而吴氏祠跨越上百年却保存完好至今，这本身不得不令人叹为观止。出生在这么好的一个地方，这也是张培刚的福分。

虽然张培刚年幼就离开家乡，但家乡美丽的山水、农民苦难的生活与深厚的文化积淀，却从小就深深渗透进了他的血液，滋润了他的心智，使他的目光一辈子从没有离开过对农村发展与农民幸福的关注。

二、家中幼子

张培刚的祖父张树林和叔祖父张树枰都是佃农出身，当地乡下人俗称为"种课田的"。祖父、叔祖父靠着一身力气勤扒苦做，家境一点点殷实起来。父亲张焕元（字锡臣）先在家务农，后在八里湾替他人经营杂货店。1939年，日本人的铁蹄占领了八里湾，小杂货店被迫关闭。在动荡的局势下，父亲张焕元只好回家带着一家人四处逃反避乱，后来便在八里湾成家田靠种田为生。

在张培刚的记忆里，父亲老实本分，吃苦耐劳，性格爽朗，心胸开阔，虽然经营的小杂货店只是卖一些针头线脑的日常用品，但父亲却能凭借和善的性格与勤俭持家的品性，把生意经营得有声有色。到张培刚出生时，家里已经有了上十亩自耕田，都是母亲和姐姐自己耕作。平日里，父亲常常早出晚归，有时外出进货，几天不回家，这也是常事。因此，家里的一切事务基本上是母亲一人操持。母亲黄氏是童养媳，一字不识，性情温和，心灵手巧，勤劳肯干，不仅要操心家里一家老小的生活起居，还要常常带着年长的姐姐们种地、纺织。在少年张培刚的记忆里，母亲是个闲不住的人，无论白天怎么辛苦，但每到晚上，母亲把一群孩子料理休息后，不是纺线织布，就是缝补纳鞋，常常一觉醒来，依然看到母亲仍在如豆的小油灯下，静静干活。

1913年7月10日，张培刚（乳名思孟，学名培刚）出生的时候，清同治壬申年出生的父亲张焕元已41岁，有一儿五女，中年得子，全家上下自然高兴。尽管张培刚的父母十分疼爱家中幼子，但张培刚很小就担负起照顾小妹妹的责任。哥哥张卓群（乳名思孔，进入私塾后改用学名培典，后走出山村，更名为卓群），1895年12月26日出生，年长张培刚18岁，是对张培刚和家中姐妹影响最大的人。张卓群毕业于湖北第一师范学校，和那个时代无数的年轻人一样，他是个有政治抱负和人生理想的激进青年。此外，张培刚还有五个姐姐一个妹妹，其中五姐张培聪因受兄长张卓群进步思想的影响，积极投身革命，后在"黄麻起义"中英勇牺牲。在张培刚的记忆中，当母亲得知姐姐牺牲的噩耗时，曾因悲伤过度当即晕死过去。好长一段时间，逢年过节的时候，母亲常为之哭泣。每当听到母亲痛彻心扉的哭声时，张培刚也禁不住暗自落泪。

小时候的张培刚酷爱学习。1919年春，张培刚入私塾读书，诵读《大学》、《中庸》、《论语》、《孟子》、《幼学琼林》及《千家诗》等，十分用功，真有过目不忘的能力，打下了很好的旧学基础。

读了两年私塾后，适逢哥哥张卓群创办启人小学，于是，他顺理成章进入启人小学读书。启人小学刚成立时，因学生少无法分年级上课。有时一堂课上，有的读《孟子》，有的读《论语》，声音洪亮，而张培刚则很少高声朗读，基本上是默读两遍就能背诵了。这时他静静地听老师给其他学生上课，听同学背书，听着听着，居然将同学们的功课也都记下了。

受父亲和母亲性格的影响，张培刚从小性格豁达开朗，做事严谨认真，无论遇到什么挫折或委屈，都能胸怀旷达，平静对待，不卑不亢。这也是他后来为什么能在人生沉浮与磨难的岁月里，依然能宠辱不惊，处之泰然，积极面对各种困境的原因。也正是有了这种博大的气度与胸怀，使他去美国哈佛后，便能迅速以全球视野与美国的经济文化融合一体。

三、少年萌志

张培刚的童年生活在农村。

成功的人士，总能亲切回忆起自己的引路人。引路人是精神和行为的向导。人生，尤其是成功人士的人生，是绝对离不开引路人的。对幼年时期张培刚影响最大的人无疑是哥哥张卓群。

张卓群很早就离开家去省城武昌上湖北第一师范学校，是个有理想有追求的先进青年。后来又接受新思想，参加大革命，是八里湾成家田最有崇高理想和知识的人，也是弟弟妹妹们心目中的偶像。

辛亥革命虽然推翻了两千多年的封建帝制，但是封建思想文化仍然严重地束缚着人们的思想，扼杀着民族的生机。因此，以陈独秀为代表的一批激进民主主义者，想从根本上改造中国，实现国家富强，他们高高擎起民主与科学的大旗，创办进步刊物《新青年》，吹响向封建思想、道德、文化宣战的号角。进步青年张卓群也积极参加这场新文化运动，探索改造社会的途径。

1919年，伟大的"五四"爱国运动爆发了。这场运动的起因是西方列强在法国凡尔赛联手操纵第一次世界大战后的世界格局，要把德国过去在中国占领的胶东半岛，转交给日本而不是归还中国。这一做法激怒了北京大学和燕京大学的学生，他们于1919年5月4日走上北京街头，强烈抗议西方列强不尊重中国的做法，同时强烈谴责中国政府没有维护国家利益的无能表现。"五四"示威活动犹如飓风呼啸，从北京席卷到江城武汉，顿时激荡武汉三镇。5月18日上午，武汉学联组织各校学生3000余人，集会武昌阅马场，声援北京学生爱国运动，下午举行了示威游行。张卓群参加了游行示威活动。

1921年，张卓群在时任武汉中学校董的董必武的授意下，和几个湖北第一师范学校的同学回家乡宣传新文化、新思想，宣传社会改造、教育改革，开展放足运动等，并在八里湾成家田创办了启人小学，编印《启人月刊》，宣传反封建意识，追求民主自由的新思想。

启人小学的办学宗旨是，面向劳苦大众，注重平民教育。一时间，远近的孩子，不管是富人家的，还是穷人家的，都到启人小学读书，小培刚和妹妹自然也成了其中的学生。与过去的私塾学堂不同的是，在启人小学里，除了教授儒家经典外，还开设有数学、历史、地理这些现代科目与写作课程，而这些课程的开设，给张培刚后来的学业打下了坚实的根基。哥哥张卓群无论如何也没想到，这个从小就对农民疾苦十分关切的小弟弟，日后居然能成为令世界仰止的大经济学家。

由于学校主要面向农家子弟，农忙时节及学习之余，师生们还要参加劳动，如插秧、锄草、割谷、砍柴、放牛等。张培刚虽然是家中幼子，四五岁时，他就开始随着母亲和姐姐们一起放牛、砍柴、栽秧、割谷，力气稍大点后，还能用叔祖父为他做的小型独轮车运送百来斤的农家肥料到田间地头。几年的劳动体验，不仅让小培刚熟悉了各种生产流程，也对农业产生了浓厚的兴趣，为他日后研究农业经济打下了一定的基础。同时，农民生活的困苦、农业劳动的艰辛，在他幼小的心灵里也刻下了深深烙印。

回忆童年岁月，还有一件事令张培刚难以忘怀。因村里大多数人家都是家境贫寒，吃饭时小伙伴们最喜欢玩耍的游戏是"比谁家更富有"，那就是在吃饭时把碗里的菜叶扔到水塘里，看谁的菜叶泛起的油花多。可比看的结果是，谁家的油花都不多。这个心酸的画面，不仅就此定格在了张培刚的记忆里，还成了他一辈子思索的问题，"立志要为改善农民生活、改进农业耕作而努力"，奋力寻求一条发展农村经济的出路。张培刚认为，这是他经济观形成的最早根苗。生于弱国乱世，张培刚立志于找出富国强兵之道，他说："我早期的经济观，也是与我的爱国心紧密结合在一起的。"

第二章 求学武汉

武汉,白云黄鹤的故乡。

涓涓流淌的历史长河,书写着武汉的文明和进步。5000年前的新石器时代,武汉先民在此开荒拓植、筑土而居、繁衍生息;3500年前的"商代南土"盘龙城,被誉为武汉城市文明之根;500多年前,汉口聚集各路商帮,转销中外货物,居全国"四大名镇"之首;19世纪中后期,张之洞督鄂,兴实业、办洋务、练新军、创新学、举新政,汉口"驾乎津门,直逼沪上",有"东方芝加哥"之称,成为紧追上海的中国近代第二大工商业中心。1911年10月10日,辛亥革命在这里爆发,建立湖北军政府,武汉是辛亥革命的"首义之区"。1913年在武昌成立国立武昌高等师范学校后,武昌被确定为全国六大高师学区之一,成为华中地区城乡学生向往的求学之地。

一、入读私立武汉中学

1925年,12岁的张培刚小学毕业,考入了武昌的私立武汉中学。提到私立武汉中学,就不能不说它的创办者——董必武。董必武是红安最早参加革命和宣传新思想的知识分子,人称"红安革命的祖师爷"。

董必武,幼名乐益,号璧伍。1886年出生于红安一个普通知识分子家庭,从小受儒家思想的熏陶,5岁进入私塾读书,17岁考中秀才。青年时代目睹清廷腐败、列强入侵,便产生强烈的富国强兵思想。1905年,满怀爱国热忱,报考湖北武普通中学堂，但未能如愿，后进入文普通中学堂。在省府武昌，他深受资产阶级民主思想的影响，增强了民族意识，接受了革命思想。闻讯辛亥武昌首义，他毅然割断辫子，连夜从红安赶赴武汉，投身革命，将自己的命运与国家民族的命运连在了一起。

随后，他崇拜孙中山，参加中国同盟会和中华革命党，投身于资产阶级民主革命，参加反袁护法斗争，策动武昌南湖起义，组织湖北议会斗争。1919年1月，鄂西靖国军总司令蔡济民在护法战争中为人暗算，董必武抱着一腔义愤于1919年2月到上海请求孙中山主持正义，为蔡济民申冤。然而，孙中山除了同情外，别无他法。正在他感到彷徨苦闷，试图寻求革命出路无门的时候，他结识了东渡扶桑留日归来的李汉俊。

与李汉俊的结识，不仅彻底改变了董必武的人生道路，还让他结识了一代革命进步先驱陈独秀、陈潭秋等。1919年，"五四"运动爆发，中国一大批有理想的知识分子深切地意识到开启民智、唤醒民众的重要性和迫切性，而传播新文化、新思想最重要、最有效的方式就是办报纸、办学校。1920年3月，董必武、张国恩等便在武昌涵三宫创办了"面向劳苦大众，注重平民教育"的私立武汉中学，以此为阵地传播马列主义和革命思想。他们首先聘请陈潭秋、陈荫林、钱介磐、刘子通等一批进步知识分子担任教学，不仅引导学生阅读《新青年》、《共产党》、《星期评论》、《觉悟》等刊物，还亲自指导学生会主办《武汉中学周刊》、自编《政治问答》，宣传马克思主义基本常识。此外，董必武、陈潭秋等还有意识地以武汉中学为据点，组织学生创办平民夜校，开设工人识字班，旨在接触工人，宣传马克思主义。经过董必武、陈潭秋等的共同努力，武汉中学实际成为马克思主义传播的重要基地和培养革命人才的摇篮。红安籍学生董觉生、王鉴、雷绍全、戴克敏、戴季伦、王秀松、汪奠川等数十人曾先后进入该校学习。

张培刚考入私立武汉中学时，正值上海"五卅"惨案发生之时。短短几日，"五卅"运动以惊人的速度从上海席卷全国，在武汉三镇也处处掀起了反帝的革命风暴。中华大学、湖北省第一师范学校、武汉中学等学校学生带头罢课，组织演讲、示威游行。随着6月汉口"六一一"惨案的发生，学生们反帝反封建的斗争热情进一步高涨。

一踏入武汉中学，扑面而来的反帝反封建的革命激情，令少年张培刚热血沸腾，而当他走上街头，亲眼目睹游行人群遭英兵枪杀的惨状和民不聊生的痛苦时，心里既增添了对帝国主义列强、军阀残暴的憎恨，同时也萌生出长大后要知识救国的理想。

在武汉中学学习的日子里，张培刚最喜欢的课程是董必武亲自教授的国文课。在张培刚的记忆中，董必武学识渊博、谈吐不凡。听过董必武讲课的学生，对其讲课风格均赞不绝口。他授课时，没有老学究们的古板，讲课结合实际，深入浅出，条理清晰，逻辑严谨，引人入胜。兴之所至时，会随手在学生们头上或肩上拍一巴掌，然后哈哈大笑，声震堂宇，故而颇受学生们的欢迎。在这里，张培刚如饥似渴地学习，常常深夜躲在厕所里看书，老师和同学都称他为"书迷"。同时，在董必武的影响下，他阅读了大量的进步书籍。

1926年7月，北伐战争在"打倒列强、除军阀"的雄壮口号中正式开始。北伐战争的目的是推翻帝国主义支持的北洋军阀的反动统治，实现中华民族的独立、自由、民主和统一。同年10月，北伐军攻占武汉，摧毁了直系军阀在湖北的反动统治。武汉三镇万众欢腾，张培刚和同学们一起走上街头，尽情欢呼，兴奋不已。

随着北伐战争从珠江流域向长江流域扩展，1927年元旦，国民政府从广州迁往武汉，同年春，中共中央机关也迁往武汉，武汉成为大革命的中心。一时间，工人运动、学生运动、农民运动及妇女解放运动，在武汉如火如荼，空前高涨。春季开学时，张培刚转入中共党员刘季良任校长的湖北省立第一中学（今武汉市第十四中学）初中部二年级学习，并加入童子团，初中三年级时任童子团总团长，参加游行活动，在武昌阅马场"红楼"维持秩序，接受反帝反封建的洗礼。哥哥张卓群也积极参加革命，曾担任国民党武昌市党部执行委员、武昌市政府土地局局长；五姐张培聪则加入中国共产党，积极投身到反帝反封建的革命洪流中。

在大革命走向高潮之时，蒋介石发动了"四一二"政变，又与军阀勾结，对武汉国民政府实行包围和封锁。他们断绝了长江和京汉、粤汉铁路到武汉的交通运输，各外国银行不再向武汉贷款，武汉奸商乘机破坏金融秩序，投机倒把，转移资金，煽动厂店主关门，造成物价疯狂上涨，货币贬值，大量工人失业，武汉市面萧条，粮棉油等生活必需品严重缺乏，汉口存米仅能维持10天左右。一时间，市民生活困难，人心浮动，险象环生，反革命气焰甚嚣尘上。面对危局，中国共产党为挽救革命危机而斗争，迅速召开"五大"，但最终难以成功挽救时局。随着以汪精卫为首的武汉国民党中央和国民政府走向反动，生机勃勃、轰轰烈烈的大革命至此归于失败。

亲眼目睹动乱中国最复杂的惨烈场景，再加上五姐张培聪参加"黄麻起义"英勇牺牲，张培刚心里蒙上了无法抹去的阴霾，残酷的现实让他对反帝反封建有了较深的认识。此时他别无选择，只有勤奋学习，以求学有所成，待机报国。此后，张培刚一心向学，学习成绩常为全班之冠，作文与数学尤其突出，数学期考常得满分，作文常被全班传阅。

二、武汉大学文科预科生

张培刚初中毕业后，于1929年报考国立武汉大学文预科。当时考试的情景日后多年回想起来，张培刚依旧印象深刻。那年刚过完春节，2月15日（农历正月初六）凌晨，公鸡才啼叫了几声，天还没亮，屋外的寒风呼呼作响，张培刚从被窝里爬起来，吃完母亲炒的一碗油盐饭，与同村几位前往武汉打零工的堂叔、堂兄一道上路了。步行70里后，黄昏时分他们才走到黄陂县城，眼见天快黑了，就入住旅店，打地铺睡了一夜。第二天清晨又步行20多里到平汉铁路横店站，再乘火车到达武汉。

半个月后，张培刚去学校参加考试。那时武汉大学的校址还在武昌东厂口，武昌蛇山山洞还未打开，从胭脂路到东厂口必须先爬山，翻过蛇山背脊再下山。考试结果是2月下旬揭榜的，武汉大学预科插班生录取名单上，赫然列着张培刚的名字。就这样，不满16岁的张培刚成为武汉大学招入的唯一一名文科预科生。

翻开武汉大学校史，可以清晰地看到武汉大学的建校记载。

1890年，张之洞调任湖广总督后，立即着手整顿湖北书院，筹办新式学堂。经过三年艰苦曲折的筹备，一所新式学堂终于成立，张之洞为其取名为自强学堂，设方言、算学、格致、商务四门，由曾任中国驻美使馆翻译、师从李善兰的蔡锡勇担当首任总办。由此揭开了近代湖北高等教育的序幕。自强学堂是中华民族在积贫积弱、国运衰败、备受列强欺凌的时代中，志士仁人上下求索、救亡图存、向西方学习的产物，是中华民族自强不息的精神体现。

1902年，自强学堂更名为方言学堂。辛亥革命后，北洋政府令贺孝贤以原方言学堂为基础，筹办全国六大高师之一的国立武昌高等师范学校。1923年9月，武昌高师正式更名为国立武昌师范大学。1924年9月，武昌师范大学又更名为国立武昌大学。1926年秋，北伐军攻下武昌后，国民政府对教育进行重大改革，将国立武昌大学、国立武昌商科大学、湖北省立医科大学、湖北省立法科大学、湖北省立文科大学、私立武昌中华大学合并组建成国立武昌中山大学，设有大学部和文、理、法、经、医、预6科17个系2个部。武汉大学从此开始由多科大学逐渐向综合大学转变。

1928年7月，国民政府决定以国立武昌中山大学为基础建立国立武汉大学。依据国外著名大学校园的理想模式，以及中国传统文化中"仁者乐山，智者乐水"的选址理念，经武汉大学新校舍建设筹备委员会全体委员实地考察后，确定了以当时武昌城外的东湖之滨、远离闹市的落驾山（又名罗家山）一带为新校址。时任武汉大学文学院院长兼中文系主任的著名诗人闻一多用谐音将山名改为珞珈山。1929年张培刚进入武汉大学读预科的时候，王世杰任校长。对于在自己家乡新建的这所国立大学，获英国伦敦大学经济学学士、后又获巴黎大学法学博士的王世杰，可谓殚精竭虑，寄予厚望。他提出把武汉大学办成拥有文、法、理、工、农、医六大学院的万人大学。在他担任校长期间，武汉大学不仅在新校舍建设方面有显著成效，而且在延揽优秀师资、提高教学水平、培育优良学风、添置图书仪器设备等方面，均是硕果累累。1933年，王世杰调任国民政府教育部部长后，王星拱正式接任校长一职。此时，国立武汉大学已跻身于与国立北京大学、国立清华大学、国立中央大学、国立浙江大学等高校并驾齐驱的"民国五大名校"之列。

多年后，张培刚说到母校，还有一个人始终令他敬仰不已，那就是中国地质科学的一代宗师，湖北人倍感骄傲的科学家、教育家李四光。出生于湖北黄冈的李四光，早年留学日本学习造船业，1913年10月至1918年7月在英国伯明翰大学，先学采矿，后学地质学，获自然科学硕士学位，后于1931年7月获伯明翰大学自然科学地质专业博士学位。伯明翰大学校园溪流潺潺，绿树成荫，带着浓郁中世纪风格的红墙银穹校园建筑错落有致，给李四光留下深刻印象。1918年，李四光满怀报国之心回到祖国，应北京大学校长蔡元培之邀，出任该校地质学教授。但他始终忘不了从英国学成归国途中立下的志愿："要在有山有水的地方，办一个现代化大学。"8年之后，他的心愿终于实现了，而且是在自己的家乡湖北。

1928年8月，武汉大学新校舍建筑设备筹备委员会成立，李四光被任命为委员长。为了寻找校址，李四光亲赴武昌城郊勘探地形，最后带着干粮，骑着毛驴找到东湖之滨的落驾山一带。这里依山临水，山势舒缓而曲径通幽，临山瞰湖而气象生动，与中国传统文化中的"仁者乐山，智者乐水"理念十分契合。选好校址，李四光又一一审定图纸设计、建筑布局乃至施工规划。东湖之滨，落驾山上，处处留下了他跋涉的足迹，洒下了他劳苦的汗水。也正因为有了李四光这一批武汉大学先辈的呕心沥血，筚路蓝缕，曾经"荒野遍山野，乱石满山冈"的落驾山，才能在日后奇迹般地成为"全国最壮丽的学府建筑"。

张培刚在武汉大学学习期间，虽然无缘成为李四光的学生，但在1934年毕业前夕，却聆听了李四光在武汉大学专门为师生讲解的"庐山冰川"和"东亚恐慌中煤铁供给问题"。在座无虚席的教室里，李四光身材修长，衣着朴洁，演讲时略带黄冈口音，时而又说几句流利的英语，科学家与教育家的儒雅风范跃然而出。在张培刚的记忆中，李四光的演讲，逻辑周密，循循善诱，以无可辩驳的事实及充分合理的解说，深刻阐发了他独创的见解。

人类永远需要引领自己前行的精神导师。在青年张培刚的眼里，在武汉大学学习的岁月里，令他视野开阔、睿智思考的精神导师，莫过于每周一次的"总理纪念周"演讲活动。"总理纪念周"，是孙中山逝世后，国人为缅怀孙总理，通常在周一上午举行的纪念活动，后来演变成大家名师报告和演讲的"学术周"。为了办好武汉大学，为了培育英才俊彦，名师名人在武汉大学的演讲可谓苦口婆心，金玉良言，大至办学目标、教育理念，小至接人待物、随地吐痰，凡做人之道，无不倾心畅言、至诚至善。名人名师的演讲风格，异彩纷呈，有的和风细雨，润物无声；有的激昂澎湃，铿锵掷地；有的诉诸哲理，发人深省；有的旁征博引，妙语连珠。凡亲身聆听演讲的人，大都终生难忘。

多年后，张培刚仍记得名人名师们在演讲中的精彩话语。国民政府陆海空军总司令部武汉行营主任张治中在演讲《文化与武化》时强调："大学是一国文化中心，是领导一个国家的细胞。"

校长王世杰在《大学的任务》的演讲中指出："大学的任务：在道德方面，要树立国民的表率；在知识方面，要探求高深的理论；在技能方面，要研究推进社会进步的事业。"在演讲《大学教育的目的》中认为："应该把高尚人格的训练和高深知识的灌输一样地看作本校教育努力的目标。"

武汉大学法律系主任周鲠生在演讲中认为：知识也是一种力量，大学负有养成实用专门人才的使命，武汉大学要担负起提高社会文化的使命。

在武汉大学代理校长刘树杞离任欢送会上，代理校长王星拱说："知识是立身的基础，在主观方面的修养，不能脱离知识，在客观方面的应用，尤须以知识为源泉。"

同盟会元老、武汉大学工学院院长石瑛在总理纪念周发表演讲，介绍孙中山的做人特点，即"刻苦"，"勤学"，"百折不挠的精神"，"大公无私的态度"。

自由的学术文化氛围、务实拓新的学术精神、自强弘毅的道德风貌和先进科学的办学思想，滋养着张培刚的心智，也熏陶感染了一代代武汉大学莘莘学子。

1929年，资本主义世界经济危机爆发，列强为了转嫁危机，摆脱困境，纷纷修改税则、提高关税，限制和禁止外国工农业产品进口，同时加强国内剩余产品的出口，人口众多、市场潜力巨大而又无关税保护的半殖民地半封建的中国首当其冲。在日军大举入侵、东北沦陷的同一时间，西方各国和日本又相继放弃金本位，实行本币贬值，中国颇受其害，雪上加霜，农产品出口进一步缩减，外国剩余产品像洪水一样冲向中国城乡市场。弹性本来就小的国内市场顿时崩溃，各类商品尤其是农产品的市场价格惨跌，农业亏损，农民破产，农村金融枯竭；城市企业产品积压，资金周转困难，停工减产，纷纷倒闭。城乡一片恐慌，全国陷入了深重的民族危机和经济危机之中。

农村的破败和农民的贫困，特别是听了校长王世杰的演讲后，正在武汉大学文预科学习的张培刚对自己的理想目标有了清醒的认识。多年后他仍然记得王世杰的激情洋溢的演讲："中国是个工业落后的国家，洋货充斥，权利外溢，这是大家共同痛惜的事。加上近年农村经济破产，老百姓更觉得穷困不堪了。目前当务之急的事情，自然是恢复农村经济，因为中国国民经济的基础，还是建筑在农村上面。倘若农村经济不能恢复，纵然工业方面能够制造，也没有人购买。而世界上发达富强的国家，都是工业发展的国家，因此，大学的要务之一，是造就各类具有专业技能的人才。"王世杰的演讲，令张培刚茅塞顿开，于是，在文预科学习一年半后，他毅然选择进入本科经济系，希望通过自己努力，能找到破解中国农村经济发展滞后的途径，实现"实业救国"的理想。

20世纪上半叶，国内军阀连年混战，外敌入侵，特别是日本军国主义亡我之心益炽，"五九"、"五卅"国耻接连不断。喜欢思考的张培刚常常自问：历史悠久的中华民族，近代以来，为何屡受欺凌，任人宰割？这种民不聊生、民族危亡的情景，时时促使他发奋读书，从无懈怠地探索富国强兵、振兴中华的途径。可以说，这是他日后形成的人生观和学术观点的最早根源。

三、读书座右铭

1930年夏，张培刚顺利进入武汉大学法学院经济系本科，

1934年6月毕业。

1930年9月初,张培刚进入武汉大学法学院经济系本科一年级秋季学期就读。基础课主要有数学、英文、国文和名学(即逻辑学,亦称伦理学)等。当时的武汉大学规定:"凡属本科一年级的基础课,不论是为本系学生开的,或是为外系学生开的,都必须派最强或较高水平的老师去讲授。"所以,张培刚经济系本科一年级的基础课受教于刘赜(国文)、程纶(数学)、胡稼胎(基础英文)、屠孝寔(名学);必修专业课师从陶因(经济学)、李剑农(政治学)、韦润珊(经济地理)、杨端六(会计学)。此外,根据王世杰校长在演讲中宣布的校务会议议决案:本科一年级学生须一律选习基本英文课目,其目的在于本科学生经此课目及校中其他课目之训练,能得到阅览西书的完全自由。为了使武汉大学学生毕业后能够阅览普通西文书及其专门学科之西文书,武汉大学本科各学系还设有诸种专门科目的外语选读。张培刚还选修了陈登恪教授的第二外语法语;遵照学校规定文法科学生要选读一门理科课程的规定,张培刚选修了何定杰教授的生物学。

张培刚常说:"百丈高楼从基础起,做学问也是同样的道理,必须先打好基础。"

读文预科一年级的时候,基础英文课是由张恕生老师教授。张恕生形体魁梧,是不折不扣的大胖子,后来因高血压不幸早逝。张恕生虽然平日因要求过严,且批评学生时语中常带讽刺,有些学生不喜欢他,但对他的讲课风格赞赏有加。张恕生讲课时发音清正,教课得法,对作文要求严格,是多数学生眼中难得的一位好先生。在文预科二年级时,英文课老师是文华大学(后来改名为华中大学)的骆思贤。骆思贤因多年在教会大学里从事教学,英语讲得格外流利,教课简明清楚。到大学本科时,经济系的基础英语课老师是胡稼胎教授。胡稼胎讲英语是一口"伦敦标准音",引起张培刚的浓厚兴趣,也大开其眼界。张培刚回忆起当时的情形，幽默地说，实际上是大开了"耳界"。当时班上有些学生很顽皮，比如读"which"一词时，按"韦氏音标"读法，他们故意意译为"晦气"，而按伦敦口音（或"国际音标"）读法，又故意译为"围棋"，这里"h"是不发音的。每当听到他们故意译错，讲课严肃认真的胡稼胎就会板起面孔制止学生胡闹，但他从没有真的体罚过谁。此外，胡稼胎授课时不但注重学生们的作文训练，而且非常注重英文的修辞学。

在张培刚的记忆中，讲授英文课的张恕生、骆思贤、胡稼胎三位老师，教课认真负责，讲授得法，对学生要求严格，一丝不苟。三位老师的讲课非常有见地：第一，在讲课时大量引用国外著名作家的短篇小说、文章或传记文学选读，如《威尼斯商人》、《富兰克林自传》选读等，张培刚就是在他们的引导下，在课余时间里阅读大量的国外原文名著。第二，反复讲清"语法"中的疑难部分，特别是时态和前置词的各种用法。第三，强调作文和修辞。最让学生们受益匪浅的，是三位老师在中英文翻译的时候，提出的有名的"三似论"，即"形似、意似、神似"。所谓"形似"就是"直译"，"意似"就是"要超过形似的直译"，而"神似"就是"能抓住原文的神韵"。

张培刚曾读到英国大哲学家弗朗西斯·培根的一篇有名文章，其中有一句名言他特意译成押韵的中文："多读使人广博，多写使人准确。"从此以后，张培刚就一直把这句名言作为他的"读书座右铭"。

大学预科和本科一年级的英文课，几乎每两周要写一篇作文。当时许多同学都被英文作文弄得苦不堪言，甚至不理解老师们的做派，后来大家才真正认识到，每两周写一篇英文作文的教学方法，令他们受益匪浅。10年后的1940年，张培刚在昆明参加清华庚款留美考试，英文是重头考试科目，一个上午只考一篇作文。如果没有大学时期打下的良好基础，是很难以优秀成绩高中榜首的。这时，张培刚内心更加钦佩这几位大学英文老师的高瞻远瞩，教学得法。

逻辑学是研究思维的形式和规律的学科。当时教这门课的屠孝寔刚刚撰写出版《名学纲要》，颇有名气。屠孝寔身材修长，举止文雅，讲课条理清晰，常以例子说明原理，步步深入，使人豁然开朗。这门课程，对于张培刚后来说理著述、分析和解答问题，佐助良多，终生受益。

此外，令张培刚受益颇深的还有一门课，那就是生物学。就经济学而言，这可以说是一门基础课，也可以说是一门专业知识课。当时按学校规定，凡读经济的学生，除数学必修外，还必须选读一门理科课程：物理学、化学或生物学，任选一门。张培刚选了生物学。讲授生物学的老师是生物系知名教授何定杰（春桥）。据张培刚记述，何老师当时不过40岁左右，却已蓄起了有名的"长髯"，在武大师生中是颇有名气的"何胡子老师"。何老师讲课，不但条理清晰，而且生动活泼，引人入胜。张培刚对生物学这门课所讲的内容，特别是对遗传与变异，非常感兴趣。比如奥地利神父孟德尔通过对豌豆的著名实验，研究出基因（gene）的分离规律；又如法国学者拉马克以"用进废退"学说，阐述长颈鹿的进化过程；至于英国大学者达尔文的"物竞天择，适者生存"的学说，更是令人推崇，启发深思的。

谈及与生物课的联系，张培刚特别谈到这样两件事：

第一件事是10年后，即他在哈佛大学文理学院经济系学习，选读了熊彼特（Joseph A. Schumpeter）教授的高级经济学和经济思想史（即熊氏后来撰写并在逝世后出版的《经济分析史》的雏形和提纲）。他记得熊彼特在课堂上就讲到了经济学的"达尔文学派"，其特点在于把达尔文的"进化论"，运用到经济发展过程的分析上。不仅如此，熊彼特本人也早就多次引用过生物学的术语和概念。比如他在早期成名之作《经济发展理论》一书中，以其自成一家的"创新理论"解释"资本主义"的形成和特征时，就曾借用过生物学的"突变"（mutation）一词。熊彼特认为，"资本主义在本质上是经济变动的一种形式或方法",它从来不是"静止的"。他借用生物学的术语,把那种所谓"不断地从内部革新经济结构,即不断地破坏旧的、不断地创造新的结构"的这种过程,称为"产业突变"(industrial mutation),并把这种"创造性的破坏过程"看做是关于资本主义的本质性的事实,所以他认为"创新"、"新组合"、"经济发展",是资本主义的本质特征,离开了这些就没有资本主义。从这里张培刚体会到,社会科学与自然科学之间,不仅在方法论上,而且在有些理论上,两者确实有相通之处。他更体会到,当年母校规定经济系学生必须选读一门理科课程,是有重要意义的。

第二件事是1950年到1951年间,正值我国奉行"全面学习苏联",其时在生物学界也大力介绍和宣传米丘林学说及其代表人物全苏农业科学院院长李森科的事迹。本来,介绍和宣传现代科学任何一种新学派都是完全必要的,也是无可厚非的。可是,李森科一方面把自己的论点和看法所形成的概念称作是"米丘林遗传学",另一方面把当时国际上广为流传的摩尔根学派"基因理论"说成是"反动的"、"唯心的",并且利用权势,排斥各个持不同观点的学派。影响所及,特别在当时社会主义阵营的国家里,造成了科学研究上的严重不良后果。托马斯·亨特·摩尔根是国际上著名的美国籍遗传学家,早年曾在"孟德尔定律"的基础上创立了"基因学说",著有《基因论》、《实验胚胎学》等著作,1933年获诺贝尔生理学或医学奖。李森科完全抛弃了实事求是的科学态度,反而把"基因理论"和摩尔根学派一概加以否定、排斥和打击。我国当时的生物学界,亦随声附和,以致生物学界不少对摩尔根遗传学说素有造诣的专家如谈家桢等,遭受横加指责和批判,使他们长期蒙受着不白之冤。可见,做学问的人也必须具有承受各类变故的极大勇气和牺牲精神。

四、珞珈山骄子

武汉大学创办初期，尽管工科尚未招生，只有理科和文科，全校学生也只有 500 余人，但各系大都有真才实学的教师，师资力量在国内大学中可谓名列前茅。学校虽有学贯中西的留英派、留美派、留日派、大陆派（指留学德国、法国等欧洲大陆国家的学者）之分，有湖南派、安徽派、湖北派之说，但武汉大学崇尚"求异"的大学文化精神，严谨治学、求实创新的学术思想，自强弘毅的道德风尚和纯朴浓厚的读书风气，不管局势如何动荡，始终弦歌不辍。

1930 年秋，张培刚进入武汉大学经济系本科学习，那时法学院（包含法律、政治、经济三系）教师阵容极强。他们不仅是学有优长的著名经济学家或法学家，也是道德文章品格高尚的教育家。比如李剑农曾任湖南大学校长，陶因曾任安徽大学校长，还有杨端六曾被礼聘兼任国民政府军事委员会审计厅上将衔厅长。从 1934 年到 1937 年，杨端六每年假期从武汉到南京任职，因性格耿直、办事认真，难以容于官场，遂借故辞职，回校专门教书了。

著名教授及经济系开设的专业课程有：周鲠生（宪法、国际法，法学院共同课程），杨端六（会计学，含成本会计、货币银行、工商管理），皮宗石（财政学），刘秉麟（经济学、货币银行、经济学说史），陶因（经济学），任凯南（外国经济史、外国经济思想史），李剑农（中国经济史、中国近代政治思想史），朱祖海（统计学），张峻（国际贸易，含海运保险）等，可谓极一时之盛。

那时经济系的教师，大多数留学英国，只有陶因留学德国，而周鲠生除留英外，还留学法国巴黎大学，取得法学博士学位。他们教与学极其认真，学风和作风踏实严谨，注重基础，人人国学功底深厚，撰写讲稿和发表文章水平较高。青春年少的张培刚一进本科一年级就与国内众多学术大师为伍，这对张培刚影响极大，深受启迪，终生受益。

回首当年武汉大学经济系的教学，张培刚印象深刻的另一大特点，就是理论与实务并重。比如设置的课程，既重视理论课程，如经济学、经济思想史、货币银行学等，又重视实用课程，如会计学、成本会计学、国际贸易、工商管理等。因此武汉大学经济系毕业的学生，一方面，不少在大学里讲授经济学或经济思想史课程；另一方面，又有很多在政府机关或实际部门担任会计或统计工作，不少还担任大型国营工厂如钢铁公司、机械厂、造船厂等的会计主任或会计处长。

那时武汉大学经济系，在课程设置上，还有一重大特点，那就是非常重视法学课程，除前面已经提到的宪法、国际法外，还有必读的民法概要、商法、保险法、劳工法等。

如果说，贫寒的出身及农民的疾苦，让幼年时的张培刚对改变农村现状有了感性的认识，那么，真正令他立志把研究的目光放在经济学领域的理性认识是在武汉大学形成的。张培刚说，在武汉大学时，很喜欢外国经济史尤其是欧洲经济史。讲授外国经济史和外国经济思想史两门课程的是留英归来的任凯南教授。任凯南讲授18世纪英国工业革命采取剥夺农民土地、令农民流离失所的办法搞工业化，十分残酷，对他触动很深，他觉得中国无论如何不能这样搞工业化，不能以牺牲农业、农民为代价，要改善农民、农业的状况。

张培刚说，任凯南老师讲课，虽然湖南口音极重，但条理分明，十分详尽。讲到激昂处，喜欢用口头禅"满山跑"，即遍地开花结果或遍地发展。任凯南讲英国产业革命起源，特别是讲述纺织工业的兴起过程，极为详细。比如讲"飞梭"的发明及其广泛应用，就在好几处用了"满山跑"的口头语。当时张培刚在教室里听课做笔记，为了求快以避免遗漏，同时也来不及另行措辞,就直接写下很多处的"满山跑",成为这门课笔记的一大特色。任凯南不但在课堂上讲课认真,还要求学生在课堂外阅读英文参考书,主要是关于欧洲经济史和产业革命史。教学期间,他对于那些读书用功的学生,更是关怀备至,奖掖栽培。令张培刚感动的是,有次下课时他被任老师叫住了,原来是任老师见张培刚学习刻苦,特地拿了本英国女教授瑙尔斯(L. C. A. Knowles)撰写的英文名著《19世纪(英国)产业革命史》(伦敦,1927年版)送给他,并再三叮嘱他细细研读,如有不懂的地方可随时问他。见任老师这么关心自己,顿时一股暖流涌上心头,张培刚从任老师手中接过书连声道谢。张培刚挤出时间很快将该书读完,从中很受启示,并认真写了读书笔记。他从老师的讲课和自己阅读欧洲经济史的书刊中,发现在城市大工业兴起过程中,乡村工业纷纷破产,加上土地兼并之风接踵而至,又使得广大农民不得不背井离乡,流落城市街头,景象十分悲惨。因此,他不断思考,终于又得出一条崭新的思想,在实行城市工业化的同时,也必须实行农村工业化。这一思想表现在两年后他发表的《第三条道路走得通吗?》一文中。与此同时,也使他初步认识到,要走"实业救国"、"教育救国"实现工业化的道路,还必须借鉴西方经验。

多样的选择、自由的氛围,使得青年时代的张培刚如入宝山;丰富的学术资源、浩瀚如海的书籍,特别是大量的英文阅读,不仅笃定这位求学若渴的勤奋学子经邦济世的理念和学以致用的追求,更使他对经济对社会有了自己的独到见解:他觉得像中国这样贫穷落后的农业国家,除了实现国家的工业化、兴办现代大工业外,别无振兴经济之道。

站在如此之多的巨人肩膀上,张培刚的视野瞬间开阔了起来,武汉大学优越的学习环境与开放自由的学术氛围,让他如鱼得水,更为其日后的事业垒建起了坚实的基石。

据经济系老师和同学回忆说,在班上20名同学中,张培刚自始至终都是最勤奋的一个人,也是很会学习的一个人。有时,同班同学看他成绩总是考第一,有些不服气,便考他的记忆,随意拿一本书,翻到某一页,问他此页的内容,让同学们惊讶的是,他居然能毫不思索地一口气说出来,同学们很是佩服。

中国人信奉"老二哲学",但张培刚却想做最好的。考武汉大学文科预科时,他就是唯一被录取的一个,在武汉大学经济系本科四年的勤奋学习,他年年得系奖学金,全系成绩最优;毕业时得法学院奖学金,全院成绩最优。多年后,回忆武汉大学求学经历时,张培刚总是用无比自豪的口吻对学生们说,后来他之所以能考取清华庚款留美并用英文写成博士论文《农业与工业化》,与武汉大学扎实的学业基础密不可分。

他说,如果没有武汉大学英、法、德三种外语的基础,他不仅很难在清华庚款留美考试中名列其中,更不可能就读美国哈佛大学,那么快地适应哈佛的英语教学环境,能充分利用哈佛图书馆博览群书和引用有关外文书刊,更别说用英文写出获得哈佛经济专业最佳博士论文、并列为哈佛经济丛书的《农业与工业化》。而在其他基础课程方面如英文语法、逻辑思维、进化论观点等的学习,也让他日后在撰写《农业与工业化》时,具有深切的关联,而且成了终生取之不尽的学术滋养。

多年后每每回忆起风光秀丽的珞珈山,张培刚脸上总会荡漾出无比骄傲的幸福之情。记忆中,张培刚最喜欢在一天紧张学习之余,手拿本书,脚踏斜阳,漫步走上珞珈山山顶,在暮色中面对山光,眺望水色。而每次眺望,他的心情都会格外舒畅,仿佛有诗情画意融入胸怀。以致后来到美国哈佛之后,张培刚对家乡的遥想,除了对双亲和兄长、姐妹亲人的思念,也常常怀念武汉大学珞珈山的青春岁月。他曾在一篇短文中写下这样的深情回忆:"武汉大学风景秀丽,环境清幽,那银墙碧瓦的建筑、波光粼粼的东湖……在我眼里永远是最美之地。"他说,虽然美国哈佛也是全世界最美的校园,可是,在他的心里,他永远骄傲他是武汉大学的学子,武汉大学是他的母校。多年后,张培刚的同学每当谈起张培刚在武汉大学的求学经历时,对他总是无比敬佩。

五、师生情深

张培刚在1993年所撰写的《感恩母校,怀念老师》一文中深情写道:"我的大学老师都已作古,有的已离开人世四五十年了。但不论是基础课老师还是专业课老师,他们的音容笑貌、举止风度,却永远留在我的脑海里;他们言传身教、诲人不倦的精髓,却永远活在我的心中。"

据张培刚记述,他在武汉大学文科预科班时,教授国文课的鲁济恒是当时湖北省有名的国文老师——他在读省一中时就已闻名江城。鲁济恒为人和蔼慈祥,两眼高度近视,讲课声音洪亮,神情激昂,诲人不倦。教材以古文为主,亦有白话文章。作文每月一次两次不等。张培刚记得1929年春季入学后不久,鲁济恒让同学们写的第一篇作文是《论文学之创作与模仿》。为写好这篇作文,张培刚思考了两天,他认为这是一个很大又很有挑战性的题目,既要引经据典,又必须有自己的创新,经过深思熟虑之后写了三四千言。文中谈到胡适的"八不主义",其中的几条他表示赞成,但对"不模仿古人"一条则表示不完全赞成。他写道:"今人有好的,我们固然应该学习和模仿;但古人有好的,我们也应该学习和模仿","不能因古而弃善,亦不能因今而扬恶"。不久,发还作文本时,鲁老师一进教室,先微笑着对他点了一下头,然后,对全班的作文进行了简单的点评,最后,鲁老师提高声调对张培刚的作文大加夸奖,并公开宣布给95分,是班上最高分。张培刚心里格外高兴,心想还是古人说得好,功夫不负有心人,认真下苦功的结果就是不一样,并暗自在心里感谢自己那句"多读使人广博,多写使人准确"的座右铭。打开作文本一看，只见鲁老师对上面几段文字，用红笔浓圈密点，文章末尾还有一段评语，最后一句是："文笔如锐利之刀，锋不可犯。"看着鲁老师的点评，张培刚想，看来自己不赞成"不模仿古人"，是完全符合鲁老师的心意的。

谈到大学时期的国文课，张培刚还特别提到了中文系刘赜（博平）教授。刘赜是国学大师黄侃（季刚）的真传弟子，早年就是我国著名的文字学家，对说文解字、声韵训诂之学，造诣极深。他和后来的黄焯教授一道被学术界公认是章（太炎）黄（季刚）训诂学派的主要继承人。据张培刚记述，刘赜为人谦和，讲课认真细致，每次讲到《文心雕龙》及其他经典古籍名篇时，喜欢旁征博引，字字推敲，引人入胜。张培刚特别记得有一次刘赜在课堂上说，他家乡是湖北广济县，古时属黄州府。曾有人笑他广济乡音把"去"读成"qie"（"切"），如"你到哪里去"，用广济家乡音常常读成"你到哪里'切'"，刘赜笑说其实这个读法并不"土"，而是"古"音读法，只是有些人不懂而已。张培刚听后心中接连高兴了好几天，因为他的家乡湖北黄安县，亦属于黄州府。他来武汉求学，平常说话，乡音极重，常被人笑他土里土气的，是个"乡里人"，现在可找到学术凭证了，原来家乡的这个土音是古音，再不怕被人讥笑了。张培刚记得，刘赜常曰："吾推寻文字根源，每于一二字用意穷日夜，仍难得其声、义所由之故；泛滥文史，辄日尽数卷，宁用力多而畜德少耶？然吾终不以易此。"刘赜的这种孜孜不倦、锲而不舍的求知精神，张培刚终生引为典范，受益良深。

张培刚在武汉大学本科除了学习国文、英文、数学基础课及专业课程外，还选修了法文和德文。

张培刚选修的法文课是从本科一年级学起的，共学两年。一年级的法文课是由陈登恪教授讲授，从字母、拼音学起，着重语法和造句。据张培刚记述，陈登恪真是一位忠厚长者，穿一身长袍，却口授外国语，在一般人看来，与其说他是一位洋文教师，还不如说他说一位八股中文先生。陈登恪对学生和蔼慈祥，教课认真细致，很受学生的敬重。

二年级的法文课由知名女文学家、外文系教授袁昌英讲授。袁昌英是武汉大学经济系教授、著名经济学家杨端六的夫人，她和武汉大学中文系的苏雪林、凌叔华一起，被称为"珞珈三女杰"。在"珞珈三女杰"中，她年龄最长，学历最高，她是在英国爱丁堡大学获得文学硕士学位的第一位中国女性，也是"珞珈三女杰"中在武汉大学生活和执教最长的一位。

苏雪林曾在法国学画，与潘玉良同学，后迁居台湾，以年逾百岁高龄逝世。长于书画、精于文章的凌叔华出生于官宦人家，祖籍广东，才华横溢，品貌不俗，是武汉大学文学院院长、著名学者陈西滢（陈源）教授的夫人。

1932年，武汉大学新校址在东湖之滨落成后，陈西滢和凌叔华夫妇搬到了美丽的珞珈山，住进了一幢绿树掩映的小楼，陈西滢为小楼取了个颇有诗意的名字"双佳楼"。后来，苏雪林、凌叔华和袁昌英经常在此谈诗论画，说文解字，营造出人文与环境的谐趣，成为当时武汉大学的一道美丽风景。

后来张培刚知道，袁昌英并不是专职的法文教师，而是长期研究西洋文学的知名学者和教授，更是青年时就能冲破封建传统束缚、远涉重洋、留学英法、专攻西学的女中豪杰。在到武汉大学之前就以戏剧、散文创作驰名文坛。《孔雀东南飞》剧本"借旧题创新作"，突出伉俪爱与亲子情之间的矛盾，给焦母以同情，剧本的新意给沉闷的剧坛带来了新气息，受到了世人的关注。她在1928年所写的《游新都后的感想》一文，曾入选中学国文教材，并被文坛誉为与朱自清、俞平伯写于1923年的《桨声灯影里的秦淮河》两篇同题散文"鼎足而三"。到武汉大学任教后，袁昌英除了从事文学创作外，还在教学上花费了大量心血。在整个外文系，虽然她开设的课程最多，有法文、希腊神话、希腊悲剧、莎士比亚、现代欧美戏剧、中英翻译等，可每门课的讲义却从不马虎，用她自己的话说，她恨不得把"填满了一肚子的学问统统掏给学生"。

袁昌英神采奕奕，讲课声音洪亮，强调作文，让学生选读法文著名散文和小说，要求严格，从不含糊；有时袁昌英还挑学生朗读课文，回答问题。她向学生传授"游戏式"、"跳跃式"和"讨论式"三种读书方法，提倡"三到"，即"眼到"、"心到"和"手到"，要求学生深入进去，由表及里，着力提高分析判断能力和综合归纳能力。她爱把自己阅读的所思所感形成文字，与学生交流。她这种教学方法深受学生的欢迎。学生喜欢她，但对她也怀有三分敬畏之意。

1931年秋到1932年夏，武汉大学由武昌东厂口旧校址迁往珞珈山新校址后，袁昌英就给张培刚班上出了一道法文作文题《珞珈山游记》。张培刚觉得这个题目确实应景，如局限于所学课文单词，难以畅怀抒情。他不断地查阅字典，对照法语书刊，几乎花费了一个星期的课余时间，才写好这篇法文"游记"。

多年后，每当回忆起袁昌英老师，张培刚总会禁不住再三感叹唏嘘。这样一位著名的作家和学者在反右期间被打成右派，遭受着心灵和精神上的严重迫害。张培刚说，当他辗转听到袁老师的艰难困境时，他自己也正在受审查、挨批判，从事艰苦的体力劳动，真是"泥象过河，自身难保"；除了师生同病相怜外，亦只有暗中祷告上苍，降福斯人了。1969年12月，袁昌英已75岁高龄，又被戴"罪"由珞珈山遣返故乡湖南醴陵县，1973年4月，在寂寞中悄然辞世。所幸党的十一届三中全会以后，袁昌英生前受到的"右派"和"历史反革命分子"等错误处理，得到昭雪；武汉大学为她举行了平反大会，袁昌英九泉之下有知，也可稍微得到慰藉。

讲授法文课的老师们的认真教学和严格要求，使张培刚终生获益甚多。张培刚毕业后在国立中央研究院社会科学研究所从事研究工作时，不仅能阅读有关的专业法文书刊，而且还撰写了几篇关于法文书刊的书评,先后都发表在该所编辑出版的《科学社会杂志》上。1941年秋,他赴美国哈佛大学读研究生时,不到一年的时间就笔试通过了第二外语法文的考试。饮水思源,这使他更加怀念和感谢教授法文的老师们。

在大学三年级和四年级,张培刚又选读了第三外语德文。教德文的是一位德国老师格拉塞。据说他是第一次世界大战时来到东方的,此后他不愿回德国,就在中国留住下来,娶了一位日本夫人,生有两个女儿。当时女儿只有十几岁,都在读中学。格拉塞教书认真负责,讲课用简单德文,很有条理。上课比较严肃,但也不乏幽默。张培刚总记得他把一堂德语课编成了一个简单的笑话故事:有一天,老师给学生上课,说要记住一条规律,凡物逢热就胀大,遇冷就缩小。一个学生连忙站起来,说道:"是的,我懂得了,所以夏天天热,白天长一些;冬天天冷,白天就短一些。"全班同学听后大笑起来。格拉塞当时已年逾半百,也和大家一样天真地哈哈大笑起来。

那时上海的同济大学,可说是全国高等学校中学习德文、运用德文的典型代表。为了便利教学,推广德文,同济大学编辑出版了《德文月刊》杂志。张培刚在大学四年级就开始订阅这份杂志,大学毕业后仍然继续订阅,大大有助于他的德文自修,直到1937年抗日战争烽火蔓延上海,该校西迁后杂志停刊为止。由于大学时打下的根底,加上毕业后的连年自修,使他后来在工作中,能够用德文阅读专业书刊。

回忆在武汉大学的学习经历,张培刚还特别提到了一个对自己有知遇之恩的人,那就是1945年至1949年担任武汉大学校长的周鲠生。周鲠生是一位杰出的教育家,又是一位知名度很高的国际法学大家,他讲授宪法和国际法。在张培刚的记忆中,周先生总是穿着一身西服,冬季寒冷,教室未生火炉,无热气取暖,他一进教室,首先脱去大衣,再走上讲台,为学生上课。学生们对他十分尊重。

和风细雨，润物无声。回眸往昔，张培刚不仅对武汉大学的各位恩师终生难忘，而且在日后的人生岁月里，无论是做学问还是教书育人，处处以他们为自己的精神路标。张培刚的许多弟子回忆他时，对他的印象是这样描述的："张老师对待学术十分严谨，专心做学问，坚持自己独立的观点。写文章时，每一句话每一个词都精雕细琢，连标点符号也都要求准确。他写的很多文章都会在重点文字下面加着重号，这已经成为他著作的风格。"

六、投身抗日救亡运动

张培刚在武汉勤奋求学期间，正值中华大地内忧外患、云谲波诡之时。

1927年，南京蒋介石集团和武汉汪精卫集团相继背叛革命后，轰轰烈烈的大革命中途夭折。中国共产党遭受到了她成立以来最为严峻的考验。面对反动派的屠刀，共产党继续高举革命大旗，举行南昌起义、秋收起义，实行土地革命，同国民党反动派展开了英勇的斗争，红军和地方武装得到迅速发展，到1930年，湖南、湖北、江西等10多个省的边界地区，建立了大小十几个农村革命根据地，红军发展到约7万人，连同地方武装共约10万人，湖北大别山一带的黄安、麻城、罗田、黄陂木兰山等地"星星之火"已成燎原之势。

1931年9月18日晚，盘踞在中国东北的日本关东军按照精心策划的阴谋，由铁道"守备队"炸毁沈阳柳条湖附近的南满铁路，并嫁祸于中国军队。这就是所谓的"柳条湖事件"。日军以此为借口，突然向驻守在沈阳北大营的中国军队发动进攻。由于东北军执行"不抵抗政策"，当晚日军便攻占北大营，次日占领整个沈阳城。日军继续向辽宁、吉林和黑龙江的广大地区进攻，短短4个多月内，128万平方公里、相当于日本国土3.5

倍的中国东北全部沦陷，3000多万父老乡亲成了亡国奴。"九一八"事变揭开了日本对中国进而对亚洲及太平洋地区进行全面武装侵略的序幕。

"九一八"事变激起了全国人民的抗日怒潮。各地人民纷纷要求抗日，反对国民党政府的不抵抗主义。在中国共产党的领导和影响下，东北人民奋起抵抗，开展抗日游击战争，先后出现了东北义勇军和各种抗日武装。武汉人民的抗日情绪也不断高涨，抗日救亡运动首先在文化界、教育界酝酿着发展着。文化界"左翼"人士张光年、顾一凡等通过办刊物、组织剧社、开设书店，宣传抗日；武汉大学进步学生郭佩珊等组织各项抗日活动。在进步学生的影响下，张培刚也踊跃加入到抗日救亡的行列。他和几个同学在一夜之间，起草传单，写宣传标语，走上街头发送传单，参加游行示威。一时间，"打倒日本帝国主义"、"反对崇洋媚外"的怒吼声回荡江城上空。

"九一八"事变后，日军在中国北方的军事行动并没有停止，反而将军队开进长城一线，进犯热河、察哈尔两省，史称"长城事变"。1933年1月，日军进占山海关，开始向中国关内进攻。

国难当头，张培刚依然记得在"总理纪念周"上，武汉大学文学院教授吴其昌演讲《开国的士风与亡国的士风》的情形，吴其昌坦言"'亡国'的士大夫，没有一个不是生长于都市的，生长于富贵门阀、锦绣业中、绮罗队里，生长于一个追逐个人的、肉体的享乐环境之内的"；"'开国'的士大夫，大概都来自田间，或来自清贫孤寒之家"，"即使生于都市，也深切地知道稼穑之艰难，农民之苦痛的。或许亲自胼手胝足，躬耕过"；"凡是开国之士，都有一个高洁的要格、严峻的气节。而亡国之士呢，是以格卖钱，以气节换饭的"。大声疾呼"中国现在是临到一个'危急存亡之秋'"。中国是走死路呢？走健康的路呢？"那要全看做民族耳、目、心脑、神经的'士'，如何领导这个全体？"提醒学生切记"我们是'士'"。吴其昌的演讲，令张培刚等青年学生热血沸腾，迫切希望早日融入抗日的洪流。

正当中华大地遭遇日本侵略者武装入侵，中华民族有亡国灭种之大祸时，中华民族复兴社于1932年3月1日成立并竭力吸引全国文武青年之精英加入其中。1934年前后，为了让更多的知识精英加入该组织，复兴社成员在武汉大学活动频繁，而学习成绩名列前茅的张培刚，自然而然成了他们发展的对象。一天，辛亥革命烈士吴禄贞的亲侄、《中兴周刊》主编、武汉大学政治系1933年毕业生吴忠亚主动邀请张培刚和燕孟晋、孙寅吃饭。张培刚曾在《中兴周刊》上发表了两篇关于农业问题的文章，因此，当吴忠亚邀请时，年轻单纯的张培刚以为要振兴中华，没有多想就与另两位同学一起参加了。1934年4月，经武汉大学政治系学生郭长禄介绍填表误入中华民族复兴社；5月，经吴忠亚介绍误入中国国民党忠实同志同盟会。

毕业考试后，吴忠亚又邀请张培刚等三人去汉口一趟。张培刚以为又是一次平凡的邀约，就欣然答应了。第二天，当他们三人赶到汉口后，才知道那里是一个侦探所。一到侦探所，张培刚等三人立即失去了人身自由，并被对方强行关押了三天。三天之中，除了吃饭外，既没有填写加入任何组织的表格，也没有一个人找他们谈话。回到学校后，张培刚等三人非常气愤，并决定找吴忠亚问个明白，一问才知道，是复兴社在武汉大学的负责人朱培英与吴忠亚相争的原因，后来也未参加任何组织活动，但让张培刚没想到的是，在1950年后的历次政治运动中，在不断深入贯彻"要藐视、蔑视资产阶级教授们的学问"的错误做法和极力宣扬"知识愈多愈反动"的"左倾"思潮的干扰下，他因此付出了惨重代价：一次又一次的交代问题，一回又一回的自我检查，甚至是长达数十年的批斗与劳动。

第三章 农村调查

20世纪30年代世界经济危机使得中国农产品的出口市场急剧萎缩,广大农民收入锐减,农业贸易条件不断恶化。这促使年轻的张培刚开始探索中国农村经济的振兴之路。自此,从事农村经济调查研究工作达6年之久,足迹遍及河北、浙江、广西、湖北等地的乡镇和农村,调查研究的对象有上百个村镇和数千家农户的生产要素、农家经营(包括作物、家庭副业)、农家收支和借贷、农产品价格和变化趋势,以及粮食生产、加工与运销等。在调查研究的基础上,先后著述《清苑的农家经济》、《广西粮食问题》、《浙江省食粮之运销》(与张之毅合作)三部著作,均由商务印书馆出版。与此同时,他还就农业经济变迁、粮食产销盈缺、货币金融体制、农产品价格变动和农民生活水平等问题,撰写了近40篇论文、书评在《东方杂志》、《独立评论》、《经济评论》等刊物上发表,还参与了20世纪三四十年代中国学术界开展的一次"以农立国"抑或"以工立国"的辩论。这一时期他深入生活,贴近农民、农村经济的系统调查研究,丰富了他的见识,强化了他关注中国农村与农业经济的学术使命,其学术积累的结果,为他日后形成的农业国工业化理论体系奠定了坚实的实践基础。

一、清苑农家经济调研

1934年6月底,张培刚从武汉大学毕业,因成绩优异被武汉大学推荐进入国立中央研究院社会科学研究所,从事农业经济的调查研究工作。当时社会科学研究所的所长，是著名社会学家、知名学者陶孟和。陶孟和十分重视社会调查，反对泛泛空论，对青年张培刚影响很大。张培刚记得，当怀抱理想满怀激情进入研究所后，陶孟和分配给他的第一个任务，就是整理该研究所在1927—1932年由陈翰笙、唐寅生、韩德章、钱俊瑞、张稼夫、张锡昌主持的规模比较庞大的"清苑（河北保定）农村经济调查"资料及研究报告。该项调查资料涉及1500余户农家，一户一册资料，堆聚了半个小房间；调查内容丰富细致，在国内确属不多见。只是一来他生长在南方，刚出大学校门，对北方农村情况和农民生活尚不熟悉；二来此项调查系5年前进行的，对可能的变化情况亦不清楚。幸好同事韩德章（后为北京农业大学教授），曾参加过当年此项调查，而且他是大学农艺系毕业的，之前就在北方和南方进行过多次的农作物和农村经济调查。为此，陶孟和为他们配备了两名助手，在韩德章的协助下，他们于1934年冬专程到保定城区和清苑四邻乡村进行了一个月的补充调查。回到北平后，经过几位青年同事的协助计算，张培刚于1935年底撰写完成了《清苑的农家经济》，1936年由上海商务印书馆出版。

20世纪20年代末30年代初，在探讨中国经济的发展道路问题上，学术界曾经展开过一场"以农立国"抑或"以工业立国"的辩论。先是有一些人提出两条可供选择的路，一条是主张复兴农村，一条是主张开发工业。后来有人提出第三条路，即主张开办乡村工业为中国经济的出路。持这种观点的学者相信小手工业、乡村企业慢慢发展后会使整个国家的经济得到发展。1935年，燕京大学教授郑林庄发表文章，正式提出第三条道路，不赞成兴办整个国家现代工业的工业化，因为他认为中国在帝国主义压迫下，都市现代工业难以发展起来，所以只能采取在乡村集镇开办小手工业或乡村企业，慢慢发展后就可以促进整个国家的经济发展的方式。

初生牛犊不怕虎，22岁的张培刚，刚从大学毕业进研究所，血气方刚，认为那个主张在理论上近乎是开倒车，在事实上也行不通，随即写了《第三条路走得通吗?》（载于《独立评论》杂志1935年2月第138号）予以回答，并大胆站出来公开与撰文主张走第三条道路的教授学者们展开辩论。文中张培刚明确表示了自己为什么认为"第三条道路行不通"的观点，他写道："诚然，农村工业是分散的，但经济的压力如水银泻地，无孔不入；说农村工业易免去飞机的轰炸则可，说能免去帝国主义经济的束缚与压迫，就未免太不认清事实了。所以我们觉得，在帝国主义经济的压力不能免除之时，发展都市工业固然不容易，建立农村工业也是一样的困难。"张培刚在大学学习时从西方发达国家的近代史文献中了解到，它们的经济起飞和经济发展，乃得力于进行了"产业革命"和实现"工业化"。他特别提出，"工业化一语，含义甚广，我们要做到工业化，不仅要建设工业化的城市，同时也要建设工业化的农村。"他在文中又指出，"对于提倡农村工业这条路，不能达到都市工业的发展，因而不能达到工业经济的建立"。由此可见，《农业与工业化》这篇论文，虽然完稿于20世纪40年代中期，但其思想酝酿确应追溯到20世纪30年代初期和中期。

中华人民共和国成立后，张培刚在一次会议上碰到在北京农业大学任教的郑林庄教授，便满怀歉意上前请郑先生原谅自己年轻时的冒犯，但依然坚持自己的观点，中国的发展应该走工业化的道路，这种工业化包括城市的工业化，也包括农村的工业化。郑林庄见张培刚对学术如此较真，不禁哈哈大笑起来，还说自己早就认可张培刚的观点了。

回忆与中国粮食经济的调查研究有关的往事，张培刚对当时国民政府实业部中央农业实验所按期刊行的全国《农情报告》及其主持人十分感谢。新中国成立以前，我国对于有关全国人口、耕地面积和农业生产的数字，因未作全国普查，一般只有零星调查或全国性的数字估计，因而从事研究工作，深感困难。有鉴于此，该实验所农业经济科负责人汤惠荪和具体主持人杜修昌，特在全国县城或乡镇，选取一些有代表性的点，委托一位统计员，每年按季节向实验所报告该地区农作物种植面积和产量，后来又扩展包括家畜、家禽，成为《农情报告》。从此，经济学界的研究工作，较为方便，颇感助益。1936年春，中央研究院社会科学所迁南京后，张培刚特地到中山陵附近的中央农业实验所拜访汤惠荪和杜修昌，大家谈起做调查工作之甘苦，颇有一见如故之感。之后因工作需要他又与杜修昌往来数次。"八一三"淞沪抗战，两单位乃各自西迁，青年时之相交此后亦劳燕分飞，惜无再见之缘。

二、浙江粮食运销问题调查

1935年华北事变后，日军步步进逼，战云密布。中央研究院社会科学研究所从北平迁至南京。

虽然战乱频频，可研究所的研究调查并没有因此停歇。1936年夏，受国民政府经济部资源委员会之委托，研究所特命张培刚、张之毅带领数人赴浙江进行全省食粮运销调查。

浙江地处中国东南沿海，四季分明，雨水充沛，是中国综合性高产农业区，生产茶叶、桑蚕、柑橘、小麦、水稻，自古富足，有"鱼米之乡"之称，其杭州更被誉为"人间天堂"。因此，在张培刚看来，担负赴浙江进行全省食粮运销调查的重任，意义非凡。

应资源委员会之要求，张培刚等基本明确此次浙江全省食粮运销调查的方向，第一，搜集全省各区食粮移动数字；第二，在重要市场设立粮情报告制度。此外，循研究所学术研究之需要，张培刚等还加上了一项任务，那就是趁此机会，详查浙江全省的食粮运销机构；在各市场搜集历年食粮价格（包括乡村价格、批发价格及零售价格）；选取重要粮食区域，进行主要粮食作物生产费用调查，以求种植粮食作物与非粮食作物之比较，调查范围颇为广泛。

浙江省粮食调查工作，除张培刚、张之毅具体担任外，还有研究所张铁铮协助。与此同时，他们还得到浙江省建设厅厅长伍廷飏、农业管理处处长李德毅、浙江大学农业经济系主任梁庆椿的大力支持。由于江苏、浙江地方口音难懂，梁庆椿特派毕业班两位浙江籍学生许超、叶德盛参加。1936年6月，张培刚一行在杭州会合，然后分浙西和浙东两路，分赴各市镇商店进行访问和调查，因有许超、叶德盛的翻译，调查工作进行得非常顺利。此次调查区域遍及32个县、56个市场，而于杭州市之湖野，浙西之硖石、湖州、泗安，浙东之宁波、绍兴、温州，浙中之兰溪、金华等市场，是此次调查的重点。各地商会及粮食同业公会、各地银行与仓库负责人、各县农业合作社、各地粮食行店，或给予调查便利，或提供相关资料，或直接解答问题，使此次与调查相关的资料搜集极为详尽。

从6月下旬至9月中旬，张培刚等人的走访调查正值天气炎热的季节，徒步行走在田间地头，烈日的炙烤，酷夏的暑热，何等辛苦不必言说。虽然每天汗流浃背，双脚胀痛，可看到本子上那些密密麻麻的调查记录，张培刚的心里既愉快又满足，所有的苦和累便一下子烟消云散了。

回南京后，因资源委员会亟待参考浙江省食粮移动数字，张培刚应命先花了两个月的时间，将这一部分资料提前整理。1937年初，张培刚、张之毅开始撰写浙江省食粮运销的研究报告，各自承担一半撰写任务。然而报告稿还未完成，1937年7月7日夜，卢沟桥的炮声震撼了古老的中华大地，全民族抗日战争全面爆发。"八一三"淞沪抗战时，南京时遭日军飞机空袭，整个国家处于风雨飘摇之中，社会科学研究所计议迁往湖南长沙。张培刚赶在社会科学研究所动迁之前完成了自己所承担的撰写部分；张之毅因编写《福建省食粮之运销》，仅完成所承担部分的五分之一。《浙江省食粮之运销》便在日军的炮火下被迫中断。后张之毅受聘于陕西国立西北农林专科学校。张培刚应广西大学经济研究室主任千家驹（原系社会科学研究所同事）之邀，于1937年8月至1938年8月任广西大学经济研究室研究员，又应浙江大学校长竺可桢和农业经济系主任梁庆椿邀请，于1939年春赴广西宜山浙江大学任讲师，为毕业班讲授了一个学期的"农场管理"和"土地经济学"两门课程，因此，不得不暂行搁置《浙江省食粮之运销》的撰写。

1938年，社会科学研究所由湖南迁至广西省的阳朔。9月，张培刚销假回所，认为此次调查费了很多心力，且材料至为丰富，不忍将全部工作半途而废，遂着手撰写张之毅未完成的部分。这年底，书稿将完成时，因日军战火燃至华南，面对日军飞机的轰炸，研究所被迫从广西阳朔迁至云南昆明。为了免于一再延展，在战火硝烟的危难岁月，张培刚赶在起程前，抓紧时间潜心撰写，1939年1月终于完成《浙江省食粮之运销》，经陶孟和、吴半农、刘心铨、巫宝三评阅后，由商务印书馆于1940年出版。该书虽因战事而迁延完成、出版，"惟以食粮盈虚之调剂及运销机构之改善，关系抗战前途，至为重大，因之本书不便未因材料隔年而失时效，且已因抗战发生而愈增其重要性"[①]。

《浙江省食粮之运销》一书研究分析了食粮的供需关系与运销机构，其中有些章节"可称为试行的创作"。全书分8章，即"运销之社会经济基础"、"食粮的移动"、"运销机能总述与运销准备"、"食粮之加工"、"食粮之运输"、"食粮之储藏与资金通融"、"食粮之交易"、"运销成本之分析"。其中除"食粮的移动"、"运销机能总述与运销准备"为张培刚、张之毅共同撰写

---

① 张培刚、张之毅：《浙江省食粮之运销》，商务印书馆1940年版，第2页。

外，其余各章均由张培刚撰写。

三、广西粮食问题研究

战乱时期，张培刚在研究所承担的第三个工作任务，也是非常重要的一个任务，就是从事广西粮食问题的调查和研究。

"八一三"淞沪抗战时，南京时遭空袭，中央研究院社会科学研究所不得不迁至湖南、广西。因见局势动荡，研究所一年数迁，在研究所无法进行课题研究，张培刚遂向研究所请假一年，应广西大学经济研究室主任千家驹邀约，赴桂林担任该室研究员，从事广西粮食问题的调查和研究工作，并设计广西战时粮食方策。当时一同任职的，还有主管广西交通问题研究的臣辉及主管统计、绘图和资料整理的徐坚（20世纪50年代，徐坚曾翻译马克思的德文原版《政治经济学批判》，是位名副其实的经济学专家）。

作为中国少数民族聚集的广西，地处中国南部边疆，由于地处云贵高原南边缘，山多地少，加上气象灾害频发，除了稻谷、玉米等大宗粮食作物以及甘蔗、黄红麻等大宗经济作物外，还有大量热带和亚热带水果和地方特产。与富足的浙江相比，广西的经济显然逊色一些。

令张培刚欣慰的是，广西粮食问题的调查和研究工作得到了广西省府各厅及统计室的高度重视，除编辑出版《广西年鉴》外，还作了一些专题调查研究报告。张培刚认为《广西年鉴》及相关调查和统计数字，对广西粮食问题的研究有着重大的意义。有了省政府的支持，张培刚等还与省统计室密切合作，在张俊明、刘炳燊、黄华庭的协助下，进行了一些必要的补充调查。

1938年10月日军占领武汉，全国抗日战争进入战略相持阶段。在全民抗战的环境里，张培刚除了积极参与抗日宣传活动外，还以常人难以企及的做学问的专注态度，全力以赴认真撰写《广西粮食问题》一书，成稿后当即由黄旭初、千家驹、白鹏飞作序，由商务印书馆出版，文后附"粮食管理之任务及工作应如何适应战时之要求"（草案）。这部专著，不仅是后人了解和研究民国时期广西粮食问题的重要依据，也是体现张培刚早期学术思想的一部力作。

在中央研究院社会科学研究所工作期间，张培刚还就农村经济问题、农民生活、粮食问题、货币金融体制以及经济理论与政策等问题，在《东方杂志》、《独立评论》、《经济评论》等当时国内有影响的刊物上发表了近40篇论文。这对他日后撰写博士论文《农业与工业化》及其学术生涯很有裨益。后来，张培刚回忆起在中央研究院社会科学研究所工作的6年时光时，言语中无不感慨万千，他说那时虽然正是中国遭遇日军蹂躏的一段充满耻辱的日子，但对于他这个年轻知识分子而言，却是极为重要的一段经历。6年的社会实践和走访调查，使他对中国农村问题有了深入了解，不仅掌握了大量的第一手资料，而且形成了对他一生研究工作有着深远意义的观点。广义上说，这一时期是《农业与工业化》一书的准备阶段。

四、《农业与工业化》研究雏形

在武汉大学学习期间，张培刚就从西方发达国家的近代历史中认识到，西方国家经济的起飞和经济发展，乃得力于进行"产业革命"和实现"工业化"。因此，中国要想振兴经济，变落后国家为先进国家，也必须实现"工业化"。从进入社会科学研究所工作后，通过几年对我国农村的实地调查，使他认识到，在中国以及其他农业国家，要实现"工业化"，不能仅限城市，还应包括农村。特别是经过对浙江、广西农家经济和粮食问题的系统调查研究，作为一个青年才俊，已经获得了有助于日后学术研究的几个重要认识：

第一，所谓"南人食米，北人食麦"的说法，嫌过于笼统。实则南方中小贫困家庭，除少量米谷外，食用麦、薯（红苕）、杂粮、瓜类所占比重很大；而北方贫苦家庭除少量小麦外，食用杂粮，特别是玉蜀黍（包谷）、粟米、高粱、豆类、瓜菜等，所占比重也非常大。

第二，不能由于有些年份米粮进口很多，就认为我国粮食不能自给。张培刚认为，从20年代至30年代，我国沿海城市特别是上海、宁波两市，大量输入安南的西贡米、缅甸的仰光米，且数量巨大，其进口量曾占据海关进口的首位。为此，充满了爱国之心的人士常感叹："我国以农立国，而粮食竟不能自给，不亦悲乎！？"其发肺腑之言，令张培刚十分钦佩。

通过农村调查（特别是浙江省食粮运销之调查），张培刚认识到：按道理，粮食运销路线应该避曲取直，以最近的运程、最快的速度、最小的成本，及时地将粮食输送到需求地。但是，由于交通滞后，粮食运输往往不得不舍近求远，大大增加流通成本。因此，洋米之大宗进口，并非由于我国国内粮食生产不能自给，而是由于当时海关主管权掌握在洋人手里，洋米进口收税甚微，且手续极为简便；此外，由于运输体系往往还受到政局干扰，具有不稳定性，铁路经常因战事而中断，车辆因战事被征用。同时由于铁路受帝国主义直接控制者占铁路总里程的1/3以上，外国轮船又占绝对地位，粮食运输也往往受制于人。国内交通不便，沿途关卡重重，运费及关卡费用层层加码，致使内地湖南、四川多余的米粮运至上海、宁波运输费昂贵，竞争不过洋米。因此，国人眼睁睁看着上海、宁波米粮市场为洋米独占，也无可奈何！

在社会调查的基础上，年轻的张培刚却从理论层次上深入研究出了一些问题。在1940年出版的《浙江省食粮之运销》中，他注意到当时从江西、湖南等内地农村运到宁波的粮食成本居然比从泰国运到宁波的还高。他仔细地分析了运输成本之后，发现原因在于内地的"纯商业费用"偏高。

多年后，北京大学中国经济研究中心教授周其仁谈到张培刚的著作时，仍然记得自己当年初读后的惊喜：张培刚专门把粮食的"运输成本"与"交易费"——也就是单纯的市场费用分开考察，并且极见功夫地总结出，市场交易费的减少，可视为交易机构有了改进的标志。指出"这是一位中国学者对交易费用及其经济影响的独立发现与独立运用"。

"交易费"概念的清晰提出，让后来者惊异于张培刚的学养。科斯举世闻名的"交易费用"概念最早发表于1937年，张培刚在研究浙江米市的时候，不但独立使用了"交易费"概念，还斩钉截铁地指出了节约交易费用与组织的关系。经济发展不能离开制度分析，这一点在张培刚的早年研究中已初见端倪。

第三，在发展中国家的农村市场，无论是农民的买方市场，还是他们的卖方市场，都不存在"完全竞争"。张培刚从农村和乡镇所进行的几种调查中发现并认识到，当农民向城镇粮行出售小额稻谷、小麦、杂粮或花生、芝麻、油菜籽等粮食作物或油料作物时，这种市场主要由粮商垄断，农民只有出售与否的选择权，更多的情况下，由于情势所逼，不得不贱价出售，而无讨价还价之力。另一方面，农民所需用的农业生产资料如农药、化肥、农具等市场，同样主要为城镇农业生产资料的商人所垄断。面对农民双重受压的艰难境遇，张培刚印象深刻，心中不平，打心眼里为农民叫屈。至此，也就是为什么他后来考取清华庚款留美生，到哈佛大学学习，在读了一两年基础理论课程之后，又特地选读了"垄断竞争理论"创始人张伯伦（Edward H. Chamberlin）教授的"垄断竞争理论"研讨课和被誉为"美国农业经济学之父"的布莱克（John D. Black）教授的"农业经济政策"研讨课的原因了。

多年后，当张培刚回忆在哈佛课堂讨论时，自豪之情依然溢于言表。课堂讨论时，不少美国同学的发言，大多是从新近出版的书刊上引经据典。比如：完全竞争的情况，现在大城市里和大工业里已经很少看到；倒是在农产品和乡村市场上，由于农民人数多，且又分散，因而他们对出售的价格和产量难以控制，所以完全竞争还是存在。有6年农村经济实地考察经历的张培刚持不同意见，大胆地反驳这种观点。他说：农民参入市场人数多，只说明农民这一方难以形成垄断力量，而另一方面粮商或农业生产资料经营者，在小城镇只有三两家，甚至一家，易于形成垄断，正好印证了张伯伦讲授的独家垄断理论或寡头垄断理论。同学们听后，先是愕然，继而觉得张培刚的发言既新鲜，又很有说服力。而在一旁倾听的张伯伦和布莱克，每每听到张培刚在讨论课堂上的发言，脸上便会情不自禁地露出满意的笑容，频频点头称是。张培刚撰写博士论文《农业与工业化》时，就在第二章第四节"农民作为买者与卖者"中，把他的这一不同于当时一般外国学者的重要而又新颖的观点，写进了文稿里。

第四，通过上述几种有关经济问题的调查研究，特别是广西粮食问题的调查研究，张培刚初步认识到并提出了食粮与经济活动的区位化理论。他认为粮食生产的地域分布与人口定居的方式之间有区位化关系。在农业国家或经济比较落后而工业化尚未开始进行的国家，人口的分布主要是由粮食的生产所决定的。在研究广西粮食经济结构的特点时，他曾和徐坚一起讨论，并以笔绘制成两图，以表明稻谷种植的分布情形和人口定居的分布情况，惊喜地发现了两图完全符合，进而悟出了粮食生产分布决定人口定居分布的区位化关系。同时，他还提出了粮食生产的区域分布与粮食加工工业及有关手艺如碾米、磨麦（面粉厂）、酿酒、榨油、打豆腐等手工业和作坊的区位化关系。前者不仅可以决定后者的区位，而且还可以决定后者的形态和活动。

1943年，张培刚在哈佛大学学习的第三年，师从经济史学大师厄谢尔（A. P. Usher）。读完欧洲经济史课程之后，又读到厄谢尔刚刚刊印的《经济活动区位理论的动态分析》，使他对上述问题有更深入一层的体会。张培刚认识到，这种区位理论的动态方法，能指出各个历史阶段基本区位因素的变迁，而这种基本区位因素正是其他各种经济活动的中心。例如新的区位动态方法就曾发现，从18世纪到20世纪，以食粮为主的区位形态，演变为以煤炭为主的区位形态。至于变迁的原因，则是普遍应用现代动力于工业上的缘故。这样，他更加理解到，以食粮作为主要区位因素，乃是经济欠发达国家在工业化开始之前的一个普遍特征。

第五，通过数年的农村经济调查，张培刚还认识到一个根本情况，那就是我国农民家庭每年的辛勤劳动所得，一般抵不上缴纳地租和缴纳政府捐税的负担数额。在20世纪30年代中期，张培刚曾用调查研究所得的资料，写成《我国农民生活程度的低落》一文（载于《东方杂志》1936年新年特大号），大声疾呼社会人士和政府当局要重视农民生活日益困苦的问题。

在研究所6年间，张培刚除了深入实地调查之外，对该所坚持每两周举行一次的读书会制度，非常赞赏。所里的每次读书会，总是由事先指定的一位研究人员，就自己的专题研究成果或进行中的问题向大家做出报告，然后开展询问和讨论。这样，既有利于相互交流研究经验，又可以扩大学术上的知识境界。张培刚说，后来他之所以那么快就能适应哈佛大学的教学模式，所里的每次读书会，对他影响巨大。

可以说，张培刚的经济学从一开始就不是"权贵市场经济学"，而是立足乡土中国的接地气的经济学，不管是出身乡村，还是大学毕业后的这份与乡村经济密不可分的研究工作，都为张培刚此后在哈佛崭露头角甚至大放光彩，奠定了一份独特的平民主义的精神底色。这是贯穿张培刚学术生命的一根主线。

张培刚接受中央电视台《大家》栏目访谈时，曾动情地叙述其学术生命的心灵动机："我总是心里有他们，还是有他们。农田耕作的艰苦我亲自尝到过，怎么把它现代化、改进，那就是我心目中，总在考虑的一个问题。所以农业后头还要加一个工业化，主要就是农业国如何工业化。"带着浓重乡音的饱含深情的肺腑之言，真诚朴素，感人肺腑。

五、报考清华庚款留美生

1938年，抗日战争正面战场接连失利，武汉沦陷，长沙危殆，西南诸省形势紧张。中央研究院社会科学所被迫由广西阳朔辗转流离至云南昆明。几经迁徙，研究所元气大伤，不少珍贵图书在战火中遗失。

在张培刚的记忆里，有着2400多年历史的昆明，不仅是他喜欢的中国城市，也是他人生转折的福地。这里四季如春，花草满地。当春天来临的时候，城中的滇池或翠湖有从遥远的西伯利亚贝加尔湖飞来避寒的红嘴鸥。

1940年早春，张培刚与张之毅向社会科学所告长假，张之毅赴陕西西北农林专科学校任教，张培刚在昆明得知，因战乱而停顿了数年之久的第五届清华庚款公费留美考试委员会将在全国招生，并于1940年8月分别在昆明和重庆两地同时举行考试，共招收16名，外加林森奖学金1名，每一个科目1名，其中绝大多数为理工科门类，而文科只有2名，即经济史1名、工商管理1名。

"庚款留学"是美英等国出于自身利益考虑，"退还"《辛丑条约》强加给我国且已多收的巨额赔款（即"庚子赔款"，简称"庚款"），用于培养留美、留英中国学生的特殊留学活动。庚款留美考试和庚款留英考试，是民国时期最著名、也是竞争最激烈的公费留学考试。

听到这个令无数青年学子激动的好消息，张培刚为之一振。和无数爱国青年一样，张培刚饱受着日军侵略之悲愤，备受着战火煎熬之痛苦，正苦于救国无方的他，心情顿时犹如昆明百花齐放的春天，格外明朗起来。国难当头之时，面对满目疮痍的中华大地，他更清醒地意识到，具有悠久文明的中华民族，而今之所以如此饱受欺凌，最重要的原因是落后就要挨打。"天下兴亡，匹夫有责"，张培刚认为自己既不能效命疆场，那么就有责任为民族的生存与发展做些什么。他决定报考"工商管理"，抓住这次难得的出国深造的机会，立足中国，面向世界，借鉴人类文明的成果，探求贫穷落后的农业大国如何转变为工业强国的可行路径，从而实现自己"实业救国"、"教育救国"的梦想，找一条书生的报国出路。

据招考简章告示，除英语外，工商管理科须考5门专业课程，即经济学、货币与银行、劳动经济、成本会计、工商组织与管理。面对难度巨大而录取名额有限的考试，张培刚不由得心里一阵发紧，担忧之情油然而生，他知道既然是全国招考，优秀考生数不胜数，加上当时他已离开大学课堂五六年，在研究所里主要是从事农业和农村问题、特别是粮食和其他农产品运销问题的调查和研究工作，如要参加考试，也就意味着必须对这几门考试课目认真准备，重新下一番苦功。面对前路的艰难，一向不认输的张培刚决心背水一战，租居复习，积极备考。

为了更好备考，张培刚先在离昆明40公里处的安宁县温泉庄租赁房屋备考，后为方便查找资料，又迁居昆明铁局巷13号华中大学驻昆明办事处复习。当时他除了阅读了本所图书馆相关书籍外，还托友人向西南联大、云南大学图书馆和其他内地迁来的研究机构借书，5个多月的时间，他阅读了200多册国内知名教授有关所考科目的专著、教材或论文。他的读书方法是，先进行选择性的通读，然后再择重要者精读，摘录笔记。备考的那段日子里，他几乎每天只睡眠三四个小时，累了和衣躺一躺,饿了随便吃一顿菜糊糊,心无旁骛,潜心苦读,以头悬梁锥刺股的精神和毅力,用心准备考试。

转眼便到了8月笔试的时间,笔试是在昆明云南大学一间教室内举行,连考三天。总监考教师是西南联大教务长,当时赫赫有名的社会学家、独脚教授潘光旦。英语考试一上午只考一篇作文,得益于张恕生、胡稼胎、骆思贤三位老师坚持每两周一篇英文作文的教学,考得优秀成绩。劳动经济课目考了斯达汉诺夫运动,因复习的时候,张培刚认真研读了陈达教授的《劳工问题》一书,因此此题答得很是满意。

1940年8月,日军入侵越南,进占河内,并乘势北进,大批法军及越南难民纷纷逃入中国境内,云南受到了威胁。滇越边境形势相当紧张,日军随时都有可能利用滇越铁路、滇越通道进攻云南。研究所已再度迁至四川内地乡镇李庄。张培刚在给万先法的《和台北挚友万先法兄》的诗的注释中写道:

> 1940年秋冬间,之毅兄早已去渝(重庆),我应试已毕,滞留昆明,等候发榜。此时华中大学西迁大理喜洲镇之各项工作,即将告竣,铁局巷办事处亦将撤销。当时我和先法兄住膳一起,他将赴喜洲,与学校及家人团聚,我则扁舟一叶,何处栖身?我既不愿回研究所,又不愿另觅工作,而清华何时发榜,无人知晓,我岂能虚掷光阴,长此等待?!先法兄劝我同赴大理喜洲,观光苍山洱海,我也想利用数月时间,整理手边已有资料,撰写出"中国粮食经济"一书,于是欣然同意一起西行。大约十月或十一月间,先法兄雇人将铁局巷什物及学校图书资料、仪器设备等,装箱打捆,并雇一民船,先法兄和我押运。沿途小河流水,绿树黄花(油菜花),风光如画,景色宜人。尤其是隐约记得晚上明月当空,勾起游子阵阵乡思。船行三数日,到达久负盛名之洱海,水色碧绿如珠,远望苍山,天海相连,既秀丽,又壮观。江山如此多娇,令人无限神往,敢

不奋发,重振中华?舶舟起岸后,陆行至喜洲镇。①

1941年4月,张培刚忽然接昆明友人来信,还另附了一张报纸的剪报,载有"清华留美公费考试发榜"的消息和17名录取名单。张培刚是武汉大学毕业生中考上庚款公费留美的第一人,是该次考试所录取的仅有的2名文科类考生之一。

这是当时报纸上刊登的"清华留美公费考试发榜"名单。文科2名:张培刚(工商管理)、吴保安(经济史,按:吴保安即吴于廑);理工科15名:屠守锷(航空工程)、叶玄(汽车工程)、孟庆基(汽车制造)、吕保维(无线电工程)、梁治明(要塞工程)、陈新民(冶金学、林森奖学金)、黄培云(冶金学)、胡宁(金属学)、励润生(采矿工程)、陈梁生(土壤力学)、汪德熙(化学工程)、朱宝复(灌溉工程)、黄家驷(医学)、蒋明谦(制药学)、陈耕陶(农业化学)。手捧友人寄来的剪报,张培刚极为高兴。万先法等当即设宴为他庆贺。虽然酒桌上总共也只有三个素菜,但大家都为他能考上清华庚款留美生而发自内心地感到骄傲,高兴的劲头十足。

过了数日,张培刚接到第五届清华庚款公费留美考试委员会正式通知,告知他已被录取,"清华留美考委会"为他指定和聘请了武汉大学教授杨端六、清华大学教授陈岱孙为留学导师,以备他留美选校及其他有关事宜的请教和咨询。

武汉大学教授杨端六不光是张培刚的恩师,还曾是蒋介石的"老师",是毛泽东的"党国故人、学术师友、社会旧朋"。在武汉大学任教期间,他曾主讲工商组织、货币与银行、货币学等课程,他所编写的《货币与银行》、《现代会计学》等专著,均为全国教材。而清华大学教授陈岱孙享誉士林,是我国著名经济学家、教育家,他的一生是中国知识分子与"家国共命运"

---

① 《与台湾老友万先法诗函交往》,谭慧编:《学海扁舟——张培刚学术生涯及其经济思想》,湖南科学技术出版社1995年版,第56页。

的典型代表。18岁就读清华，20岁留学美国，26岁获得哈佛大学博士学位，27岁归国任教清华。1952年院系调整后改任北京大学教授、经济系主任。著有《经济学说史》、《从古典经济学派到马克思：若干主要学说发展论略》等。在张培刚的印象中，陈岱孙身材颀长，风度翩翩，玉树临风，处事干练。两位教授可谓张培刚留美期间的恩师与引路人。

至此，世人瞩目的哈佛大学向张培刚敞开了怀抱！

第四章 留学哈佛

美国独立于1776年，而哈佛大学成立于1636年，比美国建国还要早上100多年，因此在美国有着"先有哈佛，后有美利坚"的说法。

哈佛大学是一所在世界上享有顶尖大学声誉、财富和影响力的学校，被誉为"美国政府的思想库"，在世界各研究机构的排行榜中，经常名列全球大学第一位，其商学院案例教学也盛名远播。翻开哈佛的校史，可谓光耀世界夺人眼目，美国许多政治家、诺贝尔奖得主都从这里走出。学校还培养了一大批世界级的学术创始人、政治家、思想家、科学家、文学家、职业老板。在中国，哈佛似乎就是世界级名校的代言。因此，以"求是崇真"为立校兴学宗旨的哈佛大学，不仅成了美国人眼中耀眼的"明珠"，也是全球青年人最梦寐以求的地方。

哈佛位于波士顿的剑桥城，极具英格兰风情，与麻省理工学院比邻而居，历史悠久，文化底蕴深厚。校园的古老建筑都是古朴的红砖外墙，厚重沧桑，绿草如茵，鲜花匝地，环境清幽。莘莘学子无不被这所校园所折服，并深深爱上这个求学知识的圣地。张培刚在这里度过5年求学生涯。

一、远渡重洋

1941年5月初，张培刚如期前往昆明西南联合大学内"清华留美考委会"报到，并于6月间奔赴重庆办理出国留学护照等手续。办手续期间，每隔几日，日军飞机便要对国民政府陪都重庆进行狂轰滥炸，老百姓苦无宁日。每当警报拉响，特别是紧急警报响起，人们便抱头躲藏，四处找防空洞。

在重庆办完出国手续后，张培刚立即乘飞机到香港美国驻港领事馆接受体检。当时，中国人被视为"东亚病夫"，因此体检这一关非常严格。凡有脚气、沙眼者，都视为不合格。张培刚被检查出了沙眼，只好留在香港治疗半个月后，方获得签证。直到办妥繁琐的出国和乘轮船手续，张培刚才真正舒了口气。

根据清华留美考委会的安排，17位清华庚款留美生将分批乘船出国。为了到美国上岸时免遭不必要的麻烦，按当时惯例，庚款出国留学生都坐头等舱，每张票价高达500美元。张培刚因治疗沙眼在香港滞留半月，于是便和灌溉工程专业的朱宝复一起，在香港乘"哈利逊总统号"特大客轮，经太平洋赴美。

第一次领略大洋的风景，第一次见识如此大型的客轮，张培刚格外兴奋。头等舱堪称豪华，每人一间房，室内设备齐全；船上有舞厅、网球场、游泳池、娱乐厅；餐饮品种丰富，由服务生送至房间。早餐有鲜果汁、牛奶、咖啡、火腿、面包、黄油、果酱。特别是晚餐，更是丰富。每逢礼拜五，按西方习惯，不食肉类，但必有味美的鲜鱼供应。张培刚所坐的头等舱，以中国人居多。除几位留学生和中国商人外，还有一位当时在国内已小有名气的画家张大千和少数从香港上船的中国人。

第一次乘坐海船，对于那些呕吐不已的晕船人，则是度日如年痛苦万分，可张培刚感觉既浪漫又有趣。海船在浩瀚无际的大海里，翻腾起伏，踏浪前行。开始数日，大家对乘坐海船感到颇为新鲜，但日子一长，放眼望去，天天都面对着蓝色的海洋，不免就有一种轻微的寂寞感涌上心头。为了消磨时间，张培刚和几位随行的留学生，有时在一起打打桥牌，或各自浏览图书杂志。在太平洋上坐了整整23天海船后，终于抵达美国西部海岸旧金山。

抵达美国旧金山的时间是夜晚，旧金山的夜灯火阑珊，看上去一片繁华。上岸时,前来接船的是吴忠亚侨居美国的堂弟吴忠华。令张培刚等感激的是,吴忠华让初来异国他乡的留学生们感受到了同胞的热情与友好,他还亲自陪同他们在旧金山和伯克利加州大学等处游玩了三日。尽管三天游览仅是走马观花,但给张培刚印象最深的是,美国真是个社会繁华有序、人们待人彬彬有礼的国家。

三日后,张培刚一行留学生乘公共汽车赴波士顿,又由波士顿坐数小时的汽车到达哈佛大学所在地康桥。在康桥一下火车,迎接张培刚的是同期考上哈佛大学的吴保安。同学相见,先是哈哈大笑,随即紧紧抱在一起。随后,吴保安将张培刚安住在哈佛大学附近的伊尔文街(Irving Street)16号。房租每月16美元,房东是一位年近六旬的英国移民爱尔兰老太太。老太太热情大方,身体高大强壮,十分和善,特别是笑起来的时候,更是和悦万分。初来乍到,为表示友好,张培刚第二天热情邀请房东老太太共进午餐。很快,房东老太太十分喜欢这个来自东方古老国家的小伙子张培刚了,因此当感恩节(Thanksgiving Day)来临的时候,老太太热情邀请张培刚去她乡下老家一起欢度感恩节,两人相处得十分融洽愉快。

二、初入名校

1941年9月中旬,张培刚满怀憧憬进入哈佛大学工商管理研究生院,学习制图学、时间研究、动物研究、产业组织、运销学、采购学、统计管理、会计管理等实用课程。学习过程中,令张培刚印象最深刻的是"案例教学"这种教学法,它使张培刚较快地和较深入地了解到以美国为代表的现代工业社会的一些具体情况和特点,并结合参观工厂、农场、林场,更加深了他对现代资本主义的感性认识。

这里荟萃了最优秀的教授专家,就经济系而言,师资阵容空前整齐，名家汇聚，可谓极一时之盛。有以"创新理论"而蜚声国际经济学界的大师熊彼特，有以撰写"垄断竞争理论"而闻名的张伯伦，有被誉为"美国农业经济学之父"的布莱克，有被誉为"美国凯恩斯"的汉森（A. H. Hansen），有以研究技术革命为中心线索的经济史学家厄谢尔，有以《繁荣与萧条》一书而享名的国际贸易专家哈伯勒（Gottfried Haberler），还有当时比较年轻的以倡导"投入—产出法"而崭露头角、后来获得诺贝尔经济学奖的里昂惕夫（Wassily W. Leontief），等等。张培刚在这些导师们的教导下，学习经济学原理、经济史、经济思想史、农业经济、货币金融、国际贸易等课程，使他视野开阔，受益匪浅。

哈佛大学图书馆，可以说是知识的海洋，各类学科的图书都很齐全。张培刚每天不分白天黑夜，足不出户，以读书为最大的乐事，博览经济类以及相关学科的英文、法文、德文的书籍，吮吸着丰富的知识养分。他特别喜欢哈佛"根深叶茂，本固枝荣"，注重夯实基础知识的思想。

然而，哈佛求学时期的张培刚并非只是会读书的书呆子，他爱好广泛。5年的哈佛岁月，给这个农家子弟的精神世界打上了"哈佛"烙印，他喜欢听交响乐。晚年在夕阳西下时坐在华中大招待所的沙发里，面对来访者他这样追忆自己在康桥的青春岁月："每逢星期日，我花2角钱坐地铁，到波士顿城市音乐厅，买张5角钱的学生优待票，进音乐厅在楼上坐下听巴赫、贝多芬等的古典音乐。"有时候，他还会"花几角钱吃一顿简易快餐"。直到他90多岁高龄，仍然喜欢每周到麦当劳吃一个麦香鱼汉堡，身心得到休憩，怡然自得其乐。他说虽然在哈佛一年的学费要400美元，他的生活费不多，但是他每周都会省出5角钱去音乐会听古典音乐。

三、艰辛打工

1941年12月7日（美国时间），张培刚在哈佛大学上课还不到一年，正坐在教室里聚精会神地听张伯伦的经济学原理课，忽然学校的高音喇叭响起，通知全校师生立即停止上课，紧急集合到哈佛校园聆听总统讲话。大家迅速离开课堂，进入校园广场。当即从学校的高音喇叭里，传来美国总统富兰克林·罗斯福发表的《国耻演说》。罗斯福愤怒激昂地揭露日本偷袭珍珠港的不光彩暴行。他要求全国人民团结起来，统一资源，包括人力和财力，并且号召适龄青壮年要以保卫祖国的爱国精神，积极服兵役，打败日本侵略者。第二天，美国各大报纸、电台、电视台等媒体也相继披露了这一严重事件。

这时，张培刚和同学们才真正了解了"珍珠港事件"的经过：1941年秋冬，日本一方面与美国谈判，一方面却秘密调遣兵力，日本联合舰队在司令山本五十六大将指挥下，于12月7日凌晨在美军毫无戒备、美国人民毫无思想准备的情况下，偷袭美国在太平洋最大的海空军基地——夏威夷群岛的珍珠港，击沉与重创8艘战列舰、3艘巡洋舰和3艘驱逐舰，188架飞机被摧毁，并造成2402人阵亡和1282人受伤，美国太平洋舰队几乎全军覆灭。

"珍珠港事件"让美国人认识到日本军国主义称霸世界的野心，唤起了他们的爱国热情，也给中国抗日带来了不可估量的意义。日军偷袭美国珍珠港后，日本的战略重心从中国转向太平洋。翌日，美国向日本宣战，并呼吁世界各国对日本实施贸易制裁。12月9日，中国国民政府正式向德、意、日宣战。不久之后，除了苏联保持中立以外，英国等同盟国也对日本宣战。从此中国不再独立对日作战，中国抗日战争正式成为第二次世界大战的一部分。

美国加入世界反法西斯阵营，令张培刚这些中国爱国留学生振奋不已。自1937年"七七事变"全民族抗日战争开始以来，中国片片国土沦丧，百姓妻离子散四处逃亡。而美国却一直仅限于道义上的支援，始终抱着隔岸观火的观望态度。美国参战大大加强了世界反法西斯的力量。

美国在卷入战争之初，美军对日军作战并不顺利，接连遭受惨重损失。这使他们认识到中国军民孤军奋战长达四年之久的抗日战争，是何等血泪交织代价巨大，是何等壮怀激烈可歌可泣，也从而认识到中华民族是个真正不屈的民族，中国人是很顽强很了不起的群体。因此，自觉不自觉中，美国人逐渐转变了对中国人的看法，看中国人的眼神温和了，对中国人也友好不少。美国人看中国人的态度，深深刺痛了张培刚，使他深深地感受到，出国在外的留学生和华侨，个人的前途和命运是与祖国紧密相连的。

美国参战，太平洋战争爆发，美、英、中和苏联结成同盟，抵抗德、意、日法西斯。美国派军队到中国和日军所占领的东南亚等地作战，在部队出发前，官兵须学习简单的中文和日文（包括口语和文字），这就需要大量的中文和日文课本及参考书等教材。于是，美国政府委托哈佛大学承办此事。校方请赵元任教授负责中文教材。为编印中文教材特别需要人手排字。当时印刷排版全凭手工进行，就是用手在一排排木架上装满铅字的盒子里检字，一个一个字排列成版。赵元任聘请一名华侨主管此事，并推荐张培刚和吴保安、韩德培、任华做中文的排字工作。

按庚款留学条例规定，第五届庚款留美学生，每人每月应发生活费计90美元。但因抗战时期，中国政府对各项开支费用均打八折，因此发给张培刚的生活费也打了八折，每月实际所得仅有72美元。这点费用不仅无钱购买书籍，甚至连日常的伙食标准也难以维持，于是张培刚等四人就接受了这项排字工作。

由于上课时间很紧,每周只能抽出三个晚上,从7点干到9点。一个晚上两小时计报酬2美元。这样,每月可以有24美元的收入。张培刚省吃俭用,还用余钱购买了不少图书刊物。

一边紧张地学习,一边打工,张培刚整整干了2年。后来中国留学生监督处了解到庚款留美学生的生活费被打折的情况,由该处主管孟浩反映到国内,1943年才将大家每月的生活费提高到100美元。到此张培刚才没有继续打工了。他加选课程、阅读有关参考书刊,专心致志准备博士论文,直到博士论文撰写完毕和通过答辩。

留学生涯是非常艰苦的。据说,当时旧金山的报纸是这样形容这些中国留学生的,"身穿西装,头戴宽边帽,脚蹬箭头皮鞋;他们默默无语地漫步在美国街头,看上去很聪明。除了部分'清华庚款'公费留学的学生外,大多中国留学生来自殷实之家,因学业优异而被选中留学。他们都是想学现代科技报效国家的英才,可是他们在美国的未来生活,只能找到连美国工人也不愿意做的活,在重工业、化学业的工厂和矿山为没有技术的苦力干活。他们只能当一般学徒,工资比普通工人还少。"在张培刚眼里,尽管这些在国外的中国人备受屈辱,却为中华文明而自豪,并将自己视为将来的栋梁。

四、拜访赵元任学监

张培刚进入哈佛大学工商管理研究生院学习一段时间后,依照临行前指导他出国的陈岱孙、杨端六两位导师的叮嘱,到波士顿后,一定要代他们去看望清华留美学生监督赵元任教授,以表谢意与尊重。

一提起赵元任先生,很多中国人都知道他。那首由刘半农写词、由赵元任谱曲的《教我如何不想她》脍炙人口,受到国人的喜爱。20世纪30至40年代初期,中国尚无收音机,只有留声机，留声机常常播出这首词曲抒情、旋律优美的歌。多年以后，张培刚仍记忆犹新。

　　天上飘着些微云，地上吹着些微风。啊！微风吹动了我头发，教我如何不想她？月光恋爱着海洋，海洋恋爱着月光。啊！这般蜜也似的银夜，教我如何不想她？

　　水面落花慢慢流，水底鱼儿慢慢游。啊！燕子你说些什么话？教我如何不想她？枯树在冷风里摇，野火在暮色中烧。啊！西边还有些儿残霞，教我如何不想她？

后来，当张培刚听说这首歌是作者在异国他乡思念自己的祖国而创作的，顿时被作者的爱国情怀所感动。因此，每当深情唱起《教我如何不想她》这首歌时，张培刚就倍加敬佩这些前辈。

赵元任博学多才，自幼精通音律，是与梁启超、王国维、陈寅恪一起被称为清华"四大导师"的杰出的语言学家。1909年他考取了留学美国的官费生，1910年入康奈尔大学主修数学，选修物理、音乐。向姜斯东（E. Johnstone）学习作曲，向夸尔斯（J. T. Quarles）学习钢琴与和声，向席佛曼（S. P. Siwerman）学习钢琴，还上过多年的声乐课。1914年获数学学士学位。在康奈尔大学哲学院研究一年后，1915年在哈佛大学主修哲学并继续选修音乐。1918年获哈佛哲学博士学位。曾在国内外执教过物理学。1921年再入哈佛大学研究学习语音学，继而任哈佛大学哲学系讲师、中文系教授。1925年6月应聘到清华国学院教授数学、物理学、中国音韵学、普通语言学、中国现代方言、中国乐谱乐调和西洋音乐欣赏等课程。因此，张培刚等考上清华庚款的几位哈佛同学，对赵先生可谓心仪已久。

1941年秋天，张培刚到哈佛后因一直忙于适应哈佛学习，直到1941年12月"珍珠港事件"发生后不久，才抽空和吴保安、吕保维三人到了康桥行者街（Walker Street）27号，登门拜谒赵元任先生。赵元任的家整洁温馨，有着浓郁的艺术气息。

赵元任早已知道这批清华庚款留美学生。17名清华庚款留美学生中，除了张培刚、吴保安、吕保维等在哈佛学习外，大多数学理工的则在麻省理工学院学习。初次见面，张培刚、吴保安、吕保维三人先各自向赵先生作自我介绍。赵元任请他们一一入座，赵夫人热情接待。

有着大家闺秀风范的杨步伟师母，眉清目秀，是一位热心肠的长者，她和赵元任育有四位女公子，长女如兰亭亭玉立，聪慧过人，后成为美国哈佛大学音乐教授，二女儿新娜温柔漂亮，年幼的三女、四女十分可爱。

初次拜访后，张培刚等也渐渐与赵元任一家熟悉起来，继而成了赵元任家的常客。赵先生和杨师母为人和善，热情好客，每逢年过节，就会邀请张培刚这些留学生到家相聚，而每一次都是高朋满座。赵元任不爱讲话，面带笑容，和蔼可亲。有时胡适也到赵家做客。胡适口才极好，常常谈笑风生。杨步伟师母总是热情招待大家，经常亲自下厨，然后将做好的可口菜肴摆满桌子，以自助餐的方式，随意用餐，俨然一个大家庭，其乐融融，令张培刚这些身在异国他乡的游子，有回到"家"的感觉。

对于赵元任一家给予的关心和温暖，张培刚感激在心。为表达心中的感激，1942年圣诞节，张培刚买了一本绛红色面壳的《Webster Dictionary》（《韦氏词典》）送给赵如兰、赵新娜姊妹俩，还特别用心地按平平仄仄、仄仄仄仄、平平平平、仄仄仄仄的音韵对仗，在扉页上写上：

  台旁益友，真是假否。常相切磋，不忍释手。

  兰新室惠存

    张培刚赠 1942年圣诞节 美国麻省康桥

准备好礼物后，张培刚和哈佛同学杨联升一道送到赵元任家。有着哈佛大学中国留学生"三杰"之称的杨联升，才思敏捷，天赋过人，是被美国哈佛誉为"协力培育与造就美国汉学的先驱学者之一"。1933年同时考取北京大学中文系和清华大学经济系的杨联升，成为哈佛研究生后，是赵元任门下语言学的高足，他曾受知于赵元任，协助赵元任教汉语、编辞典，研究汉语文法，他曾称他与赵先生："岂仅师生谊，真如父子缘。"杨联升为人忠厚老实，喜交朋友，与人来往坦诚相待，与赵元任一样多才多艺。杨联升1942年获得哈佛大学硕士学位，1946年获博士学位。

令张培刚得意的是，当赵元任接过他送上的圣诞礼物，特别是看到他的题字时，笑容满面，点头赞许，并当即让王珉源铺上宣纸，用毛笔大字转抄，贴在客厅的墙壁上。当晚，大家一起相聚在赵家共度平安夜。兴奋之余，张培刚还将平安夜的英文歌词，翻译成了几句中文，其中有两句是"夜的神圣，夜的光明……"歌词优美动人，朗朗上口，一时间，十几人边喝酒，边扯起嗓子高声欢歌。

酒过三巡，因饮酒过量，张培刚迷迷糊糊中，也不知道自己怎么就一人溜了出去，更不清楚自己是怎么跑到赵元任家楼底堆放杂物的储藏室的。当大家发现张培刚不在房里时，四处寻找。最后，赵新娜想到楼底堆放杂物的储藏室，一进去就看见张培刚躺在储藏室阶梯上睡着了。赵新娜连忙将张培刚叫醒。张培刚两眼朦胧，昏昏沉沉地回到房里。此事后来成了哈佛同学中的笑话一则。

后来麻省理工学院的留学生力学博士卞学璜、冶金学博士黄培云成了赵家老大、老二的乘龙快婿。20世纪90年代初，卞学璜、赵如兰夫妇应邀来华中理工大学讲学，张培刚与他们相聚时谈起那个圣诞节，依然是那么的温馨那么动人，仍感亲切无比。

五、结缘胡适博士

1942年秋冬间,全世界青年联合会在美国华盛顿召开会议。召开这次会议的起因和宗旨是:20世纪30年代中期,德、意、日法西斯肆无忌惮、横行霸道,在欧洲和亚洲开辟战场,发动侵略战争,使被侵略国家的人民饱受战争的蹂躏。随着1941年12月7日发生日本偷袭珍珠港事件,美国对日宣战,太平洋战争爆发,国际反法西斯同盟正式形成。欧洲和亚洲的青年们借此时机,提出倡议并积极筹划召开全世界青年联合会会议,希望通过此次华盛顿会议,号召全世界青年联合起来,争取美国的支持和援助,凝聚和壮大反法西斯的力量。

会议共开了3天,共有会议代表800余人。张培刚因学业优秀品行端正而被评选为哈佛大学中国留学生代表,参加这次会议。赵如兰、赵新娜也参加了这次会议。各国青年代表聚集华盛顿,气势高昂。

第一天上午,代表们在大会上就国际形势纷纷上台发言,个个义愤填膺,声讨法西斯暴行,号召全世界青年团结一致,打败侵略者。之后分组讨论,继续发言。

按照会议安排,第二天上午美国总统罗斯福及夫人接见与会的代表。罗斯福是美国连任四届的总统,也是被美国人视为该国历史上最伟大的总统之一,在国际上也享有很高的威望。那天上午天气晴朗,代表们鱼贯进入白宫广场,有序地在广场上席地而坐。罗斯福早年患脊髓灰质炎致双腿瘫痪,当坐着轮椅的罗斯福总统和夫人面带微笑,出现在白宫二楼的凉台上时,全场一片欢呼。罗斯福坐在轮椅上向代表们招手致意,并发表了简短的讲话,表示欢迎来自各大洲的青年代表,也表示支持反法西斯的正义主张。这次接见的情形,在电视上曾多次播放。从电视画面上,张培刚看见自己坐在第二排靠边的位子,凝神静气地聆听着罗斯福的演讲。反法西斯战争即将取得胜利前，罗斯福于 1945 年 4 月 12 日因突发脑出血去世，张培刚为自己在罗斯福有生之年能见到他而感到是一件幸事。

在会议休会时，张培刚和赵如兰、赵新娜一道，到华盛顿中国驻美大使馆拜见了中国驻美大使胡适和被胡适聘请到大使馆担任法律顾问的周鲠生。胡适与赵元任系清华庚款早期留学美国的官费生，同入康奈尔大学，是相交甚早的朋友；而周鲠生则是张培刚母校的恩师。

胡适，原名嗣穈，学名洪骍，字希疆，后改名胡适，字适之，安徽绩溪上庄村人，因主张白话文代替文言文而成为新文化运动的领袖之一，是美国人眼中中国文化的代表之一。胡适在美国康奈尔大学先读农科，后改读文科，1914 年入哥伦比亚大学攻读哲学。胡适兴趣广泛，著述丰富，在文学、哲学、史学、考据学、教育学、伦理学、红学等诸多领域都有深入的研究。

胡适深受赫胥黎与杜威的影响，自称赫胥黎教他怎样怀疑，杜威教他怎样思想。因此胡适毕生宣扬自由主义，提倡怀疑主义，并以《新青年》为阵地，宣传民主、科学。毕生倡言"大胆的假设，小心的求证"、"言必有征"的治学方法。

1938 年，47 岁的胡适担任中华民国驻美国特命全权大使。之后，在美国从事外交工作的五年中，胡适经常赴美国各地演讲，宣传国民政府的对日政策，呼吁美国政府和人民同情并支持中国抗战，阻止武器和重要军需原料继续输入日本。胡适渊博的学识、雄辩的口才，赢得了美国听众的共鸣。

张培刚见到久闻大名的胡适博士，就立即被他浑身散发出来的儒雅气质和见识广博的不凡谈吐所折服。身为驻美大使，胡适待人温文尔雅，和蔼亲切，没有一点官员的架子。当周鲠生向胡适介绍张培刚在武汉大学学习期间年年拿奖学金的情况时，惜才爱才的胡适面带微笑地走到张培刚的面前，轻轻拍了拍张培刚的肩膀，以长者的语气叮嘱张培刚在哈佛好好学习，将来为国效力。站在一旁的周鲠生，也关切地询问张培刚在哈佛学习的情况，并建议他完成学业后，邀约几位基础扎实、学习好的同学回到武汉大学执教。

谭崇台曾回忆："那是 1944 年冬，我和同班同学陈文蔚一道，经过长途跋涉，风尘仆仆赶到哈佛。到了麻省康桥，想住进总司令宾馆（Commander Hotel），按照当时的规章，没有提前预订是无法入住的。我们两个青年书生初来乍到，人生地不熟，帐房问我们是否认识'胡博士'，听口气似乎认识'胡博士'就可以住下，我俩赶紧说认识，尽管连'胡博士'是谁我们都不知道。

稍作休息后，我们开始猜测，那'胡博士'到底是谁？在帐房的指点下，我们到二楼一个房间去拜访他。敲门进去，看见两个人，其中一个中等身材，风度翩翩，就是'胡博士'，另一位是著名语言学家丁声树。我们当时都不认识他们，只是礼节性地谈谈话。那位胡博士问我们是从哪个学校来的，我们说是武汉大学，他马上接着问，'那你们是否知道张培刚？他在这里很有名气。'

我还没有到哈佛时，就知道张培刚。因为能够考上庚子赔款出国深造是 20 世纪上半叶中国国内有志知识青年所共同向往的事情，通过这一途径，我国早年培养了大名鼎鼎的胡适、语言学家赵元任、气象学家竺可桢等。自 1933 年公开招考以来，武汉大学多年来考取庚款留美的就只有张培刚一人，而清华、北大考取的则不少。正由于此，武汉大学一直引以为骄傲和光荣，常以此来勉励历届学生。

我回答只是知道他的名字，但并不认识。胡博士就给我们开了一个介绍信，写上地址'Walter Hastings Hall 8 号 张培刚'，下楼后我们才忽然领悟到，这位胡博士不就是享誉国际，曾任驻美大使的胡适先生么！这封介绍信我一直保存着，可惜在'文化大革命'中遗失了。

第二天我们拿此介绍信见到了张培刚,他给我的印象是一身土气,敦厚朴质,不像有些留学生洋气十足,架子很大。"

六、聆听宋美龄演讲

国际反法西斯统一战线形成后,美、英、苏等国对中国抗战的地位和作用更为重视。1942年10月9日,美、英两国政府同时表示,愿意废除在中国的领事裁判权及其他特权。随后,中美、中英分别举行关于废旧约订新约的谈判。1943年1月11日,《中美关于取消美国在华治外法权及处理有关问题的条约》、《中英关于取消英国在华治外法权及有关特权条约》分别在华盛顿和重庆签署。美国、英国在华治外法权的废除,是中国人民长期进行民族解放运动及要求废除不平等条约的一个重大胜利,也是抗战时期中外关系史上的重大事件。

此时,全民族抗日战争进入最艰难的时期。为向美国政府和人民宣传中国抗战情况,取得美国对中国抗日战争更多的同情和支持,宋美龄作为国民政府的特使于1942年11月27日至1943年7月4日访问美国。作为罗斯福总统夫妇的贵宾,她入住过白宫和纽约郊外海德公园的总统别墅,访问过白宫,与美国政要举行过会谈,在美国国会众参两院分别发表过演讲,与罗斯福总统联合举行过记者招待会,到美国各地参观访问,并发表过一系列成功演讲。1943年2月18日,宋美龄应邀向美国国会议员们发表演讲。宋美龄以略带美国南方口音的英语把中国的英勇抗战介绍给美国政府和人民。她的演讲多次赢得议员们热烈而长久的掌声与欢呼声,有时长达5分钟之久,直至最后全体起立热烈鼓掌。美国《新闻周刊》评论她的演讲"效果是非常惊人的"。

当时电视机还未普及到美国人家庭,这次20分钟的精彩演讲，张培刚是在哈佛校园电视机上倾听的。当时的美国报纸是这样形容宋美龄的："她身穿一件黑色紧身长旗袍，一头柔和的黑发风雅地盘在颈后，她饰带着价值连城的宝石，纤指上涂着红指甲油，脚上穿着透明长筒袜和轻便高跟鞋。"宋美龄先讲了中美两国之间的友好关系，两国人民虽然语言不同，却具有相同的理想，为同一目的而战；接着她机敏地用磨镜台的传说作比喻，说明不能说空话，要用实际行动来实现理想。她说：一千余年前，中国衡山有座古庙，庙中一位住持天天在石井旁磨一块砖，日复一日，年复一年。一天，一个小和尚问他："住持师父，以砖磨石，究何为乎？"住持答道："余欲磨砖成镜。"小和尚说："住持师父，磨砖成镜，不可能也。"住持说："这与你一整日阿弥陀佛以求福祉是同样不可能的。"宋美龄强调盟军应该改变偏重欧洲战场的观点，她认为打败日本比打败德国更为重要。她说："吾人慎勿忘日本今日在其占领区内所掌握之资源，较诸德国所掌握者更为丰富；吾人慎勿忘如果听任日本占有此种资源而不争抗，则为时愈久，其力量亦必愈大，多迁延一日，即多牺牲若干美国人与中国人之生命；吾人慎勿忘日本乃一顽强之民族；吾人慎勿忘日本侵略最初之4年半中，中国孤独无援，抵抗日本之淫虐狂暴。"宋美龄希望美国能把注意力转向日本，摧毁日本的武装力量。她说："日本之武力，必须予以彻底摧毁，使其不复能作战，始可解除日本对于文明之威胁。"宋美龄风度翩翩，意绪泉涌，侃侃而谈，说到感人处，常常被掌声打断。当她谈到盟国应立即击败日本时，全场起立鼓掌。

由于宋美龄在少年和青年时期曾接受过美国教育，她的演讲英语流畅、漂亮，口齿清晰，措辞准确，揭露了日军在中国领土的肆虐暴行，劝说美国应将注意力从欧洲战场转移到日本对中国的侵略。她仪表优美，风度高雅，听众均为之倾倒，赢得了美国总统和美国人民的敬佩，从而使美国国会顺利地通过了拨款的议案。

宋美龄在美国国会的演说,通过无线电向全美广播,引起美国听众的强烈反响。美国朝野人士纷纷写信向宋美龄致敬或邀请宋美龄去游历、演讲,她每天收到信函多达三四千封。美国各界报纸杂志纷纷发表社论和评论,多达三千余篇。

据美国各大媒体报道,2月19日上午,宋美龄与罗斯福在白宫椭圆形办公室联合举行记者招待会,美国各报名记者出席的达173人,人数之多,实属空前。

随后宋美龄又去美国各地演说,所到之处无不引起轰动,人们热烈欢迎,慷慨捐款,支援中国的抗日战争,进一步扩大了中国抗战在国际上的影响。她还被美国《时代周刊》选为1943年的封面人物和风云人物。宋美龄此次美国之行的活动,也随之提高了华侨和中国留学生在美国的地位,张培刚和来自中国的留学生聆听了宋美龄演讲,都为之精神一振。

七、相知同窗好友

哈佛大学无论是校园环境,还是学生的住宿条件,都堪称世界一流。然而,张培刚等庚款留美学生因家境大多比较贫寒,而每月拿到的生活费不高,单靠自己的经济能力不可能住进哈佛校园内条件较好、租金较高的学生宿舍,就只能租住校外的民房。

1940年秋天,张培刚因赴美签证体检时发现沙眼,便留在香港治疗,半月后当张培刚沙眼痊愈启程到达美国波士顿时,哈佛工商管理学院已经开学。于是,等他达到美国时,先他一班船到哈佛的同榜同学吴保安,已为他预先订好了伊尔文街16号的一间房子,月租16美元。很快,张培刚就结识了也租住在这栋民房的国内知名学者方显廷教授。方显廷,耶鲁大学经济学博士,后受南开大学张伯苓校长之聘邀到南开大学执教,与另一位耶鲁大学博士何廉,主持南开的经济研究所,成绩卓然,名气很大。当时方显廷是作为访问学者来哈佛的。邻居兼师长的方显廷给予初到异国他乡的张培刚很多关照。

不久,张培刚又结识了一位新朋友,是一位年长张培刚十多岁的美国同学,名字叫牛顿·伯克(Newton Peck)。即将继承祖母一笔遗产的牛顿·伯克,对中国文化颇有兴趣,十分向往到古老的东方中国去看看。为了更多了解神秘的东方古国,牛顿·伯克主动邀约张培刚和他合租一套两室一厅学生宿舍,每月租金约80美元,而张培刚依然每月只需交16美元,其余租金由他负担。由于张培刚性格随和,待人诚恳,平时言谈幽默,加上成绩优秀,两人相处融洽。很快,令伯克感到既不可思议又异常高兴的是,他们的宿舍不仅常常出现一些访美中国著名学者的身影,也成了不少中国来哈佛的同学的联络站和活动场所。如燕京大学访问学者费孝通,国立中央研究院社会科学所研究中国明代经济史专家梁方仲,南开大学吴大业,等等。其中,经常光顾张培刚宿舍的是谢强、任华,还有严仁赓夫妇。

严仁赓是张培刚在国立中央研究院社科所的同事,其祖父是南开大学的创始人之一的严修(严范孙)。年长于张培刚的谢强是上一届庚款留美学生,一直在准备博士论文,却迟迟未能答辩,为此他颇为伤神。谢强有名士作风,不修边幅,待人诚恳随和。张培刚到哈佛不久,他就详细地给他介绍学校的情况,对张培刚帮助很大。北方人任华性格豁达,说话声音洪亮,高度近视,是北京大学著名哲学家金岳霖的得意门生。任华生活简朴,住在一间月租金10美元的小阁楼上;学习勤奋刻苦,研究康德哲学理论,功底深厚。

在哈佛学习的岁月里,张培刚最惬意的便是与任华朝夕相处的那些点点滴滴。他们在图书馆博览群书,看书看累了就出来休息,喜欢坐在图书馆门前阶梯上,看松鼠自由自在地从树上到地下上下跳窜,有时他们还会买来又脆又香、十分可口的油炸花生米,一边自己食用,一边喂松鼠,望着蓝天和大海,别有一番景象。一次，张培刚禁不住诗兴大发，借用王勃的"秋水共长天一色，落霞与孤鹜齐飞"的名句，改曰"碧海共蓝天一色，博士与松鼠同餐"。任华听罢，哈哈大笑起来，还连声叫好。

20世纪80年代，张培刚由华中工学院借调到中国社会科学院经济研究所编写《政治经济学辞典》，与在北京大学任教的任华相见。这时的任华声音依然洪亮，但双目几近失明。古稀之年两人相见，回忆起两人在哈佛大学校园看松鼠的情景，禁不住感慨时光飞逝。

吴保安到哈佛不久，就结婚成家了。由于张培刚与吴保安是同榜又同属文科，来往频繁，关系密切。吴保安逢人介绍张培刚时，总称他"wit mined"，天资聪慧，头脑敏捷。一到休息日，张培刚经常买些食品到吴保安家，和他们夫妇俩一起高高兴兴地共进午餐或晚餐。

张培刚的博士论文快写完时，结识了在哈佛大学留学的浦氏三兄弟：老大浦寿海，老二浦寿昌，老三浦寿山。三兄弟思想进步，当时都是美国共产党党员。三人各有特点，老大老实，回国后终生任职银行；老二比较活跃，回国后曾在共和国外交部供职，担任党和国家领导人外事活动的英文主译、周恩来总理秘书；老三浦寿山最聪明能干，1949年获得哈佛大学经济学博士学位，回国即任职于共和国外交部情报司，后任周恩来总理的外事秘书。浦寿山与张培刚一样师从熊彼特。浦氏三兄弟的父亲、上海兴业银行武汉分行行长浦兴雅曾在武汉大学经济系设立"浦兴雅奖学金"。张培刚在武大读书期间，每年获此奖金。奖学金每学年20块银元，金额虽不高，但那时学生伙食费每月约5元，也够他一个学期的伙食费用。

另外，还结识了上海商业储蓄银行董事长邹秉文的公子邹斯颐和妻子庄幕兰。这些名门之后，身上没有纨绔子弟的浮华之气，个个怀揣抱负，学习认真，为人正派。虽然张培刚与他们相处时间不长，但交谊深厚，相互欣赏。

出生于河南的丁声树，1932年自北京大学中国文学系毕业后到国立中央研究院历史语言研究所，致力于古汉语研究，通过对若干典型词语的考释，对古代汉语的语音、词汇、语法等特点进行概括和论述，撰写了不少学术论文，在音韵、训诂、语法、方言、词典编纂等学科方面有很深的造诣。1944年至1948年，丁声树在美国考察，张培刚与丁声树也曾有过多次接触。

在哈佛大学取得博士学位后，张培刚受武汉大学校长周鲠生邀聘，主持武汉大学经济系。随后张培刚邀请几位哈佛留学生到武大任教，其中一位就是谭崇台。2008年，武汉大学经济管理学院为谭崇台举办执教六十周年的庆贺会，张培刚兴致勃勃，挥笔和诗以表庆贺：

四十年代，我们相识哈佛校园，你风度翩翩，俨然一位美青年。学成，邀你归国回母校，共执教鞭。时光飞逝，几经沧桑，弹指一挥间。于今，你耕耘教圃六十载，硕果累累，桃李芬芳香满园。

祝你多保重，福与寿双全。

张培刚
2008年中秋节于武汉市

此诗词篇幅虽短小，但字里行间透出的那份真心缔结的浓浓兄弟情，溢于言表，跃然纸上。

第五章 哈佛奇迹

1883年是一个十分重要的年份。这一年,伟大的思想家、经济学家、全世界无产阶级的伟大导师马克思去世,影响深远的经济学家凯恩斯和熊彼特在这一年出生。巧合的是,张培刚博士论文指导导师布莱克和厄谢尔,也都是在这一年出生。

刚到哈佛的时候,张培刚所学的并不是经济学,因为最初考取的是"工商管理"学科。但张培刚的志向所在并不是仅可以使一人致富的工商管理,而是真正经世济民的经济学。"我当时心中经常考虑的一个主要问题仍然是:像中国这样经济落后的农业国家,如何才能实现工业化,改变经济落后的面貌。"为此,在工商管理学院结束了包括暑期学期在内的三个学期后,1942年秋,张培刚转入哈佛大学文理学院经济系学习经济理论。

在那里,有着美国经济学界盛极一时的阵容:既有熊彼特、张伯伦、布莱克这样成名已久的大家;又有着刚刚崭露头角、日后获得诺贝尔经济学奖的里昂惕夫、萨缪尔森。通晓英语、法语、德语的张培刚在这里写成了20多万字的发展经济学奠基之作《农业与工业化》。这本书日后成了哈佛大学经济学的指定参考书目。张培刚凭借这篇论文获得了哈佛大学1946—1947年度大卫·威尔士奖。至今,张培刚是获此奖项最早的一位东方人,也是唯一一位中国人。

一、师从名师张伯伦、熊彼特、布莱克、厄谢尔

在哈佛,张培刚不知疲倦地勤奋求学,这不仅仅是他天然

的性格，也有他为国求学的忧患意识。

美国教育界有这么一个说法：如果说哈佛大学是全美所有大学中的一顶王冠，那么，王冠上那夺人眼目的宝珠，就是哈佛商学院。哈佛商学院（Harvard Business School，HBS）是美国培养企业人才的最著名的学府，被美国人称为商人、主管、总经理的西点军校，美国许多大企业家和政治家都在这里学习过。而张培刚在哈佛就读的工商管理硕士学位，正是这个能制造"职业老板"的"工厂"，能造就老板、富翁的专业。也许，在一般人看来，这已是哈佛最有前途的专业了。可是，张培刚却有着不同的思考。那时，他虽然人在哈佛远离国内抗日硝烟，但是，每当想到祖国被欺凌的苦难，就觉得祖国的前途、民族的命运与自己血肉相连息息相关。他常常告诫自己，现在自己能有幸来到世界上最好的大学学习，并不只是为自己学，为亲人学，也是为了小时候一起的玩伴，为了改变那些贫苦的乡里乡亲的命运而学习；更重要的是，他从小立下的志愿，并不是成为一个富翁，而是想通过自己的努力，改变中国农村的贫穷与落后。

1942年秋天，张培刚在工商管理学院结束了包括暑假学期（战时将暑假作为一个学期）在内的三个学期学习之后，为了研究经济落后的农业国家如何能够摆脱贫穷、实现工业化，也是为了能从理论的高度上找到解决中国贫困的办法，他毅然转到文理学院经济系学习，攻读硕士、博士学位。张培刚是非常幸运的，他赶上了哈佛大学经济系师资力量最强的时代。

20世纪三四十年代，是哈佛大学文理学院经济系最鼎盛的时期。当时经济系系主任是张伯伦[①]，他的课被称为"Eco.

[①] 张伯伦（1899—1967），美国经济学家。1927年获哈佛大学哲学博士学位。此后一直在哈佛大学任教。1937年他在经济学上的主要贡献是提出了垄断经济市场存在的原因及其特点。这个理论为现代经济学的价格理论和市场结构分析奠定了基础。代表作有《垄断经济理论》、《趋于更一般的价值理论》等。

101"（"经济学入门"），也是必修的重要课程。张培刚选修他的"经济学原理"和"垄断竞争理论"。

随着对张伯伦的了解，张培刚从心底对张伯伦充满敬仰。出生在美国华盛顿的张伯伦毕业于美国衣阿华大学，而后进入美国密执安大学任讲师，获哈佛大学硕士、博士学位后，便一直在哈佛任教。他在1933年出版的《垄断竞争理论》一书中提出的关于资本主义市场结构和价格形成的理论，与英国经济学家J. V. 罗宾逊于同年出版的《不完全竞争经济学》共同构成了"垄断竞争论"（即垄断竞争理论中的价值思想），不仅成为现代微观经济学的重要组成部分，并被普遍称为"张伯伦革命"。张伯伦认为，实际的市场既不是竞争的，也不是垄断的，而是这两种因素的混合。在他看来，许多市场价格既具有竞争因素，又具有垄断因素，因此，企业家心目中没有纯粹竞争，只有垄断竞争的概念。资本主义市场的整个价格制度，是由纯粹竞争市场、垄断市场以及由垄断和竞争力量相混合的各种市场上的价格关系组成的。

始于张伯伦、罗宾逊的"张伯伦革命"的主要贡献在于：他们摒弃了长期以来以马歇尔为代表的新古典经济学关于把"完全竞争"作为普遍的而把垄断看作个别例外情况的传统假定，认为完全竞争与完全垄断是两种极端情况，提出了一套在经济学教科书中沿用至今的用以说明处在两种极端之间的"垄断竞争"的市场模式，并在其成因比较、均衡条件、福利效应等方面运用边际分析的方法完成了微观经济的革命，将市场结构分成了更加符合资本主义进入垄断阶段实际情况的四种类型。

至此，"张伯伦革命"的经济学意义更加显著。20世纪中期微观经济学之所以能够得到长足的发展，其天然逻辑的发展起点就是对垄断的分析，从这个起点出发，恰恰使得西方经济学比较正确地描述和表达了百年经济历史的本质和现状。

有机缘在这样的世界级经济大师门下学习，张培刚格外珍惜。在他印象中，张伯伦身材颀长，英语很好，法语也不错，才思敏捷，谈吐幽默。讲授的课程内容简明扼要，脉络清晰，很晦涩的经济学理论经他一讲解，便能让人充分理解，印象深刻。张培刚修完张伯伦讲授的"经济学原理"和"垄断竞争理论"课程，取得了较好的考试成绩。之后又选修了张伯伦的专题讨论课。张培刚撰写的《关于"厂商均衡理论"的一个评注》的考核论文，甚得张伯伦的赞许，评分为"A"，还写下评语：A very good paper, indeed. It seems to me, on the whole, quite sound.（真正是一篇很好的论文，在我看来总体上十分正确。）然而，课程尚未授完，因太平洋战争爆发，张伯伦被美国政府派往欧洲，处理美国与欧洲的有关经济外交事宜。

张伯伦离开后，由年轻的里昂惕夫讲授经济学原理课程。里昂惕夫教授是美籍俄罗斯人，"十月革命"后迁居到中国东北地区，曾任德国基尔大学世界经济研究所研究助理、中国国民政府铁道部顾问，在东北南满铁路工作过一段时间。1931年由德国移居美国，先后任美国全国经济研究局研究助理，哈佛大学经济学副教授、教授，纽约大学经济学教授和经济分析研究所所长。里昂惕夫最主要的贡献，是从20世纪30年代开始研究投入-产出分析法，即在编制反映各部门间产品量交流情况的投入、产出表的基础上，用数学方法研究各部门产品生产和分配的关系。这种方法在世界各国迅速传播并广泛运用，后来被联合国规定为国民经济核算体系中的一个重要组成部分。

跟张伯伦的讲课风格相比，这位后来获得诺贝尔经济学奖的里昂惕夫，因他讲话时俄语尾音弹音极重，弹音特多，因此，张培刚和同学们开始听他的课时还不适应。

在经济理论界最先提出经济发展"创新"学说的是约瑟夫·

阿洛伊斯·熊彼特①。张培刚在哈佛大学经济系亲聆创新理论大师熊彼特的教诲，受益终生。熊彼特的"创新理论"提出之初曾备受冷落。到了20世纪70年代后期，主流思潮对凯恩斯理论的信心开始动摇，试图另寻解决路径时，熊彼特的理论才被重视。经济理论界认识到熊彼特关于经济发展的理论、对经济周期的解释、对经济社会学的探索，不仅是经济学的重要遗产，也是知识经济的先声。熊彼特的"创新"学说更是21世纪主要思潮。张培刚曾认为，在经济学越来越与其他社会科学隔绝之时，重新审视熊氏的理论有特别的意义。

作为资产阶级经济学代表人物之一，熊彼特对经济理论和经济史都作出过重大贡献，产生过重大影响。他学识渊博，造诣深厚，虚怀兼容。其学术思想远远超过经济学，扩展到历史，以及哲学领域，在熊彼特的心目中，经济学的范围很广，与历史学、社会学关系密切。后来中国商务印书馆出版的熊彼特五部宏文巨著的中译本，大都是由张培刚撰写序言。

熊彼特以"创新理论"解释资本主义的本质特征，解释资本主义发生、发展和趋于灭亡的结局，从而闻名于资产阶级经济学界，影响颇大。他在《经济发展理论》一书中提出"创新理论"以后，又相继在《经济周期：资本主义过程的理论的、历史的和统计的分析》和《资本主义、社会主义和民主主义》两部著作中加以运用和发挥，形成了以"创新理论"为基础的独特的理论体系。1942年，《资本主义·社会主义与民主》英文本面世，当即成为经济学排行榜上的畅销书。1952年《从马克思到凯恩斯十大经济学家》英文本出版。《经济分析史》是熊彼特生前还未来得及完成的遗作，该书英文稿由其夫人伊丽莎白·

---

① 约瑟夫·阿洛伊斯·熊彼特（1883—1950），美籍奥地利人，当代西方著名经济学家。《经济发展理论》一书是他早期成名之作。熊彼特在这本著作里首先提出的"创新理论"（Innovation Theory），当时曾轰动西方经济学界，并且一直享有盛名。此书最先以德文发表于1912年，修订再版于1926年，越数年又重印了德文第3版。1934年，以德文修订本为依据的英译本，由美国哈佛大学出版社出版，被列为哈佛经济丛书第46卷。现在的中译本，据此英译本译出。

熊彼特及多位助手加以整理编辑出版。熊彼特五部宏文巨著形成完整的"创新理论"体系。"创新理论"的最大特色,就是强调生产技术的革新和生产方法的变革在资本主义经济发展过程中的至高无上的作用。但在分析中,他抽掉了资本主义的生产关系,掩盖了资本家对工人的剥削实质。

在张培刚的眼里,熊彼特治学严谨,强调追根溯源,重考据和历史事实,注解详明。其著作中力求对历史渊源和发展现状,旁征博引,阐述清晰,正文不能尽其详时,则辅之以详细的注解。其注文不仅让人读来饶有兴趣,而且还能为读者进一步钻研找出深入堂奥的阶梯。

张培刚在哈佛大学经济系求学时,熊彼特讲授的两门课是高级经济理论和经济思想史。熊彼特20世纪30年代后才到美国,英语不够流畅,性格比较内敛,不善言谈,也不太擅长讲授,所授内容广泛,不拘泥于教材,常常令学生们感到漫无边际,东扯西拉,缺乏条理。但这并不影响大家对他的崇敬。特别令张培刚感谢的是,熊彼特非常注重培养学生广采博览的读书习惯,每周他都要布置课外阅读书籍,只有阅后才明白熊彼特的严格要求是多么难能可贵。

在哈佛大学经济系,指导张培刚论文的两位老师,一位是被誉为"美国农业经济学之父"的布莱克教授,一位是经济史学家厄谢尔教授。

身材高大,衣着朴素,乍看上去宛若一个美国农民的经济学家布莱克(1883—1960),是美国农业经济学奠基人之一,曾任1927年美国农业经济学协会会长和1934年美国经济学会会长,其代表著作有《生产经济学导论》(1926年)、《美国农业改革》(1929年)。张培刚受布莱克影响很大。布莱克既了解农村的情况,也了解并且掌握农业技术,农业经济知识广博。他除传授书本知识外,还非常重视实践。因张培刚不仅学习努力,而且肯钻研,喜欢探索,因此每次他开车带学生外出实习时,总是让张培刚坐在他的车上，沿途还不停地给张培刚介绍美国农村，有时也向张培刚询问一些中国农村的情况。有一次，他指着一棵树，问张培刚此树的名字，张培刚立即想起小时候家乡的生活，回答说是栗树，还说因栗树直径小而材质结实，便于人们双手握住用力，因此，中国农村常用这种树的树干做锄头把，是翻地锄土时较好的农作工具。20世纪二三十年代，美国农业还没有全部实现机械化，一部分地区的农作技术还比较原始。布莱克听后，非常高兴，夸奖张培刚对农村生活观察很仔细。还说，他们虽然是学经济的，不能读死书，除了要多了解历史、文化、逻辑等学科外，还应该密切关注社会生活的方方面面。

令张培刚和其他几位研究生感动的是，过礼拜或圣诞节的时候，布莱克常常热情邀请张培刚等到家里喝咖啡、吃点心水果。而每次在他的家里，他们不是认真探讨学术上的问题，就是促膝交谈人生乐事。这份师生情谊，不仅让张培刚在学术上有了更开阔的视野，也让在异国他乡的张培刚感受到了许多人间真情。

厄谢尔虽然没有布莱克那么高大魁梧，但给人感觉很敦实可靠。厄谢尔是最早写技术革命史的经济史学家，他用动态区位理论即科学技术的进步来解释历史，解释经济发展，是美国现代最负盛名的经济史学家之一。经济学与历史学的关系十分密切，在西方形成了一个分支，叫经济史学，又分为几个流派。

厄谢尔讲授的课程就是经济史学。他讲得很生动，常常在经济史的课堂上讨论问题。张培刚一向对历史有兴趣，听课非常认真，讨论时积极发言，故深得厄谢尔的喜爱。

张培刚曾多次表示，其实他对历史的兴趣远胜于经济。当厄谢尔讲授经济史时，意外地给张培刚打开了一条学经济的崭新思路。后来张培刚在教学中始终对学生强调："我们研究经济发展，分析经济因素固然重要，但这还很不够，还必须分析非经济因素，这就需要学习历史，了解历史。"他说，特别对中国这么一个大国，地域广阔，人口众多，历史悠久，区域差异很大，要研究它的发展，就要借助非经济因素，特别是要运用历史分析的方法，从历史方面来考察，探根溯源。对历史缺乏了解，是难以解释中国发展问题的。比如美国独立的那一年是1776年，而亚当·斯密的《国富论》也是那一年发表的，这里面有什么关系？他认为，如果你要了解西方的文艺复兴为什么发生在十四至十六世纪？启蒙运动为什么发生在十七、十八世纪，它与资本主义的兴起有什么关系？就要看看这段历史。因此，他经常告诫他的学生："要想研究经济学，特别是研究发展经济学，必须对历史，特别是对近代史好好读一读。我们学经济这一科的，除宏观、微观经济学基本原理要掌握外，历史的东西一定要多读一些。'读史使人明智'，平时多看点历史，对开阔人的眼光，提高考虑问题的深远度，都很有帮助。"由此可见，经济史学家厄谢尔对张培刚的影响，可谓终身受益。

之后，张培刚博士论文《农业与工业化》的指导老师也正是布莱克和厄谢尔。两位经济学大师不仅对张培刚在哈佛学习期间帮助极大，关爱有加，张培刚学成回国后，又两次致信张培刚，言称在哈佛已为张培刚安排好了一切，速到哈佛执教，并敦促迅速前往，唯恐延迟，出国不成。当时张培刚已回到武汉大学主持经济系，满怀赤诚，一心报效祖国，便一一回信，婉言告谢。

联合国成立后，聘请布莱克担任要职。布莱克回函联合国，称自己年过六十岁难以胜任，特推荐自己的一位年轻而优秀的学生 Pei kang Chang 代替。两位世界上颇负盛名的农业经济学家和经济史学家对张培刚的提携与赏识，可见一斑。

从1941年28岁进入哈佛学习，到1945年32岁写完博士论文，在哈佛的5年时间里，张培刚未敢懈怠，勤奋学习，认真听课，特别是广泛而又仔细阅读有关的参考书刊。每一位教授讲课和布置的参考书目,他都一一作了详细的笔记,共记了笔记30多本。令人惋惜的是,这30多本珍贵的听课笔记和他的上千本外文图书,包括他最喜爱的莫泊桑的短篇小说和文艺复兴名人传记,在20世纪60年代我国开展的史无前例的无产阶级"文化大革命"中,毁于浩劫。

1967年4月1日,华中工学院造反派对全院的"牛鬼蛇神"采取"四一"革命行动。当日深夜,造反派"嘭嘭"敲开张培刚的家门,将每日拿锄头修马路、劳累一天的张培刚和他的家人吼起,翻箱倒柜,开始第二次抄家。拂晓,将张培刚带走,押往东三楼不准回家,天天写书面材料交代罪行。第三天,造反派展出了"四一"行动抄家的战利品,以证明"牛鬼蛇神"的反动性。展览会上,其中展出10条花领带,标出"请看反动学术权威张培刚的资产阶级思想"的条文。并勒令张培刚必须半天内从三居室住房(厨房厕所共用)搬出,搬至一间从未住人、终年见不到阳光、阴暗潮湿的16平方米的学生集体宿舍居住。此次搬家,令张培刚在美国当排字工攒钱买的1000多本外文书籍,还包括印度共和国第一任总理尼赫鲁亲自签名赠送给他的《印度从殖民地变独立国家》一书,几乎全部丢失。他在哈佛大学所作的30多本课堂笔记和作业也就在这次毁于一旦。他的堂妹张婉衡在悼念文中写道:"这对将书融入生命的培刚二哥来说,简直是一场大灾难,他心里在滴血,眼里噙着泪水。"此事经历数十年,直到他去世,永远是张培刚心中一个刻骨铭心的伤痛!

唯有当初借出去的一本笔记,免于灾难。2008年8月间,张培刚的哈佛同学,后与他同时回武大执教历史系的吴于廑(吴保安)之长子吴遇,陪同年迈的母亲刘年慧,从珞珈山到华中科技大学的喻园看望张培刚及夫人谭慧。一进门,吴遇兴奋地捧出一本厚厚的活页本说:"张伯伯,今天我来送还60年前,我爸爸在美国哈佛大学时借您的一本笔记,是我这次清理爸爸遗物时发现的,今天归还给您。"张培刚接过一看,立即认出那本厚厚的活页本,正是自己 66 年前聆听厄谢尔讲授经济史时所作的课堂笔记。深蓝色的硬壳封面,泛黄纸张虽有点点霉斑,但每页都是当时张培刚的手迹,字迹清晰。手捧着那本幸存下来的当年在哈佛时留下的唯一一本笔记,厄谢尔教授和其他哈佛老师们的音容笑貌顿时浮现眼前,张培刚将对哈佛大学教授的恩情永远铭记于心。

二、走一条前人未走过的路

1943 年 11 月至 12 月间学期将结束时,张培刚参加硕士学位考试、答辩,以便取得撰写博士论文资格。张培刚原以为,自己主修的张伯伦讲授的经济学理论成绩好,又颇得张伯伦和布莱克赏识,通过这次答辩问题不大。谁知事出意外,本应出席答辩会的张伯伦在答辩之前被派往欧洲处理美国与欧洲有关经济外交事宜,顶替张伯伦参加答辩的是刚到哈佛不久讲授经济理论课的副教授里昂惕夫。对张培刚来说,原本无悬念的答辩就有了变数。当时参加答辩的教师共 4 人,主席布莱克,成员除了里昂惕夫,还有厄谢尔和主讲经济周期的弗里克(Edwid Frickey)。

一走进教室,教师们在高台上坐镇,张培刚坐在他们下面,严肃的架势犹如"三堂会审"。张培刚先平静了一下紧张的心情,然后对老师们就经济理论、经济周期、经济史、农业经济等方面所提出的问题一一作答,其中提问题最多者是里昂惕夫。他俄语尾声弹音极重,在答辩提问中,不断向张培刚一个问题连一个问题地发问。张培刚虽然全神贯注、屏息静听,依然还是因听不清楚他那俄语口音的美国话,弄得面红耳赤,十分紧张,只好一次次恳请他重复问题的表述:"Beg your pardon, beg your pardon"。

两个半小时答辩宣告结束，张培刚神情沮丧，焦急地等待"裁决"。当张培刚忐忑不安来回踱步时，布莱克将他叫到一旁轻声地告诉他"你通过了"，这才使他忐忑不安的心情稳定下来。据他猜想，教授们是经过一番争论后通过的，成绩也只能是勉强及格。这使他联想到，在他的中国同学中，有很多平时学习非常努力、期考成绩也不错的同学，就因为未能通过答辩，没有取得硕士学位，以致失去继续攻读博士学位的机会。他庆幸自己是幸运的，通过了硕士学位答辩。

张培刚取得撰写博士论文资格后，面临博士论文的选题问题。如前面所述，他出国前曾经在商务印书馆出版了3部著作和发表过多篇论文，出国时也携带了一些他亲自所作的调查资料，如果以中国农业经济、中国粮食经济或联系有关问题撰写论文，可以驾轻就熟，比较轻松地完成任务。但是他始终对青少年时代立下的志向坚定不已，那时又正值第二次世界大战即将结束的前两三年，他想到大战后中国必将面临如何实现工业化这一复杂而迫切的历史任务，应该以中国工业化为中心目标，从世界范围来探讨经济落后的农业国家在工业化过程中必将遇到的种种问题，特别是农业与工业的相互依存关系，及其调整和变动的问题。

论文的研究方向一经确立，张培刚便开始进行资料的搜集和准备。然而，他搜集阅读了大量的书刊后发现，当时世界经济学领域里，还没有看到一本对农业国工业化问题进行过全面系统研究的专著。于是，他决心付出更多的时间和精力，走一条前人未涉及的路，啃"农业国实现工业化"这块硬骨头。后来的事实证明，这个选题无论是对张培刚本人还是经济学界，都是第一次试图从历史上和理论上，比较系统地探讨和研究农业国家或经济落后国家，如何实现工业化这一崭新问题。

张培刚分别与指导导师布莱克和厄谢尔交流自己的想法。两位教授觉得张培刚的想法很有创新性，并不约而同地鼓励他努力完成。论文的研究方向得到两位导师的首肯,张培刚更是信心百倍,他选择将"农业与工业化"(Agriculture and Industrialization)作为博士论文题目,立足中国,面向世界,开放式地借鉴人类文明成果,从历史上和理论上系统地探讨贫穷落后的农业国怎样实现工业化的可行途径。

博士论文题目确定后,取得撰写博士论文资格的张培刚按当时学校规定,在图书馆申请了一个6平方米的空间,便于查阅资料,撰写论文。小空间里放置着一张小书桌、一把椅子和一个小书架。那段时间,张培刚每天满怀探索的激情与向往,脑海中始终思考着第二次世界大战结束后,中国将如何实现工业化的问题,一边阅读大量资料,一边埋头做笔记。每天宿舍、图书馆两点一线,废寝忘食,饿了吃一个面包,困了就在桌子上打个盹,每天在那里一泡就超过12小时。花费了近一年半的时间,张培刚阅读了涉及180多名经济学家的200多本经济学论著,浏览了大量的历史文献和统计资料,仔细研读有关英国、法国、德国、美国、日本、苏联自"产业革命"以来各自实行工业化的书刊,摘录了几个小铁盒子卡片,记述了这些国家各自实行工业化的主要情况和经验教训,以及少数农业国家的现实情况和重要问题。张培刚曾说:"我看的参考书超过任何写这类书的、这样范围的人,超过任何人,英文、法文、德文我都读过。"

接着,张培刚以严肃认真的态度,又花费了大约9个月的时间,每天坐在英文打字机旁,全神贯注、极其辛劳地根据草拟的提纲,边思考边形成文字,终于在1945年10月完成了在世界经济学界具有拓荒意义的《农业与工业化》这部20多万字的英文论文稿。

张培刚的博士论文答辩于1945年12月上旬举行。参加博士论文答辩的有布莱克、厄谢尔、里昂惕夫和弗里克。张培刚走进答辩教室看到里昂惕夫在场，心里顿时"咯噔"了一下。可很快，压在他心上的那一块大石头放下来了。此时里昂惕夫的英语口语已大有长进，也不再那样咄咄逼人，对张培刚也是出乎意料的平和客气。融洽的答辩气氛，极大地缓解了张培刚的紧张情绪。

经过几位教授一个多小时的"三堂会审"式口头答辩考试，张培刚的论文答辩获得参加答辩教授的一致好评，顺利通过。答辩完毕后，四位教授一一上前与张培刚握手，祝贺他获得哈佛大学博士学位。几天后，布莱克和厄谢尔先后告知张培刚，将博士论文送系办公室，送交"威尔士奖"评审委员会，参加"威尔士奖"评奖。

张培刚迅速按两位导师的嘱咐将论文送交系办公室。系办公室几位女工作人员接待了张培刚。她们一看论文封面，便要张培刚按惯例隐去真名改用假名。张培刚灵机一动，将名字改为"Peter Chandler"填在论文封面上，上交送审。

张培刚后来回忆说："如果没有我青少年时期在农村的亲身经历和生活感受，没有我大学毕业后走遍国内数省，先后6年的实际调查，特别是如果没有一颗炽热的爱国之心，我是写不出这篇博士论文的。"

三、"世界上最疼我的人走了"

自1941年离开祖国来到美国哈佛，张培刚与大洋彼岸家人的联系只能靠鸿雁传书。由于路途遥远，加上正处战争期间，常常一封信要在路上走几个月才能辗转到达目的地。因此，想双亲的时候，张培刚更多的是将思念埋在心底。

1945年9月初的一天，张培刚正在赶写论文的最后一章时，接到大哥张卓群从国内湖北寄来的信函。手捧来信，张培刚激动不已。这封信是 1945 年 2 月从湖北发出的，足足在路上走了 8 个月。信中大哥谈到武汉沦陷后，母亲年迈的身体每况愈下，身染多种疾病。为了给母亲治病，孝顺的大哥便将父母亲从红安乡下八里湾接到黄冈县城治疗。最后，母亲还是因病医治无效，于 1945 年 2 月 20 日（农历正月初八）撒手而去。

得此噩耗，张培刚心如刀割，捧着来函，失声痛哭，泪如泉涌。哥哥张卓群在信中说："快一年了，母亲总是生病的时候多，健康的时候少，而每次生病的时候，总要我把她抱到大门口坐着，说怕你回家来，她没看见你。"多年后，每每看到这行文字，张培刚总是禁不住喉头哽咽，伤心落泪。

得知母亲离世后，整整三天，张培刚独自坐在哈佛大学图书馆大门前角落里流泪，涕泣不止。恰遇波士顿阴雨绵绵，更增哀伤。

泪眼婆娑中，母亲的音容笑貌历历在目。母亲点点滴滴的疼爱，令张培刚刻骨难忘。小时候，母亲自己舍不得吃，舍不得穿，宁可自己吃糠菜饭，也要想方设法让这个小儿子吃饱。为了节省粮食，母亲和姐姐们的晚饭常常只靠一个蒸红薯充饥，而每次蒸红薯的时候，母亲生怕小儿子饿坏了身体，总要特地给张培刚蒸一小碗米饭。

令张培刚悲痛的是，母亲离世的悲伤还未消逝，年底又接到卓群大哥自国内黄冈的信函，这封信到他手里又是 3 个月之后。原以为只是一封平凡的家信，不料信中告知，父亲于 1945 年 8 月病逝。一年两次噩耗，使张培刚悲痛欲绝、痛苦不堪。想到自己这个被父母视为掌上明珠的小儿子，却在父母最需要的时候，未尽到作为儿子的孝道，未能给父母端一杯茶，送一口药，心中既自责又愧疚。夜深人静的时候，为表达对双亲的悼念，他饱含愧疚与深情地写了这样的诗句：康桥阴雨落纷纷，游子外洋哭双亲。养育恩深何处报，且将眷念化宏文。写完博士论文，张培刚以沉重的心情，在扉页上写下了这样的文字：

"To the memory of my father and mother"（借此怀念二老双亲）。

四、《农业与工业化》荣获大卫·威尔士奖

1947年4月，已回国在武汉大学任教的张培刚突然接到哈佛大学的通知，得悉半年前他以 Peter Chandler 为化名参加大卫·威尔士奖评选的博士论文《农业与工业化》，被评为1946—1947年度哈佛大学经济学专业最佳论文，荣获大卫·威尔士奖（David Wells Prize）。诺贝尔经济学奖1969年才设立，因此在当时大卫·威尔士奖就是世界上最具权威的经济学奖。这个荣誉是哈佛大学建校300多年来，第一次颁给中国学者。借此张培刚创造了一个华人在美国的学术传奇：第一个也是至今唯一一位获得哈佛大学最高奖——威尔士奖的中国学者。

同时，张培刚还知悉此论文已被列为哈佛经济丛书第85卷，将由哈佛大学出版社出版。哈佛大学出版社总编辑迈克尔·费希尔（Michael Fisher）2009年2月在《农业与工业化》出版60周年时曾说："张教授的著作是该系列丛书中最具影响力的巨著之一，此书被誉为发展经济学的奠基之作。哈佛大学出版社发表如此具有深远与持久影响力著作的机会屈指可数。因此，作为此书的出版者我们深感自豪！"

与张培刚一样获得该奖项的另外一个重磅级人物，是后来被称为新古典经济学发起人的美国著名经济学家，1970年诺贝尔经济学奖得主——保罗·萨缪尔森。

接到获奖通知时，张培刚颇感兴奋，心中顿时充满了一种无法言说的畅快与自豪。回忆起当时在美国留学的情景，张培刚曾感慨道："他们那种民族优越感和强国优越感，使我心中万分难受、满腔怨气"，现在终于可以"在那些有优越感的任何民族的'强项'上，在世界的许多学科，我们也可以和他们并驾

齐驱、一决高低"。在接受中央电视台《大家》人物访谈节目采访时，他说："现在的年轻人都不知道我们当时留学生的痛苦。哈佛大学在美国东部，那个地方叫'新英格兰'，新英格兰的特点就是英国绅士派，表面上大家都客客气气，很有礼貌，但是在他们心里，是瞧不起中国人的。所以我得了这个奖，不是为个人高兴，而是为中华民族高兴。至少说明，跟洋人比，我们中华民族不比他们差，甚至比他们更强。这说明我们中华民族不弱于他们，甚至可以强过他们！"

张培刚获奖的消息传到国内后，陈岱孙不无感慨地说，当年自己的博士论文也曾入选威尔士奖，但是最终被他的同班同学张伯伦获得，今天他终于看到一位中国的留美学生获得了这个奖。当年与陈岱孙竞争的那位同学，正是张培刚在哈佛大学的老师兼经济系主任张伯伦。

因为在此之前，世界上尚无一本系统著作，用现代经济学的理论和方法来探讨农业国的工业化问题。《农业与工业化》为发展经济学奠定了重要基础，被国际经济学界认为是"发展经济学"的奠基之作。张培刚也被誉为"发展经济学的创始人"之一。

张培刚在后来的多次采访中说："写这篇博士论文时，我首先想到的是农民，我的脑海里一直都是我村子里的那些老爹爹老奶奶，和我自己的童年"。张培刚说："农田耕作的艰苦我亲自尝过，怎么把它现代化，改进它，就是我心目中总在考虑的一个问题。所以农业后头还要加一个工业化，主要就是农业国如何工业化。"

凭借发展经济学著作《经济增长理论》获得诺贝尔奖的威廉·阿瑟·刘易斯，主张牺牲农业来发展工业化，与张培刚的理论比较起来，观点则有些片面。后来刘易斯反思道："过去我太重视工业了，牺牲农业发展工业，看来这是错误的。"

令人扼腕唏嘘的是，曾与张培刚同样获得过大卫·威尔士奖的萨缪尔森，获 1970 年诺贝尔经济学奖；随后刘易斯又以发展经济学的著作《经济增长理论》获得了诺贝尔经济学奖。外国同行的履历上添上了一笔又一笔闪光的荣誉，而张培刚的履历上关于那段岁月的记录却与经济学无关。

张培刚的博士论文《农业与工业化》1949 年由哈佛大学出版社出版，1969 年再版。1951 年，该书还被翻译成西班牙文在墨西哥出版，流行于南美各国，产生了很大影响，日后成为西方很多大学经济学专业的指定参考书。而这篇给张培刚带来巨大声誉的论文中文版本直到 1984 年才由华中工学院出版社出版，并加上副标题"农业国工业化问题初探"。

五、《农业与工业化》的独特见解

《农业与工业化》是第一部试图从历史上和理论上比较系统地探讨农业国工业化问题的学术专著。其理论成为后来西方兴起并蓬勃发展的新兴学科"发展经济学"的主题内容，奠定了发展中国家经济发展（农业国工业化）的理论基础，被国际经济学界誉为发展经济学的奠基之作。张培刚在《新发展经济学与社会主义市场经济》一文中，对农业国工业化理论进行了这样的概述："40多年前，我在本书《农业与工业化》（Agriculture and Industrialization）中所提到的'农业国工业化理论'，亦即后来新兴学科'发展经济学'的主题理论，可说是我的经济观的起点和核心，它同时也体现了我的市场经济观，因为全书的分析是以竞争和市场机制作为基础的。"

张培刚提出了一个带根本性的观点，那就是：农业国家或经济落后国家（或发展中国家），要想实现经济起飞和经济发展，就必须全面（包括城市和农村）实行工业化。这和当时我国国内有些人主张的单纯"以农立国"论或"乡村建设"学派是不大相同的。

张培刚说，关于农业国家或经济落后国家如何实现"工业化"这个崭新而又重大的问题，他提出了自成体系的一系列理论观点，而大多观点都是他自己经过长期在国内亲身从事调查研究和反复思考后首次提出来的。其主要观点为：发展中国家的工业化当然包括农业的现代化和农村的工业化，必须处理好农业与工业的相互依存关系，工业的发展与农业的调整之间的关系，以及农业国与工业国的关系。

时至今日，这一理论对于包括中国在内的当代发展中国家仍有重要的指导意义。在《农业与工业化》中，张培刚以落后的农业国如何实现工业化为中心，论述了农业与工业在工业化过程中的地位、作用，以及相互关系。

《农业与工业化》第一章"基本概念和分析方法述评"，给出了书中所用的工业与农业的概念，并且介绍了该书所用的"移动均衡"分析方法。对张培刚所作的工业与农业概念的解释，所有学者都认为很重要，也有新意。

第二章"农业与工业的相互依存关系"，张培刚引用了当时最新的"垄断竞争理论"和"寡头垄断理论"，以说明农民与城市工商业者进行交换时所处的不平等和不利地位，较为全面而系统地论述了关于农业与工业的相互依存关系，以及农业对工业乃至对整个国民经济的"贡献"和"基础作用"，特别是从粮食、原料、劳动力、市场、资金（包括外汇）等五个方面，提出并阐明了农业对工业化及对整个国民经济发展的"基础作用"和"必要条件"，从而认定农业是工业化和国民经济的基础。这些观点在以后的发展经济学中具有重要影响。

1945 年冬，张培刚在哈佛大学通过博士学位考试。他想到第二次世界大战后，中国一定会实现工业化，便满怀报国热情，要回到自己的祖国。因碍于国民政府经济部资源委员会数次邀请，他只答应与当时美国宾夕法尼亚大学教授西蒙·史密斯·库兹涅茨（Simon Smith Kuznets）一起工作 6 个月。数月后，他即回到武汉大学任教,未参加哈佛大学学位授予仪式,没有拍一张穿戴博士衣帽的肖像留作纪念。他也未想到自己撰写的博士论文在若干年后被国际学术界誉为发展经济学开山之作,自己是这门学科的奠基人之一。

1946年2月,张培刚与库兹涅茨在纽约共事于经济部资源委员会驻美技术考察团。在这期间,库兹涅茨曾仔细阅读了张培刚的博士论文《农业与工业化》英文底稿。阅后他对张培刚说:"你的论文写得很好,只是开头的关于工业和农业的'基本概念'写得理论性太强了(too theoretical),一般读者一开头阅读起来就会感到困难而不易理解",并建议"最好移到后面"。张培刚接受了他的建议,将"'工业'的概念"以及"农业作为一种'工业'与农业对等于工业"两个论述移至全书后面,作为两则附录出版。

16年后,也就是1962年,库兹涅茨发表了《经济增长与农业的贡献》一文,将张培刚《农业与工业化》第二章"农业与工业的相互依存关系"的联系因素之一食粮、之二原料、之三劳动力、之四农民作为买者与卖者,归纳为"农业四大贡献"。后来库兹涅茨、苏布拉塔·加塔克(Subrata Chatak)和肯·英格森(Ken Ingersent)又将"产品贡献"划分为"粮食贡献"和"原料贡献","农业四大贡献"遂成为"农业五大贡献"。

有学者对库兹涅茨、加塔克和英格森三位学者的"四大贡献"进行研究后发现,他们所说的"农业四大贡献",与张培刚在《农业与工业化》中所提出的"农业在五个方面的贡献",内容几乎是完全一样的,只不过他们在有些部分运用了一些数量分析公式,他们却没有注明"农业四大贡献"的出处,这不仅是对中国学者张培刚的极大不公,也是对当时还处于贫穷落后发展中国家的中国的蔑视。库兹涅茨1971年获得诺贝尔经济学奖,1962年才提出产品、市场、要素及外汇四个贡献,比张培刚1945年在《农业与工业化》中提出该理论晚了17年。

第三章"工业化的理论"。张培刚的工业化强调的不是排斥农业、以牺牲农业为代价的工业化,而是包括农业现代化与农村工业化的工业化。这种工业化的定义以后被广泛接受,但在20世纪40年代提出这一点就是创新。张培刚分析了发动与限制因素,包括人口、资源或物力、社会制度(尤其是产权)、生产技术以及企业家才能。他对产权、技术与企业家才能的重视现在仍然很重要。张培刚还分析了工业化的程度和阶段以及速度。

第四章"工业化对农业生产的影响",实际上是分析了工业化对农业的促进作用,即我们现在所说的工业如何反哺农业。这一章分析了工业化对农业生产的影响,尤其是如何借助于工业化实现农业机械化。

第五章"工业化对农业劳动的影响"。张培刚从理论与历史的角度分析了工业化对一般劳动与农业劳动的影响,然后重点分析了农业劳动力向工业转移的问题。这就是发展经济学的另一位奠基人刘易斯劳动无限供给下经济发展模型所探讨的问题。张培刚的理论与刘易斯不同的是:刘易斯把实现工业化与发展农业对立起来,主张只能依靠牺牲农业来发展工业。张培刚则认为,工业化不能以牺牲农业、农民为代价,而要改善农民、农业的状况;农业发展本身就是工业化过程中不可分割的一部分,因而要把农业工业化作为工业化的重要环节,把农业和工业作为整体来发展。张培刚强调农业工业化的意义在于能提高农业生产的效率,从而释放出大量剩余劳动力,形成向城市或其他非农产业转移的"推"力,城市工业部门劳动收入的提高又会构成农村剩余劳动力向城市转移的"拉"力。随着农村人口的自由流动,这一"推"一"拉"就会使整个工业化进程顺利启动并实现良性运转。

第六章"农业国的工业化",实际上是把以上理论运用于探讨中国经济发展的问题,同时分析了农业国与工业国之间的贸易以及贸易条件的概念及其决定。最后的结语是全书的总结。

张培刚在《农业与工业化》中用自己的独特见解，全面阐释了他的"工业化与农业化"的定义与含义。

一是明确了发展经济学的主题。张培刚认为：工业化"是一系列基要生产函数连续发生变化的过程"，"是经济转变的一种最显著的现象，是一个带世界性的问题"，"农业国的工业化本来就是发展经济学在创始阶段所探讨的核心问题"。事实上，继张培刚之后，欧美学者对工业化问题的研究一直就没有停止过。而张培刚提出的工业化主题，无疑既切中了发展中国家的要害，又切中了经济发展理论的要害。

二是界定了工业化的内涵和研究范围。张培刚提出，工业化过程是由低级到高级不断演进的，它既不是往返循环的，更不是倒退的，而是一种质的飞跃，是一种生产力的变革。同时，张培刚指出，这里所采取的工业化概念是广义的，"包括农业及工业两方面生产的现代化和机械化"，"农业本身就包括在工业化过程之内，并且是这个过程内在的不可分割的一部分"。由于张培刚定义下的工业化包括农业和工业两方面的现代化，这就拓宽了工业化的含义和研究范围，从而使工业化问题的研究既成为一种理论的探讨，又成为一种经验的和历史的分析。

三是研究了农业与工业的相互关系。张培刚提出，农业与工业在农业国工业化的过程中是互为条件、相互制约的动态关系。首先，农业在食品、原料、劳动力、市场四个方面，为工业及国民经济的发展作出了巨大的贡献。其次，在农业的地位和作用上，尽管随着工业化的不断发展，农业在一国劳动和产值上的比重免不了逐步下降，但农业在国民经济中的基础地位是不容否认的。再者，在农业的组织方式上，伴随着现代化工厂制度、市场结构及银行制度的兴起而带来的"组织上"的变化，必将对农业生产结构和组织方式产生巨大的影响，从而成为农业改革的一个重要特征。但是，张培刚的这些见解在一段时间内并没有引起人们足够的重视。相反，忽视农业的基础作用，脱离生产力，片面强调农业组织方式的变革的意义，又恰恰成了战后发展中国家工业化的通病。直到20世纪60年代中期以后，这些国家才重新认识到工农业相互协调发展的重要性。

四是指出了农业劳动力转移在工业化过程中的作用。在发展经济学上，人们一般把农业劳动力转移问题的研究与刘易斯的二元经济理论联系在一起。事实上，刘易斯的经济发展理论是在农业剩余劳动力分析的基础上建立起来的。但是，张培刚在《农业与工业化》中就已经对此作了相当完整的分析。张培刚认为，农业剩余劳动力是一种隐蔽性的失业，它一方面降低了工业化过程中劳动力的转移成本，从而降低了一国工业发展所需的投资；另一方面，农业剩余劳动力的存在，也使农业国的工业化过程分为两个发展阶段。这两个发展阶段的标志就是看农业是否存在着过剩的劳动力。对此，张培刚指出，农业国的工业化要分两步走：第一步是狭义的工业化，第二步才是广义的包括农业现代化和机械化在内的工业化。不难看出，刘易斯二元经济理论中的经济发展二阶段，不过是张培刚工业化二步说的复述。

五是分析了经济发展中的制约因素和发动因素。人口和资源是工业化过程中的两大限制因素，尤其是在以人口过剩、资源稀缺为特征的发展中国家，其限制作用更为明显。张培刚极富远见地提出了发展中国家控制人口、节约和保护资源的重要意义。同时，张培刚认为，在工业化过程中所面临的最稀缺资源不能通过外界输入或进口，只能依靠本国自己培养教育。以舒尔茨为代表的西方发展经济学家则是从20世纪60年代才开始强调人力资本在经济发展中的作用。

六是揭示了资本的国际流动规律和农业国与工业化贸易条件的差异。张培刚认为，工业化初期，如果外资能够得到有效的投放和运用，且无损于本国的政治独立和经济的发展前途，则是有益的，并将大大地提高工业化的速度。进而他指出，不同的国家，其经济发展的程度各不相同，若预期收益大到足以补偿投资的风险和所承受的转移费用，则资本就有从单位投资收益较低的区域或国家流放到较高地方的趋势，反之亦然。在发展对外贸易方面，由于农业国与工业国的贸易中，农业国的贸易条件总是处于不利的地位。迄今为止，许多发展中国家常常运用张培刚的这一理论，衡量它们对外贸易上的得失利弊。譬如拉美的发展经济学家普雷维什后来提出的"中心与外围"之说，实际上不过是张培刚这一思想的引申而已。张培刚在这本书中提出的问题成为以后学者研究的出发点，他的许多在当时不为人理解的观点也逐渐被接受，并运用于实际。

陈岱孙曾在华中科技大学为张培刚八十寿辰和从事科研教学六十周年志庆时，亲笔致函，其内容摘要如下：

> 我与张培刚同志论交已逾半个世纪。培刚同志毕业于武汉大学经济系，于1940年考取了清华大学留美公费生。其时我任清华大学经济系教授，由于抗战随校迁昆明，在西南联合大学任教。清华旧例，对考取公费生者由校指定导师，以备其关于选校及其他留学事宜咨询之用。我被指定为培刚同志的导师。我们的交谊就是这样开始的。
>
> ……
>
> 我想在此穿插进去一小故事。我是在1926年春在哈佛大学获得经济学博士学位的。我的博士论文的题目是《麻萨诸塞州地方政府开支和人口密度的关系》。也许当时对以繁琐的数学资料用统计分析的方法，对某一经济问题作实证探索的研究不甚多，我这篇论文颇得我的导师卜洛克（Charles J. Bullock）教授的称许。在我于1927年来清华任教的第三年忽然得到卜洛克教授一封信，略称他曾将我的论文推荐给"威尔士奖金委员会"，参加评选，但可惜在最终决定时，奖金为我的同班爱德华·张伯伦（Edward H. Chamberlin）的《垄断竞争理论》（Theory of Monopolistic

Competition)博士论文所得，表示遗憾云云。张伯伦是1927年获得哈佛大学经济学博士学位的，但他论文的初稿已于1925年写成，并在一次哈佛大学经济系研究生的"西敏纳尔"会上向我们作过全面汇报。我听了之后，当时就认为他的论文中的观点是对于传统的市场经济自由竞争完善性假定一理论的突破，是篇不可多得的论文。因此，我对于他这篇论文的获奖是心悦诚服的。

但当我后来得悉培刚同志的论文于1947年获得此奖时，我觉得十分高兴。高兴的是终于看到了有一个中国留学生跻身于哈佛大学经济系论文最高荣誉奖得者的行列。培刚同志这本书1949年由哈佛大学出版社出版后，复于1969年得到再版；1951年，在墨西哥出版西班牙译文版；1984年由国内华中工学院出版社出版中文译版。其受到重视的原因是，它是为第二次世界大战后成为一新兴经济学科的"发展经济学"开先河的著作。

1947年考入武汉大学法学院经济系、张培刚的弟子、经济学家何炼成，在《恭祝培刚师95大寿》的文章中，是这样评价恩师这部著作的："1987年初我回国返校，即仔细拜读了培刚师的《农业与工业化》的中译本，才初步领会到本书的基本内容及其创新之处。正如培刚师在武大的首届弟子、我的师兄孙鸿敞教授所总结的：一是他对工业化所下的定义非常简练深刻，是前人所不明确的，以致成为经典性的定义；二是论文中提出的农业与工业联系的四大因素（粮食、原料、劳动力、市场），是关于农业在国民经济中的地位和作用的系统深刻的理论的概括，后来库兹涅茨提出的农业对国民经济发展的四大贡献（产品、市场、要素、外汇），就是由此引申出来的；三是关于工业化的发动因素和限制因素的论证，其中首次强调了企业创新管理和科学技术发展的关系，同时提出了资源和人口的限制因素，这是很有预见性的；四是关于工业化的类型，第一次提出分为演进性工业化和革命性工业化两种类型,认为落后的农业国家只有采取革命性的工业化道路。"

在这篇充满崇敬之情的文章中,何炼成通过与世界经济学家的理论进行比较后,进一步阐述了张培刚的理论在世界经济中的地位:第一,张培刚博士论文研究的对象就是农业与工业的关系问题,也就是二元经济为何变为一元经济的问题,刘易斯①就是在这个含义上提出二元经济理论的。第二,张培刚在论文中提出的工农业之间的联系的四大因素之一"劳动力",正是舒尔茨②提出人力资本理论的依据,只不过他从"资本"的角度来论证而已。第三,世界银行经济专家钱纳里③曾指出:"拉丁美洲著名发展经济学家 R. Prebisch 提出的'中心与外围'之说,是张培刚理论的引申。"第四,正如谭崇台教授指出:"刘易斯的二元结构模型很有名,却是以中美洲的牙买加这个小岛为背景。培刚从大国出发分析二元结构,这个思想非常重要。"根据以上论证,归根到底说明一个问题,就是:张培刚是国际发展经济学的奠基人一说毋庸置疑。

令人唏嘘的是,这篇给张培刚带来巨大声誉的论文,却在那个极"左"路线的岁月里,被定性为反动学术。但 1969 年诺贝尔经济学奖设立时,美国再版了《农业与工业化》一书。此时,张培刚正在"文化大革命"中经受磨难,被冠以"反动学术权威"和"战争贩子",被批判挨斗争。直到 1984 年,《农业

---

① 刘易斯(1915—1991),生于圣卢西亚,后客居英国、美国。1979 年因为对经济增长理论特别是发展中国家经济增长理论的创新性研究,与舒尔茨分享诺贝尔经济学奖。是发展经济学的主要代表和先驱者。

② 舒尔茨(1902—1998),美国人。著名经济学家。1979 年因为对第三世界国家经济发展特别是农业发展所需要的人力资源投资作用的分析,与刘易斯分享诺贝尔经济学奖。

③ 霍利斯·钱纳里(1918—1994),美国人。哈佛大学教授,著名经济学家、世界银行经济顾问。1950 年获哈佛大学经济学博士学位,1968 年获荷兰经济学院荣誉博士。曾任斯坦福大学教授、美国国际开发署副署长、世界银行副行长等公职,1965—1970 年在哈佛大学国际事务中心任经济学教授,1970—1972 年任世界银行行长麦克纳马拉的经济顾问。1972—1982 年任世界银行负责发展政策的副行长。

与工业化》才由华中工学院出版社出版中译本。

六、《农业与工业化》为发展经济学奠基

发展经济学是以发展中国家经济发展为研究对象的一门新兴经济学科。它产生并逐步形成于 20 世纪中叶。由于历史的原因，绝大多数的发展中国家在独立前都曾长期遭受殖民统治和帝国主义的压迫与剥削，社会经济大大落后于发达国家。

第二次世界大战后，西方殖民体系迅速瓦解。发展中国家在政治上取得了独立后，面临的迫切问题是如何发展经济。而传统的西方经济学理论由于其基础是发达的市场经济，显然不适用于发展中国家。对于发达国家来说，发展中国家的贫困也将成为全球经济持续发展的障碍。因此，西方一些具有远见卓识的经济学家逐渐把研究的兴趣转向发展中国家。他们运用经济学基本理论，对发展中国家的经济问题进行深入的研究，不少人成为著名的发展经济学家。但公认的发展经济学的奠基人是中国的经济学家张培刚。

纳克斯在 1953 年出版的《不发达国家的资本形成问题》中提出的"贫穷的恶性循环理论"，系统解释了不发达国家落后的原因在于低储蓄率，并提出了通过大规模资本积累打破这种循环的观点。纳克斯是出生于爱沙尼亚的美国经济学家，任哥伦比亚大学教授，他在国际金融研究领域颇负盛名。他的这本书在发展经济学中影响甚大，"贫穷的恶性循环"也曾被广泛引用。

美国经济学家刘易斯和舒尔茨的研究思路与张培刚的思路有很大的相通之处。刘易斯论述了农业国如何通过农村的剩余劳动力来实现工业化，而舒尔茨论述了农业本身现代化的问题。这些问题张培刚都涉及了。

张培刚在《农业与工业化》中，对农业国家如何进行工业化提出了许多重要论断，最早建立了自己的、适合于发展中国

家经济发展的模式。这是第一部从历史上和理论上比较系统地探讨和研究农业国家或经济落后国家如何走上工业化道路这一崭新问题的开创性著作，无论是在方法论上，还是在具体理论结论上，都为当代发展经济学奠定了重要的基础，其理论以及以此为基础的政策推论，经受了实践的考验，具有重要的理论和现实意义。

在《农业与工业化》中，张培刚还提出了独特而全面的"工业化"定义和含义，即它"不仅包括工业本身的机械化和现代化，而且也包括农业机械化和现代化"。张培刚的"工业化"定义，有效防止和克服了那种把"工业化"片面理解为单纯发展制造工业，而忽视甚至牺牲农业的做法。西方发展经济学家到 20 世纪 80 年代才纠正忽视农业而片面实现工业化的传统观点。如美国著名发展经济学家迈耶（Gerald M. Meier）于 1984 年在其著作中纠正了关于"工业化"的观点，与张培刚 40 多年前的理论极为接近。张培刚在"工业化"定义中，强调基础设施和基础工业的"先行官"作用。他着重指出："从已经工业化的各国经验来看，我说的这种基要生产函数的变化，最好是用交通运输、动力工业、机械工业、钢铁工业诸部门来说明。"并特地把交通运输和动力能源这样一类基础设施和基础工业，称为"先行官"。

张培刚还将人口、资源或物力、社会制度、生产技术和企业家的创新管理才能，作为发动和定型工业化进程最重要的因素；探讨了工业化对农业生产和对农村剩余劳动力的影响；专门提出了农业国家或欠发达国家，在工业化过程中利用外资问题以及他们与工业国或发达国家的贸易条件和各自的相对优势地位问题。分析了工业化进程中农业国与工业国的关系：农业国无论是吸引外资还是与工业国开展对外贸易，均处于不利地位，但为工业化之故，仍需从工业国引进外资和开展对外贸易——这实际上提出了对外开放促进工业化的思想。他的这一思想，后来被劳尔·普雷维什（Raul Prebisch）等经济学家进一步发展为"中心—外围说"、"依附论"等学说。

因此，有学者认为张培刚工业化理论的合理性在于其完全符合产业演进的一般规律。因为一国的农业效率提高了，国民的基本生活需要就会得到保证；随着底层产业的边际效用递减，新生的发展动力必将促进上层的产业发展，而上层的产业又会对底层剩余劳动力构成拉力，从而使工业化或现代化得以实现。

于是，很多经济学家开始将我国经济发展过程中存在的问题和取得的成就，用张培刚的理论来解释。经济建设初期，中国的工业化照搬了苏联模式，过分强调工业尤其是重工业的优先发展，不重视农业及其与工业的协调发展，于是就有了农业歉收。张培刚自己评价说："论文的意义，在于为落后国家，农业国家，如何走向工业化农业化，起一个指导性的作用。"

《农业与工业化》英文版本于1949年出版。世界许多经济学家认为，《农业与工业化》一书是第一部试图从理论上系统地讨论农业国工业化，即农业国家或经济落后的国家，实现经济起飞和经济发展的学术专著，是一个中国学者以他的智慧、勤奋和执着求真的精神，努力多年的学术成果。

在国外，张培刚一直被许多经济学界人士所推崇。20世纪五六十年代，张培刚不断收到来自英国、南美、印度、锡兰（斯里兰卡）等国（地区）学者来函，要与他讨论农业国的工业化问题，并询问他的新成果。

何炼成在回忆张培刚的文章中有这样一段文字："1986年下半年，我应美国西密西根大学国际交流学院之邀赴美讲学半年，该院院长是著名经济学家美籍华人何国梁教授，我一去他就问我：'你认识张培刚教授吗？'我说：'当然认识，他是我在武大读书时的老师。'他说：'好极了！培刚·张是哈佛大学的高材生，他在美国名气很大，是发展经济学的创始人。'过了不久，他特聘舒尔茨教授来西密大讲学，要我作陪，舒尔茨深有感触地说：'培刚·张的博士论文对我启发很大，我的人力资本理论就是在这个论文的启发下提出来的。'并要我回国后代问'培刚·张'教授好。1986年圣诞节，我结束了在西密大的讲学任务，到美国东部几所著名大学进行了访问。我到哈佛大学第一天就访问了经济学部，参观了培刚师在此学习过的教室和图书资料室，在此见到了载有张培刚博士论文《农业与工业化》的哈佛经济丛书第85卷，管理员玛丽小姐介绍说，这篇博士论文获得美国经济学最高奖——威尔士奖，这是你们中国人的光荣和骄傲。哈佛大学发展中心主任帕金斯说：'在熊彼特的《经济发展理论》之后，培刚·张的《农业与工业化》一书，就算是关于发展经济学最早最有系统的著作了。'接着我又访问了麻省理工学院、耶鲁大学、芝加哥大学、哥伦比亚大学、明尼苏达大学、圣托马斯大学、密西根大学等的经济院系的专家教授，都对培刚·张的博士论文给予很高的评价。"

当国际学术界一直在寻找"培刚·张"时，而他的理论思想却在国内被淹没，他的名字已经在中国学术界销声匿迹。哈佛大学一些教授认为，刘易斯、舒尔茨的理论比张培刚的要晚好些年。张培刚对静态假设条件下农业与工业相互依存关系的论述比库兹涅茨关于农业贡献的论述也要早十多年。

在国内，虽然知道张培刚的人不多，但他在经济学界却得到了一致的认同。经济学家厉以宁说，张培刚是发展经济学的创始人之一，这在国内经济学界是没有争议的，因为他是最早建立适合发展中国家经济发展模式的人。高鸿业说，中国经济学界把他称为"发展经济学之父"，应该是这样的。1990年，曾把刘易斯获诺贝尔经济学奖的作品《经济增长理论》翻译成中文的北京工商大学教授梁小民认为，相比之下张培刚的书远在刘易斯之上，张培刚在书中主张把农业作为产业的一部分，要求把农业和工业作为整体来发展，而不是牺牲农业发展工业的观点，这比刘易斯更具前瞻性。

经济学家胡鞍钢在定期给政府部门编写国情资料时经常引用张培刚的理论。他总结张培刚的三个命题是：农业革命与工业革命，何者是必要条件？农业部门与工业部门是否平衡发展？农业国与工业国的经济关系如何？胡鞍钢认为，张培刚在写《农业与工业化》一书的时候，就提出了对外开放的理论。

1982年，世界银行副行长兼首席经济学家钱纳里来华讲学时几次提到张培刚。他强调说，你们都以为刘易斯和舒尔茨是发展经济学的创始人，实际上发展经济学的创始人是你们中国人，是张培刚先生，这是中国的骄傲！

第六章 海外归来

全国抗日战争经过8年浴血奋战，终于取得了伟大胜利，一洗百年耻辱，中国获得了和平建设与发展的历史性机遇。从1945年8月至1947年11月，国共两党为和平建国进行多次谈判，中国面临着光明与黑暗两种前途、两种命运的抉择。饱经战乱之苦的中国人民迫切希望在全国范围内早日实现和平民主，以便集中力量建设国家，使人民过上安宁幸福的生活。喜欢到波士顿城市音乐厅听巴赫和贝多芬古典音乐的张培刚，本来是可以留在哈佛任教的，是多灾多难的祖国让他有了人生的另一种选择，他迫切希望在自己的祖国能有机会实践和检验自己提出的农业国实现工业化和现代化的理论，并继续从事对这一问题的研究。为了使灾难深重的中国摆脱贫困与落后，尽到炎黄子孙的一份力量，在爱国主义和科学救国的思想影响下，张培刚婉拒了哈佛大学留校任教的邀请，接受武汉大学校长周鲠生的聘请，回母校武汉大学做一名教授。

一、重返珞珈山

1944年2月，国民政府经济部资源委员会经济研究室主任孙拯（公度）前往美国考察，并于第二次世界大战结束后被资源委员会任命为资委会驻美技术考察团副主任。资委会驻美技术考察团（办公地址在纽约百老汇111号5楼）的工作主要包括：参与国民政府经济部资委会工业计划的研究与修订；工业建设技术工作方面的接洽；工业建设器材方面的供应与筹划，即购买机器设备、引进先进技术等事宜；工业建设所需人员训练方面的接洽与筹划，安排资委会赴美人员的实习等。驻美技术团还负责物色在美国学习的中国留学生，对比较满意的留学生则进行宣传，鼓励他们回国后到资委会工作。

1945年年初，国民政府经济部资委会拟定了战后"重工业五年计划"。为了确定"重工业五年计划"的建设经费和重工业进展速度，9月，资委会委员长钱昌照赴美与美国政府磋商"工交借款"，并约请研究国民收入（亦称国民所得）的专家、俄裔美国著名经济学家、美国宾夕法尼亚大学教授库兹涅茨（后为哈佛大学教授，由于他在研究人口发展趋势及人口结构对经济增长和收入分配关系方面作出了巨大贡献，1971年被授予诺贝尔经济学奖）研究中国国民收入。

1946年1月，孙拯邀请张培刚参加国民政府经济部资委会驻美技术考察团工作，任专门委员，从事中国国民收入估计和农业机械化问题研究，主要协助库兹涅茨研究中国国民收入，设计和改进中国国民收入的估算以及全国经济事业的统计制度。同时参加协助库兹涅茨工作的还有丁忱、吴元黎、周贻钧等3人。

张培刚在纽约工作3个月后，由于那时美国到中国的邮船尚未开航，遂与丁忱于5月初在旧金山乘货轮回国抵达南京，在国民政府资源委员会经济研究室（1946年5月国民政府经济部资源委员会经济研究室改为国民政府资源委员会经济研究室）工作，任专门委员，继续与库兹涅茨一起工作3个月，并从事农业经济与工业化的研究。

张培刚参与撰写库兹涅茨主持的《巫宝三[①]国民所得研究之

---

① 巫宝三（1905—1999），原名巫味苏，江苏省句容县马庄桥人。中国著名经济学家。早期主要从事中国农业经济问题和西方经济学说的研究。从1942年起，从事中国国民收入的研究，1945年出版了《国民所得概论》一书，1947年出版了由他主编的、中国研究本国国民收入的第一部著作《中国国民所得（1933）》（上、下册）一书。

检讨》、《中国资本形成约估》、《中国战前储蓄能力》等研究报告,并在完成了一篇关于中国农业机械化问题的研究报告后离开了经济研究室。

1946年10月,张培刚重返珞珈山。他目睹了中国经济落后状况,亲身体会落后就要挨打的滋味,加上在美国哈佛大学5年求学的经历,使张培刚深深感受到,一个国家要想富强,关键在于重视人才和教育,他决心像母校的那些教授们一样,把自己的一生献给中国的教育事业,并要将自己的全部知识毫无保留地奉献给自己的祖国。祖国高于一切,才华奉献人类。至1948年1月共三个学期,张培刚任武汉大学教授兼经济系主任,整顿教学秩序,调整课程设置,重视教学质量,并亲自为武汉大学学子讲授经济学、经济学说史、工商管理、农业经济等课程。

二、出任武汉大学经济系主任

1945年4月,联合国组织会议在美国旧金山开幕,曾任武汉大学教务长兼法学院教授的周鲠生作为中国代表团顾问出席了会议。7月,武汉大学校长王星拱以身患重病为由向国民政府教育部呈请辞去校长职,7月7日,国民政府教育部准辞并任命周鲠生为武汉大学校长。同月,周鲠生由美回国,于8月8日正式到校任职。

1945年8月15日,日本宣布无条件投降。随着日本无条件投降,规模空前的第二次世界大战和给中华民族带来巨大灾难的8年全民族抗日战争胜利结束,为中华民族的复兴带来了难得的契机。西迁乐山的武汉大学与迁往后方的国民党政府机关、文化教育部门一样,纷纷准备复员。武汉大学按照国民政府教育部的命令,于9月1日,成立了"武汉大学复校委员会"。

在武汉大学由四川乐山迁回武昌珞珈山之际,周鲠生承担起学校复员重建的历史重任。熬过 8 年抗战的珞珈山，"房屋破坏、荆棘纵横、校具设备一空"[①]。远在乐山的武汉大学先要复校，但复校的经费匮乏，学校工作困难重重。师资力量更是严重不足，一是乐山时期艰苦的环境使得一部分教员离职或去世，二是东还珞珈山时一部分教师因种种原因受聘于其他大学而辞聘。1946 年 4 月，武汉大学教师仅 198 人，其中教授 102 人，副教授 6 人，讲师 35 人，助教 55 人，很不适应学校规模扩大的需要。但周鲠生校长对办好武汉大学充满信心，他把广揽人才看做是头等大事，希望将武汉大学真正办成华中地区学术文化中心，拥有文、法、理、工、农、医六大学院，5000 乃至 1 万名学生的大学。周鲠生认为要实现六大学院的理想，就必须聘用新的人才，用新的人才来充实学术文化。虑事深远的周鲠生是武汉大学历史上最优秀的校长之一，在办学理念上，他服膺伟大的教育家蔡元培的治校精神，认定优秀的师资是办好一所大学的先决条件，而他本人在这个方面也确实具备蔡元培的气度与魄力。他求贤若渴，广揽人才，不只是把眼光放在已知名的学者身上，而且着眼于各个学术领域有发展前途的青年才俊，尤其是那些负笈海外名校多年的佼佼者，只要是有真才实学的专家学者，不论是英美派，还是德日派，他都会摒除门户之见、宗派之别，尽力去延聘。为了聘请高水平的学者到武汉大学任教，周鲠生在回国前夕，亲自到美国的许多大学，礼贤下士，物色教授、副教授、讲师。在哈佛大学，这位法学大家盛情邀请张培刚和韩德培、吴于廑 3 位哈佛大学博士到武汉大学任教。

1946 年 10 月，武汉大学复员迁回武昌珞珈山，师生们结束了战时的流亡生活。10 月 31 日，武汉大学在法学院西侧的小礼堂（上为小礼堂，下为学生食堂）举行复员后的第一次开学典

[①] 周鲠生：《克服困难，办好武大》（1947 年元月 6 日在总理纪念周上的演讲），《国立武汉大学周刊》第 363 期。

礼。武汉大学新聘请了60多位教授、副教授、讲师，其中法学院有张培刚等10位，文学院有吴宓等15位，理学院有周金黄等2位，工学院有曹诚克等14位，农学院有鲁慕胜等6位，医学院聘定李宗恩等11位，体育组有袁浚生等5位，"各位先生如今有已到校者，有尚在路上者"①。周鲠生校长一一介绍新近聘请并已经到校的教授，其中包括张培刚、吴于廑、韩德培、刘颖、黄培云、周鸣崍等10多位年轻学者。

1948年10月，北大校长胡适先生来武大讲学，面对一群风华正茂的年轻教授，不禁感慨万千地对周鲠生说："你很爱惜人才，……真配做一流的大学校长。"正是由于周鲠生校长聘任了如此多的优秀人才，经这批"少壮派"和其他中老年学者们共同努力，武汉大学在复员珞珈山之后，才得以迅速回到正轨上来，继续书写五大名校之一的辉煌历史。

张培刚回忆说，当年在哈佛时，他之所以毫不犹豫地答应周鲠生校长邀请回武汉大学任教，其主要原因，除了铭刻在他心底的那份爱国情怀，再就是对周鲠生学术和人格的景仰。在他眼里，周鲠生是中国国际法界无可争议的泰斗，是中国真正的学者而不是政客，是有蔡元培之气度的大学校长。

离开母校12年再次回到珞珈山的那一刻，看着熟悉的一草一木、一砖一瓦，张培刚感慨万分。12年物换星移，12个春夏秋冬，昔日师生们亲手栽种的满山幼株，已长高成林，蔚然成荫。校园之美已俨然不只是以图书馆为中心的建筑群，青松翠竹，绿荫匝地；金秋丹桂，暗香四溢。山间小溪潺潺，湖水碧波荡漾，历经风雨洗礼依然自强不息的武汉大学，处处洋溢着自然之美、人文之美。

学成归来的张培刚最初的住处，便是武汉大学有名的美景之一——半山庐。单身教工宿舍半山庐地处珞珈山的北坡，是

---

① 刘秉麟：《向文法理工农医多学科的大学迈进》，《国立武汉大学周刊》第361期。

一栋高达 7 米的精致小洋楼,家眷不在武汉的教授也大多住在这里。半山庐是由两个阳台将三栋两层的楼房连缀而成,中间一楼伸出一个装饰性屋檐为入口,八个飞檐毫无雕饰,整栋楼青砖墨瓦,外表极显质朴无华,依偎在苍翠的珞珈山北山腰,绿树环抱,幽雅宜人,与珞珈山的苍秀山势混为一体,因此被称为半山庐。半山庐建于 20 世纪 30 年代,据说其建筑与选址是武汉大学文学院一位研究易经的谭教授所设计。后由于该楼周围松林密布,风入涛声澎湃,是听松的好地方,有人曾提议改其名为"听松庐"。

张培刚的住处,简朴整洁,满屋弥漫翰墨书香。房子里除了简单的家具,三面摆放的都是书籍报刊,其中绝大部分是英文原版书,包括英文版的《资本论》等。令张培刚惬意的是,住在半山庐的邻居们,不仅有见识卓绝思维活跃的年轻单身教授,还有不少思想超群名噪一时的著名学者,如年事已高的李剑农、金克木(后为北大教授)、赵理海(后为南开教授)等,茶前饭后之余,这栋小楼里俨如学术沙龙,格外热闹,充满生机。为了解除他们的后顾之忧,学校为他们专门雇请了一名炊事员小刘师傅(后为武汉大学一级厨师)办小食堂,教授学者级的"房客们"轮流管账,一日三餐其乐融融。由于半山庐地处阴坡,冬季气温偏低,因条件有限没有取暖设备,一到冬季阴冷的时节,房子里如同冰窖,又寒又冷。冬夜读书备课时,张培刚等是用炭盆取暖。

张培刚到校时,武汉大学教务长兼经济系主任陶因已于 1946 年 4 月离校就任国立安徽大学校长。张培刚遂被周鲠生校长任命为武汉大学法学院经济系主任。

在张培刚担任经济系主任期间,经济系有张培刚的师辈老教授,如兼任武汉大学教务长的杨端六、兼任法学院院长的刘秉麟、中国经济史课程讲授得很有特色的李剑农。此外,还有张培刚的学长辈教授戴铭巽、温嗣芳、陈家芷、韩家学等。在张培刚建议下，武汉大学还从国外聘请了一批与张培刚同期在美国留学的年轻学者担任经济系教授和副教授，如吴纪先、刘涤源、谭崇台、周新民、朱景尧、黄仲熊等，为经济系注入了新鲜血液。这批青年学者不仅带来了世界最新科学成果和研究动态，而且还涉猎了很多当时有关经济学及其他相关学科的最新成果。

为了让经济学课程与武汉地区经济紧密相连，相互促进，张培刚还建议周鲠生校长聘请武汉地区银行界、农业界的李崇淮、杨书家、余长河等开设诸如农业经济、银行制度、劳工问题、商业循环、经济政策等课程。1947年夏，张培刚建议周鲠生聘请芝加哥大学社会学硕士刘绪贻出任经济系副教授，讲授社会学和文化人类学课程。

此时，三十而立的张培刚，不仅在学术上赢得世界瞩目，在经济系教学管理中，也充分展示了他稳健清醒的领导才华，他善于发挥老中青老师的作用，使他们各尽其能，各展所长。很快，学校师生们惊喜地发现，在张培刚的精心努力下，经济系出现了一个具有理论前沿和理论联系实际的良好教学局面，武汉大学经济系的学术氛围大大加强了。

张培刚就任经济系主任时，正是武汉大学复员珞珈山之始，教学秩序和教学课程均待复员和革新。张培刚依照学校提高教学质量的要求，主导经济系在课程的设置方面，相对集中科目，酌减学分数，严格必修和选修的区分，将不十分重要的科目改为选修，选修课少而精，克服课程设置上的庞杂现象；注重课程质量，强化主要科目的教学，一、二年级以基础课为主，三、四年级则偏重专业；并根据新聘教师的研究专长开设了不少新课程，除经济政策、计划经济外，大多是关于市场机制的微观经济学、凯恩斯主义的宏观经济学等方面的课程。

复员后的武汉大学注重科学研究，学校调整充实了4部11所研究机构。1947年5月又根据国民政府教育部的训令，改革了科研体制,将4部11所调整合并为经济研究所、中国文学研究所、历史研究所等8所。张培刚兼任经济研究所研究员。1947年,张培刚在南开大学《经济评论》先后发表《通货膨胀下的农业和农民》(《经济评论》第1卷第2期)、《论物价指数债券》(《经济评论》第1卷第6期)等学术论文,以及在《社会科学杂志》第9卷第2期发表《评Paul M. Sweey：〈资本主义发展的理论——马克思政治经济学原理〉英文版》书评,在《武汉大学经济学会会刊》发表《论经济学上的两大准则——效率与公平》等文章。3月,张培刚收到哈佛大学寄来的贺函,祝贺《农业与工业化》博士论文获哈佛大学1946—1947年度经济学专业最佳论文,获大卫·威尔士奖,并告之将被列为哈佛经济丛书第85卷由哈佛大学出版社出版。奖金除承担丛书印刷费外余500美元。《武汉日报》以"哈佛最高奖,东方第一人"为题刊发消息。同期,上海《大公报》也作了专门报道。鉴于张培刚的学术成就,8月,张培刚被评为中央研究院社会科学研究所通讯研究员。

因有新的人才充实武汉大学教师队伍,武汉大学的学术活动也出现了一个活跃的势头。学校多次邀请著名学者来校讲学,并经常组织学术报告。1947年11月7日,武汉大学第450次校务会议决定,组织学术文化讲演委员会,推举张培刚等7人为委员。这个委员会的主要任务是：推广学术文化服务,使武汉形成学术文化研究中心。委员会定于每周六下午3时到5时在武昌东厂口武大附属医院礼堂举行学生学术文化公开演讲。讲题包括社会、自然、应用科学、文艺、哲史及时事问题。讲演人主要是武汉大学各院系的教授,张培刚主讲农业与工业化问题。听众主要是武汉地区各单位、团体的代表。12月6日,学术文化公开讲演首次举行,由周鲠生校长演讲,题目是"国际问题——集体安全"。

不拘一格,延揽人才,辛勤耕耘,培育英才。张培刚与杨端六、刘秉麟、李剑农、戴铭巽、谭崇台、周新民、刘涤源、李崇淮、刘绪贻等鼎立携手，不仅造就了20世纪40年代武汉大学经济系的辉煌，而且学术水平和综合实力跃居全国前列。当时武汉大学经济系教授群体堪与北大经济系的教授阵营媲美。曾任南开大学校长的滕维藻对董辅礽说过："那时的武汉大学经济系，师资最整齐，最年轻，水平超过南开。"要知道，20世纪三四十年代，南开大学不仅设有经济系，还有经济研究所，并由美国耶鲁大学博士何廉、方显廷两位著名教授主持，他们在《大公报》上开设"经济周刊"专栏，按期发表文章，在国内外影响非凡。

这一切，得益于武汉大学全体师生的艰苦努力，也凝聚了张培刚的全部心血。武汉大学教学质量和学术水平不断提高，得到社会的充分肯定。1948年2月20日，国民政府教育部国际文化教育事业处正式函告武汉大学：英国牛津大学已确认武汉大学文理学士毕业生成绩在80分以上者享有"牛津之高级生地位"。此后，武汉大学毕业生前往牛津研究学习仅凭学校证件，审查成绩即可入学。享有同等待遇的还有北京大学、清华大学、南开大学、中央大学、浙江大学及协和医学院等六所院校。

三、走上教学讲坛

12年前从珞珈山走出去的张培刚回到母校后，走上教学讲坛的心情，颇感激动和兴奋。

据张培刚的第一批弟子周熙文撰文回忆说：哈佛归来后培刚先生走上讲台的第一堂课，是让很多学生受益终身的高级经济学启蒙教育，那就是为已是本科二年级的1945级学生讲授首选必修课"经济思想史"，让学生们从第一学年在经济课程中学到的包括消费、生产、交换、分配四大块传统经济学，跨入到现代经济学领域。此外，他还亲自给学生们讲授经济学原理、经济思想史、工商管理、农业经济学，是被学生们公认的武汉大学经济系现代经济学的启蒙老师。

教学中，张培刚极为推崇英国经济学家埃里克·罗尔所著的《经济思想史》，认为它比较客观而体系又较完整，即采用英文原版《经济思想史》作为教材。为了学生的学习，张培刚将英文原版《经济思想史》拆开，刻写蜡纸，一张一张油印出来，装订成册，人手一册，可见他的良苦用心。在课堂教学时，他不照本宣科，而是边述边论，旁征博引，重点处也会指出原著的具体章节，要求学生查阅、精心理解。许多学生通过阅读这本书，既学习了经济思想史，又学习了英语。学生们懂得了亚当·斯密、大卫·李嘉图、阿尔费雷德·马歇尔、梅纳德·凯恩斯等各个经济学派的理论；学生们第一次听到了熊彼特的创新理论和无差异曲线、垄断竞争理论；特别是"看不见的手"和"看得见的手"及其相互关系的理解和研究对学生们起到了十分重要的启发作用，让学生们耳目一新，如醍醐灌顶，使许多学生受到了受益终身的经济学启蒙教育，从而打下了牢固的经济学理论基础。

1947年9月，1947级新生入校了。新生被武汉大学校园优美的自然风景和秀丽的山水风光迷住了，后来经济系新生更被张培刚的高质量教学所折服。按武汉大学的教学惯例："凡属本科一年级的基础课，不论是为本系学生开的，或是为外系学生开的，都必须派最强或较强水平的老师去讲授。"武汉大学经济系一年级的专业基础课经济学原理，历来是经济系主任的主讲课目。此前是由系主任陶因主讲，张培刚接任系主任后就由他讲授。回望昔日岁月，很多经济系1947级学生依然对张培刚上课时的风采记忆犹新。

时年34岁的张培刚，西装革履，佩戴新式眼镜，一表人才，风华正茂，既有大哥哥般的亲切，又有名师学者的风范，无不令学生们推崇敬仰、心悦诚服。每次给新生上课，他首先要用两节课的时间，向新生介绍当时欧美经济学家的各种代表作及学习经济学必须阅读的书目，以及为何他要选用英国经济学家班亨所著的《经济学原理》为教材；接着在黑板上写下两黑板的英文参考书目。数十本英文参考书目，使新生们仿佛窥见了经济学这座宏伟的大厦，从而激发了进入经济学殿堂的兴趣和决心。

张培刚教学时，用心集当年在武汉大学和哈佛大学学习时各名师教学方法之优长。比如他在讲授经济学原理时，非常强调阅读英文原著，讲授经济学的名词范畴时基本上用英语。为此，他要求学生们在每次上经济学原理以前，必须先阅读教材，通过查找英汉四用字典，在课前把文法和生字查出来，熟记其中的基本范畴和用语。在他的严格要求下，多数学生听了半年的课程，不仅能听懂张培刚用英语所讲授的内容，还能熟练阅读英语书刊，无形之中提高了学生们的英语水平。张培刚在讲授经济学原理时，充分贯穿了"哈佛学派"的理论观点，诸如熊彼特的创新理论、张伯伦的垄断竞争理论、布莱克的农业经济学、希克斯的宏微观经济学等，还有当时流行的凯恩斯主义、新自由主义思潮，基本上当时西方国家所新出现的经济学观点都涉及了，也包括他本人在《农业与工业化》博士论文中的基本观点，从而为学生打下了坚实的理论基础。

张培刚授课，风趣幽默，喜欢旁征博引，因而哪怕是很无趣的经济学理论，学生们听上去一点也不觉得枯燥乏味，比如他在讲边际效益概念时，便会用"三个烧饼最解饱"作比喻，其深入浅出的授课方法深受一年级新生们的推崇。因此，常常他上课时，连走廊里都挤满了人。

张培刚的教学有一个突出的特点，就是采取启发式教学，提倡学生独立思考，畅谈自己的观点甚至和他不同的观点。张培刚在给经济系1947级一年级学生介绍欧根·冯·庞巴维克等人的边际效用价值论的观点时，引用了农民如何在一年中支配五袋谷物的例子,用来说明"一件物品的价值是由它的边际效用量来决定的"①。一位学生提出了不同的观点,认为价值是由劳动量决定的。张培刚并未否定他的观点,而是说这是一个长期争论的问题,认为可以讨论,希望大家继续研究。由此可见张培刚对学生不同意见的理解和尊重。张培刚这种民主的教学态度,给学生们留下了深刻的印象。

张培刚在武汉大学任教期间,还在华中大学、中华大学兼课,讲授农业与工业化、计划经济。至于农业经济学课程,张培刚更是学养深厚、教学得法。

在1934年至1940年间,张培刚为撰写农业经济方面的一系列著作和论文,就已养成让学术深深地植根于中国农业社会的土壤的习惯,并在中国农业经济学方面有了许多属于他自己的独特发现。他曾从中国农村社会与经济状况的第一手调查统计资料中,发现了粮食布局同人口居住方式以及经济活动区位之间的内在联系,揭示了粮食运销成本构成中若干带规律性的问题,比较研究了我国粮食盈亏的估计方法,分析了农产品的价格变动趋势,认识到农民、农业和农村在工业化过程中的重要地位和作用。

最珍贵的是,他早期具有理论和实际意义的论著,又在哈佛大学求学期间,师从熊彼特、张伯伦、布莱克等大家,特别是与熊彼特教授一起学习研究农业经济等课题,进一步夯实了他的农业经济学理论基础。后来通过撰写《农业与工业化》博士论文,使他的农业经济理论及其研究方法更加完善,并成功形成了农业国工业化理论体系。因此,张培刚在讲授农业经济学课程时,不仅仅传授了他的发展经济学思想,培养了一批中国经济学领域的人才,更重要的是,他的学识、他的操守、他的社会责任感和他的爱国情怀,成了一批批学子的前行标杆,

---

① 欧根·冯·庞巴维克著:《资本实证论》,商务印书馆1981年版,第167页。

也播下了发展经济学在中国的希望。

四、保护进步学生

说到张培刚的学生，可谓灿若群星，遍布寰宇，栋梁之才，蔚然成林。虽然他在武汉大学教学时间不是很长，学生人数也仅区区几百，但后来被冠以经济学家头衔的学生，却是个个声名远播。

张培刚任武汉大学经济系教授兼系主任时，武汉大学经济系是全校学生最多的大系，每年级的学生多则七八十人，少则也有五六十人，可见经济系的力量以及教师们的吸引力与号召力。许多上武汉大学经济系的学生，都是因看了招生简章上对张培刚的介绍而慕名报考的，著名经济学家何炼成，就是其中之一。

1947年夏，当何炼成从湖南醴陵湘东中学毕业准备报考大学时，因考试成绩优异，准备在全国高校的"四强"之中的北大、清华、武大、南开之中择优选择，年少的他想了三天，依然不知道到底选择哪所学校才好。最后，是他的班主任老师建议他报考武汉大学经济系，其理由有二，一是当时的武大，是与北大、清华、南开并驾齐驱的名校，其经济系全国闻名。最重要的是，该系系主任和执教者，是从哈佛大学回国、刚刚荣获了大卫·威尔士奖的博士张培刚。就这样，何炼成冲着张培刚这个人，报考了武汉大学经济系并有幸成了张培刚的得意门生。

张培刚就任武汉大学经济系主任之后到请假离职就任联合国亚洲及远东经济委员会顾问兼研究员之前，武汉大学经济系在校就读的学生有1943级、1944级、1945级、1946级、1947级共三四百名本科学生。除此之外，还有武汉大学经济研究所招录的研究生。由于敬仰张培刚治学严谨、学贯中西、诲人不倦的学术品格,很多经济系的学生都以是张培刚的门生为自豪,更有不少学生因他的精心栽培,从此树立了人生理想,坚定地向经济学学术殿堂迈进,成为著名的经济学家。董辅礽、李京文、何炼成、曾启贤、万典武、孙鸿敞,就是其中的典型代表。

抗战时期,万典武①是一位武汉大学的流亡学生,毫无经济来源,全靠自己兼教小学、中学维持学业和生活。1945年7月从武汉大学毕业,考上了张培刚的研究生。在与万典武的接触中,张培刚发现这位学生的生活极为穷困,于是主动帮助他在系里找事干,以获得一些收入维持学业。1947年初,张培刚亲自指导万典武完成撰写有关凯恩斯就业理论的研究生毕业论文后,立即请万典武和另一位研究生曾启贤,将他的《农业与工业化》博士论文翻译成中文。在翻译的过程中,两人系统地学习了英文版《农业与工业化》,在经济学专业上受益匪浅,英文水平也得到提高。后因种种原因未能出版,直到1983年,张培刚亲自对该译稿进行了审阅和修订,于1984年在华中工学院出版社出版。令万典武感到惊讶的是,张培刚在序言中仍特别提及他们的译稿,并汇给他稿费。

1947年夏,万典武的研究生学习即将毕业,在张培刚的大力推荐下,学校原拟定万典武留校当助教。后因万典武抛头露面地领导和参加了学生运动,即1947年5月21日在武昌的反饥饿、反内战的大游行,万担任副总指挥;武大"六一"惨案时与国民党军警肉搏;"六一"惨案后,万典武又是赴南京请愿的代表,为揭露国民党军警罪行奔走呼号。学校迫于压力不得不放弃聘用万典武的初衷。

由于当时学校不负责毕业生的工作分配,毕业即失业的情

---

① 万典武,1921年出生,武汉市汉阳区人。武汉大学经济系研究生学历。曾任国家商业部商业研究所所长、中国商业政策研究会副会长、研究员,中国商业经济学会学术委员会主任。主要著作有《万典武选集》、《中国的商业》、《当代中国商业简史》、《市场球场论》、《当代中国百名商业经济专家学者》、《商业企业股份制原理与实务》、《中国商业百科全书》、《商品流通体制改革的理论和构想》。

况比比皆是。正当万典武就业无门之时，张培刚再次伸出援助之手，将他介绍到中央研究院社会科学研究所任助理研究员。行前，张培刚还一再叮嘱万典武注意研究粮食问题，特别是抗战时期沦陷区的粮食问题。因不忘恩师教诲，万典武在中央研究院社会科学研究所的两年工作期间，撰写了《抗战时期中国粮食问题研究》一书，还在《经济周报》、《中国建设》、《新观察》等刊物上发表了《土地改革与工业化》、《城乡对立的经济格局》等论文。

何炼成[①]，是1947年9月初来到珞珈山的。张培刚给他上的第一堂课，讲的是经济学导论，使他仿佛窥见了经济学这座宏伟的大厦，从而萌发了进入这座经济学殿堂的兴趣和决心。他后来一直从事经济学的研究和教学，曾任西北大学校务委员会副主任，经济管理学院院长、教授、博士生导师。

孙鸿敞，1923年出生于江苏南通，母亲笃信佛教，父亲在中南银行工作。1937年卢沟桥事变之后，孙鸿敞随父亲来到香港，就读于一所爱尔兰人创办的天主教会学校——华仁书院。1941年12月太平洋战争爆发，香港沦陷，他不得不终止学业返回家乡。1946年他以优异的成绩考入武汉大学经济系。在武汉大学求学期间，当他得知张培刚本可以留在哈佛大学或联合国亚洲及远东经济委员会工作，是割舍不了的家国情怀让张培刚回国效力时，从内心深处对张培刚钦佩不已。孙鸿敞说，是张培刚爱国忧民、淡泊名利的高尚情操，使他的思想有了指南金针，使他认识到一个炎黄子孙应有的信念和应该扛起的责任！因此，1950年，当他以全班第一的成绩从武汉大学经济系毕业

---

① 何炼成，1928年出生，湖南浏阳人。著名经济学家。1947年入国立武汉大学经济系，师承张培刚等教授。西北大学经济管理学院教授，博士生导师。担任中华外国经济学说研究会发展经济学分会名誉会长、中国《资本论》研究会常务理事，任日本同志社大学、美国西密西根大学、德国吉森大学、武汉大学、山东大学等20多所国内外大学的兼职教授。先后出版专著10部，主编书35本，发表论文400多篇。在生产劳动理论、劳动价值论、社会主义所有制论、价值学说史、中国经济管理思想史等方面建树颇丰，被称为"西部学派"的代表。

时，想都没想就拒绝了朋友劝他到香港发展的建议。他说："新中国的建设更需要经济人才，所以，我的未来应该属于新中国。"

董辅礽[①]，1946年考入武汉大学，在校时他最喜欢听的课是张培刚讲授的经济学和经济思想史，以及其他教授讲授的经济学新的理论学说和学术思想，4年的大学学习，对夯实董辅礽研究经济学的基础无疑起到至关重要的作用。1950年董辅礽毕业后留校任教。1953年开始在苏联留学，1957年获经济学副博士学位。留苏期间，他的才华给前去访问的孙冶方留下极为深刻的印象。1957年董辅礽毕业回国，经孙冶方几经周折将他调到自己任所长的中国科学院经济研究所，即以后的中国社会科学院经济研究所。后来他成为这个研究所的终身名誉所长。

作为一位充满正义感的大学教授，张培刚积极支持学生运动，对踊跃参加爱国运动的进步学生悉心保护。武汉大学复员时，正是全国解放战争时期，国民政府采取"倚美外交"，美国势力趁机蜂拥而入，为所欲为。1946年11月24日，美军士兵强奸北京大学女学生的事件发生后，全国各大城市学生掀起了"反美抗暴"的爱国运动。武汉大学学运"核心领导小组"组织进步社团组织，成立秘密的"社团联席会"，负责武汉大学的"反美抗暴"活动。

1947年1月3日，武汉专科以上学校的代表齐集武汉大学，召开联席会议，决定各校从4日至7日罢课4天，5日联合举行示威游行。5日下午，武汉大学"社团联席会"以学生自治会名义出面，在体育馆召开声讨大会。会上，张培刚等教授以及各社团代表纷纷发言，慷慨陈词，同声抗议美军在中国的暴行，谴责国民政府的卖国罪行。张培刚等武汉大学教授会成员同意

[①] 董辅礽（1927—2004），浙江宁波人。著名经济学家，有"一代经济学大师"之称。曾任武汉大学讲师，中国社科院经济研究所副研究员、副所长、所长、名誉所长等职。第八届全国人大财经委员会副主任、第九届全国政协经济委员会副主任。20世纪90年代后期，研究重心开始从所有制改革和促进民营经济发展的理论研究，转向对资本市场的研究。对中国资本市场的理论研究和政策研究是其所有制改革理论研究的逻辑延伸，其中有两个著名观点：发展论，婴儿论。

北大教授提出的"补偿被辱人的名誉"、"严惩犯罪之士兵"、"切实保证不再有类似事件之发生,以保证人格之尊严"等要求。张培刚等教授还联名以教授会的名义致电国民政府行政院和教育部,表示强烈愤慨。

"反美抗暴"运动为 1947 年 5 月中共开展的"反饥饿、反迫害、反内战"运动打下了思想和组织上的基础。这年 5 月,人民解放军开始向国民党军队发起局部的战略反攻,全国学生运动势如燎原,形成包围夹攻之势,国民党的统治陷入危机。5 月 18 日,国民政府颁布了旨在镇压学生运动的《维护社会秩序临时办法》。5 月 20 日,国民政府派出军警在南京、天津同时打伤和逮捕呼吁和平、反对内战的师生百余人,在南京制造了震惊全国的"五二〇"血案。武汉大学等 5 校学生自治会共同决定:从 5 月 19 日至 21 日罢课 3 日,22 日举行示威。张培刚与韩德培、金克木等 6 位教授联名发表宣言,响应学生运动,呼吁恢复国共谈判,保障人民自由,铲除豪门资本。就在游行前一天即 21 日,美国驻华大使司徒雷登来到武汉大学,以"半个中国人"的身份发表了"从学生运动看中国前途"的演讲。他在演讲中用稍带江浙口音的普通话,不时说几句"文言",劝告学生"要细细观察政治的潮流,看清政治应有的趋向"[①],认为"国家之强弱不在民主政体的好坏,而在公民的好坏"。这位美国大使讲了 40 分钟。话音刚落,万典武立即在礼堂后排的板凳上站立起来,慷慨陈词:"同学们,司徒老人是个'和平老人',我们武大全体师生员工都反对打内战,希望司徒老人把我们的和平意愿带到南京去,大家赞不赞成?"紧接着万典武责问司徒雷登大使:"中国人民渴望和平、安定和统一,为什么美国要支持国民党政府发动内战,破坏中国的和平和统一?为什么美国军队进驻中国各大城市,为所欲为?为什么……"一连串的责问,正气凛

---

① 《武汉日报》1947 年 5 月 22 日。

然，令司徒雷登张口结舌，满脸苦笑，很不好下台。见此情景，全副武装的军警拥上前去为他解围。最后在军警的簇拥下，司徒雷登才狼狈离去。

5月22日，万典武参与指挥武汉大学1700多名学生高举"反饥饿、反迫害、反内战"的旗帜，去湖北省政府请愿，直到下午4时武汉大学学生才胜利返回学校。这天晚上，学校出现了不少陌生面孔，气氛异常紧张，进步学生有的不得不投亲靠友暂避。无处可藏的万典武，情急之下想到了自己的老师张培刚，决定上他那儿去暂避风头。万典武乔装打扮，摘下眼镜，把帽子拉得很低，从所住的学生宿舍盈字斋，疾步走到张培刚住的半山庐。开门后的张培刚，得知万典武的处境危险，二话没说，立即将万典武请进屋内暂住一宿，让万典武安全躲过了那个紧张而危险的晚上。

5月22日，武汉各校学生举行"反饥饿、反内战、反迫害"大游行，在湖北省政府示威后，武汉国民党当局加紧策划镇压学生运动的阴谋。1947年6月1日凌晨3时，武汉警备司令部稽查处处长胡孝扬带领全副武装的士兵1个营、宪兵1个连、警察总队1个分队及大批特务，分乘8辆汽车冲进武汉大学，包围了各处师生宿舍，在老斋舍枪杀学生3人，另有3名学生身负重伤，轻伤师生多达16人，被捕的师生共22人，其中包括缪朗山、朱君允、梁园东、刘颖和金克木等5位教授，造成了震惊全国的"六一"惨案。武汉大学教授会立即开会，决定罢课抗议，张培刚等教授联名签署了《武大教授会罢课宣言》：（一）罢课一周；（二）提出四项要求，强烈谴责国民党军警的暴行。张培刚等教授还在韩德培起草的《对当前学生运动的看法》上署名，并印刷200多份，让学生在武汉三镇散发，引起了强烈的反响。

事发之时正在南京筹款的周鲠生校长，闻讯后于6月2日飞回武汉。当张培刚和其他教授陪同周鲠生来到几名惨死学生的面前时，张培刚一行个个义愤填膺，悲痛欲绝。周鲠生涨红了脸，愤怒地大声呼道："我要全力争取惨案的合理解决，被捕师生应立即释放。"

旋即张培刚和其他 18 名教授一起，跟着周鲠生校长到国民党武汉行辕交涉，保释被捕师生，抗议国民党中央社发出的歪曲事实真相的报道，要求追究责任、严惩凶手，并保证以后不再发生类似事件。武汉行辕主任程潜拒不释放被捕学生。周鲠生愤怒至极地说："限 24 小时内，全部释放被捕学生，否则，我将组织 5000 人的队伍，披麻戴孝抬着 3 副棺材、20 副担架在武汉三镇游行示威。所造成的一切后果，由你程潜一人负责。"最后，程潜被周鲠生的最后通牒和教授们的义正词严震住了，不仅当天下午释放了被捕师生，还从优抚恤了死难学生的亲属，撤销了武汉警备司令彭善的职务。

"六一"惨案时，因武汉大学学生采取抬棺游行、公祭安葬遇难学生等行动与国民党反动势力进行英勇抗争，国民党反动派对武大师生，特别是学生自治会的负责人和武汉大学"六一"惨案处理委员会的成员，采取了特务盯梢、暗杀等手段进行报复。为保护进步学生的人身安全，武汉大学宣布提前放假，并把春季学期的期末考试和毕业考试推迟到秋季开学之后补行。

"六一"惨案后，全国物价迅速飞涨，通货膨胀严重。1946 年 12 月，学生理一次发需 700 元，1947 年 3 月涨到 1600 元，9 月涨到 5000 元，一时间，解除饥饿威胁、争取生存权利，已成为广大学生最紧迫的要求。中共武汉学生运动工作组决定根据当时的形势，从关心学生生活着手，发起一次助学运动。很快，全国大学生积极响应，开展助学运动，广泛团结学生，掀起学运高潮。

与此同时，中共武汉大学总支部委员会，依靠进步社团成员组成武汉大学助学会，并与武汉大学教授会等取得联系，争取广泛的同情和支持。9 月 13 日，武汉大学助学会发表《为助学告社会人士书》，理直气壮地声言：国民党反动派发动内战，坚持反共反人民的政策，物价还要继续飞涨，生活将越来越难以为继，读书和吃饭已成了学生们无力解决的两大问题。呼吁社会人士鼎力支持，使助学活动得以顺利进行。张培刚等教授积极支持武汉大学助学会的助学活动，捐款捐物，购买学生的义卖商品，救助贫困学生。

  1947年9月底，武汉大学秋季学期开学。1947届毕业生补行了毕业考试。毕业离校在即，师生聚集一堂，联欢聚餐，难舍难分，并纷纷合影留念。1947年10月，张培刚与武汉大学经济研究所研究生万典武、曾启贤、鲁庭椿、丁良诚、朱馨远、黄镒等于珞珈山前的那张合影，而今虽时逾六十六个春秋，照片也变得模糊发黄，但师生情深的那个瞬间，永远定格在了他们的心上。

第七章 赤子报国

1948年1月，张培刚应聘担任联合国亚洲及远东经济委员会（ECAFE）①顾问及研究员，暂别了珞珈山。

亚远经委会成立时总部设在上海，其常设办事机构秘书处在推动这个委员会的活动中起着极为重要的作用。秘书处的工作人员除若干美国、英国人外，大多数是亚洲远东各国的人员。秘书处负责委员会、附属委员会、专门小组开会期间会务工作，还编写各种定期和不定期的经济情况论述和专题报告。

张培刚在此期间，先后前往马来西亚、印度、印度尼西亚、柬埔寨、缅甸等东南亚殖民地国家搜集和了解有关经济情况。在亚远经委会会议期间，结识了中共秘密党员冀朝鼎。在数次路过香港时，他通过老友千家驹认识了许涤新等中共秘密党员和其他爱国的民主人士，受其影响，阅读了毛泽东的《新民主主义论》和《论联合政府》等著作以及其他进步书刊，开始接受马克思主义和毛泽东思想。

张培刚一生始终充满爱国主义情怀。爱国与求真始终是张

---

① 联合国亚洲及远东经济委员会（Economic Commission for Asia and Far East，ECAFE），简称"亚远经委会"。1947年3月28日，根据联合国经社理事会第37号（IV）决议，为促进亚洲经济的重建与发展，由中国倡议于上海成立。该会的工作性质为：通过在区内收集、评估和分发有关经济、科技及统计资料，进行研究并制定新措施，通过区域和次区域合作促进本地区社会经济的发展。该会的日常办事机构为秘书处，最高官员为执行秘书，由联合国秘书长任命。1949年6月，该会迁至泰国曼谷。1970年，新会址于曼谷正式设立。1974年，改为联合国亚洲及太平洋经济社会委员会（U. N. Economic and Social Commission for Asia and the Pacific，UNESCAP），简称"亚太经社会"，为联合国经济社会理事会下属的五个区域委员会之一，其主要职能是通过区域和次区域合作促进本地区社会经济的发展，是联合国在亚太地区的主要经济和社会发展事务的论坛，也是亚太地区建立最早、规模最大、代表性最为广泛的政府间多边经济社会发展组织。

培刚人生道路上的主旋律。1948年底,亚远经委会总部从上海迁往泰国的曼谷。身在异国他乡的张培刚关注着国内战局,关注着人民解放军的战场,并开始严肃地考虑准备回国的问题。1949年2月,张培刚毅然辞去亚远经委会职务,并婉言谢绝哈佛大学要他回校执教的邀请,放弃了舒适的工作条件和优厚的报酬待遇以及可获得更高学术成就的机遇,毅然从曼谷经香港回国。

1949年3月上旬,张培刚回到祖国,回到了朝思暮想的珞珈山,继续担任武汉大学经济系教授及系主任。对于张培刚这一代留学生来说,中国的富强、独立和现代化是人生追求的首要目标,而个体的人生价值只有融入这一个大目标才能实现。在迎接解放的日子里,他积极参加了中国共产党组织的第二条战线的活动和斗争,在中共武汉市委的外围组织——新民主主义教育协会(简称"新教协")中发挥了积极作用,同时参加了中共武汉党组织的"应变"与护校工作,成功地说服了学者李崇淮等人留在武汉,组织新民主主义经济讲座,为武汉的解放作出了自己的贡献。

一、ECAFE 官员

1948年1月初,亚远经委会秘书长罗格拉森(P. S. Lekanathah,印度人)在该会秘书处研究部主任方显廷①的介绍下,得知由哈佛大学教授布莱克推荐的得意门生,又是新近获得哈佛大学大卫·威尔士奖的张培刚,对发展中国家农业及粮

---

① 方显廷(1903—1985),浙江宁波人,著名经济学家。1921年前往美国伊利诺斯州威斯康星大学主修经济学,后转纽约大学获经济学学士学位,在耶鲁大学攻经济学博士学位。1929年1月受聘于南开大学,任社会经济研究委员会(1931年后改为经济研究所)研究主任兼文学院经济系经济史教授。1946年赴上海中国经济研究所任执行所长。1947年底,受聘亚远经委会任经济调查研究室主任。1968年退休后应新加坡南洋大学之聘,重返教学第一线,1971年退休,为该校首席名誉教授。

食问题方面具有专门的研究和相关论著，便请方显廷与张培刚联系，邀约张培刚到该会秘书处担任农业及粮食问题的研究工作，名义为顾问和研究员，月薪600美元。

接到聘请的张培刚，恰好不久前得知其博士论文《农业与工业化》已获哈佛大学的大卫·威尔士奖，在回国后的研究中，张培刚感到资本主义工业化的发展和对殖民地的剥削是分不开的，因此对殖民地经济和工业化一题的研究发生了兴趣，很想进一步了解和搜集亚洲及远东地区殖民地国家的经济情况和资料，以利于继续研究农业与工业化问题。张培刚遂征得校长周鲠生同意后，接受了该会的聘约，应允短期前往任该职，但仍兼任武汉大学经济系主任。与张培刚一起同时担任该会顾问的还有后来到武汉大学任教授的吴纪先。

1月底，张培刚到达上海后，径直到亚远经委会报到。随后，张培刚被安排在该会秘书处研究部工作。亚远经委会设在上海外滩白渡桥北侧的百老汇大厦（今虹口区的北苏州路400号的河滨大楼），大楼有8层，曾是当时上海最大的公寓大楼。这里在抗战胜利后曾是联合国善后救济总署办公室，1947年3月28日亚远经委会在上海成立，该楼成为联合国亚远经委会的办公楼。远远望去，建筑物顶耸立着中美英苏四国的国旗，迎风招展，十分壮观。张培刚的办公室设在5楼。

2月下旬，亚远经委会派张培刚以观察员的身份参加国际粮食农业组织（Food and Agriculture Organization of the United Nations）在菲律宾碧瑶召开的国际稻米会议、国际营养会议及国际水产会议，3月底返沪。该会刊印经济年刊，张培刚撰写了《农业及粮食》一章。

5月初，张培刚预备回武汉大学，恰值亚远经委会第三次大会定于5月底在印度举行。中国代表团首席代表李卓敏得知张培刚对中国及世界农业与粮食工作非常熟悉，邀张参加该团，以顾问的名义同往印度开会。当时张培刚觉得利用这一机会，可以去印度搜集殖民地经济资料,遂答应参加。同去的有冀朝铸(贸易)、林我锵(交通),以及工业、水利方面的专家、顾问孙公度、时昭涵、谭葆泰等人。

5月下旬,张培刚一行乘飞机经香港去印度开会3周。在工作之余,当张培刚得知冀朝鼎[①]1924年赴美留学后,先后在芝加哥大学、哥伦比亚大学和纽约大学完成哲学博士、法学博士和经济学博士等学位的经历,感到遇到了一位高人,后来又得知其还兼任中国国际经济协会秘书长、国民政府中央银行经济研究室主任时,更感到惊讶。但他万万没有想到的是,这位年长自己10岁的学长早在1927年就是中共秘密党员,是打入国民党政府内部的红色分子。冀朝鼎不露声色,以平缓的语气介绍着张培刚闻所未闻的国内政治时局的内幕,讲述着马克思主义政治经济学的原理,同时在生活上关心他,在政治上关心他。冀朝鼎把毛泽东的《新民主主义论》等著作赠送给张培刚。闲暇之余张培刚认真研读这些著作,并结合著作中的内容研读了马克思的《资本论》,思想豁然开朗,认为只有通过新民主主义过渡到社会主义,才能使中国实现工业化。

印度会议结束后,张培刚当即返回武汉大学工作。这年暑期,张培刚应亚远经委会的再三要求,利用暑期回到亚远经委会秘书处工作。

这年盛夏时节,武汉大学经济系学生孙鸿敞和同乡陈应椿回南通,在上海停留了几天。因为在学校里获悉张培刚正在驻沪的亚远经委会秘书处工作,特地去拜访张培刚。孙鸿敞回忆道:"联合国亚远经委会在上海外滩,过了白渡桥就是百老汇大

[①] 冀朝鼎(1903—1963),山西汾阳人。著名的经济学家、国际活动家、开展民间外交工作的杰出领导人,被誉为"中国最干练的经济学家"。1916年考入北京清华学校。1919年参加北京"五四"学生爱国运动,在"六三"大宣传中被捕。1924年秋毕业赴美国留学,考入芝加哥大学攻读历史学。1948年到北平任"华北剿总"经济处处长,曾数次与傅作义商谈和平解决北平的问题。新中国成立后,历任中国国际贸易促进会副主席兼中国人民银行副董事长、中国拉丁美洲友好协会副会长等职,创办并主持贸促会研究室工作。曾多次率外贸代表团赴西欧访问和举办展览。

厦。在大厦楼顶上面中国、美国、英国、苏联四国的国旗飘扬。当我们到了大门口,经过门卫通报,我们才进入大厦。在一间宽敞明亮的办公室内见到了培刚老师,当时他正坐在一张很大的写字台后面工作。这间办公室面对着黄浦江,俯视窗外就是一副浦江壮丽的图景,江中停泊着许多巨轮和军舰,大小船只像玩具一般地穿梭来往。我已经记不得当时老师说了些什么,也不知道他正在忙什么,只觉得心中充满了激情:因为我的老师,一个中国普通农民的儿子,没有任何政治背景或后台,全凭自己的努力和学术成就,竟当上了联合国的顾问和研究员,受到国际社会的重视,能参加许多国际经济事务的决策,这对他个人来说,可谓踌躇满志。我作为他的学生,也感到无比的快意,使我在同伴面前感到无比自豪。"[1]

  暑期即将结束,张培刚回到武汉大学。未料,8月底张培刚前脚刚踏进珞珈山,9月初亚远经委会秘书长的电函就追到了经济系,再次邀约张培刚到该会工作。校长周鲠生积极支持,并答应张培刚以半年到一年为期离校去沪工作。当时该会成立了一个农业工作组,在亚洲及远东各国搜集资料,编写报告。可谁也没想到,这个资料和报告,名义上是供开会时参考,实际上则是作为英美法等国在东南亚殖民地扩大经济侵略的依据。

  同年11至12月间,张培刚赴澳大利亚悉尼参加该委员会第四届会议。在这次大会上,他亲眼看见、亲自聆听了冀朝鼎在会上的发言。冀朝鼎代表中国政府在发言中强烈反对美国给战败国日本提供的财政援助,他警告说:这样的援助将会使日本重新成为一个帝国列强出现在东南亚市场。冀的发言受到了东亚各国代表的热烈支持,压倒了英美代表的反对声音。最后在会议的决议中不得不明确写道:"促进日本与东南亚的贸易,只

---

[1] 孙鸿敞:《回忆培刚老师二三事》,谭慧编:《学海扁舟——张培刚学术生涯及其经济思想》,湖南科学技术出版社1995年版,第279页。

能在有利于东南亚各国的经济发展而不是用其作为侵略工具的条件下,才能进行。"冀朝鼎的发言,说出了所有中国人想说而没有机会说出的话,反映了中国人民严厉谴责美国扶持日本的立场,也让张培刚认识到联合国组织中要有中国人的声音。12月中旬,张培刚从澳大利亚返回上海,不久又随亚远经委会秘书处迁往泰国曼谷。

在亚远经委会秘书处工作期间,张培刚先后访问过新加坡、马来西亚、印度尼西亚、柬埔寨、缅甸等国(地区),收集了不少资料,了解到许多有关这些国家和地区的经济起步和经济发展的情况。这种实地考察和研究,不仅对于张培刚进一步了解亚洲及远东地区的农业发展和工业化问题,而且对于今后继续从事发展经济学的开拓性研究,都是大有裨益的。在亚远经委会工作期间,张培刚为1947年至1948年两个年度的《亚洲及远东地区经济调查报告》(《Economic Survey of Asia and Far East》)分别撰写了本地区农业生产、粮食产销及土地利用等方面的研究论文。张培刚撰写的《亚洲及远东地区的土地利用》,被列入亚远经委会编著的《1947年度亚洲及远东地区经济调查报告》(纽约联合国总秘书处经济部,联合国总部1948年版),并作为第四章。文章分别从耕种面积、人均耕种面积、土地利用方式、战前战后的变化等四个部分对1947年度的基本情况进行了全面阐述和分析。张培刚认为:第二次世界大战给大多数亚洲及远东国家带来了严重的灾难,日本投降后有些国家并没有获得和平。这个因素使耕地面积锐减,使粮食和一些重要的工业原料(如棉花)的供给问题更趋于尖锐和难以解决。[①] 张培刚撰写的《亚洲及远东地区的粮食与农业》,介绍了粮食生产(包括水稻和其他谷类、家畜、家禽与渔业产品)、主要工业原

---

① 张培刚:《亚洲及远东地区的土地利用》,《张培刚选集》,山西经济出版社1997年版,第162页。

料和经济作物的生产（包括棉花、天然橡胶、茶叶及烟草）、役畜及农业必需品的供给（包括肥料、水利排灌设施、农业机械化设备、农药、其他农业必需品）等方面的基本情况。①

在粮食问题研究上，张培刚这一时期也有建树，在 1947 年南开大学《经济评论》第 1 卷第 2 期上发表《通货膨胀下的农业和农民》一文，指出国民党实行的内战政策，是造成通货膨胀日益加剧的根源。文章从中国通货膨胀之性质、通货膨胀与农产价格、通货膨胀与农业经营利润、农民所得与农民生活等四个方面，阐述了内战再起、生产衰微、财政金融措施失当，是增强此种趋势之主因，越演越烈的金融风潮，更使继涨的物价一度飞跳，并提出内战不停，任何良医亦将束手，百宝灵丹亦无奏效。张培刚从经济学家的角度，在理论和事实方面，说明通货膨胀所及于中国农业和农民之影响究竟何在，借以说明中国经济危机的真相及其严重程度。

二、接受马列主义

张培刚在亚远经委会任职期间，正值国内解放战争的大决战阶段。在远赴国外调研期间，他异常眷念自己的祖国，时刻关心着国家的命运。

1948 年 2 月，张培刚在赴菲律宾开会时，首次到达香港，遇见了 20 世纪 30 年代后期在中央研究院社会调查所和广西大学经济研究室工作的同事千家驹②。老朋友相见，自然格外亲热。

---

① 张培刚：《亚洲及远东地区的粮食与农业》，《张培刚选集》，山西经济出版社 1997 年版，第 208 页。
② 千家驹（1909—2002），浙江武义人，著名经济学家，中国科学院院士，中国民主同盟中央副主席。1932 年毕业于北京大学经济系，曾任北京大学讲师、广西大学教授、香港达德学院教授，并曾主编《中国农村》、《经济通讯》。1936 年，加入全国各界救国联合会并任理事。1945 年，加入中国民主同盟并任南方总支部秘书长。中华人民共和国成立后，历任中国人民银行总行顾问、清华大学教授、交通大学教授、中央人民政府政务院财经委员会委员、中央工商行政管理局副局长、中央社会主义学院副院长、中国科学院哲学社会科学部院士、中国社会科学院顾问等职务。

当时,随着国共两党谈判的破裂,国民党政府撕毁停战协定,发动空前规模的内战,同时加紧了对民主人士和民主运动的镇压。香港再度成为国内进步民主文化人士避难的港湾。从国民党统治区到香港的共产党员和民主党派人士日益增多,各民主党派中央都设在香港,使这里一度成为海外民主运动的中心。千家驹是1945年11月抵达香港的,他在港创办经济通讯社,主编《经济通讯》周刊,次年应聘为香港达德学院教授,并担任了中国民主同盟南方总支部秘书长。张培刚在港短暂逗留期间,常常到位于铜锣湾天后庙道金龙台的千家驹的家中,因为张培刚与千家驹曾是中央研究院社会科学所的同事,所以十分聊得来。在千家驹的住处,张培刚还认识了徐坚、蔡北华、章乃器、萨空了等爱国民主人士,在与千家驹的朋友们聚会时,国内外的形势以及中国的将来成为他们聊得最多的话题。

5月份到印度参加会议的张培刚,有机会在香港停留。在港期间,张培刚参加了千家驹组织的两次座谈会。其中一次是张培刚在美留学期间认识的高叔平、罗真嵩商议在香港筹办一所国际经济研究所,千家驹把《经济通讯》保存的一部分资料(多为报纸、刊物)送给他们,并要求他的朋友给予大力协助。也就是在这次座谈会上,千家驹把张培刚介绍给了参与会议的中共香港工委财经委书记许涤新[①]。因为同是从事经济研究工作的,两人于是以中国经济的现状与未来的发展为题展开讨论,研讨的结果让许涤新认识了张培刚的农业国工业化的理论,并且十分欣赏其对中国农业与工业化的分析。交谈越深,两人越

---

① 许涤新(1906—1988),广东揭阳棉湖镇人,著名经济学家。1933年毕业于国立上海劳动大学,同年加入中国共产党。1937年任《群众》周刊责任编辑,次年任《新华日报》编委会的委员。10月下旬武汉沦陷前,《新华日报》迁重庆,任编委和党总支书记。1946年10月任中共香港工委委员、财经委书记、《群众》周刊及《华商报》编委。新中国成立后,历任中共上海市委委员、统战部部长,华东财委和上海市财委副主任、工商局局长,中央统战部副部长,国家行政管理局局长,中国社会科学院副院长、经济研究所所长,汕头大学校长,中国统一战线理论研究会副会长等职,曾任中国大百科全书总编辑委员会委员和《中国大百科全书·经济学》编辑委员会主任。是第一、三届全国人大代表,第五、六届全国人大常委。

发亲近，似乎他们对中国未来经济的发展走向有了聚焦点。许涤新在经济上的远见卓识让张培刚刮目相看，而张培刚对农业国工业化理论的阐述也给许涤新留下了深刻的印象。许涤新有意让这位年轻有为的经济学方面的专家留下来，为即将开始的新中国经济建设大展宏图。为了进一步了解张培刚的个人经历及政治倾向，许涤新通过千家驹约请张培刚在次日傍晚在一家咖啡馆见面并谈话。在许涤新的推荐下，张培刚阅读了毛泽东的《论联合政府》等著作和其他进步书刊。张培刚认识到，只有在中国共产党的领导下，经济落后的中国才有可能走上工业化的道路，走向光明。从此，他对中国革命寄予了莫大的希望，对新中国怀着无限的向往。张培刚与许涤新的相识、相交，对张培刚后来毅然回国，参与迎接武汉解放以及新生政权的工作起到了积极作用。

1948年12月，张培刚从澳大利亚参加会议后回上海，途中经停香港。当时淮海战役即将结束，人民解放军节节胜利，国共两党已决雌雄，中共党组织开始分批组织在港的民主人士北上。许涤新代表中共党组织邀请千家驹离港北上。千家驹欣然同意。在千家驹离港之前，许涤新约千家驹、张培刚、高叔平在一小饭馆吃饭，给千家驹饯行。其间大家再谈到国内形势时，充满了对新中国的展望，这种情绪也感染着一起就餐的张培刚。国民党政府即将垮台，共产党领导的新政权即将诞生，张培刚举杯祝愿老朋友能够顺利到达解放区。

多次在港与中共党员、进步朋友的交往中，张培刚也十分关心经济学前沿的最新研究成果，同时开始通过多种渠道阅读英文版的有关介绍马克思主义经济学方面的论著，从中筛选出优秀的论著进行推介和评说。他发表在《社会科学杂志》第9卷第2期上的《评Paul M. Sweezy：〈资本主义发展的理论——马克思政治经济学原理〉英文版》① 一文,郑重向读者推荐这是关于资本主义发展理论的一个研究成果,可以说是阐述、解释并应用马克思主义经济学说的一本好书。文章认为,在普通讨论马克思主义经济学说的文献中,剩余价值学说是很被看重的一部分。张培刚十分赞许作者斯威齐在论及马克思主义政治经济学时对剩余价值和经济恐慌的论述。张培刚从经济发展史的角度评论道:著作将法国重农学派领袖 Quesnay 的"经济表"、马克思的再生产过程,及凯恩斯的总体数字(如总收入、总消费、总储蓄、总投资等)加以综合与比较研究,从这些分析,我们可以大略窥知这三位经济学者相承相演的途径。②

1948 年 6 月《社会科学杂志》第 10 卷第 1 期上发表了张培刚的另一篇文章《评 Edward Heimann:〈经济学说史:经济理论导论〉英文版》。张培刚评介说,"海曼(Heimann)的这本《经济学说史:经济理论导论》,无论就体裁或分析方法言,可以说是一本新颖而值得推荐的书。著者写这本书的目的,乃在表示近代经济思想在发展上的内在逻辑,这对于经济理论的研究,无异乎是一个开场。"全书"所涉范围甚广,所循时期甚长,从 17、18 世纪的经济学说到现代的经济理论,都有扼要的介绍和批评。在现代经济理论中,海曼氏对于全部均衡理论、不完全竞争理论、商业循环学说、凯恩斯学说以及社会主义的经济学说,尤有精密的评述。大致言之,他的分析,以学说或理论为主,而不是照传统的方法,以人物为中心。"张培刚将海

---

① Paul M. Sweezy:《〈资本主义发展的理论——马克思政治经济学原理〉英文版》,作者斯威齐曾先后受教于哈佛大学及伦敦经济政治学院,同时在哈佛担任教员多年。该书介绍了第二国际理论家在"实现危机"和"崩溃"问题上的争论,重申罗莎·卢森堡对修正主义的阶级调和论和"议会道路"论的批评以及吸收希法亭关于帝国主义意识形态的观点内容,也探讨马克思主义和资本主义经济理论的异同,并探索它们的来踪去迹以及相互影响的关系。全书 300 余页,共分为价值与剩余价值、积累过程、恐慌和经济衰落、帝国主义等四部分,是当时较为系统地阐述马克思主义经济学说的一本书籍。

② 张培刚:《评 Paul M. Sweezy:〈资本主义发展的理论——马克思政治经济学原理〉英文版》,谭慧编:《张培刚选集》,山西经济出版社 1997 年版,第 404-408 页。

曼研究经济学说史的方法归纳为综述性的、演进性的或分析性的、阶级利益说的和将经济学说史看成是一连串的用以解决经济学问题的方法史的研究方法等。张培刚认为：最后一种研究方法着重经济学说以外的因素，最重要的为当时的经济环境，当代的世界观，以及各作者本人所用的研究方法。该书最大的特征，可以说是方法上的。①

张培刚在1948年发表过的另一篇文章《从"新经济学"谈到凯恩斯和马克思》，对马克思和凯恩斯两人的经济思想、分析方法和产生的影响及作用进行过比较。文中写道："就反抗死硬的正统学派而言，马克思和凯恩斯是站在同一条线上；但是对于资本主义的前途和归宿，则两人的看法，根本异趣。""马克思和凯恩斯都批判资本主义，但批判的目的不同。马克思预言资本主义必然灭亡，马克思的《资本论》是一部资本主义成长、发展、衰退及转型的理论。在其分析里，资本主义制度只是经济发展史上的一个必然的过程，终究是必然崩溃。凯恩斯则不同，他是要挽救资本主义。凯恩斯的代表作《就业、利息和货币通论》，揭示了资本主义的经济危机，分析资本主义自由放任的弊端和病象，但却力图去把它治好。这就是他们的根本不同点。"②

张培刚不仅自己认真研读马克思的《资本论》，同时还关注着他的研究生的成长进步。在与学生万典武的往来通信中，张培刚知道其正编写《资本论》中文版的索引，遂购买一本《资本论》邮寄给万典武。当时在国民党白色恐怖的统治下，像《资本论》这样的书籍在国统区是严禁出售的，如果发现邮寄这类书籍也是要加罪的。张培刚冒着政治风险始终关怀他的学生

---

① 张培刚：《评 Edward Heimann：〈经济学说史：经济理论导论〉英文版》，谭慧编：《张培刚选集》，山西经济出版社1997年版，第409-412页。

② 张培刚：《从"新经济学"谈到凯恩斯和马克思》，谭慧编：《张培刚选集》，山西经济出版社1997年版，第329-333页。

的研究和进步，这是非常感人的。

三、与中共党组织联系

1949年初，国内解放战争进展很快，人民解放军势如破竹，国民党军分崩离析。而随亚远经委会到泰国曼谷的张培刚，为该委员会编辑的年刊撰写1948年度粮食问题的调研报告。身在异国他乡的张培刚也关注着国内战局，关注着人民解放军胜利进军，并开始认真地考虑准备回国的问题。正在张培刚作出抉择之时，许涤新自港托人告诉张培刚，形势发展很快，希望他尽快返回武汉，以免交通阻塞滞留国外。

张培刚在新中国成立后填写的个人自传中这样写道："首先是革命形势的发展使我想即速回国，当时我对革命还缺乏认识，但是有一点我是认识到的，即有了新中国就有了希望，我不愿意留在国外，而想回到祖国，为祖国服务。其次，当时我曾数次经过香港，遇着了千家驹、许涤新、徐坚、高叔平、蔡北华、章乃器、萨空了等人，和他们一起开过几次座谈会，初步了解到中国共产党新民主主义经济政策。同时，我在香港读到了以前没有机会读到的关于马列主义及毛泽东思想的书籍，特别是《中国革命与中国共产党》、《新民主主义论》、《论联合政府》等重要著作，解决了我思想上的几个主要问题，逐渐把我的思想引导到正确的道路。最基本的一个问题是：中国在当时是一个半封建半殖民地性质的社会，但通过新民主主义的过渡阶段可以而且必然要走到社会主义最后建立共产主义，这使我的脑子里多年存在的疑问涣然冰释，使我对于马列主义和中国具体情况的结合，有了初步的认识，使我对于新民主主义在中国的实现，以至于社会主义和共产主义的实现有了信心。这一点确确实实表现了毛泽东思想的伟大和中国共产党领导的正确性。""再者，当时在中南亚各殖民地国家考察和从资料中分析研究的结果虽然认识上很肤浅，但已了解到帝国主义国家在殖民地的剥削情况，更觉得中国人民的革命事业的胜利必将鼓舞中南亚殖民地人民的民族解放斗争，还有由于英美为了进一步操纵联合国的各个机构，特派其战时驻日管理总部所谓的'盟总'（SCAP）的两个人员，一叫罗斯（E. Ross），一叫屠纳基（Turnage），参加亚洲及远东经济委员会秘书处工作。并以罗斯任副秘书长。他们瞧不起亚洲人，引起我们的民族意志和内心的愤恨，常常和他们发生争论及言论的冲突，更坚定了要早日回国的决心。由于上述原因，但主要的还是国内革命形势的发展，我决定再度辞去联合国的工作，于 2 月中旬离开曼谷，返回香港。"

张培刚即将辞去职务之时，他在美国哈佛大学的导师布莱克和厄谢尔来函向他发出邀请，要他速到哈佛大学执教。但张培刚决意放弃舒适的工作条件和优厚的报酬待遇以及可以获得更高学术成就的机遇，一一回信，婉言谢绝恩师的好意。直到他晚年时，不少的新闻媒体在采访张培刚时都会问他同样的问题："在你风华正茂之时，你选择了祖国；多年之后，历经沧桑的你还会是同样的选择吗？"张培刚不假思索地回答："会的。""回国就是为了报效祖国。"有人说："你当时已经是这个委员会顾问中位居第三的高级官员了，如果继续发展，可能前途不可限量呀！"张培刚执意回国，没有留在那个豪华舒适、工作条件和生活待遇极为优越的地方永远当他的"国际官员"，也没有选择在美国哈佛大学去当经济学的教授，而是选择了回国。因为他向往着即将诞生的新中国的美好前景，也忘不了数年来武汉大学同仁誓为中国现代社会科学在国际争一席之地的信约，更忘不了祖国大江南北终生头朝地、背朝天、辛勤耕耘的亿万农民，义无反顾地踏上回国的道路。

就在张培刚作出回国的抉择的同时，中共秘密党员赵忍安①（对外身份是汉口和成银行的经理）被中共武汉市委派往香港接受中共中央上海局培训，阅读中共中央有关接管工作的文件。经钱瑛的介绍，赵忍安与许涤新见过一次面。许涤新向赵介绍了张培刚的基本情况，建议赵回到武汉后联系张培刚。

2月中旬，张培刚从泰国回国时路过香港。在到港的次日，许涤新便约张培刚吃便饭，高叔平作陪。张培刚向许涤新汇报了自己毅然回国的真实想法，得到了许涤新的充分肯定和积极支持。席间，许涤新谈到国内形势及其发展趋势，以及有关的政策精神。饭后，许涤新小声对张培刚说"你回武汉后，赵忍安会和你联系"，随即许涤新在自己的手心上比划了"赵忍安"三个字。两天后，张培刚乘火车经广州回到珞珈山武汉大学。

赵忍安回到武汉后即向中共武汉市委书记曾惇汇报了张培刚的情况。曾惇非常高兴，对赵忍安说："武汉地下党需要在大学教授中开展工作，张培刚的到来让我非常高兴。"

3月上旬，武汉的气候已渐转暖，乍暖还寒。一天上午，一位35岁左右的中年人，来到半山庐找张培刚，操四川成都口音，自我介绍说是赵忍安，在汉口和成银行工作。他身材魁梧、气宇轩昂。两人握手之时，彼此都有相识之感。言谈中，赵忍安回忆起1947年他在武汉银行界聚餐会上听张培刚讲有关世界各国银行情况的报告。张培刚当然明白这位汉口和成银行经理的真实身份。他们这次会面，正是解放军已经取得平津战役胜利之时。赵忍安告诉张培刚，形势即将明朗，武汉即将解放，要

---

① 赵忍安（1912—1986），四川成都人。1938年4月加入中国共产党，在四川乐山、重庆开展工作。1945年10月被中共中央南方局派往武汉开展地下工作，争取工商界上层人士和政界的重要人士。武汉解放前夕，参加筹备武汉市民临时救济委员会，进行反拆迁、反破坏、维持真空期间社会秩序和迎接解放等工作。武汉解放及新中国成立后，历任中国人民银行中南区行金融管理处处长、武汉市工商联筹备委员会副主任委员、民建武汉分会副主任委员，并任武汉市各界人民代表会议协商委员会工商代表团副首席代表。1952年调中共中央统战部工作，曾任国务院第八办公室工业组副组长，后任上海市统战部副部长、上海市民建副主任委员、工商联副主任委员。

张做好思想准备;又说,现在学校的主要任务是:"团结广大师生,稳定人心,保校保产,迎接解放。"赵忍安给张培刚留下了一些进步书籍和文章,诸如毛泽东的《目前形势和我们的任务》、《关于工商业政策》、《向全国进军命令》、《中国人民解放军布告》,刘少奇的《论共产党员的修养》,刘宁一的《解放区的工业政策》,以及《中国共产党七届二中全会公报》、《当前的形势和我们的任务》和《中共的城市工商业政策》等,希望张培刚好好学习,在迎接解放之时,多做这方面的工作。张培刚留他在半山庐吃了中饭才告别。①

中共武汉市委为了进一步考察张培刚的政治态度和立场,4月中旬由赵忍安邀约张培刚和李崇淮到汉口和成银行,专题研究折实储蓄的问题,市委书记曾惇也以一般进步朋友的身份旁听了这次会议。在研究折实储蓄的时候,曾惇对张培刚的政治态度及个人见识进行了考察,觉得张培刚政治上成熟、可靠,值得信赖。②

四、参加"新教协"

根据中共中央上海局的指示精神,为保护城市和迎接解放时搞好接管,中共武汉市委于1949年2月23日作出《武汉接管工作中的调查研究问题的决定》。该决定将调查研究作为接管工作的重要一环,要求坚持实事求是和群众路线,利用合法身份和形式,从多方面、多渠道获取人财物的全面而翔实的资料,要求把调查研究同制订当前的行动计划及解放后的接管紧密结合起来。

1949年2月,根据上级的指示,中共秘密党员、武汉大学

---

① 张培刚:《怀念赵忍安》,武汉市政协文史委员会主编:《武汉文史资料》1989年第2辑,第71页。

② 赵忍安"文革"初期证明张培刚的外调材料,华中科技大学档案馆张培刚卷宗。

机械系讲师蔡心耜①和王尔杰在武汉大学教师中秘密建立了新民主主义教育协会（简称新教协）武汉大学总支委员会。新教协是中共武汉市委领导的党的外围组织，当时的会员包括武汉三镇大中小学的进步教师。武汉大学总支委员会由蔡心耜任总支书记，下设两个支部：一是讲师助教支部，陈秀明任支部书记；二是教授支部，刘绪贻②任支部书记。新教协武汉大学教授支部成立后，立即受到中共武汉市委的重视，市委组织部部长江浩然亲自到武汉大学教授支部书记刘绪贻家中相见。此后，江浩然每周来刘绪贻家一次，布置和检查工作，有时带来中共的秘密文件让支部成员学习。

与张培刚同住在半山庐一层楼的刘绪贻，开始接近刚刚返校的张培刚。刘绪贻是张培刚推荐到武汉大学任教的，两人关系很好。他们在一起除了交谈经济学理论外，谈论最多的是政局和国内形势发展的走向。在得出张培刚"思想进步"的总体印象后，刘绪贻坦陈了自己的身份，并鼓动张培刚加入协会。张培刚欣然同意。如今已进入百岁的刘绪贻回想起当年和张培刚在一起的日子时说："1947年9月，我留美回国前，在哈佛时就曾与培刚有走动，后来他回到武大任经济系主任后就推荐我来武大任教。他是我在武大的第一个朋友。武大半山庐是单身教授宿舍，我们两人成了低头不见抬头见的邻居。那个时候我们都年轻啊，又是留美归国，学生们背地里都叫'baby

---

① 蔡心耜（1915—2009），湖北武汉人。高级工程师。1939年毕业于武汉大学机械系，曾任该校讲师。1947年加入中国共产党，为武汉解放前夕武汉大学教师中唯一的中共地下党员。新中国成立后，历任第一机械工业部第一重型机器厂总设计师、副总工程师，一机部重型机械研究所总工程师、副所长、高级工程师，陕西机械学院副院长。

② 刘绪贻，1913年出生，湖北黄陂人。著名美国史专家。1936年考入清华大学。1944年毕业于西南联大，获社会学学士学位。1947年7月获美国芝加哥大学硕士学位，经张培刚介绍到武汉大学任副教授。1949年初参加中共武汉地下市委外围组织——新民主主义教育协会，任该会武汉大学分会教授支部书记。武汉解放后，被选为武汉大学协助接管委员会主席，后曾被任命为武汉大学校务委员会委员，兼代秘书长。主编并撰写多卷本《美国史》，并与人合著多种美国史研究专著，著有《中国的儒学统治》、《黎明前的沉思与憧憬》等著作。

professor'（娃娃教授）。我和培刚，常常一块儿到小餐厅聚餐，到东湖去划船、游泳，这是他一生中最珍惜的友谊。每一次都是培刚出钱，因为他比我早几年工作，相对有些积蓄。"

张培刚自加入新教协后至武汉解放的两个月的时间里，放下手中的教学研究工作，全身心地投入到中共武汉市委组织的各种活动中，认真做好迎接解放的每一项工作。这一时期的张培刚，静下心来认真阅读赵忍安给他的进步书籍。

张培刚参加新教协后，鉴于当时武汉大学教授会处于中间状态，既不积极支持，也不坚决反对学校里各种进步组织的活动，这种情况显然不利于形势发展的需要。张培刚在赵忍安的指示下，做的第一件事情就是利用自己的影响积极推进改组教授会。按照中共武汉市委的部署，张培刚提出由既有革命激情，又有组织能力的经济系副教授刘绪贻担任教授会主席的倡议，并积极主动地做刘绪贻的工作，打消了其感到资历浅、声望不够，又无过硬后台的思想顾虑。通过张培刚等人的宣传鼓动，刘绪贻成功当选为教授会主席。

五、"应变"及护校

武汉是华中重镇、九省通衢，战略地位十分重要。为了武汉的解放，早在1945年抗日战争胜利之初，特别是1946年解放战争开始以后，中共中央南方局、中共中央南京局、中共中央城市工作部、中共中央晋冀鲁豫局城市工作部及其领导下的各级城市工作部，曾多次分批向武汉派遣党员干部，开展武汉城市工作。1949年初，人民解放军继辽沈战役大捷之后，又取得了震惊世界的淮海和平津战役的伟大胜利。人民解放军将胜利的成果继续向南推进的时候，武汉地区的局势日趋严重，金圆券几乎无人接受，因物价飞涨，市民非常恐慌。武汉大学学生、教职员工为了活命，停教、停学、停工，加上武汉大学师生与其他院校师生团结在一起,共同反抗国民党反动派对学生的血腥镇压,使国民党对武汉大学的学生运动怕得要死、恨得要命,视为眼中钉、肉中刺。当时的武汉警备司令陈明仁曾这样说:"武大是半个解放区,是武汉学生运动的总指挥。"针对国民党桂系首领白崇禧以重兵据守武汉,妄图固守江南进行垂死挣扎的实际情况,中共武汉大学党组织积极发展党团组织和党的外围组织,并根据市委的部署,提出"团结应变,保校护产,反搬迁,反破坏,反迫害"的口号和任务。所谓"应变",原本是国民党提出防御人民解放军进攻的口号,中国共产党接过这一口号,赋予新的内容,反其意而用之,以合法的名义,堂而皇之行保校保产的正义举措。团结应变、保校护产的斗争,根本保障在于广大师生员工的合力。张培刚和其他进步教授积极支持中共武汉大学党组织的保校护产的举措,并投身其中。

在安全互助活动中,张培刚等参加新教协的教授们成为一支呼吁局部和平运动的适当力量,起到了特殊的作用。"局部和平运动"是当时中共武汉市委提出的,大意是国民党和共产党虽然当时还在作战,但在武汉这个地区可以达成"局部的和平",目的就是让当时统治武汉地区的白崇禧不要破坏武汉,和平地退出武汉地区。临近解放,中共武汉市委组织部部长江浩然在检查武汉大学新教协的工作时,明确提出:"现在人民解放军快要进城,白崇禧在逃走前准备大规模破坏,我们除具体组织群众反搬迁、反破坏、保护城市外,还要大张旗鼓宣传,震慑敌人,动员群众。为此,我们接过敌人要求和平的口号,动员地方著名民主人士张难先、李书城等人,呼吁局部和平运动,实际是给白崇禧等人施加压力,要求他们和平撤退,以便保存武汉地方元气和人民生命财产安全。但张、李等人还有些顾虑,犹豫不决。你们武汉大学教授们在社会上很有声望,是一支呼吁局部和平运动的适当力量。"

1949年4月21日,人民解放军百万雄师强渡长江,武汉面临解放，中共武汉市委提出的任务是：反搬迁、反破坏、保卫城市，把武汉完整无缺地交给解放军。武汉大学新教协教授支部首先参与了反迁校（国民党桂系集团当时要求武汉大学迁往桂林）的宣传活动。张培刚协助新教协教授支部的负责同志，将学校的组织机构和主要领导的基本情况、政治思想状况及其彼此间的关系整理成综合材料，交给武汉大学党组织。这些材料对武汉解放后接管武汉大学的军代表及时掌握武汉大学的基本情况起了很好的作用。

白崇禧集团为了混淆视听，在武汉三镇大肆搜捕中共秘密党员和共产党的同情者的同时，也加快了搬迁、破坏的进程。武汉大学校园内开始出现了一些别有用心的流言蜚语，说校长周鲠生准备逃往台湾。在形势剧变之际，学校上层中的一些人士，心存观望，犹豫不决。这些动向引起了中共武汉市委的注意，认为周鲠生是武汉大学的一校之长，如果他能同全校师生坚守岗位，当然会影响一大片，关系全局，于是决定要做好有影响人物的团结工作。当赵忍安向张培刚传达了市委意见的同时，新教协教授支部书记刘绪贻也找到了张培刚，想利用张培刚与周鲠生的个人关系做其工作。张培刚和刘绪贻在取得各学院院长支持后，一起去动员周鲠生校长。一天深夜，张培刚和刘绪贻相约到周鲠生家，周鲠生正送一客人出门。张培刚、刘绪贻进屋说明来意后，周鲠生说："你们知道我刚才送走的是什么人吗？他是白崇禧的参议，是衔白崇禧之命来要求我制止你们的活动的，你们要小心谨慎呀！"在接下来的交谈中，张培刚利用汇报教学工作的机会，向周鲠生转达了中共武汉市委的意思及解放军进城的有关政策规定。周鲠生当即表示："在任何情况下，绝不迁校！我一定要坚守在学校，保护好学校，等待移交新来的接管的人。"① 张培刚随即向赵忍安详细地汇报了周鲠

---

① 刘绪贻、余坦坦：《箫声剑影：刘绪贻口述自传》，广西师范大学出版社 2010 年版。

生的政治态度及表现,张培刚说:"校长周鲠生虽是国民党中央委员,但他也是个真正的国际法学者,思想尚属开明,对时局有较清醒认识。作为国民党政权统治下的大学校长,他不得不按照国民政府教育政策管理学校,但他对受共产党影响的进步师生,是相当宽容以至保护的。"

由于明确了校长周鲠生的态度,张培刚便与刘绪贻一起,以武汉大学教授会的名义,起草了一份《为呼吁局部和平运动告武汉人民书》,呼吁武汉市民行动起来,促使一个完整的武汉回到人民手中。这份呼吁书通过工人中党的外围组织,在武汉大学印刷厂印刷后,先是在全校后扩大到全市散发。[①]

在此期间,刘绪贻、张培刚等人还向教职员工反复说明:在此兵荒马乱、交通困难、安全无保证的情况下,迁校将造成人力、校产的重大损失;只有将武汉大学完整地保存下来,迎接解放,才是最稳妥的办法,才是最好的出路。

5月上旬临近武汉解放前夕,在白崇禧策划搬迁和破坏的紧要关头,周鲠生在全校进步师生的支持下,在反搬迁的斗争中,立场坚定,态度鲜明。他在安全互助团和学生自治会联合召开的全校师生员工团结应变大会上表示:"在任何时候决不迁校!"他强调应变有两个目的:一是安全问题,二是生存问题。并鼓励大家:"群策群力,联合联防,互助应变,切实开展工作,共渡难关!"周鲠生的这番话,在关键时刻起了重要的作用。武汉解放时,武汉大学的教职员工几乎全部留了下来。

愈接近解放,形势愈紧张。中共武汉市委得到可靠情报,国民党武汉警备司令部稽查处制订了一个包括武汉大学党员和进步群众300多人的黑名单,准备逃走前大开杀戒。为了躲避国民党军警的残酷镇压,学生中的一些党员和进步学生便找到张培刚,张培刚毫不迟疑,主动将他们安顿在半山庐住宿,为他

---

① 刘绪贻、余坦坦:《箫声剑影:刘绪贻口述自传》,广西师范大学出版社2010年版。

六、说服学者李崇淮留下

1949年2月，赵忍安以商务为由到港参加中共中央上海局组织的集训，张培刚辞去亚远经委会高级顾问职务回国抵港。中共香港工委财经委书记许涤新就向赵忍安、张培刚发出指示：一定要利用自己的关系把李崇淮[①]这样的经济人才留下来。这是许涤新对张培刚布置的一项任务。

李崇淮是美国耶鲁大学经济学硕士，1946年5月回国任交通银行汉口分行襄理，主要主持外汇部的工作，同时继续从事金融、经济研究。1947年初，由于内战升级，军费猛增，导致经济市场投机横行，黄金与物价不断上涨，人民收入因物价上涨而减少，货币储备又因通货膨胀而贬值，生活疾苦愈益深重。面对人民的疾苦，李崇淮在改良社会主义立场和纯技术观点的影响下，开始在上海《申报》和《经济评论》等报刊上发表《论通货管理并建议发行物价指数库券》等系列文章，希望引起国民党当局重视，缓解通货膨胀，安定人民生活。随后，他又提出了一套名曰"物价指数本位币制"的货币理论，主张"用一种综合的物价指数单位作为价值标准，让它在观念上执行货币的价值尺度职能"，并把它用在工资、储蓄、财政收支、公债、借贷和外汇汇率等经济活动的主要方面。李崇淮认为，用这种保值的"指数单位"来计算债券、储蓄，可以发挥货币价值尺度和贮藏手段的职能，成为调剂货币流通量的"蓄水池"。

---

① 李崇淮（1916—2008），江苏淮阴人。民建成员，教授。曾在清华大学、华西大学经济系学习。1941年在美国耶鲁大学研究生院学习。1945年获经济学硕士学位。曾任交通银行汉口分行襄理。1949年4月任武汉大学教授。后任武汉大学经济管理系主任、经济管理学院副院长、中国民主建国会第三届中央委员、第四届常委、湖北省委副主委、第五至六届中央副主席、中央名誉副主席，武汉市政协副主席，华中西南国际金融学会名誉会长，湖北省社科联、金融学会顾问。第六至八届全国人大代表，第七届全国人大常委。

由于这一理论具有极强的现实意义，它一经提出就引起了强烈反响。李崇淮联合 50 余名教授、学者，在报刊上集体呼吁，要求国民党当局采纳"物价指数本位币制"。不久，李崇淮的姐夫、交通银行总经理赵棣华将李崇淮的建议整理成提案，带到国民党三中全会上正式提出，国民党仍是置之不理，这使李崇淮极为愤懑。但是通过湖北武汉上层人士云集的"武汉聚餐会"，武汉大学校长周鲠生"伯乐识骥"，嘱张培刚延聘李崇淮为武汉大学经济系特约讲师。中共秘密党员赵忍安、陈啸原等人也结识了这位学识超群、一身正气的青年学者，为他投身新中国怀抱、长期执教于武汉大学埋下了伏笔。1948 年 8 月，人民解放军三大战役尚未发动，内战仍在僵持之中，李崇淮奋笔疾书《当前中国政治问题解决之途径》一文，提出"国共议和，以长江为界南北分治"的主张，并建议国共双方共同采取几项根本的政治、经济、教育等政策，进行和平竞赛。此文形成后，国民党报刊拒绝刊载，但赵忍安没有退缩，果决地出资将此文印成小册子，期望营造一种群众性的自发运动。一时间，李崇淮备遭疑忌，不少人怀疑他"被共产党所利用"，国民党特务组织甚至将他列入"共党分子"的黑名单，意欲加以迫害。到了 1949 年 1 月中国人民解放军三大战役取得决定性胜利之时，国民党当局才慌忙翻出李崇淮先前的文稿，将其修改后交《申报》发表，但此时再提"隔江分治"，早已是明日黄花了。

李崇淮的呼吁没有让国民党政府警觉，但是引起了身在香港的中共香港工委财经委书记许涤新的关注。许涤新翻阅了搜集到的李崇淮发表的一些有关物价指数本位（折实制度）等问题的文章，认为作者正是将来建设新中国的急需之才。

1949 年 4 月中旬，据守在武汉地区的白崇禧自知武汉已经守不住了，达官贵人们纷纷举家南迁。此时，赵棣华下令调李崇淮去广西梧州交行任经理，并多次催促其赴任，以便在形势突变后，随时可以离开大陆，转赴香港和海外。此时的李崇淮面临着严峻的选择,去还是不去?个人的命运不能不和国家的命运联系在一起考虑,大局将急转直下,李崇淮陷入了极度的犹豫彷徨之中。李崇淮知道国民党政府已经腐败透顶,自己不应再去维持它,但共产党如何,对他而言这还是个谜。共产党胜利后是否立即实行社会主义呢?他想,如果那样,则显然不适宜中国当时的社会条件。同时,由于长期的国民党政府的反动宣传影响,他多少还是认定共产党是一个不民主的集权党。而且,共产党能够容忍他这种与国民党要员有裙带关系的人吗?处在当时的境况下,李崇淮深感左右为难,苦恼至极。他将何去何从?①

就在风声日紧的 4 月的一天,阴霾密布,愁云惨淡,李崇淮正在家中彷徨、坐立不安,张培刚忽然来访,邀他一起去找赵忍安"聊聊",他俩来到汉口和成银行。赵忍安已在经理室等候他们多时了,随即赵忍安请他们一同到银行楼上的自己家中坐坐。

到了赵忍安家中,李崇淮发现屋里已有三人,即赵忍安的妻子翁和新、农业银行的职员陈啸原,以及另一位姓王的先生。稍作寒暄,赵忍安就表明了自己的中共秘密党员身份,张培刚也亮明了自己新教协成员的身份,这无异于将身家性命全部交给了李崇淮。这种同志式的信任让李崇淮十分感动。

赵忍安开门见山地说:"我在香港见到许涤新,他要你不要离汉,我们欢迎你留下来。"赵动情地说:"你忧国忧民的情结,我们十分清楚,也十分感动。可你那套'物价折实'理论,国民党根本不屑一顾。但是天津一解放,共产党就实行了,可见共产党才是真正为人民谋福利的呀!"

张培刚接着说:"你可以称病婉拒交通银行的任职嘛,然后武汉大学经济系可以再聘你为专职教授,这样你们夫妻也可以

---

① 刘力:《"同舟诤友"李崇淮》,《文史精华》2000 年第 7 期,第 8-9 页。

长聚珞珈山，省得两岸劳顿奔波了。再说，周鲠生校长也决定与全校师生共命运，留下来迎接大武汉的解放呢！"李崇淮听着不禁点了点头。张培刚还给李崇淮看了毛泽东的《新民主主义论》和一系列油印的党的秘密宣传品，使他了解中共的建国方略和经济政策，并从中看到新中国的希望。在张培刚和赵忍安的说服下，李崇淮终于下定决心，婉拒了交通银行的任命。

4月中旬，张培刚呈请武汉大学聘请李崇淮为经济系教授。不久，赵忍安特派一辆卡车，协助李崇淮从交通银行汉口分行举家迁往珞珈山。李崇淮的留汉，稳定了汉口交通银行绝大部分职员的心，从而为武汉乃至华中地区保留了一批可贵的经济专业人才。[①]

到武汉大学任教的李崇淮，在张培刚的介绍下参加了新教协；在张培刚的影响下，很快参加了新民主主义经济讲座。武汉解放前夕，物价飞涨，国民党政府经费支绌，武汉大学教职员工常常领不到工资，鉴于李崇淮在银行业的人脉，加之又和当时国家银行的负责人较熟，他被推选为武汉大学财务委员。李崇淮常与张培刚、葛扬焕等人到汉口筹措经费，以维持学校的正常开支。

[①] 李崇淮：《解放前我的政治立场的转变》，武汉市政协文史委员会主编，《武汉文史资料》1989年第2辑，第79页。

第八章 参政足印

1949年2月上旬，张培刚回到祖国，回到了朝思暮想的珞珈山，继续担任武汉大学经济系教授兼系主任。对于张培刚这一代留学生来说，中国的富强、独立和现代化是他们人生追求的首要目标，而个人的人生价值只有融入这个大目标才能实现。他立足本职工作，努力为中国的富强贡献力量。武汉解放初期，张培刚被任命为武汉大学校务委员会常委、总务长兼经济系主任，并一度代理法学院院长。1950年4月又被中央人民政府任命为武汉市人民政府委员及武汉市财经委员会委员，不久又被选为武汉市民主青年同盟副主席，为武汉恢复国民经济、带领青年建设新武汉作出了贡献。1951年10月，经过中共武汉市委的安排，张培刚被派往中央马列主义学院学习。

一、举办新民主主义经济讲座

1949年4月下旬，张培刚以经济系主任的身份在武汉大学发起、组织并主持了新民主主义经济的系列讲座，宣传中国共产党的新民主主义经济政策。参加讲座的人员全都是经济系的知名教师，即张培刚、刘涤源、余长河、吴于廑、李崇淮、周新民、刘绪贻、谭崇台等8位正副教授。每位教授各讲一题，讲座内容有计划经济与新民主主义、生产与分配政策、货币政策、农业与工业的配合问题等。每次讲课的组织工作，都由经济系学生、中共秘密党员董辅礽等人负责。

在新民主主义经济的系列讲座中，张培刚首先主讲《农业和工业化的配合》。随后每天一课，由刘涤源、余长河、吴于廑、周新民、刘绪贻、谭崇台分别讲授《新民主主义的货币政策》、《计划经济与新民主主义》、《中国现阶段思想文化问题十讲》、《中国社会停滞的原因及今后发展道路》、《新民主主义的生产政策》和《社会蜕变与法律》、《新民主主义的分配政策》，此外还有《近代唯心论与唯物论的演变》、《中国新哲学问题》、《对国际政治的认识》、《中国革命史》等讲座。教授们把自己对新民主主义经济的理解通过讲座的形式表达出来，各抒己见，精彩纷呈。在讲授过程中，教授们做到了深入浅出、通俗易懂、条理清晰、论点鲜明，让经济系的学生们受益匪浅。

武汉大学经济系的学生田林、皮公亮、彭明朗等对讲课的内容做了详细的笔记。50年后，他们将系列讲座的提纲整理了出来。当年张培刚《农业和工业化的配合》的提纲是：

一、农业与工业的有机配合：（一）配合的几个联系因素；（二）从历史上看配合的几个形态：1.封建的；2.资本主义的；3.社会主义的；（三）工业化过程中的农业与工业。

二、过去中国农业与工业的配合：（一）半封建的区域配合；（二）半殖民地的对外配合；（三）官僚资本企业对农业的"垄断"配合；（四）民族资本主义企业对农业的配合；（五）上述几种配合所引起的影响。

三、农业与工业配合的新途径：（一）配合的最高原则：为全民福利、提高生产力、动态的发展性的；（二）农业配合工业发展应尽的任务：1.输出农产品换取工业资本，2.原料供给，3.供给工业人口食粮，4.为工业品供给市场；（三）工业对农业发展应尽的任务：1.供给农业生产工具，2.为农产品供给市场，3.吸收农村剩余劳动力。

四、结语：第一，农业和工业的配合发展的新途径要以改变半封建半殖民地的生产关系为实行的前提；第二，有计划的农业和工业的配合，是以农业和工业的有机的联系为重点的。

农业与工业配合要遵循三个最高原则：第一，以全民福利为目的，这是公平原则，发展生产，提高全体人民的生活水平；第二，以提高生产力为目的，这是效率原则，农业和工业配合要以促进并提高社会生产力为又一最高指导原则；第三，配合方式是动态的，是发展性的，这是发展原则。

从这份提纲足见张培刚对农业与工业化问题的远见卓识，它高度概括出经济发展的普遍规律，提高人们的认识来振奋经济，弥足珍贵。

新民主主义经济的系列讲座原本是为武汉大学经济系乃至法学院的学生开设的，然而消息传出后，内容一新的讲座内容不胫而走，人们纷纷奔走相告。在全校学生的普遍要求下，演讲地点由法学院的小礼堂改在学校的大礼堂，听讲的人不仅有法学院学生，还有理、工、农、医各学院的学生，不仅有学校的青年教师，还有其他高校的学生和教师，听众十分踊跃，每次听课有四五百人之多，影响不小。

对于新民主主义经济政策的系列讲座，国民党地方当局非常恐慌，国民党武汉警备司令部曾派一个迫击炮连到武汉大学体育馆前列阵示威，企图阻止听课的人进场，便衣特务也在武汉大学校园内巡游，形势十分严峻。但在中共武汉大学党组织的应对下，及时挫败了国民党军警的阴谋，使得讲座如期正常进行。这段时间，赵忍安曾屡次托人捎信给张培刚，除了表示支持外，还提醒张培刚等人务必注意安全，讲究方式，多加小心。

后来，汉口邮政工会负责人还通过珞珈山邮政局蓝局长找到武汉大学经济系，诚恳要求教授们给邮政工会会员作类似报告。在得到中共武汉市委同意后，张培刚、刘绪贻、黄子通、曹绍濂、谭崇台等教授，无所畏惧地先后到汉口讲授新民主主义经济课程，闻讯赶来听课的人员非常踊跃，偌大讲厅爆满，门口和各个窗前也挤着人。由张培刚等大学教授组织的新民主主义经济系列讲座在更大的舞台上宣讲，及时挫败了国民党地方政府蛊惑人心、欺骗宣传的阴谋，激发了武汉市民对奔向光明、渴求解放的向往，起到了安定人心的作用。

在讲课的过程中，张培刚等宣传的新民主主义经济的思想是学生们茶余饭后谈论的主题，半山庐成为学生们晚上常去的地方，师生们围坐在一起谈新民主主义的经济思想。每当这时，张培刚总是静静地听着学生们的发言，时不时地讲述自己对某一问题的理解和认识，大家在一起畅谈即将进行的新民主主义经济的场景，谈着未来中国的发展和理想，谈迎接解放的举措等。在张培刚的人格魅力感召下，只相信知识改变命运的经济系1947级的班代表孙鸿敞承担印制讲义的任务，改变了对政治不闻不问的心态，并充分发挥自己的绘画特长，为武汉大学学生运动绘制一些宣传画，融入学生运动的洪流之中。

在武汉大学师生迎接武汉解放的交响乐曲中，张培刚举办的新民主主义讲座无疑是较为成功的乐章。珞珈山上掀起了歌颂共产党、歌颂解放区的歌潮，洋溢着对共产党对解放区的向往之情。《山那边是个好地方》、《翻身花》、《太阳出来了》、《你是灯塔》、《向太阳》等歌曲，激发了广大进步师生的激情，同时《团结就是力量》、《跌倒了算什么》等集体舞蹈，鼓舞着师生们对敌斗争的意志。1949年5月，珞珈山上响起了《没有共产党就没有新中国》、《解放区的天是明朗的天》的歌声。身在武汉大学，宛如进入了一个"小解放区"！革命歌曲带来了春意盎然的情趣，张培刚就是在这紧张欢乐的气氛中迎来了黎明。①

---

① 吴仲炎：《情系大武汉》，武汉出版社1998年版，第205页。

二、参与武大接管工作

5月中旬，人民解放军完成了解放武汉的部署，开始向武汉市区挺进。中共武汉市委开展了一系列的卓有成效的策反统战工作，加上市民的积极配合，处于四面楚歌的白崇禧军事集团被迫撤出武汉，向湘桂边境逃窜。5月16日清晨，汉口《大刚报》、《新湖北日报》迎着晨曦印出号外，发布了江城人民盼望已久的好消息：武汉解放了！汉口城区，万人空巷，欢呼解放。5月17日中午，当列队严肃、穿戴整齐的人民解放军第四十军第一五三师沿武冶公路路过珞珈山附近进入武昌城区时，张培刚和闻讯赶来的人们拿着彩旗，涌上街头，高呼："欢迎解放军！欢迎解放军！"表达了武汉人民迎接解放军的欢喜之情。

数日后，赵忍安捎信邀约张培刚和刘绪贻到汉口和成银行他家里吃晚饭，以示庆贺解放之意。刚刚解放，赵忍安的工作是异常繁忙的。尽管如此，下午四点钟左右，当张培刚和刘绪贻到达时，他和夫人翁和新已站在银行门口迎接，热情招待他们吃了一餐丰盛而颇有四川风味的晚餐。饭后，赵忍安给他们讲了很多有关新中国工商业的发展计划和政策，介绍党对知识分子的一些政策等。张培刚后来回忆，"忍安同志工作深入，情况了如指掌，头脑清晰，分析问题入情入理，给我们留下了深刻的印象"。当晚，张培刚和刘绪贻就住在和成银行。

5月20日下午，武汉大学召开了简朴隆重的党的公开大会，张培刚应邀参加了会议。晚饭时，中共武汉市委书记曾惇被安排在半山庐张培刚的房间里用餐，另有同学8人。曾惇特地邀请张培刚坐在他的身边。张培刚见到这位和蔼可亲的市委书记，不禁想起了数月前在赵忍安家中相见的情景，当时的曾惇是作为一位进步青年参加会议的。此时，两人不禁会心一笑。

5月22日，中国人民解放军武汉市军事管制委员会成立，随后，以吴德峰为市长的武汉市人民政府和以张平化为书记的中共武汉市委也相继诞生。在军管会和市委、市政府的领导下，全市掀起了全面接管国民党政府各级机构和设施、迅速建立起革命新秩序的工作。张培刚与广大师生一起，以高度的政治热情，投入教学研究和当年毕业生的论文答辩中。

6月10日，武汉市军事管制委员会文教接管部部长潘梓年率领军代表朱凡及其助手艾天秩等6人来武汉大学接管，随即成立了由教授会、讲师助教会、学生会、工友联谊会、职员会选出的协助接管委员会。武汉大学的历史从此揭开了崭新的一页。

6月28日晚上7时，军管会文教部驻武汉大学代表和联络组全体工作同志，邀请武汉大学全体教授和讲师、助教等在武汉大学图书馆大阅览室内举行茶叙会。联络组组长、清华大学教授盛澄华在简短的致词中说："为了很好进行接管工作，首先必须了解情况，先生们和同学们是这里最主要的成员，所以各位先生的意见我们不仅愿意知道，而且看作非常宝贵。"他又指出："我们接管武大的意义是要把这全国的最高学府之一从过去反动政府的掌握下转移和归还到人民手中，所以接管武大是武大每一个师生员工自己的事情，自己的权利和责任。这不仅对接管如此，今后其他各项工作也是一样，必须群策群力，集思广益，在扩大民主的精神与基础上来共同研究，希望各位先生不拘形式，开诚相见，畅所欲言。"来宾报以热烈的掌声后，张培刚和刘绪贻先后发言，他们指出了以往学校管理的不够民主，大权由行政机构的少数人把持，并举出了实例来证明。接着，物理系讲师刘立本、机械系讲师蔡心耜等也相继发言，对武汉大学过去的特点作了一番透彻的剖析。会议结束时，朱凡代表文教部驻武汉大学的全体工作同志对大家踊跃发言与出席表示谢意，他说：由静而动，由动而前进，这是武大教授和讲师助教先生们走向民主与团结的第一步；对一切陈腐与不合理的现象施以痛击,光明远景已开始滋长在每一个人的心头。[①]当张培刚等人走出图书馆时,已经是子夜时分,眼前是珞珈山幽美的夜景,它象征着新的武大,人民的武大就要诞生!

8月24日,武汉大学决定取消校长制,代之以校务委员会,随即由武汉市军事管制委员会聘定邬保良、查谦、何定杰、张瑞瑾、徐懋庸、张培刚、缪朗山、邓初民、桂质廷、余炽昌、杨显东、范乐成等21人为委员,邬保良为主任委员,查谦为副主任委员,何定杰为教务长,张瑞瑾为副教务长,徐懋庸为秘书长,张培刚为总务长兼经济系主任,缪朗山为文学院院长,邓初民为法学院院长,桂质廷为理学院院长,余炽昌为工学院院长,杨显东为农学院院长,范乐成为医学院院长,协助军代表接管武汉大学并参与管理新武汉大学。次日,《人民日报》发表新华社消息,正式宣布军事管制后的武汉大学成立校务委员会。[②]

10月26日,《长江日报》开辟专版庆祝青年团武汉大学委员会正式成立。专版摘编了武汉大学经济系教授张培刚、政治系教授周鲠生、经济系教授谭崇台、史学系教授张继平对武汉大学共青团的期望。张培刚在《我对于武大青年团的希望》一文中,希望青年团的同学要团结全校师生员工,帮助校委会,建设新的人民的武大,加紧政治与业务学习,建立为人民服务的人生观,把自己锻炼成在经济建设和文化建设中的有用人才。[③]

12月11日,《长江日报》又在显著位置全文刊载了两篇电文,即张培刚与武汉大学148位教授联合致电,要求时任联合国秘书长赖伊及联大主席罗慕洛恢复新中国合法地位。同时致电

---

① 《武大走向民主与团结》,《长江日报》1949年7月12日第2版。
② 《武大校务委员会成立——各院院长全部聘定》,《长江日报》1949年6月9日第1版。
③ 《武大教授纷纷撰文谈对青年团的期望》,《长江日报》1949年10月28日第3版。

各大学教授，要求一致主张、联合致电。①

面对新中国开始恢复国民经济的工作，张培刚表现了极大的热忱和坚决支持。1950年1月11日傍晚，武汉大学学生会召开了认购人民胜利折实公债动员大会。会上洋溢着极度高涨的热情，全校师生和工作人员表现出对人民祖国的热爱。吴于廑作为高教联武大的代表提出：武大高教联，保证5000分。紧接着，张培刚则以个人的身份带头上台说："美帝国主义反动派说新中国的政权得不到人民的拥护，今天我们看到许多铁的事实，证明中国人民是热爱自己的政府的。我一向是不为物先，不为物后的，但这次我来领先带头吧！"张培刚当即表示愿意认购100分公债，对此，全场掀起了雷鸣般的掌声。在他的带动下，教授、助教和教职员工争先恐后纷纷上台认购。陶述曾、吴礼义等表示认购100分，武剑西则以一个月的薪水全部购买公债，另几位教授或以一个月薪水，或拿出结婚戒指、太太的金手镯购买公债。生物学老教授何定杰以二两黄金、工学院一位姓梁的先生以三个月薪金购买公债。经济系助教曾启贤以一个月薪金认购，又把他太太的一只一两多重的手镯拿出来购买。同学们激动得坐立不安，纷纷设法多买一分，每个生活小组、每个班级，都在大会中报告他们的认购数目。会上并发起"同学一人一信、教授一人一稿"运动，向社会人士、亲戚朋友进行解释劝购。许多同学都被这激越的场面感动得流出了热泪。

武汉大学校务委员会秘书长徐懋庸做总结的时候，非常兴奋而热烈地说：认购人民胜利折实公债的对象并不是公教人员和学生，但在教授的热烈响应下，由今晚的情形可以看出人民是如何热爱自己的国家，对于新中国的前途，是能予以无限的希望的。今后同学们更应该做到尽量节约，搞好学习，才算是

---

① 《武汉大学教授热烈拥护周外长致联合国声明》，《长江日报》1949年12月11日第2版。

真正能有决心度过这最困难、最有办法、最有希望的一年。① 半月后，张培刚与武汉大学经济系同仁撰文，论述发行公债的意义，号召社会各界踊跃认购。

1950年3月上旬，根据潘梓年在中南区教育会议上报告教育经费困难的情况，鉴于国家财政经济十分困难，武汉大学开展了自愿减薪运动。在3月7日的动员大会上，教职员工们纷纷自动报名减薪，总务长张培刚首先带头，要求减去226分。从3月7日开始的半个月内自愿减薪运动期间，武汉大学总共减去工薪分22036分，比预定的20000分目标超过了2036分。②

在迎接武汉解放和参与武汉大学接管的过程中，张培刚对中国人民的革命事业有了进一步的认识，因而有了加入中国共产党、献身于为实现共产主义而奋斗的决心。1950年6月12日，张培刚经徐懋庸、夏森介绍，被中共武汉大学委员会批准为中共预备党员，预备期一年。

三、维护新政权经济秩序

1949年5月16日，共产党接管了武汉，同时也接收了一个千疮百孔、伤痕累累的城市。生产萎缩，交通瘫痪，民生困苦，失业众多，货币市场极度混乱，市面流通的主要是银元、镍币、铜元，国民党政府发行的金圆券已经崩溃。金融形势事关大局。5月25日，武汉市军管会发布第二号布告，宣布人民币为统一流通的合法货币。随即接管了所有的官僚资本金融机构，6月1日，在江汉路没收了四大家族的银行，成立了中国人民银行武汉分行。6月4日，军管会宣布金圆券为非法货币。

在人民币与金圆券之间，老百姓选择了前者，但他们更相

---

① 《热爱自己的国家——记武大认购公债动员大会》，《长江日报》1950年1月15日第3版。
② 《武汉大学教授自愿减薪》，《长江日报》1950年5月24日第2版。

信银元、黄金和实物，一拿到人民币，就赶紧拿去买米，调换银元；资本家则相信"工不如商，商不如屯"，只要有本事吃进金钞银元、日用必需品，物价涨一回，他们就赚一回。人民币成了"早出晚归者"。每天早上发出去，到了晚上几乎又全部返回到银行来了。人民币的生存受到了威胁，正常的商品流通遭到破坏，工厂企业复工受到阻碍。少数投机商人，乘机哄抬物价，影响人民生活。

面对这种困境，6月19日，在武汉市军管会和武汉市人民政府的领导下，一场拒用银元、拥护人民币的运动正式拉开序幕。为此，中国人民银行武汉市分行行长武子文和副行长赵忍安希望张培刚能配合做些工作。张培刚与武汉大学经济系的几位教授商量，遂组织经济系学生200余人，走上了武汉三镇的街头，宣传党的货币和物价政策，同时要求大家提高警惕，防止坏分子的造谣破坏，制止不法商人乘机扰乱市场。热情很高的青年学生们，还利用文艺形式，说快板、演出活话剧，或在街上张贴标语，宣传使用人民币。有的学生还当面质问和怒斥银元贩子，规劝他们停止活动，将宣传活动组织得井井有条。对市民提出的问题，他们都一一耐心解释。持续两个月的宣传工作，在配合政府稳定人心、制止物价飞涨方面，取得了一定的成效。张培刚还积极做金融界各银行钱庄负责人的工作，力主人民币借贷结算，维护金融稳定。张培刚多次给工商界讲课，大力宣传使用人民币，也收到了很好的效果。

10月30日，武汉工商界、财政金融界、文化教育界等各单位负责人士，在中原临时人民政府教育部部长潘梓年的主持下，召开中国新经济学研究会武汉分会发起人会议。该会以研究马列主义的政治经济学，并在毛泽东思想指导下，从事中国新民主主义经济问题的探讨以配合新中国经济建设为宗旨。会议议决40位发起人均为筹备委员。筹备会推选常务委员17人，以邓子恢为主任委员，潘梓年、范醒之为副主任委员，张培刚等14

人为委员。并成立了秘书处、联络部、研究部3个工作部门处理日常事务。联络部部长为唐午园，赵忍安、张培刚为副部长。①此外，张培刚负责武汉大学的会员申请登记工作。11月24日，张培刚又参加了新法学研究会武汉分会筹委会的工作。

这一时期，张培刚应邀到武汉地区的各大专院校授课，主讲中国农业与工业化的问题，受到了师生们的好评。他还利用中国科学工作者协会在懿训女中（今武汉市第二十一中学）举行科学讲座的机会，主讲中国工业化问题，回答大家关心的工业化的性质和方式、从农业国转变为工业国、如何使中国工业化等各种问题。②

1950年10月13日，张培刚等60余人发起的中国金融学会武汉分会在完成筹组后宣告成立。会上除通过章程外，选出陈希愈、赵忍安、崔思恭、谢春墀、王瑞琳、张培刚、杨端六、贺衡夫、王一鸣、华煜卿、黎觉、范士扬等27人为理事，推选陈希愈为理事长，王瑞琳、张培刚为副理事长。③

1950年至1951年，为了适应新形势的发展，武汉市金融界急需培养一批银行和财务人员，以充实这些行业的干部队伍。赵忍安代表武汉市人民银行、唐适宇代表武汉市税务局与武汉大学经济系合作，同时举办了两届银行专修科和税务专修科培训班。作为武汉大学总务长兼经济系主任的张培刚与学校商定，由李崇淮任银行专修科主任，黄仲熊任税务专修科主任。在张培刚的极力支持下，总共培养了数百名银行、税务人员，后来其中不少的学员成为单位的基层骨干。

---

① 《昨日开发起人会议成立筹备会——选出常务委员并设三部处处理日常事务》，《长江日报》1949年10月31日。
② 《中国科学工作者协会武汉分会科学讲座》，《长江日报》1949年12月11日。
③ 《中国金融学会武汉分会成立》，《长江日报》1950年10月19日。

四、任首届武汉市人民政府委员

1950年3月,中南军政委员会决定成立武汉市人民政府委员会。在社会各界充分酝酿各阶层人民代表及委员时,中南军政委员会建议委员要涵盖社会的方方面面,名单中的党外人士要占一定比例。当时,市政府委员和市财委委员的名单一般是由市政府党组提出,经市委讨论通过上报批准。而社会各界杰出代表的人选则事先由市政府市长同市委统战部门研究。鉴于张培刚在武汉解放前后的政治表现,市长吴德峰、副市长周季方在确认市财委委员名单时,专门打电话征求曾惇的意见。在确定市政府委员名单时,吴德峰又将张培刚等人提到市委常委会上讨论,当时市政府委员名额中确需一名教授身份的专家学者参加,与会成员认为张培刚是合适的委员人选。

1950年4月,张培刚作为武汉大学教职工代表被推举为武汉市第一届人民代表大会代表,与此同时被推举为学生代表的是学生会副主席温端云,一起参加这次会议。武汉市第一届人民代表大会的代表共413名,其中教科文卫代表71人。当时学校的车辆较少,为了不给学校增添麻烦,张培刚主动邀请温端云结伴而行。他们两人先是从武昌汉阳门码头坐船到汉口苗家码头,由于公交车为数极少,为了节省时间,情急之下的张培刚招手拦了一辆三轮车,两人赶往位于兰陵路的中南剧院参加会议。

4月10日,中央人民政府主席毛泽东签发《中央人民政府任命书》:兹经中央人民政府委员会第六次会议批准,任命吴德峰为武汉市人民政府市长,周季方、陈经畬为副市长,王子俊、王光远、伍能光、朱涤新、宋孟明、李冬青、李伯刚、李启新、李尔重、易吉光、唐午园、夏石农、倪志亮、凌莎、晏勋甫、戚元德、张平化、张先进、张春霆、张培刚、陈秀山、曾惇、华煜卿、赵飞克、赵敏、黎智、鲍鼎、谢邦治等28人为委员。①

4月18日，在武汉市人民政府委员会成立大会上，武汉市人民政府所属会、院、各局、各区领导干部，各民主党派、群众团体代表，各界人民代表1500人出席观礼致贺。就职典礼在庄严的国歌声中开始。当全体委员一一就位时，全场为市人民政权的建立与巩固而欢呼，掌声如巨雷，轰然滚过会场，历数分钟。中南军政委员会副主席张难先亲自莅会指导，他逐一介绍各位委员，并致辞嘉勉。

市长吴德峰在致开幕词后指出：中央人民政府任命的委员，包括了各民主党派、各革命阶级、少数民族、警卫部队、青年和妇女的代表，因此是市民主联合政府的初步组织形式。吴德峰宣布了大会的主要议题后，副市长周季方、陈经畬和政府委员张平化、唐午园、赵敏、黎智、李冬青、张培刚、晏勋甫等相继发言。张培刚在发言中代表全市大专院校的教职员工表示要和全市人民一道共同努力贯彻实现共同纲领，完成中央人民政府和中南军政委员会的决定与指示。

5月29日，武汉市人民政府第十二次行政会议，通过成立武汉市都市计划委员会、救济失业工人委员会筹备会及1950年武汉市防汛委员会、武汉市劳模大会筹备会等。市长吴德峰任武汉市都市计划委员会主任委员，朱有骞、鲍鼎、马哲民、周纯全、聂洪钧任副主任委员，张培刚等34名社会各界知名人士被选为武汉市都市计划委员会委员。②

6月20日，武汉市人民政府财经委员会主任委员吴德峰，副主任委员伍能光、张先进，张培刚、王光远、张平化、周季方等16名财经委员会委员先行到职视事。③

---

① 《武汉市人民政府公告》，《长江日报》1950年4月17日第1版。
② 《武汉市府各单位负责人先行到职视事——并呈请政务院批准任命》，《长江日报》1950年6月23日。
③ 《武汉市政府通过成立四委员会》，《长江日报》1950年5月30日。

解放初期，武汉市是中央的直辖市，张培刚因被中央人民政府任命为武汉市人民政府委员及武汉市财政经济委员会委员，也被选为武汉市人民代表。为了参加商议武汉市政府的工作，他常常要从武昌坐船过江开会，在会上也常常会遇到赵忍安。珞珈山距汉口有数十里，且有一江之隔，交通颇不方便。在汉口开会后，张培刚常常在赵忍安家吃便饭，有时会议结束太晚，他就住在赵忍安家里，成了他家的常客，他们两人的关系也就更加密切了。在赵忍安家里，张培刚也接触了不少武汉市经济界的知名人士，这也成了他掌握全市经济建设方面信息的一个渠道，因而他从经济学家的角度在参政议政方面提出了许多很好的具有可行性可操作的建议。

活跃在武汉经济建设舞台上的张培刚，自然成为这一时期新闻媒体关注的焦点。中共中央中南局机关报《长江日报》曾多次刊登张培刚在公众场合发表的讲话。1949年10月14日，新中国开国大典不久，《长江日报》以"庆祝人民政协会议圆满成功"为题在显著位置发表张培刚等教授访谈谈话。张培刚对大会表示热烈祝贺与衷心拥护，并说中国人民政治协商会议的召开和成功，是中国历史上空前未有的一件大事，是中国人民革命大团结的最高表现，是中国全体人民在中国共产党领导之下，团结一致，进行反帝、反封建、反官僚资本主义的胜利成果。张培刚强调，今后经济建设是一件重大而迫切的工作，要本着新民主主义的经济纲领，发展生产，以图全国国民经济的繁荣；学校的经济系要在这个最高指导原则之下来参加并配合经济建设工作；要把课堂和工厂及农场联系起来，共同完成这个伟大的任务。①

1950年4月，人民解放军风卷残云般迅速横扫在大陆的国民党军负隅顽抗的残敌，即将胜利登陆海南岛，武汉市社会各

---

① 《庆祝人民政协会议圆满成功》，《长江日报》1949年10月14日。

界人士纷纷发表谈话和感想,表示克服困难努力生产,庆祝大军胜利登陆。22日,《长江日报》发表了记者采访有关人士的访谈录。张培刚在访谈中说:"在不久以前,蒋介石还说我们的人民解放军不能跨海作战,现在我们在海南岛登陆了。这是铁的事实。我们在后方工作的人,在兴奋之余,更要刻苦努力,增加生产,支援前线,完成海南岛和台湾的早日全面解放,开展今后长期的建设工作。"①

9月18日,在中南军政委员会第二次会议开幕会上,部分委员、政府代表、民主党派、兄弟民族、各界代表、战斗英雄、劳动模范等就即将进行的土地改革相继发言。张培刚作为武汉市的代表首先代表武汉市社会各界表示热烈拥护即将开始的土地改革运动,他说:"我们以往的工作成绩,是由于中央人民政府、中南军政委员会的正确领导和全体人民热烈的拥护下获得的。解决目前工作进行中所遇到的困难,与改善广大人民的生活,特别是广大农民生活的主要关键就是土地改革。为要使土改工作进行得好,不仅能使这次参加大会的委员、代表明确认识土改的重要性,也要使广大人民都能认识到土改的重要性,这个认识是奠定今后建设的基础。"②

五、学者型的民青联副主任委员

1950年4月17日,武汉市民主青年联合会筹委会在青年团武汉市工委俱乐部正式成立。经各筹委会全体委员投票选举,选出陈先(武汉市人民代表会青年代表团)、张培刚(高教联)、张汝霖(市总工会筹委会)、黄礼(青年团)、孙宗汾(学联)、华晓阳(妇联)、王炽生(直属团委)、王杰英(科协)、胡蓬

---

① 《克服困难努力生产 庆祝大军胜利登陆——本市各界人士发表感想》,《长江日报》1950年4月22日。
② 《中南军政委员会第二次会议会上各代表讲话摘要》,《长江日报》1950年9月19日。

(农协)等11人为筹委会常务委员,并选出陈先为主任,张培刚、张汝霖为副主任,孙宗汾为秘书长。①

5月4日,武汉人民广播电台为纪念"五四"青年节和新民主主义青年团成立纪念日,播送特别节目。武汉市民青联筹委会副主任张培刚发表"为什么要成立民青联,以及如何加强各界青年的团结"的播音讲话。②

6月7日,武汉市民主青年代表大会在武汉市职工俱乐部召开预备会议,总工会青工部副部长张汝霖报告民主青联筹备经过,并通过黎智、陈先、金本富、张培刚等23人的大会主席团。11日,武汉市首届民主青年代表大会正式选举了由53名执委、17名候补执委组成的武汉市首届民主青年联合会,陈先任主任委员,张培刚、张汝霖、何定杰任副主任委员。③

新中国成立之初,与中国建立外交关系的只有20多个国家。其中,苏联等人民民主国家11个,亚洲近邻的民族独立的国家4个,欧洲的瑞士等5个资本主义国家。为了争取和平的国际环境,打破帝国主义的封锁,打开与未建交国家的关系,就要向世界介绍热爱和平、蓬勃发展的新中国,澄清帝国主义的歪曲宣传,消除一些外国朋友的误解和疑虑,广交朋友。这就要开展广泛的人民外交。青年学生积极热情,追求真理,成见较少,且多为各国未来的栋梁,自然成为邀请来访的对象。青年、学生外宾来访成为人民外交的重要组成部分。因而这一时期各国的青年、学生组团到武汉来的特别多,也是20世纪50年代武汉青年外交活动最为活跃的时期。作为武汉市青联副主任委员、中国保卫世界和平大会武汉分会委员的张培刚参加了较多外事活动。

1950年10月13日上午7点半,由19个国家21位代表组成

---

① 《本市青联筹委会成立》,《长江日报》1950年4月18日。
② 《纪念五四青年节》,《长江日报》1950年5月4日。
③ 《民主青联宣告成立——并确定今后青运方针和任务》,《长江日报》1950年6月12日。

的世界民主青年联盟代表团,在苏联共青团中央书记之一的赛米恰斯尼率领下抵达粤汉铁路武昌总站,张培刚代表武汉市青联与共青团湖北省工委第一副书记王伟、江碛和省学联主席路少林等青年团体负责人,在隆重的欢迎仪式上与代表团的成员见面。湖北省人民政府主席李先念,副主席王任重、聂洪钧,湖北省军区司令员王树声,中共湖北省委副书记刘建勋,湖北省工会主任宋侃夫,省妇联主任陈舜英等会见代表团成员。旋即在月台外举行了欢迎大会。在隆重热烈的欢迎大会上,湖北省人民政府主席李先念、共青团省工委第一副书记王伟代表湖北全省人民和600万青年致词欢迎,越南代表阮其代表各国青年代表致答词。欢迎仪式结束后,张培刚等陪同代表团在夹道欢呼中驱车至江边乘专轮过江,在汉口江汉关前,齐集着2万余欢迎的青年群众举行了欢迎大会,武汉市政府的主要负责人以及总工会、青年团、妇联负责同志到码头热烈迎接。

欢迎大会结束后,世界青联代表团代表分汉口、武昌两路进行活动。张培刚陪同在武昌活动的一路参观武昌第一纱厂、武昌人民剧院、省立第一女中。晚上,张培刚等人陪同代表团成员参加了中南军政委员会、中共中央中南局、中南军区司令部和政治部、青年团中南工委、市府、青年团市工委、市青联等单位联合举办的欢迎宴会。宴后代表至中南艺术学院参加晚会。次日上午,张培刚专程陪同代表团成员参观了武汉大学,中午又陪同代表团成员坐轮渡过江,参加下午在汉口中山公园举行的盛大的群众大会。①

1952年8月,张培刚从中央马列学院回来后,还参加了各种外事活动。10月25日,张培刚以中国人民保卫世界和平中南总分会委员的身份参加了欢迎亚洲及太平洋区域和平会议后来

---

① 《欢迎世青代表团莅临》,《长江日报》1950年10月14日。

汉的印度代表团。① 11月15日，张培刚以武汉大学著名教授的身份前往武昌南湖机场欢迎以吉洪诺夫为首的苏联艺术科学工作者代表团和以楚拉基为首的苏联艺术工作团在汉的参观接待活动。②

六、参加中共中央马列学院学习

1951年10月，张培刚受上级党组织的委派，参加了位于北京西郊的中共中央马克思列宁学院③一部学习。

张培刚在中央马列学院学习期间的最大收获就是系统学习了马克思的《资本论》，也为其后来的教学与研究打下了扎实的基础。中央马列学院教授郭大力系统地介绍了《资本论》三卷的基本内容，论述了马克思的劳动价值论、剩余价值论、资本积累论、资本循环周转和实现论、剩余价值分配论等核心内容。苏共中央党校政治经济学教研室主任佐托夫讲授《资本论》。佐托夫是苏联最著名的《资本论》专家，其讲授的特点是：抓住重点，简明扼要，生动活泼，引人入胜。特别是他利用图标的方式，来说明劳动价值论、剩余价值论、资本积累论、实现论、价值转型论以及金融资本论和地租理论等。用简单的图示说明抽象的理论问题，使人一看就懂，一记就牢。学习期间，张培刚还听了杨献珍讲授的哲学课程。杨献珍主要讲唯物论，涉及毛泽东的《实践论》、《矛盾论》中的问题，他认为既要承认和强调"一分为二"，也要承认"合二为一"与和平共处。这个观点后来受到毛泽东的批评。实践证明，杨献珍的观点是正确的，是符合辩证唯物论的。与此同时，还聆听了党内的著名哲学家

---

① 《克其鲁团长等过汉——外国代表团访问武汉》，《长江日报》1952年10月26日。
② 《苏联文化工作者代表团和苏联艺术工作团昨日抵达武汉市》，《长江日报》1952年11月16日。
③ 中共中央马克思列宁学院，系中共中央党校前身。1948年成立，1955年8月更名为中共中央直属高级党校，是中国共产党轮训、培训党的高中级干部和马克思理论干部的最高学府。

艾思奇讲授的《矛盾论》。艾思奇在延安时期写的《大众哲学》，在新中国成立后成为各级党校和文科高校的哲学教材，深受文史哲学术界的欢迎。但是非常遗憾，艾思奇讲课不怎么受欢迎，他讲的不如他写的，讲课不如他的专题报告，因此严重影响了他的教学效果。这说明授课教师除了要具备扎实的专业基础外，教学方式、方法也是非常重要的，这对于后来张培刚从事政治经济学的教学具有很大影响。

此外，在马列学院学习过程中，张培刚还聆听了其他老师一些讲课和报告，如孙定国教授的课。孙定国是八路出身，讲课非常生动活泼，课堂上掌声不断。讲中共党史的张如心教授把党的早期历史状况做了如实的说明，对陈独秀作为党的前几届领导人评价很高。这种完全符合历史事实的介绍让张培刚对中国共产党的历史有了更为客观真实的了解。

1951年10月至1952年8月，张培刚在马列学院学习，进一步研读马克思主义经典著作，为他以后运用辩证唯物主义和历史唯物主义的观点和方法进行学术研究奠定了思想理论基础。正当张培刚全身心学习时，大规模的"三反"、"五反"运动在武汉市全面展开，有人揭发张培刚在1934年武汉大学毕业前曾参加过国民党的复兴社。武汉大学党组织经过调查，决定通知张培刚中止学习，回校交代问题，原定两年半的学习生活提前一年半就突然中断了。8月，张培刚返回武汉大学。回到武汉大学的张培刚才得知是因这一桩所谓的历史问题没有交代。这件事早已在他的记忆中淡忘了。那是1934年张培刚大学毕业前，经同学的劝说，浑然不知地参加了意在复兴我中华民族的一次聚会。毫无社会经验的张培刚万万没有想到的是，这次聚会竟然是国民党复兴社、国民党忠实同志同盟会湖北区负责人组织的。纵有一颗炽热报效祖国的赤子之心的他，也不得不开始反复交代所谓的历史问题的来龙去脉以及其他相关问题，同时等待校方的处理意见和安排。

第九章 筹建华工

新中国成立后，根据计划经济和工业建设的需要，大量独立建制的工科院校相继筹建。1952年11月，中南军政委员会（1953年1月更名为中南行政委员会）文化教育委员会召开高等教育计划会议，研究高等院校院系调整工作，决定在武汉地区新建三所工科学院——华中工学院、中南动力学院和中南水利学院，同时组建"三院联合建校规划委员会"，设规划建校办公室作为办事机构，负责规划建校的具体事宜，张培刚被任命为建校规划委员会委员兼办公室主任。这一调令改变了张培刚学术生涯的人生轨迹。在短短的5年中，张培刚和华中工学院第一任院长查谦[①]等开拓者一起，以发展的眼光选择喻家山作为校址，正是他们大胆规划、棋盘式铺展建设，为华中工学院的创建发展呕心沥血，经过他们的努力，使得当年的荒芜之地成为现在的森林式的大学。

一、选择喻家山为校址

新中国成立后，在"一边倒"的大政方针指导下，大专院校经济系成为唯一的苏联模式的社会主义政治经济学的阵地，"对于资产阶级教授们的学问，等于对英美西方的力量和学问，

[①] 查谦（1896—1975），原名啸仙。安徽泾县人。1919年毕业于金陵大学文学系。1923年获美国明尼苏达大学物理学博士学位。回国后，曾任金陵大学教授，中央大学（1949年更名为南京大学）教授、教务长，武汉大学教授、物理系主任、理学院院长。中华人民共和国成立后，历任武汉大学校委会副主任、华中工学院筹委会主任、华中工学院院长、中国物理学会理事。第一至第三届全国人大代表。译有《向量分析》、《理论物理》等。

应该藐视、蔑视一样"的指示正在贯彻中,因而对西方经济学一概斥为"庸俗经济学",并遭到全面的彻底的批判。留学美国的西方经济学学者及专家在国内经济学教学上无立锥之地。张培刚即将步入他漫长而艰辛的人生旅程,静候学校的安排。

新中国在制定第一个五年计划①时,模仿苏联模式大力发展重工业,确定这一时期的主要任务就是集中力量建设苏联帮助设计的工业项目。1952年11月,中南军政委员会文化教育委员会召开高等教育计划会议,研究和全面部署高等学校的院系调整工作。所谓院系调整,就是在教育上的全面学习苏联,也就是把过去的欧美教育体制全盘苏化。这次会议决定,在武汉建立三所工科学院,即华中工学院、中南动力学院和中南水利学院,并将武汉大学、湖南大学、广西大学机械系和电机系的电力部分,以及华南工学院机械系的动力部分、电力部分并入华中工学院。为便于三院在教学上的联系、学术上的合作,也考虑到基本建设上的方便,要求三院校址在同一区域;会议研究决定成立"三院联合建校规划委员会",由武汉大学校务委员会副主任兼理工学院院长查谦出任委员会主任,张培刚任办公室主任。

1953年1月17日,中央人民政府政务院批准成立华中工学院筹备委员会。查谦任筹委会主任委员,刘乾才、朱九思②任副主任委员,张培刚等19人为委员。

---

① 第一个五年计划:指中国从1953年到1957年发展国民经济计划。它是在党中央的直接领导下,由周恩来、陈云同志主持制定的。根据党在过渡时期的总路线的要求,"一五"计划所确定的基本任务是:集中主要力量进行以苏联帮助我国设计的156个建设项目为中心,由684个大中型建设项目组成的工业建设,建立我国的社会主义工业化的初步基础,发展部分集体所有制的农业生产合作社,以建立对农业和手工业社会主义改造的基础,基本上把资本主义工商业分别纳入各种形式的国家资本主义的轨道,以建立对私营工商业社会主义改造的基础。

② 朱九思,1916年出生,江苏扬州人。著名教育家。1935年扬州中学毕业后考入武汉大学,1937年10月加入共产党,进入延安后入抗日军政大学。1949年后任《群众日报》、《天津日报》、《新湖南报》社长兼总编辑。1953年,与查谦、张培刚等人创建华中工学院(今华中科技大学),任副院长。1979年任院党委书记、院长。1984年担任名誉院长。曾任中共湖北省委宣传部、文教部副部长,中国高等教育学会第一届常务理事,湖北省高等教育学会会长。

正在武汉大学的张培刚接到调令后，二话没说，立刻走马上任，并与筹委会主任查谦商量，将"三院联合建校规划委员会筹建办"的大本营设在武汉大学工学院内，把现场办公地点设在喻家山旁的一农民家里。

建设规划的第一件事是选校址，而选址的中心问题是正确处理学校与城市的关系，做到既联系方便又环境幽静。张培刚与查谦等人在查阅了大量的历史资料后认为，中国古代办书院大都选择离城市较远的地方，主要是考虑环境幽静，以利于"两耳不闻窗外事，一心只读圣贤书"。近代办大学则必须着眼于与社会的联系，因此一开始大都办在城内，以便于参与社会活动和利用城市的各种设施。随着社会经济和科学技术的发展，大学规模越来越大，城市土地越来越紧张，20世纪以来又出现了大学校园郊区化的趋势。根据历史资料以及他们研究商量的结果，张培刚拟定了建校区域的意见：根据上级的要求，要把3所工业大学建在一起，学生总数预计将发展到3万人以上。从武汉市的情况来看，汉口是商业区，人口稠密，在这里难以找到这么大的成片土地，汉阳比较偏僻、交通不便，因此只能在武昌选址。武汉地处华中腹地，九省通衢，随着国家经济建设的发展，必然会逐步建设成为重要的工业城市，文教区特别是工科大学也应该建设在武昌。张培刚等人的意见，得到了中南区文化教育委员会领导的赞许和规划委员会委员们的支持，他们最终决定在武昌选址。

在武昌建校可以有两种选择：一是沿长江自徐家棚向东的青山地区（当时武汉钢铁公司尚未兴建）；二是在大东门外的东湖地区。张培刚等带领一批人察看了大东门外的好几处地方，诸如武昌的何家垅地区、马房山一带、珞珈山和桂子山之间，最后来到关山、喻家山。由于何家垅、水果湖当时已有许多建筑物，不适宜于做大学宿舍，也不好做整体规划；马房山一带虽然在生活、交通方面较为方便，但离武昌火车站较近，不符合大学校园应尽可能安静的要求；珞珈山、桂子山之间地势狭长，又有武冶公路穿过校区，对校园规划与建设带来诸多困难；而喻家山地区地势平坦开阔，有利于学校的发展，背山近湖，环境幽静，符合大学校园的要求。于是他们初步选定在喻家山、关山地区建校。

喻家山原属武昌县的关山区，当时虽已划入武汉市辖区的新界范围之内，但此地是纯粹的农业区，不通自来水、不通电，没有电信设施，也没有商业网点。虽有公路通到城区，也只是片石毕露的路基。喻家山又是武昌公墓所在地，坟冢遍布，一片荒凉。除几座农民村落前后有一点灌木丛外，偌大一片土地见不到一棵树，光秃秃的山只有黄土和石头，没有绿色。在确定具体地点的过程中，不少同志觉得在此地建校并不理想，不仅给建校工程增加困难，也会给师生生活造成不便。但张培刚与查谦认为，大学校址的选择既要考虑当前的情况，更要着眼于今后的发展。早年的大学办在城里，生活方便。但20世纪以来，由于社会经济和科学技术的发展，大学规模越来越大，城市土地也越来越紧张，同时通信手段和交通工具的进步又相对地缩短了市郊的空间距离，因此，校园郊区化已成为一种普遍的趋势。喻家山离城区较远（距武昌大东门12公里，距街道口也有6公里），不通水电，也没有商业网点和通信设施，开始会给建校工作和师生生活带来一些困难和不便。但是随着武汉城市建设的发展，关山区域预计不要很久就会成为武汉市建设的重点区域，很可能成为工业区、文教区，在这个地方建校对于学校的发展非常有利。

在论证会上，查谦主张从长远的观点看问题，提出大学校址的选择，既要考虑当前的实际情况，更要着眼于今后的发展。张培刚则从经济发展的角度对选址喻家山进行了论证。他说：武汉地处中原腹地，向称九省通衢。随着大规模经济建设的展开，武汉将要成为中国的工业基地之一。武汉要大发展，一是沿江而东，在青山和青山下游建工业区，二是沿武冶公路向鄂城、大冶发展。喻家山现在似乎离城很远，但随着城市建设的发展将会很快变成城区。在这里建校，对学校今后的发展非常有利。

查谦和张培刚的真知灼见，深谋远虑，有理有据，使参加论证会的同志口服心服。参加论证会的中南教育部的同志也表示赞成。会后，张培刚根据论证会上的最后意见，以三院联合建校规划委员会的名义写了详尽的报告，很快获得中南行政委员会的批准："三校校址范围属东湖风景区管理处管理者，拨给北起喻家山顶，东至喻家湖眼沿小路至黄家店；南由黄家店沿武豹公路，西向经毛店、舒家巷；西面由喻家山顶经张家庵、土库湾再沿小路到舒家巷公路（即交通学校以东）划归三校建校之用。……毛店、舒家巷公路以南，不属东湖风景管理处管辖，希即径向武汉市建设委员会面洽决定。"[1]决定以关山口以北作为华中工学院和中南动力学院校址，其中东头为华中工学院，西头为中南动力学院，各划地1500亩，东西交接处建实习工厂和图书馆，供两校共用。

60年过去了，当年在选址中有些情况虽然与原来的设想有所变动，如中南动力学院没有单独成立而并入华中工学院，水利学院也没有来关山建校仍在珞珈山。但是华中工学院的发展证实了查谦、张培刚当年对校址的决策是深思熟虑、富有远见的，对华中科技大学的发展有着重大的意义。当年荒凉的喻家山已经变成了环境幽静的大学城。改革开放后华中科技大学的跨越式发展也带动了附近整个区域的大发展。从街道口到关山已成为武汉市的文教区和高新工业园区，这里不仅有华中科技大学、中国地质大学、华中农业大学、武汉理工大学、华中师范大学等十几所大专院校，还有一大批科学研究机构和工厂企

---

[1] 李智、胡艳华主编：《华中科技大学纪事》，华中科技大学出版社2012年版，第182页。

业，有几千名高级科技人才、几万名中级科技人员以及大量的研究生、大学生，是全国少有的科技人才密集区之一。发展中的东湖新技术开发区和葛店经济开发区，也都地处毗邻。过去专管郊区农业的洪山区，已经成为武汉市的重要科技基地和工业基地之一，从洪山到葛店、鄂州一线，已经成为中国的"硅谷"之一。武汉、鄂州、黄石一线的大工业区也在逐步形成之中。

二、主持华工校园设计

在华中工学院校址确定之后，张培刚在三院筹委会的领导下，又紧锣密鼓地开始具体负责主持华中工学院、中南动力学院的校园规划设计方案。根据中南行政委员会的批准，1953年华中工学院、中南动力学院两校的建校工程投资额就达1326万元，建筑面积为8.14万平方米，而新中国"一五"重点项目武汉长江大桥、武汉钢铁公司等还在勘测准备中。就其1953年建校的投资额和建设规模讲，应是中南地区最大的建设工程，也是中南区高等学校进行院系调整的关键。

为保证建校工程的顺利进行，1953年1月下旬，中南教育部调集了一批建筑工程专家参加规划设计工作。他们当中有武汉大学的王寿康、湖南大学的柳士英、华南工学院的夏昌世和陈伯齐、南昌大学的黄学诗等，由办公室领导，同时还抽调了湖南大学、南昌大学土木工程系的部分青年教师和学生参与工作。张培刚积极组建基建办公室的工作班子，张任主任，王寿康（原武汉大学土木系教授）、殷德饶（原湖南大学副总务长）任副主任，下设秘书处、规划设计处、工程监理处。秘书处由殷德饶兼任处长，负责文书、财务、校区土地收购和后勤保障工作；规划设计处由夏昌世任处长、柳士英任副处长，负责校区的整体规划和各类校舍建筑的设计工作；工程监理处由黄学诗任处长，负责施工现场的前期准备工作和同施工单位的联系工作。工作人员由武汉大学、湖南大学、广西大学、南昌大学中抽调。班子组建完毕后，又着手准备施工的前期工作（即规划设计和施工前的材料）。

这年的2月4日，离春节仅剩10天的时间，湖南大学参加建校工作的校副总务长殷德饶（到后即被任命为基建办副主任）一行7人冒着严寒从长沙来到武昌。后来曾任基建办公室行政秘书的文挽强在他的文章中回忆道：2月6日上午，建校办公室主任张培刚带着我们驱车向预定的建校工地驶来。当年到喻家山的道路并不像现在的这条柏油马路这样宽阔、平坦，而是坎坷不平的。自街道口以东，路面就全坏了，只留下一些毕露的片石，中型吉普在上面驶过就像跳摇摆舞似的。我们在毛店（现在华中大南二门附近）下车，沿着小路向山边走去。培刚教授介绍说，三院建校计划的整个校区是：北自喻家山顶，南到关山、鲁巷一线，西沿彭王村、土库到鲁巷，东抵喻家湖边，整修面积大约5000亩。以毛店到山脚的这条小路为界，东边为华中工学院，西边为中南动力学院。武冶公路以南那一片，约2000余亩，留给水利学院。今年收购土地的范围是：武冶公路以北至喻家山边，西起土库、彭王，东到湖边，水田、旱地估计是2400多亩，加上山坡荒地，共约3000亩。我们爬上山腰，俯瞰整个校区，当时给我们的印象是：这里依山傍水，地势开阔、平坦，是一个建设大学的理想处所，但是又显得有些荒凉，除几座居民村落的前后有一点灌木丛之外，偌大一片土地上几乎见不到一棵树，喻家山也是光秃秃的，见不到绿色，只有黄土和石头，同风景秀美、古树参天的岳麓山比，对比是太鲜明了。张培刚大概看出了我们的心思，解释说，喻家山过去也是有很多树的，日本鬼子占领武汉后，为了镇守武冶公路，在山顶上修了碉堡，把树林全部砍光了。这里的风景，现在当然远不如岳麓山了，也比不上珞珈山，但也有一个好处，反而给我们搞建设提供了方便,我们可以好好规划,不受原来条件的限制。我们登上山顶,站在日军过去修建的碉堡残垣上,极目四望,心情顿时开朗了许多。远处,长江自西而东,浩浩荡荡;近看,碧绿的东湖在阳光的照耀下波光粼粼。风光真是美极了,比站在岳麓峰上望湘江要开阔得多。殷德饶突然问:'张主任,东湖是否通长江?'张答:'通,不过我还没有亲自走过这条水路。'殷说:'只要东湖通长江就好办,不然几十万吨建筑材料怎么进来,靠汽车到江边去运,太远、太贵,走水路,用船运到山脚下,再用汽车运输就方便多了,过些时我们租条船去实地考察一下吧!'当我们年轻人还在观赏风景的时候,两位主任已在商量建校工程的施工准备工作了。"

新中国成立之初,百废待兴。由于建校任务重、时间紧,当时的中南地区还没有承担大型院校建设的设计单位,只能由建校规划办公室组织力量自行设计。校园规划是对学校环境空间形象的整体设计,是一项专业性很强的科学。当时虽然从中南各高校建筑系调集了一批建筑学教授专家和应届的优秀毕业生,但由于学术见解不同,设计风格也就各异,因而协调、决策的担子也就很重。

张培刚根据国家高等教育部关于"适用、经济,在可能条件下照顾美观"的指示,结合高等教育的功能要求和学校的发展的需要,提出了合理、美观、完整的规划设计原则。按照张培刚的解释,所谓合理,就是要方便使用、提高效率;所谓美观,就是要体现环境学的要求,创造优美的育人环境;所谓完整,就是要充分考虑学校今后的发展和变化,使校园空间具有较大的适应性,保证能够有条不紊地进行建设,保持校园整体形象的完整和协调。根据这3条具体的设计要求,各位专家提出了几个规划方案,在充分讨论的基础上,最后决定采用按城市式规划、棋盘式铺展的方案。

3月7日,张培刚和陈伯齐、王寿康两位教授携带《建校工程计划任务书（草案）》、校区平面布置初步方案，专程赴京汇报。国家高等教育部部长马叙伦和有关部门的负责人对建校规划工作的进展给予了高度的评价，审议通过了计划任务书并即报请中央人民政府政务院审批。4月19日，政务院文化教育委员会下达〔53〕文教计基字第426号批复，正式批准了《一九五三年华中工学院、中南动力学院基本建设计划任务书》。对张培刚带去的校区平面布置的初步方案，高等教育部领导同志约请苏联专家顾问组进行了认真研究。高等教育部苏联专家组赞成武汉市从长远规划着眼，将喻家山、关山地区建设成新型大学区的建议，并对设计方案作了若干修改，即在保留原方案中校区东部为华中工学院、西部为中南动力学院，武冶公路以南为中南水利学院的"品"字形大格局的前提下，校园布局采取呈棋盘式铺展方式进行设计，按功能需要划分教学区、学生生活区和教工住宅区。每片功能区都有自己的林带，功能区的接合部又有韵致各异的绿地，力求达到教学区的典雅、生活区的恬静。

总设计方案确定以后，张培刚又引导规划设计的专家学者立即投入紧张的设计工作。设计人员虽然来自四面八方，但都本着"搞好建校、发展教育"这一目标，齐心合力，紧张工作。

5月15日，国家高等教育部在审定中南区高等院校院系调整方案时，决定将筹建中的华中工学院和中南动力学院合并为一校，撤销中南动力学院的建制，把华中工学院建设成为以培养机械工业和电力工业建设人才为主的工业大学。5月20日，中南高等教育管理局通知，中央人民政府批准成立华中工学院筹备委员会，聘任查谦为筹备委员会主任委员，刘乾才、朱九思为副主任委员，张培刚等16人为委员。

6月5日至6日，华中工学院筹委会第一次会议在武昌举行。会议听取了张培刚关于学校校园规划和第一期基建任务的情况汇报，与会人员分组审查了教学大楼、实验大楼等初步设计方案。会议还就教材、教学设备和经费预算等问题交换了意见。考虑到新建校舍不可能赶上1953年暑假招生、开学的需要，筹委会提出先分散在武昌、长沙、南昌、桂林上课，1954年再逐步集中的方案。会议决定设立机械制造系、内燃机及汽车系、电力系、动力系和实习工厂；设办公室、教务组、总务组3个职能办事部门。会议确认张培刚为总务组主任。

为了尽快拿出24类房屋类型的设计方案，张培刚与建筑设计人员近3个月日夜奋战，至7月底即全部完成了第一期教学大楼、学生宿舍、教工集体宿舍、教职工住宅、食堂、幼儿园等24种房屋类型的设计任务，绘制了施工图纸数千张。这些方案不仅做到了功能分区明确，人员流向合理，并预留了绿化、景点的空间。

今天的华中科技大学能够有如此优美的校园环境，固然是全校师生坚持绿化、美化的结果，但其基础则是张培刚当年主持制定的规划方案所奠定的。而华中科技大学经过几十年的发展，其建筑风格仍保持了校园风貌的完整性。凡是到过华中科技大学的中外学者都对华中科技大学的校园环境赞赏不已，都认为选址选得好，富有远见，校园的规划布局合理，绿树成荫，幽静美观，不仅使人感觉舒适、方便，而且催人奋进。作为协助华中工学院第一任院长查谦、具体主持建校工作的张培刚，对校园的规划设计以及环境的建设是作出了巨大贡献的。正如一位来访的德国建筑专家说的："一个大学校园经过几十年的变化，人员和建筑物都增加了几倍，而整体面貌仍能保持原来规划的形象，确实是很难得的。"

三、七千人的"总管家"

张培刚与查谦选中的华中工学院校址的喻家山，是一片小丘陵地带，农田和坟地穿插其间。抗日战争时期，这里曾是新四军游击队活动的地方,日军多次"扫荡",将山上的树全部砍光。抗战胜利后,这里成为洪山区郊区较大的自然村落,有三个村庄和几百户农家,其间有很大的一片坟场。要在这片荒芜之地上建立一所大型的院校确非易事。

为了尽快将这片土地腾出来,张培刚不仅要为工程申请水泥砂石,还要劝说农民搬家迁坟。为了与这些村子协调坟地的搬迁事宜,张培刚不辞辛苦骑着自行车往返于村子和住户的家中,做村民的思想工作,让其迁移。在平坟的过程中,对于那些乱坟头中无人认领的尸骨,张培刚明确规定对无名尸骨不能乱扔,要求工作人员对平坟时发现的一堆堆无名尸骨用白布分别包裹,编号造册,然后殓入大棺材,易地埋葬。张培刚亲自查看,一一安顿好后才放心。张培刚对农民兄弟的感情感化了当地的农民,不少农民还把土改刚分到的土地让了出来。

在计划经济的年代,一切物资都是在国家严格的计划控制之内。建筑工地是包工不包料,所需要的建筑材料全由建校基建办公室负责解决。首先要提出申请,然后层层审批,有关部门加盖公章,由国家计划统一安排。为了让钢筋水泥等建筑材料得到及时供应,确保整个的施工进度,张培刚不得不经常起草各种调拨建筑材料的申请,白天马不停蹄地跑建筑工地的材料,诸如钢筋水泥、木材等,而后又要组织木筏子从长江码头通过东湖运到华工建筑工地上,此外还要跟建筑工地的负责人打交道。

建校初期,工地上集中了7000多人的建设大军。而身为基建办主任的张培刚戏称自己是这7000人的"总管家"。在这极其艰苦的工作和生活条件下,张培刚与他们一样,住的是芦席棚,走的是泥巴路。

施工准备的第一件事是搞好路、水、电"三通"。为了施工方便,在校区内修筑了近20公里的汽车路;为解决生活用水、施工用水问题,在湖边建了抽水泵站,在山坡上修建了蓄水池,在施工现场铺设了几十公里长的供水管道；当时的关山地区还没有电灯、电话，在有关部门的协同、支持下，专门从街道口架设了到喻家山的供电电缆和电话线路。

第一期建筑工程所需砖、瓦、木料、钢筋、水泥等建筑材料共计 10 万吨，单靠汽车运输是不能保证工程进度的。为了加快运输，保证建筑材料的供应，克服运输上的困难，张培刚与殷德饶、黄学诗一行乘小木船察看了从青山闸横穿东湖到南望山麓的水道，确定并马上在青山设建筑材料转运站，在菱角湖边修建码头和木材加工厂。这样，大部分建筑材料可以经水路运到南望山麓，再用汽车运进施工现场，既争取了时间，又节约了运输费用，降低了原材料的成本。与此同时，他们还在施工现场铺设了轻便铁道，为加快建校工程进度做了基础性的工作。

"天晴一把刀，天色乱糟糟"，这是当时人们形容工地上的场景。张培刚出去办事时，穿着一身中山装，在工地时却是一身蓝色工装，冬天头戴一顶鸭舌帽，脚蹬一双黄色力士鞋，雨天则是穿着防水防滑的套鞋。在别人看来，张培刚总是拎着黑布包奔走在工地上。白天除了日常的工作之外，还得到建筑工地检查工程质量，帮助解决影响工程进度的问题，晚上还得加班加点处理各种文件。武汉的炎夏，骄阳似火，张培刚工作、生活的工棚内，中午温度常常高达 40 摄氏度，办公的桌椅、床上的竹席，都热得发烫，晚上工棚的余热久久不能散去。张培刚渐渐抵抗不住这种强劳动力的工作量和酷暑天气的蒸烤病倒了。7月初的一天，副院长朱九思得知张培刚病倒后，特地赶到工棚里看望他，躺在工棚床上的张培刚支撑着坐起来。有心人用温度计测了一下，室内的温度在 41 度，而露天的温度高达 45 度。为了改善张培刚等在施工现场工作人员的居住条件，朱九思指示基建办先建设一批平房。

为了保证工程建设的质量，华中工学院建校工程的施工任务由中南建筑工程局第二建筑工程公司（即今第一冶金建设工程公司前身）承担。公司专门成立了"华中工区"，委派了两位抗战时期参加革命的干部担任工区领导，组织了一支近7000人的施工队伍。5月中旬，施工队伍开始进入工地进行现场布置。当时，施工方对建校工程要求全权代办，所有开支均要求院方负担；而张培刚所领导的基建办公室则要求施工方包工包料，以节约国家开支，缩短工期。张培刚与施工方负责人多次洽谈，未能达成协议。张培刚被逼无奈，只好请来新华社记者阮芳。阮芳在《内参》发表《万事俱备，只欠东风》一文，时任中央书记处书记陈云阅后，立即电话指示中共中央中南局第一副书记邓子恢予以纠正。中南建筑工程局属中南财政委员会领导，当时邓子恢和中南财政委员会第一副主任李一清正在庐山参加中南局会议，他们立即通知中南财政委员会副主任袁振，命令中南建筑工程局第二建筑工程公司务必于9月11日开工。命令于当日凌晨两点用摩托车送到。①

9月11日，华中工学院建校工程在张培刚等人的努力下破土动工。虽然第二建筑工程公司与华中工学院存在争议而延迟了开工的时间，但由于施工准备充足，开工以后，张培刚和第二建筑工程公司华中工区领导又抓得很紧，工程进展仍然很快。

为进一步统一认识，搞好建设，中南行政委员会于10月底派出工作组对建校工程进行检查。检查组由中南财政委员会秘书长兼中南建筑工程局局长高元贵任组长，行政委员会办公厅副主任焦景尧任副组长。检查组在工地进行近1个月的检查后，向中共中央中南局领导同志写了一份调查报告。该报告认为，这一工程进度快，成绩很大，但甲、乙双方都存在许多问题。甲方的问题是设计不合理而造成了很大的浪费，列举的主要事实有：整体布局过于松散而占用土地过多，平整土地的土方量

---

① 姚启和、蔡克勇：《华中工学院三十年》（打印稿）。

太大，先建生活用房后建教学用房等。乙方则在经营思想上有一些问题没有解决好，考虑单位利益较多而对如何提高工效和投资效益考虑较少。

这份调查报告在上报中南局领导同志的同时，也抄发了甲、乙双方和《长江日报》。张培刚看了调查报告后，觉得调查组对设计提出的批评，没有认真考虑到建校工程的特点和要求。因为这一工程是作为两所大学设计的，而当时上级提出的长远发展规模两校都在万人以上，第一期工程的布置不能不考虑到今后发展的需要，而且整体设计是经中央高等教育部领导认真研究并听取和采纳苏联专家顾问组的建议后确定的。在设计上也没有在教学设施和生活设施上分先后，至于施工次序则是根据工地的实际情况，经过甲、乙双方商量确定的，而且主要是采纳了施工部门的意见。为此，由张培刚向检查组作了详细的汇报和解释。但是《长江日报》却根据调查报告很快就作了长篇报道，并配发了一篇社论对建校工程提出了严厉的批评。《长江日报》社论并没有起到帮助大家统一认识的作用，反而进一步加深了思想上的分歧。参加设计的专家、教授对此很有意见。这就不仅是工程评价问题，而且影响到党同知识分子的团结。为此，张培刚受托以查谦名义给中南局领导同志写信，反映情况，提出意见。中南局领导对反映的情况非常重视。由中南局常委、统战部部长、中南行政委员会秘书长张执一和中南局常委兼宣传部部长赵毅敏主持，召开了有检查组正副组长、甲乙双方代表和长江日报负责人参加的专题座谈会，张执一讲了两点结论性的意见：一是检查组的指导思想不够明确，不是按照中央的精神和中南局的意见，认真抓紧经营思想来统一认识，而是抓了一些枝节性的问题；二是调查报告在未经领导同志审阅指示前，就向新闻单位提供报道，是不符合组织手续的。赵毅敏在讲话中着重讲了如何正确开展批评的问题。他说，毛主席讲批评要注意政治，就是要抓住主要倾向开展批评。批评的目的是分清是非、改进工作。不抓住主要的问题，就达不到批评的目的。作为中南局机关报的《长江日报》在未派人实地采访的情况下，仅根据未经领导机关批准的调查材料写批评稿，发社论也不送审，是很不慎重很不严肃的。批评是进行思想斗争的武器，必须慎重，在党报上发社论开展批评尤其要慎重，不然就可能误伤同志，影响党的方针政策的贯彻。座谈会后，《长江日报》对建校工程重新作了报道，并公开声明那篇社论欠妥。

在张培刚和他的同事们的共同努力下，工程进度大大加快。到1953年底，学生宿舍、教工宿舍、食堂、卫生所、幼儿园等生活设施共44896平方米已经竣工。从1954年3月起，华中工学院各个分部开始按期迁往本部上课。截至1954年底，华中工学院建校工程已完成建筑面积9.5万平方米。

在建校过程中，张培刚鼓励大家充分发扬艰苦奋斗、勤俭办事业的精神。为了节约运费，降低造价，在张培刚的建议下，施工队伍和基建办公室组建的建筑公司就地取材，自己烧砖、采石头。全院干部职工和学生也积极参加挖土方、平地基、运输建筑材料的义务劳动，大大加快了工程的进度。为了把校园建设得更美丽，张培刚在督促建设速度的同时，也于1954年开始，自办苗圃，培育树苗，搜罗种树。在不太长的时间内，华中工学院苗圃培育的树苗不仅满足了自己绿化的需要，而且可以支援校外单位；在经济上做到了自足而略有节余，为国家节约了资金。

张培刚在建校工程进入良性循环后，也十分重视学校学生的实习活动和青年职工的成长。1953年7月，张培刚的学生彭明朗带领中南财经学院一批基建财务专业的学生到华中工学院基建工地实习，当时张培刚住在一个简易的工棚里，每天考虑着华中工学院的宏观的基建规划和微观的砖瓦灰砂石，为了给学生的实习提供方便，他极其慎重地召开有关部门的座谈会，并请总工程师王非详细介绍学院建设的基本情况。尤其令彭明朗感动的是学生们的实习报告,张培刚一本一本地详加审阅,并加上了精彩的评语。

1953—1954年间,为建设华中工学院,专业银行派工作人员驻施工现场,办理基本拨款和服务业务。交通银行武汉分行派遣5人在华中工学院工地办理银行业务,与张培刚在一个工棚里办公和生活,其中一位名叫张咸秋,刚刚二十挂零。张培刚对这位自诩为"本家"的年轻人非常亲切。当时的工作条件很差,张培刚与5位银行工作人员共用的工棚大约40平方米,为一个套房,交通银行工作人员办公在前房,张培刚住在里面的房间里。张培刚对他们的工作和生活很是关心,要求他们在现场注意安全,认真做好资金的监督工作,将国家的钱都用在刀刃上。当时这几个年轻的工作人员,从银行大楼里初到建设工地觉得工作条件太差、生活太艰苦了,办公在工棚,住宿在农舍,工地上白天苍蝇成堆,晚上蚊虫叮咬,夜深人静还能听到喻家山上传来豺狼的嚎叫声;交通不便,回银行或者周末回家还要从喻家山走到珞珈山武汉大学附近才能乘上公交车。年轻人有时不安心工作。后来他们得知这位一身工装、戴眼镜的主任竟然是哈佛大学的博士,他的博士论文曾获得哈佛大学的最高奖项,本来可在国外有重要的经济研究岗位和优厚的待遇,却毅然回国为百废待兴的新中国奉献非凡的才智,深感惭愧,更对张培刚的为人做事深为敬佩。张咸秋至今还记得当年张培刚对他说的一段话:"许多历史人物的成名和伟大,他们的事迹教育我们,他们不朽的光荣和荣誉,并不是他们轻而易举地一动脚就得到了的,必须把毕生的精力用于自己的学习、研究和工作上去,必须为祖国为人民的利益,付出全部的心血,才能得到历史的评价和人民的重视。"张咸秋说:这番话几乎影响了他的一生。张培刚还将自己的《暴风骤雨》、《钢铁是怎样炼成的》等书籍借给他们看。工余时间,妻子谭慧还和年轻人在空场上打打排球。①

1959年9月,在纪念华中工学院建校六周年之际,华中工学院校报的记者约请张培刚撰写了华工建校的艰难岁月。张培刚以《在平地上建设文化城》为题,洋洋洒洒地写了3000字来记述这段极为不平凡的艰难历程及所取得成绩:

> 在武昌东郊喻家山南麓,大小建筑,纵立横布,园林线路,点缀穿连,这是一所规模宏大的工业大学——华中工学院。今年9月,它已经有6周岁了。1953年9月11日,我们在这里正式开工建校。到今天刚好整整6年。凡是6年前到过这里的人,都会清楚地记得:那时这里只是一片农田荒地,3个村庄,几十家农家。6年以来,这里完全变样了。6年以来,我院在校舍和设备方面,已经具备了相当的规模。一座社会主义的新型的文化城已经从平地上建立起来了。如果6年以前到过这里的人再来看一下,他定会惊讶:祖国的建设是进展得多么快呀!其实,这样的事又何尝只出现在喻家山呢!
>
> 到现在为止,我们共建筑了校舍140余栋,建筑面积共达16万平方公尺(1公尺=1米)。教学用房位于校园的中心地带,共有7万多平方公尺,包括数目众多的大小教室,一座藏书30万册的图书馆,30多个拥有现代设备和精密仪器的实验室,一座规模很大的综合机械厂以及综合电机厂、动力机械厂等附属工厂。这些实验室和工厂,与我院多科性多专业的特点相适应,在机械、电机、动力方面,形成了一个体系。而在冶金化工、工程物理、船舶制造方面的实验室,也在继续建设和发展中。在生活用房中,10余栋大学生宿舍和两座大饭厅分布在东西两头,不少的教工宿

---

① 张咸秋:《忆我与张老共事的日子》,华中科技大学经济学院、张培刚发展经济学研究基金会、张培刚发展研究院:《悼念张培刚教授文章汇编(二)》,2011年11月,第227页。

舍、住宅有如星罗棋布一样分散在校园后部傍水地区。此外，还修建了面积共达10万余平方公尺的两个体育场，一座体育馆和一个位于东湖湖畔而同时可供数千人游泳的天然游泳池。这是一个十分优美的工作和学习的环境。

因为学校是新建的，一切都必须从头做起，附属工程也就成为一个繁重的任务。到现在为止，校区内共修筑了主要道路纵横14公里，上下水道干管20余公里，电线干线10余公里。排水沟、防火路还不在内。又由于学生、教工、教工家属已达一万数千人，在生活上的要求是多方面的，而且随着国民经济的发展，生活上的需要日益提高。因此，6年来，在有关方面的支持下，先后在校区内开设了附属中学、小学、幼儿园、托儿所、露天电影场、医务所、书店、邮局、银行、百货公司、土产公司、餐馆、菜场、煤炭公司、理发所、缝纫组、照相馆等等，真算是"生活所需，一应俱全"。为了绿化和美化校区，喻家山上，屋边路边，广为造林植树，十年树木，不久就可成荫。

想一想，只有6年，就开阔了这么大的校园，建筑了这么多的校舍，添置了这么多的实验室设备，这样的建筑规模和速度，该是何等的气魄！它反映了我们伟大的祖国，由于经济建设的飞跃前进，而引起的文化建设的发展。

我院在短短6年中的建筑规模，已大大超过了旧武汉大学在解放前25年的建筑面积的总和。如果把武汉大学前身"武高"（武昌高等师范）、"武昌大学"等等时期统统计算在内，旧中国的武大大约40年的历史，那么今天的6年已远远超过过去的40年。说6年胜过40年，那是一点也不夸张的。像这样宏大规模和高速发展的高等学校，在最发达的资本主义国家中也是不可想象的。拿美国的所谓第一流的哈佛大学来说，论历史虽有300多年，论校舍则除了几座后建的大楼外，一般都是比较陈旧；而且除了工商管理学院比较自成一体外,至于文理学院、法学院、工程学院和行政学院的校舍,那就非常零乱分散。学校与闹市交错为邻,汽车和有轨电车横穿而过,上课时车声往往震耳欲聋,教师和学生不胜其干扰,也只好徒唤奈何。学生宿舍也过半是东鳞西爪,非常零散;而且租金昂贵,贫苦学生只有望门兴叹。无怪乎日本铁路工会代表团参观我院时,他们怀着羡慕的心情说:"中国大学很大,日本不容易盖这样大的学校,学生宿舍在日本也是办不到的:建设这样的学校,说明中国是个大国!"1958年澳大利亚青年代表团的一位记者先生参观我院后,也不禁感叹地说:"这个学院比澳大利亚最大的大学——墨尔本大学还要大!"就连美国农业部长的私人顾问斯特罗姆,在去年参观我院全境后,对学校的规模之大也表示非常惊讶,终于不得不说:"你们有这样的学校,一定会感到骄傲。"我们要回答他:"当然,这是中国人民的骄傲!"

在短短的6年内,建设起来这样一座大规模的培养重工业干部的多科性工业大学,这在解放前是根本不可能的。半封建半殖民地的旧中国,由于帝国主义的侵略,民族工业不可能建立自己的重工业,因此要发展高等工业教育也就更不可能了。我们的学校的迅速建设和发展,充分地反映了祖国蓬勃发展的工业建设对技术干部的需要,说明了党和国家对高等教育事业的重视和关怀,也说明了社会主义制度的无比优越性。

党的领导的关怀,是6年来得以初步建成华中工学院的根本保证。在建校初期,党就指出了"政治与技术相结合、政治指导技术"的方针;在建筑工程方面,党指示了"适用、经济和在可能条件下注意美观"的原则;在具体的设计和施工过程中,党又指示了"全面设计、逐步施工"和"合理设计、经济适用"的原则。这一系列指示,就为建校工作提供了明确的方向，使得学校的长远规划和当前的具体计划联系起来，把远大的眼光和从实际出发的观点结合起来。这在旧社会和资本主义国家，当然是不可想象的。

在建校初期1953年2月间，前中南教育部调集了中南区各大专学校的教师、学生先后共百余人，前来我院，进行勘察测量，规划设计。通过半年的工作，先后完成了总体规划，现场布置安排和第一期校舍建筑工程设计，这不仅为当年9月的全面开工提供了必要的条件，而且为以后的建校工作打下了初步基础。建筑工人和工程技术人员，多时达到7000余人；由于他们的辛勤劳动、不畏寒暑，现场布置和校舍工程进展迅速。但开山辟地，草创伊始，困难仍然不少。比如就运输方面来说，从1953年到1954年的第一期建筑工程就需要砖、瓦、灰、砂、石、钢筋、水泥、木料等等共计10万吨，单靠汽车陆运，无法完成任务，特在校区附近的菱角湖（东湖的一部分）开辟了码头，并设置了木料加工厂，不仅扩大了运输量，而且节约了原料成本。又如为了解决建校初期施工用水和生活用水的问题，临时在山上修蓄水池，在湖畔建打水站，在校区铺设水管，加速了工程的进度，照顾了员工的生活。为了争取时间，还在施工现场铺设了轻便铁道，纵横奔驰；一度使用了机器挖土大队，铲土平基。在房屋建筑工程中，具体困难更多。但在党的领导下，全体建筑人员动脑筋，想办法，终于克服了重重困难，分期完成了这个艰巨的任务。

在建校工作中，我们学习了苏联的建筑经验，并且得到了苏联专家和有关单位的大力援助。在中央高教部的领导下，依靠了苏联专家，首先进行了总平面布置的设计。由于有了总平面的布置图，就使得在房屋动工前进行现场布置时，能够比较有条理地先行修筑道路、安装上下水管、架设线路，这对于建筑施工和员工生活提供了很大的便利。

更为重要的是由于有了总平面布置图，就使得6年以来，我院的建筑能有计划有步骤地进展。苏联专家以丰富的经验，对于总体布置和房屋建筑设计，提供了很多有指导性的意见。比如单以住宅为例，原来设计时，由于面积的限制，厨房很小，苏联专家说："对于厨房不要只看到它是做饭的地方，而更要看到它是人们劳动的场所，应把厨房条件适当提高。"我们可以体会到这句话对劳动人民的无限关怀啊！在建校的过程中，先后与我院发生联系的有150多个单位，有建筑安装部门、设计部门，有材料供应部门、运输部门，有城市建设部门和其他机关部门，有乡人民政府和当地群众。这些单位的大力支援，汇成了一股巨大的力量，推动了这所社会主义工业大学的建设迅速发展。①

1983年10月13日，华中工学院在校庆30周年时，记者采访了时任经济与管理工程系教授的张培刚。回首创建华中工学院的历程，张培刚依然兴奋地告诉记者们："我院是为适应新中国社会主义建设事业的需要于1953年建立的。1952年12月中南教育部根据中央人民政府政务院的指示，决定在武汉建立华中工学院，并且要求在1953年就招生上课。我们看了好几处地方。这里原是一片田野荒坡，只有几座农舍、几垄水田，几乎没有树。你看现在的华工园，绿树成荫，楼房栉比，桃李争妍，桂花飘香，多美呀！1953年建校时，我院的建校工程是中原地区最大的重点工程，但建筑面积也只有8.5万平方米，现在已有42万平方米的校舍，变化多大啊！我们华中工学院的30年是蓬勃发展的30年。一位外国教育学家说过，华中工学院是新中国教育事业发展的缩影。的确是这样，一点也不夸张。"

张培刚人生的一段时间，是在"江湖"中沉寂。陪伴他的是喻家山下棋盘般的校园和树木的葳蕤。在设计、建设这所校

---

① 张培刚：《在平地上建设文化城》，《华中工学院校报》1959年9月18日第4版。

园的时候，或许他从没有想过，自己会在迟暮之年迎来如许的赞誉。晚年的张培刚，每当陪着国内外的专家学者走在这如诗如画的校园时，总会指指点点，让人家看看当年建设的大楼、栽种的大树以及各种生活设施等，谈起他与这座校园的情感，谈起华中工学院建校的那段岁月……

四、平房中的婚礼

1953年初，张培刚将基建办公室的大本营定在建筑工地时，当时没有地方住。为了节省往返的时间，张培刚只能窝在临时搭盖的简易的工棚里。严寒的冬夜，张培刚和他的同事们则只能窝在各自的工棚里听着外边的北风呼呼地吹。当时三校筹建委员会的办公地点是借用武汉大学工学院办公楼。除了到筹委会办事，张培刚几乎很少动用筹委会给他配备的吉普车。只有到了周末，张培刚才会拖着他那疲惫的身子乘车回到武汉大学半山庐。到了9月工程正式动工时，校基建办方才搭建了一批马蹄形的平房，作为学生宿舍。张培刚这才拥有了一间18平方米的简易房，而这间简易的平房成了张培刚与谭慧成家的新房。

谭慧，1930年11月6日出生于四川成都一个职员的家庭。父亲谭鹤仙，早年在新式学堂读书，后曾任四川华阳县长、仁寿县长。谭慧在兄弟姊妹4人中排行老二，兄长谭崇台，妹妹谭冰心，弟弟谭樊。谭氏姊妹先后就读于四川重庆牌坊塆中心小学、成都航空子弟小学。后来谭慧在四川彭县四川省立女子中学读初中，1947年回到成都，考上了位于文殊院附近的著名教会中学——华美女中读高中，而妹妹谭冰心则在树德中学读初中。1949年12月27日，成都宣告解放。受革命的影响，这座城市发生了很大的变化。在当时的成都中学中，许多青年学生纷纷参加人民解放军或者进革命大学，受其影响，谭慧姊妹俩写信给远在武汉大学担任教授的哥哥谭崇台，希望能够到北京或者武汉继续求学。谭崇台很快回信,让谭慧姊妹俩到武汉入中原大学学习。1950年春,在家陪父母过完春节后,姊妹俩便乘上到汉口的火车,经过几天的行程,来到江城武汉,住在谭崇台家里,准备功课迎考。在谭崇台的积极支持下,1950年8月,谭慧进入了中原大学财经学院财经专业,爱蹦爱跳的谭冰心则进入到文艺学院(今武汉音乐学院),两人在大学里走上了革命的道路。张培刚时任武汉大学总务长兼经济系主任,而谭崇台在经济系担任教授,两人关系非常密切。

张培刚与谭慧的初次见面,是谭慧到武汉之后的两个月。当时被聘为中原大学财经学院兼职教授的张培刚应院长梁维直的邀请到学院商议工作时,张培刚无意中提到:"谭崇台有个大妹是不是在这里学习呀?"梁维直在安排午饭时特意叫上了谭慧。谭慧对张培刚的初步印象是:人很谦和,很幽默,有知识,有品位。

张培刚是谭家的常客。时常会邀请谭氏姊妹到附近的东湖划船、游泳。当小船划到湖中央时,张培刚就会脱下衣服,站在船头扑进清澈的湖水中,有时潜入水底,有时浮现在船边,有时又会游到荷花区域给姊妹俩采莲蓬……碰上学校举办周末舞会,张培刚也会邀请谭慧参加。有时,张培刚还会邀请谭慧到汉口的影院观看苏联的影片。看完影片后一起散步,然后张培刚送谭慧回学校。谭慧渐渐从心里接受了张培刚。她不仅感到张培刚学问精湛,爱学敬业,而且为人非常和善,言谈幽默风趣,和这样一位著名的教授在一起感到非常轻松愉快。谭慧对张培刚有了依恋。两人在相识、相知中不知不觉进入到相恋的阶段。谭慧至今仍记得与张培刚初次相逢并为之动情的情境:"第一次见到他,那时刚刚解放,感觉这个人思想很进步,他总是告诉我们在共产党领导下,我们国家是非常有希望的,你看这个形势怎么怎么好,当时成天都是一片歌声,解放区的天是明朗的天,扭秧歌、打腰鼓,大家都是跳集体舞,都是热火朝天的，也感觉到这个国家是生气蓬勃很有希望的。我觉得他是一个非常执著的人，而且回国了他应该干一些工作的，但是一直没有这个机会，我觉得这个时候还是应该支持他。"

在中原大学读书的谭慧很快融入到轰轰烈烈的革命运动之中。抗美援朝运动如火如荼地进行，使得年轻的谭慧感到了作为一个中国人的自豪感和民族自尊心，于是下定决心永远跟着共产党走，从而树立了革命人生观，并加入了中国新民主主义青年团。

1952年7月，在中原大学财经学院学完两年课程的谭慧，在毕业分配工作时，数次表态不留恋大城市，要响应祖国的号召到最艰苦的地方去锻炼。学院党组织便分配谭慧到内蒙古呼和浩特市的内蒙古自治区联社秘书处工作。此时正在中央马列主义学院学习的张培刚利用节假日专程回到武汉欢送，两人依依不舍地分手告别。

谭慧在内蒙古自治区联社秘书处任秘书，努力工作。这年8月，正在北京学习的张培刚接到武汉大学党组织的信函，提前结束了原定两年半的学习计划，回到武汉。张培刚及时将自己的问题向谭慧做了说明，不久又向谭慧通报了自己的工作变动情况。身在内蒙古的谭慧只能安慰张培刚，相信党和政府。张培刚在政治上受到的打击，使远在呼和浩特的谭慧十分焦急，通信成了唯一的联系方式。鸿雁衔着深情眷念在两地飞旋，每一个收到信的日子就是最快乐的节日，每一封信里都是热切的思念和深深的牵挂。信中，张培刚绝口不提生活上的艰辛和烦恼，他不想让她担心，而谭慧的每封来信都是理解和鼓励，为他分担忧愁和烦恼。

1953年，是华中工学院基建最忙的一年，张培刚全力以赴地应付着各种各样的始终干不完的工作，规划、设计、动迁、跑建筑材料、督促建筑工程的进度、检查工程的质量……早出晚归，谭慧从张培刚的来信中隐隐约约知道他在夜以继日地拼命工作，十分心痛。一方面她担心张培刚扛不住这次政治上的打击，另一方面却担心儒雅的张培刚每况愈下的身体状况，心急如焚的她十分关心张培刚的情绪变化。于是她想到了及时回到张培刚的身边，料理张培刚的生活。张培刚也希望和谭慧尽快走到一起，曾经一度申请调到内蒙古大学，未获批准。1953年底，各大区撤销，内蒙古自治区的大单位都要搬迁到离北京较近的呼和浩特市。在人员变动之时，谭慧回到武汉，调至华中工学院总务长办公室担任秘书。

1953年底，张培刚和谭慧终于在华中工学院见面了。谭慧的到来，使张培刚看到了未来生活的曙光和希望。每当工作之余，活泼美丽大方的谭慧就会来到张培刚的身边，照顾张培刚的生活。

1954年4月10日的傍晚，张培刚和谭慧举行了简朴而隆重的结婚仪式，基建办工作人员张启明当司仪，院领导朱九思、熊小村到场祝贺，基建办的同志在场表示了对一对新人的祝福。这是华中工学院筹建以来的第一对新郎和新娘。婚礼上只准备了糖果和茶水，谭慧的哥哥谭崇台、妹妹谭冰心也参加了婚礼，大家围坐在简易的新房内祝福这对新婚夫妻。爱好文艺的谭冰心唱了一曲苏联电影《远离莫斯科的地方》的主题歌。这是一部根据作家阿扎耶夫的同名小说改编的电影，电影展现了苏联卫国战争期间一群青年建设者在西伯利亚铺设由康采尔通往诺文斯克输油管道工程的故事，其中的主题歌歌词大意是：火车在飞奔，车轮在歌唱。装载着木材和食粮，运来地下的宝藏。多装快跑快跑多装，把原料送到工厂，把机器带到农庄。我们的力量移山倒海，劳动的热情无比高涨。我们要和时间赛跑，走向工业化的光明大道……这首歌也恰如其分地描述了人们建设新中国热火朝天的景象。

年轻的谭慧是在张培刚内心最困惑的时候嫁给他的，在张培刚人生最低谷的时候陪伴在他的身边，两人相濡以沫度过最艰难的时刻。生活是平淡的，但共同的生活对于他和她也充满了温馨和诗意。有家的感觉是幸福的，不管这个家是豪华还是简陋。虽无仗剑天涯风尘作伴的豪情，却有红袖添香温情相对的默契。从此，两人携手走过漫长的坎坷的道路，哪怕是黑暗，哪怕是艰难，彼此相爱的他和她是幸福的，人生旅途有彼此的陪伴扶持就足够了。

五、Peikang Chang 在"工地"

自张培刚调至华中工学院从事建校工作后，张培刚的名字就在国内学术界消失了。国际学术界却一直在寻找 Peikang Chang。20 世纪 50 年代以来，张培刚不断接到来自英国、美国、印度、锡兰（后易名斯里兰卡）等国以及南美的学者来信，要与他探讨农业国与工业化的问题，更多的是询问张培刚研究的新成果。

1956 年盛夏的一天，两位智利大学教授风尘仆仆专程来到中国，寻找发展经济学的奠基人张培刚。他们在北京一下飞机，就提出要见一位叫 Peikang Chang 的学者。"背钢枪"的学者，这可难住了几位接待的外事工作人员，只好四处打听这位学者是谁。事情反映到外交部，也不知道他们要找的 Peikang Chang 到底在哪里？这两位智利学者感到十分惊讶！国际经济学界的大名鼎鼎的哈佛大学博士，难道"失踪"了？他们到处打听寻找，总算找到了一位知晓张培刚的知情人——张培刚在哈佛大学的同学、北京大学教授严仁赓。严仁赓对他们说，你们要找的张培刚在武汉市的华中工学院。于是，这两位教授在一位外事人员陪同下，兴致勃勃地来到武汉。当两位学者赶到华中工学院时，张培刚正在工地上干活。当时学校由校办一位叫李远祺的工作人员安排，临时借了制图教研室赵学田教授不足 10 平方米的书房，两个书架上全放的是机械制图、工人速成看图法的书籍，临时夹进了几本政治经济学的中文书。学校还特别嘱咐张培刚不要说在工地上搞基建工作。张培刚离开工地到这个书房，接待了两位智利客人。他们见到张培刚就告知，《农业与工业化》一书已于1951年翻译成西班牙文，在墨西哥出版，并引起了南美学者的普遍关注。张培刚这才知道自己多少年束之高阁的博士论文还有点价值，不仅有价值而且还翻译成西班牙文在南美产生了较大影响。张培刚在《农业与工业化》的序言里写道，工业化过程中还会出现一些问题，接下来还要继续研究。智利学者到这里来是想与张培刚就这本书所阐述的"工业化"含义和"国际贸易"等问题进行讨论和交流，同时想知道张培刚这些年研究的课题。张培刚只能无可奈何地告诉他们：暂时还没有时间去研究这些问题。由于所谓的历史问题，张培刚正惶惶于政治运动的风浪里，又忙碌于砖瓦灰砂石、钢筋水泥的基建事务中，他只好含着深深的歉意。最后，他对视着两位南美学者失望的目光，无可奈何地说了一句"对不起！"两位远方的客人带着不解的迷惑和失望而离去。望着客人远去的背影，张培刚也只是苦笑了一下，然后又全身心地投入到基建工作之中。① 的确是"对不起"，这是张培刚发自内心的感叹，他对不起国际经济学界的厚望，对不起他自己多年来孜孜不倦的追求。这是特定时代给专家学者命运的一种遗憾挫折。更具讽刺意味的是，1969年正值"文化大革命"进入"斗、批、改"高潮，张培刚作为反动的学术权威两次被抄家，这篇博士论文又作为他的所谓反动思想的罪证，使他挨斗争、受批判、写检查、作交代。可是这本书却又于1969年在美国再版。这年诺贝尔经济学奖才开始颁奖。

正当张培刚在华中工学院具体负责繁杂且繁重的建校工作

---

① 谭慧编：《学海扁舟——张培刚学术生涯及其经济思想》，湖南科技出版社1995年版，第545页。

时，1941年与张培刚一起漂洋过海的17名庚款留美学生学成归国后，大多潜心在自己的专业进行着研究工作并取得骄人的成绩：

汪德熙，中科院院士，著名高分子化学家、核化学化工事业主要奠基人之一；

屠守锷，中科院院士，国际宇航科学院院士，领导和参加地空导弹初期的仿制与研制，成为"两弹一星"元勋之一；

孟少农，中科院院士，新中国汽车工业技术的主要奠基人；

黄家驷，中科院院士，心胸外科学和生物学工程奠基人之一；

黄培云，中国工程院首批院士，新中国粉末冶金学科的奠基人；

陈新民，中科院学部委员，中国有色金属冶金教育的开拓者；

……

正如已故著名经济学家董辅礽所说："张老师的学术思想，像一颗流星，在20世纪中叶划过一道炫目的亮光之后，便旋即泯灭了。"

国际学术界一直在寻找 Peikang Chang，而他的理论观点却在国内被淹没，他的名字也在中国的学术界销声匿迹。33年后，黄一丁在《珍视知识、科学、教育》一文中这样写道："40年代张培刚就写出的《农业与工业化》一书，被国际学术界认为是发展经济学开山之作。如果解放后中国领导人认真看看这类书，也会少犯错误，结果怎样？此人国际名望甚高，国内无人知晓……我们愿在此向历史上一切被淹没的科学的声音表示衷心的敬仰。"①

在华中工学院基建办主任的位置上，张培刚一干就是四五

---

① 黄一丁：《珍视知识、科学、教育》，《北京晚报》1989年2月23日第1版。

年。其间，有一次机会本可摆脱这项工作。那是 1953 年，受命组建华中农学院农业经济系的夏振坤[①]根据华中农学院筹委会主任委员、武汉大学农学院院长杨开道（后任华中农学院院长）的极力推荐，找到了张培刚，希望他能出任农业经济系主任。这是夏振坤和张培刚第一次接触。当时渴望回到教学、学术研究岗位的张培刚欣然答应。但是，还未等到他赴任，农业经济学被当作资本主义的学科被否认了，夏振坤受到冲击，自身难保，随之张培刚重回教学研究岗位的梦想破灭了。在完全脱离经济学教学与研究的岗位上，张培刚只得干着与他的专业毫不相关的校园规划设计和基建工作，在所干非所学的沉重思想压力下，整天与沙石砖瓦打交道，几乎一天到晚都在工地上。常年在工地上操劳使得张培刚的身体每况愈下，后来在医院检查才知道得了肺病，留下了钙化点。

2004 年，中央电视台《大家》栏目组在采访张培刚时，请他谈谈基建办主任的经历，张培刚用揶揄的口吻说道："1957 年修长江大桥投资 6000 万，华中工学院第一期工程就有 1400 多万，这么多钱都由我统筹，那个时候他们让我去建校，一方面觉得我学的是资产阶级的东西，不是马列主义的东西，所以没有用；另外又觉得我这个人还比较老实可靠，所以 1000 多万的建校资金交给我去管，他们比较放心，觉得我不会贪污"；"好在我能看懂图纸，也算专业对口吧"；"反正盖房子也是对国家的一种贡献"。或许繁重的基建工作让他没有机会评论时弊，使其顺利度过了新中国成立初期的各种政治运动。[②] "哀而不伤，

[①] 夏振坤，1928 年出生，江西九江人。1951 年毕业于湖北农学院（现华中农业大学），1953 年中国人民大学计划系研究生毕业。1953—1983 年任华中农业大学讲师，农场副场长，高级经济师。1984 年调入湖北省社会科学院，曾任湖北省社会科学院副院长、院长、党组书记。国务院特殊津贴专家。曾任华中科技大学经济学院顾问、教授、博士生导师，湖北省社科院学术顾问、研究员，省高级专家协会副会长，中国社会科学院经济学博士生导师。出版学术专著 10 余部，发表论文 300 多篇。

[②] 《"发展经济学之父"张培刚》，薛继军主编：《大家》第 3 辑，商务印书馆 2005 年版，第 25 页。

怨而不怒",这就是张培刚的性格。如果说,张培刚年轻时在学问上的造诣是他一生最大的成就的话,那么面对新中国成立后的各项政治运动所表现出来的宁静、坦然、豁达则是他最宝贵的收获。

第十章 蹉跎岁月

结束了筹建华中工学院工作的张培刚，本以为可以甩开膀子大干一场，重回他心仪已久的教学和科研工作岗位，但在"运动"不断的大背景下，在他正当壮年、最富创造力的20多年间，这位令国内外众多著名经济学家为之脱帽致敬的经济学家，却是在养牛、种地中度过的。1958年初至1959年，他在离武汉约100公里的革命老区红安参加劳动，从事着"知识分子去跟生产者直接接触"受劳动者教育的任务。1965年春至1966年10月，他被抽调为湖北省"四清"工作队员，在恩施县参加"四清"运动。"文化大革命"开始后，他受到冲击，先是手持洋镐修补马路，1969年被下放到湖北咸宁向阳湖农场参加"斗、批、改"运动，接受"群众的监督劳动和改造"，在菱角刺和蚌壳碎片成堆的湖田里参加围湖造田劳动，还曾在湖畔放过牛。20世纪80年代后，他受向阳湖农场一头陷在湖沼里的大牯牛被人拉起的过程启发，萌发了"牛肚子"理论，科学地阐释了中部崛起在中国经济发展中承东启西的战略地位的观点。对这段蹉跎岁月，他有过叹息，也有过科学性的思考与批判，但从来没有发过牢骚。无论哪一样，他都干得格外认真，被当地农民称为"戴着眼镜的农民"。1972年后，回到华工的他先后被安排到外语教研室、政治经济学教研室，曾两次短暂地从事过教学工作。

一、红安建苏公社劳动

1957年4月27日，中共中央发出《关于整风运动的指示》；5月1日，《人民日报》公布中共中央的整风指示，全党整风由此开始。整风总的目的是要处理人民内部矛盾，反对主观主义、宗派主义和官僚主义。毛泽东希望通过各界人士的批评，使党的作风真正得到改进，也设想通过党的若干领导制度的进一步完善，来妥善解决实际工作中党与民主党派、党与知识分子的矛盾。中共中央特别重视邀请党外人士帮助共产党整风，5月4日为此专门发出指示。从这以后，全党整风进入了集中征求党外人士意见的阶段。5月上旬，华中工学院开始党内整风。华中工学院党委负责人多次召开教师、职工、学生座谈会，听取意见，欢迎大家帮助党组织搞好整风。张培刚认为自己搞基建是"不务正业"，委婉地表达了希望回到教学研究岗位的愿望。此时，华中工学院的基建工程在张培刚等人的努力下也基本告一段落。华中工学院接受了张培刚的意见，调他任政治经济学教研室主任。

6月8日，《人民日报》发表社论《这是为什么？》；同一天，毛泽东起草《中共中央关于组织力量准备反击右派分子进攻的指示》。《人民日报》社论的发表和中共中央指示的下达，标志着反右派斗争正式开始。6月26日，华中工学院召开全院大会，号召全院反击右派分子的进攻。采取的方式主要是开辩论会，分清大是大非，先后召开了5次全院大会，就"中国为什么这样穷？"、"社会主义制度"、"社会主义民主"、"党的领导"等问题开展大辩论。张培刚参加了部分问题的辩论。8月26日，针对社会上出现的要求共产党退出机关、学校，弱化党的领导的主张，张培刚在《长江日报》撰文，提出"党能够领导高等学校，而当前的问题是在于如何加强党在高等学校的领导、改进领导方法和工作作风"的观点。10月15日，华中工学院教学问题处理委员会改组后召开第一次会议，专题讨论工作任务、工作方法及决定教学改革组、科学研究与师资培养组、教学体制与组织制度组负责人等问题，张培刚以委员身份参加了会议，并就本年度毕业设计提出了建议，供行政参考。

11月，随着反右派斗争的结束，华中工学院的整风运动转入着重整顿作风、改进工作，以解决人民内部矛盾为主的整改阶段。12月上旬，华中工学院开始以"精简机构，下放干部"为主要内容的第一个整改高潮。中共华中工学院委员会根据"统一安排，全面锻炼"的方针，分三批下放了325名教职工到农村、工厂劳动锻炼，或到基层单位去工作。12月20日至29日，张培刚与华中工学院6000余名师生员工一起步行近百里，参加武汉市东西湖围垦工程劳动。

1958年1月20日，中共华中工学院委员会批准张培刚等98名教师、干部下放红安县参加劳动锻炼，和社员同吃、同住、同劳动。

建苏位于红安县城东北约1公里处，属丘陵地区。建苏即为"建设红色老苏区"之意。在轰轰烈烈的农业合作化运动中，建苏先成立初级社，后扩大为高级社，在"大跃进"和"人民公社化"运动中，成立建苏人民公社。1961年改为城关区杏花公社建苏大队，1975年改为城关公社建苏大队，改革开放后改为建苏村，属杏花乡管辖。建苏辖14个生产队、18个自然村，有耕地面积3804亩，以种植水稻为主，兼种小麦、花生和油菜。

据时年16岁的汪世湾回忆，和张培刚一起下放到建苏公社劳动的人员共有7人，其中6人住在汪世湾家里，一位来自北京大学的女学生住在他处。按照"同吃同住同劳动"的要求，张培刚在红安劳动的一年多时间，和其他下放劳动人员一样，晚上没有床睡，几个人就在铺满稻草的堂屋里休息。当时正值"大跃进"时期，村里到处贴有"路过家门口，不踏家门土"、

"大干第一个五年计划，争取粮食棉花双千斤"的标语。白天，张培刚和公社社员们一起劳动，挑粪、插秧、锄草、割谷、挑水、薅秧，样样都干，劳动强度很大。这些来自大城市的知识分子身体薄弱，吃饭到大队公共食堂，伙食又差，刚开始参加劳动时大都吃不消，但他们从不叫苦，咬着牙坚持了下来，到后来，身体逐渐适应了劳动强度。村民们现在还记得，村里常用的独轮车最难推，但是张培刚竟能一下推动几百斤的粪车。晚上，张培刚就在水塘边上的大枫树下教农民识字。张培刚在下放的人员中年龄最大，事事带头，和房东关系非常融洽，经常帮房东家里干活。村里许多老人至今还记得那个戴着眼镜好像是领队的张培刚。1959年在他们离开建苏公社时，村民还自发地开了欢送会，依依不舍。

2004年5月，在接受中央电视台《大家》栏目采访时，张培刚谈到了在建苏公社劳动的情况，他说："推他们的独轮车运肥料，他们推五百多斤，我可以推四百斤左右，他们大为吃惊"，我就像一个"戴个眼镜有点知识的农民"。"您那时劳动很认真，但是事实上当时您的状态是，您作为一个学者，您在学术上的追求、您的理想这些方面的东西都已经破灭了，在这样的状态下，为什么还能够非常认真地去做这些农活，做这些跟您的学术学问一点关系都没有的事呢？"面对主持人这个提问，张培刚坦然作答："一个呢，既然叫我去劳动，大家都去劳动，我已经看穿了看透了这个问题，何必去怄气？大家都在受苦，自己也觉得安然了，知识分子都是这样。"

繁重的体力劳动影响到了张培刚教学科研，但他在教学和科研上仍有一定的成就。从1957年春张培刚任华中工学院政治经济学教研室主任开始，尤其是从建苏回到华中工学院任教以后，他在校内外讲授政治经济学、《资本论》等课程和专题，多次参与编写政治经济学教材，并写文章和举办专题讲座，评介西方经济学说。在讲授《资本论》第二卷时，他借助对外国经济学说的渊博知识和对资本主义国家经济状况的深入了解，旁征博引，备受听众欢迎。1959—1966年间，他先后在《经济研究》、《江汉学报》、《武汉大学学报》、《七一》、《湖北日报》、《长江日报》等报纸杂志上，发表了《社会主义人口规律与中国人口问题》、《对〈资本家宣言〉的批判》、《对〈非共产党宣言〉的批判》等多篇论文和文章。

这些论文和文章，由于受时代影响，有些观点并不准确。张培刚生前曾多次给妻子谭慧说过，要找机会，向人民作交代。张培刚说：

> 五六十年代，我也不够公正地写过批判文章，不够客观地评价过西方经济学。我有错，也有错误，我有些发言和撰写的文章中都有"左"的倾向。1957年，我调任政治经济学教研室主任，当时政治课就是要高举革命大批判的旗帜。我接受的第一个任务就是批判马寅初的人口论，以我和另外两位老师署名的一篇《社会主义人口理论：马尔萨斯人口理论与中国人口问题》文章，刊载于《经济研究》1957年6月号；又与另一个教师撰文批判过马哲民；在反右派运动中，也奉命发过言，批判青年学生雷鸣。排除时代的因素，责任在自己。马寅初和马哲民是自己的师辈，对他们的秉笔直言，写了不公正的文章。我对两位马老、青年学生雷鸣，和伤害过的人，常感内疚和自责。

和张培刚共同生活数十年的妻子谭慧认为，"两位马老和张培刚本人都已相继作古，如果在天堂相遇，我想张培刚会主动走向前去向他们深深鞠躬，表示自己的歉意"。

在国家执行"左"的路线和史无前例的"文化大革命"中，张培刚始终带着沉重的"原罪"感，为脱胎换骨，数十年自责自辱，批判旧我，检讨自己怎么成了人民的"另类"，成了"学术界的罪人"，成了"不能容于自己归国要报效的新中国"，年年、月月、日日，自我检讨用去的纸张累计近50厘米厚。

二、参加恩施"四清"运动

20世纪60年代前期,随着国家"农业六十条"、"工业七十条"等一系列调整措施的实行,国民经济形势逐渐好转,中央高层关于经济政策的分歧随着调整的逐步推进也日益凸显,毛泽东在1962年9月的中共八届十中全会上提出形势、阶级、矛盾的问题,强调资本主义复辟的危险性,要求巩固农村的集体经济,刹单干风,对农民进行社会主义教育。到1964年8月,湖北全省农村的社会主义教育运动已经过了"贯彻八届十中全会精神,抵制单干风、单干思想,巩固集体经济"阶段和以"清理账目、清理仓库、清理财物、清理工分"为主要内容的"小四清"。从1964年8月起,社会主义教育运动开始进入以"清政治、清经济、清组织、清思想"为主要内容的"大四清"。8月7日至19日召开的中共湖北省委常委扩大会议,认为全省社教运动大部分不彻底,强调社教运动应放手发动群众,揭露和解决好干部队伍中的问题,对基层干部进行彻底"四清",在团结95%的群众的前提和基础上团结95%的干部。随之而来的是撇开基层干部,依靠工作队开展运动。湖北省委从省直机关(包括在汉的大专院校、中央在汉企事业单位)、武汉市抽调2800多人,组成社教运动长期工作队。

1965年5月,第一批到湖北省各地市参加"四清"的工作队员已工作9个多月,需要轮换。按照5月25日《关于轮换省直等单位参加农村"四清"运动干部的通知》,包括张培刚在内的省直单位160人,被抽调至恩施县参加"四清"运动,负责人为省委宣传部副部长密加凡和省文化局负责人任清。

此前,恩施全县农村已于1965年2月开始由"小四清"过渡到"大四清"。

根据中共湖北省委《农村社教运动纪要》,初步"四清"运动一是要把明显突出的党内走资本主义道路的当权派清出来，撤下去；通过"洗手洗澡放包袱"，解放大多数干部，使他们安心工作，积极工作；对公社和大队的领导核心作必要的调整，生产队的核心群众要求调整的，也应积极调整。二是要搞好当年账目、仓库、财物、工分等方面的分配。三是要抓好秋播和冬季生产，制订翌年生产计划。初步"四清"运动不处理并队、自留山问题，不整党整团，不整顿民兵组织和妇女组织，不重新组织贫下中农协会，不发展新会员，不评审"四类"分子，不进行登记阶级，斗争的锋芒集中指向那些走资本主义道路的当权派。

7月12日至9月6日，中共恩施地委、恩施县委联合在龙凤区金子公社进行初步"四清"的试点工作。10月19日，初步"四清"运动在全县10个区116个公社515个大队4411个生产队中全面铺开，县成立社教团，区成立社教分团，公社成立社教工作队，大队成立社教工作组，共抽调社教工作队员1814人（其中省直增加到262人）。省委宣传部副部长密加凡在白果区的新街公社蹲点，指导全县"四清"运动工作。张培刚的工作地点也在白果区新街公社。

白果区（今白果乡）位于恩施县城以西，地处山区，境内山峦起伏重叠，蜿蜒曲伸，山谷之间构成的峡谷槽坝延伸32公里，地势西高东低，最高点海拔1813米，最低点580米，全境平均海拔1000多米。地质构造大多为石灰岩，少数为红砂岩、页岩。由于受地形、海拔和森林覆盖等因素影响，气候差异大，但水源充分，土壤疏松肥沃。经济以农业为主，拥有发展林业得天独厚的自然条件。主要特产为"毛坝漆"和黄连、贝母、党参、天麻等药材。有硫黄、铁、铜、煤等地下资源。为汉、土家、苗、侗族杂居之地，其中土家族约占45%。

在初步"四清"运动中，张培刚被分配至由省委宣传部李义成任组长的工作队，具体负责白果区新街公社王家湾、任家湾片（约三四十个劳力，共八九十口人）的"四清"工作。张培刚居住在新街公社"四清"积极分子、后任新街公社副社长的伍家宽家中（今白果乡龙潭坝村六组005号），距离密加凡蹲点的新街公社驻地（今白果乡龙潭坝村二组017号）约2公里。张培刚的房东伍家宽为土家族人，家中房屋约60平方米，为土家族吊脚楼建筑，居住有伍家宽的两个女儿、四个儿子、一个叔叔及伍家宽夫妇，经济状况比较困难。在此期间，按上级要求，张培刚等工作队员和普通群众同吃、同住、同劳动，每天两餐饭，每餐上交房东一角钱和半斤粮票。时任白果区农业技术员、"四清"运动积极分子的陈先春，因经常参加县、区的"四清"工作会议，对张培刚有清晰的印象。他记得张培刚是留美的教授，戴着一副眼镜，"不算很活跃"，深得别人的尊重。当时的白果，经济"不算很好，也不算很差"，张培刚等工作队员自己背着背包而来，住在属于最贫穷的贫下中农家里，大多每户住一人，基本不具体指导生产劳动。在开群众大会时经常带领大家学习党的文件，动员群众参加"四清"运动。当时的"四清"运动积极分子陈兴国回忆，张培刚一米七左右，戴着一副眼镜，工作和生活非常低调。有次陈兴国说话激动起来，张培刚还提醒陈不要"乱讲话"，要"少说话"。

运动过程中，张培刚及所在的工作队充分发动群众，运用代表会集中发动的形式，依靠广大贫下中农揭发干部的"四不清"问题，开展阶级斗争。经过3个月的工作，恩施全县公社、大队、小队干部1.54万人，共揭露出或多或少有"四不清"的1.39万人，占干部总数的90%以上。批判斗争三、四类干部1002人；一、二类干部经过"洗手洗澡"，1.32万人得到解放。对1964年"小四清"运动中打击过宽的问题也作了一些纠正。广大干部群众面貌有了新的变化，促进了冬季生产和农田基本建设扎实进行，经济建设保持了上升势头。初步"四清"运动到1966年1月8日基本结束。

1966年1月,恩施全面开展"大四清"运动。张培刚等1800余名干部和各区抽调的积极分子为工作队成员,基本做到一个生产队有一名社教干部。2月,社教工作队简单集训后陆续到14个区进村驻队。运动的第一阶段主要是组织学习,宣传中共中央的"二十三条"和"前十条"文件精神,传达《中南局关于深入开展学习毛泽东著作运动的决定》,串联发动群众,组织阶级队伍,确定"四清"对象;第二阶段是在背靠背酝酿的基础上,开展面对面揭发批判党内走资本主义道路的当权派。

武汉大学教授黄永轼、华中师范学院教授王启荣等人也参加了工作队。因为共同的志向和爱好,因为在一起工作配合默契,张培刚和黄永轼、王启荣成为无话不谈的好友。1966年3月10日,在运动"如火如荼"进行的过程中,王启荣即兴赋诗《春日山村》:"桃红李白菜花黄,一片歌声一片忙。毛著一为农户晓,山村从此换新装。"四五月,张培刚和诗一首:"咆哮清江水正黄,栽秧割麦两头忙。人人立下愚公志,誓把穷山变富庄。"在此前后,张培刚还创作了一首名为《登五峰山》的诗:"仰望五峰山,心潮涌吾心。何刘才壮年,慷慨为民死。我今半百余,枉食粟和麦。奋起步后尘,永把红旗举。"表达了他心向祖国、心向党组织的豪迈壮志。

1966年10月,"文化大革命"在全国兴起,工作队中的不少外地干部被红卫兵造反派揪回去批斗,"四清"运动并入"文革"轨道。工作队奉命撤离,张培刚也回到武汉。

三、放牛向阳湖

1966年"文化大革命"爆发后,全国上下一片混乱,华中工学院正常的教学秩序被打破。由恩施返回武汉的张培刚也遭遇厄运。"Peikang Chang"被视为特务暗号,张培刚成了"反动学术权威"。因为在《农业与工业化》中的一句话——"战争是促进经济的一项原因",他被罗织了"战争贩子"的罪名,遭受批斗、抄家,在哈佛大学当排字工赚钱买来的大量外文书籍和重要的文献资料也因此被毁。此时的张培刚最主要的工作就是在学校手持洋镐修补马路。

1969年4月11日,华中工学院革命委员会作出《对于张培刚的处理决定》:"从宽处理,不戴历史反革命的帽子,把帽子拿在群众手里,由群众监督改造,以观后效。"12月4日,张培刚和华中工学院一部分教师,在军宣队、工宣队的率领下到达湖北省咸宁县(今湖北省咸宁市咸安区)农村参加"斗、批、改"运动。至1971年7月,共一年半时间,先在咸宁县马桥镇,后在向阳湖畔的甘塘角华中工学院五七农场三连三排,接受"群众的监督劳动和改造"。

"五七干校"全称"五七干部学校",是集中容纳党政机关干部、科研文教部门的知识分子,进行劳动改造、思想教育的地方。1966年5月7日,中共中央主席毛泽东在给林彪的一封信中提出,各行各业都要办成亦工亦农、亦文亦武的革命化大学校。全国各地根据毛泽东的《五七指示》纷纷创办"五七干校"。"五七干校"一般选址在偏远、贫穷的农村,去干校的人被称为"学员"。

据华中科技大学教授、时任华中工学院政治经济学课教师、张培刚所在的三连连长孙志强的回忆,张培刚是背着背包走到武昌火车站的。他们先乘火车到咸宁火车站,再步行约2个小时到马桥镇。当时,华工"五七干校"房舍尚未建成,学员们便寄住在当地农民家里。此时的向阳湖地区,人员稀少,农民生活很苦,基本保持着较原始的生态环境,蚊子、苍蝇及蛇、兔子很多,夜里还时常听到狼叫。这样的情况持续了一年左右的时间,1970年冬,"五七干校"的房舍建筑完毕,学员们搬入新建好的校舍和宿舍。学员们实行军事化管理,以系、教研室为单位,编成数个连、排、班。张培刚被编入三连三排。每个连设有食堂，有数量不等的稻田、菜地，饲养猪、牛等牲畜。

1971年的夏天，张培刚参加了3个多月紧张而又艰苦的"围湖造田"劳动，即把向阳湖的湖水先行放泄，然后用水车将湖水车干之后，就用双手拔起满湖的芦苇根；由于湖底布满了蚌壳片、菱角刺，劳动时就必须穿上系带子的鞋子和长筒袜，以防腿部被刺伤；又由于湖底是一片淤泥，劳动时还必须随时准备横握铁锹柄，以防深陷泥潭。因劳动强度太大，农场领导为了照顾年纪稍大的教授，对用工进行了重新安排，改派张培刚放牛。张培刚和水轮机专家程良骏教授共放4条牛。每天早晨，张培刚从牛栏里牵出2头牛，到水草丰美的湖边或田埂边放养。为更好地放牛，他购买了一副望远镜，可以远距离地观察牛吃草的情形。张培刚出身农家，亲身体会到农民生活的艰难，和当地农民的关系很好，在放牛等方面有不懂的问题，他都向农民请教，农民也非常高兴和他这位"大知识分子"沟通、交流。有一天，一头腰阔身壮的大牯牛在田边吃草时不慎陷入泥沼，张培刚和程良骏赶忙抓住牛鼻子和托着牛的头部，使劲往上提，往上拉，可是牛身却丝毫未动。后来又来了10余人帮忙，仍无济于事，而且牛身处于继续下沉之势。最后，农民从湖区工棚搬来了几根粗木杠，垫起了牛肚子和臀部，然后牵住牛的鼻子，齐声叫喊"一、二、三"！大家一起用力，大牯牛脱身于泥沼，恢复了活力。20世纪80年代，张培刚在强调研究大国经济发展问题时，想起了这段难忘的经历，便把中国的经济起飞与那头牯牛的脱离泥沼而起身相联系，把强调中部的崛起在中国经济发展中承东启西的战略地位的观点，形成"牛肚子"理论。

张培刚的妻子谭慧在接受新闻媒体记者采访、谈到张培刚在咸宁"劳动历程"时说，张老师的人生很坎坷，但他生性乐观，就算被派去放牛，都比别人要放得好。他是在农村长大的，所以养牛、插秧、砍柴，样样都行。"文革"期间他被派到乡下放牛，他养的牛肚子都是圆滚滚的。他总是把牛栏打扫得干干净净，傍晚定时将牛牵出小便。后来他要离开农场时，对牛依依不舍，牛的眼睛里也泛出泪水。

1992年9月，程良骏赋诗祝贺张培刚从事学术活动60周年时，回忆了两人共同放牛的经历：

> 向阳扪虱话当年，白发三千楚水边。
> 剪草盘泥牛作伴，含丹嚼字苦还甜。
> 神州不信真沉陆，大节犹存可撼天。
> 漫笑书生空议论，经纶四化仰先鞭。

中国科学院院士、华中理工大学原校长杨叔子在以学生身份祝贺"培刚老师80寿辰"所"喜赋七律"中也提到了向阳湖农场放牛之事：

> 年高八十不凡同，一代奇才以代宗。
> 旧著曾教新论立，新章更把旧篇宏。
> 童心伏枥今犹健，浩气陪牛昔亦雄。
> 灯火通明常达旦，辛勤智慧注书中。

就在张培刚在咸宁县农村参加劳动的同时，他的哈佛博士论文《农业与工业化》一书于1969年在美国再一次出版发行。这一年，诺贝尔经济学奖开始启动。而此时的张培刚，履历上只有10个字："在劳动中是积极肯干的。"晚年张培刚在接受记者采访时，谈起这一段被强迫荒废的大好时光，仍旧唏嘘不已。中国工程院院士、华中科技大学校长李培根评说道："张培刚先生光明磊落，对人豁达，宽厚待人，从不计较个人得失，生活上艰苦朴素、吃苦耐劳，无论在什么情况下都能充满乐观。"张培刚不管从事何种工作，都干得格外认真，被咸宁当地农民称为"戴着眼镜的农民"。

四、短暂的英语教学生涯

1972年春,回到华中工学院的张培刚被安排到外语教研室工作。据时任德法日教研室主任的叶启荣回忆,张培刚的英语写作非常流利,其1945年用英文撰写的《农业与工业化》被评为1946—1947年度哈佛大学经济学专业最佳论文,荣获大卫·威尔士奖,并先后于1949年和1969年两次出版,除了观点新颖、内容翔实,有很高的学术价值外,其语言优美流畅也是很重要的。张培刚担任英语教师后,积极和其他教师配合,认真备课,分析课程中存在的难点和重点。他的课很受学生欢迎。1973年秋,张培刚调回政治理论课部政治经济学教研室,担任教授。

在此前后,张培刚、李诚能、胡俊杰组成写作组,研究大卫·李嘉图、亚当·斯密等人的古典经济学,先后在校刊、学报上发表数篇文章。

十年动乱时期,在国家和人民蒙受无穷灾难的日子里,张培刚的心情是异常沉重和极端苦闷的。1976年暑假的一天,他和家人挤上公共汽车,过了武昌轮渡到达汉口,走进一家商店排长队用一张烟票购买一盒香烟时,一霎间,他的手表被小偷扒走了。对此,张培刚感到自己受到了欺侮,心中颇为气愤,怏怏而归。他曾与他的好友王启荣谈到此事。恰巧王启荣不久前也丢失了一只表,并写过一首"自慰诗"。王特地将这首诗寄给张培刚,以示慰问之情。诗曰:"丢表何须添忧急,诸葛岂无失着棋。人为物累终是错,胸有海天永相宜。"张培刚当即步原韵和诗一首曰:"丢表不急气难弭,庶子无辜宵小欺。安得春风吹四海,与君同庆不拾遗。"显然当时他是以"丢表述怀"隐喻时事,以抒发自己对当时形势的焦虑心情,也寄予早日结束这场动乱局面的期望。

1977年5月，华中工学院招收了首批13名文科生，以培养政治理论课的师资。据后结为夫妻的汪小勤和毛羽二人回忆，他们刚进校不久，由于当时学校各方面的工作正在逐渐恢复之中，英语教师奇缺，有许多课无法安排。经过多方面的挖潜，当时还没有摆脱"文化大革命""极左"路线的影响，仍处在接受审查而不能上政治经济学课的张培刚被安排教授英语课。汪小勤回忆道："得知将在一名教授（当时我校一共只有十多位教授）的指导下学习英语，我们个个喜不自禁。不过我们又暗自思忖，教授上课会怎么样的呢？英语课终于开始上了。一开讲，果然张教授风采不凡，他从英语的构词规律、语法特征到文化背景，娓娓道来，旁征博引，妙语连珠，听这种课简直是一种享受。然而，我们的英语作业发下来后，我们更加折服了。我们每个人的作业本都是红笔修改过的笔迹，有指出语法错误的，有纠正标点符号的，有修改漏写字母的，还有要求按标准书写留空格的，本子的空白处写着不同的批语。以后的每次作业，本子上都有教授那遒劲有力的鲜红笔迹，任何一个细小的错误都逃不过教授那双仔细的眼睛。英语课因为张教授借调北京参与主编国内第一部《政治经济学辞典》后暂停了。在这不长的时间里，教授那股子一丝不苟的认真劲头和执着的敬业精神一再地冲击着我们，并深深地影响和激励着我们。"[①]

[①] 毛羽、汪小勤：《学业的收获 人生的启迪——跟张培刚教授学英语》，《华中理工大学周报》1994年9月10日第1版。

第十一章 老牛奋蹄

风雨能磨蚀山岩的锋利，却磨不去张培刚的报国之志；岁月能改变河流的方向，却改变不了张培刚的赤子之情。张培刚50岁时，写下了"百岁春秋才过半，一生甘苦但求真"的诗句。1983年，他又写下了"自古人生谁不老，奋力求真总是春"的诗句。这都是用来抒怀明志的，都想说明一个信念，那就是矢志"求真"。1978年，当中国历史回到正确轨道前行之时，年届65岁的张培刚，告别了那段令智者蒙羞的岁月，重新回到了阔别近30年的全国经济界。这年，他应中国社会科学院社会科学部经济研究所的邀请，赴京参与新中国第一部《政治经济学辞典》编写工作，担任"外国经济思想史"的主编。稍后，张培刚又被选为中华外国经济学说研究会的副理事长，并两次赴京讲授西方微观经济学。1980年，张培刚与厉以宁①合作，撰写和出版《宏观经济学和微观经济学》，成为拨乱反正后最早系统、科学地介绍当代西方经济学的著作之一，在很大程度上推动了"微观"、"宏观"等术语和现代经济分析方法在全国的运用。此后，一南一北两位教授又再度合作，撰写《微宏观经济学的产生和发展》，全面介绍西方经济学、西方管理科学和世界经济的发展情况，张培刚不断强调市场调节在资源配置中的基础性作用，强调消费者主权，企业是改革的中心环节，竞争、成本、

---

① 厉以宁，1930年出生，江苏仪征人。著名经济学家。1951年考入北京大学经济学系，1955年毕业后留校任教，1985—1992年任北京大学经济管理系主任。现为北京大学社会科学学部主任，北京大学光华管理学院名誉院长、博士生导师，中国民生研究院学术委员会主任。第七至第九届全国人大常委、第七届全国人大法律委员会副主任，第八、第九届财经委员会副主任；第十、第十一届全国政协常委、经济委员会副主任。因论证倡导我国股份制改革，被尊称"厉股份"。

效益分析的作用等,并在他负责和指导的战略设计中加以运用,对中国的改革起到了促进作用。

为了实现自己多年来的宏愿,1983年还没有从病魔中解脱出来的张培刚,在病榻上前后三次对《农业与工业化》中译稿进行修订和编审,并以《农业与工业化——农业国工业化问题初探》为书名交付出版。积压了将近40年的中文版终于在1984年第一次与国内读者相见。中国经济学界谈奇文之"幽情远思",感慧言之"如睹异境",在国内学术界产生了巨大的影响。

同时,受国家有关部门的委托和国外著名经济学家的邀请,张培刚访问了日本、美国、加拿大、德国等国家,他借此掌握西方发展经济学的研究成果和前沿问题,密切了与国外经济学界的联系与交流,成为西方"西学东渐"和"东情西达"的文化使者。乘着改革开放的春风,张培刚在教学和科研第一线上认真而扎实地工作着。生于牛年的张培刚"老牛奋蹄,时不我待",这是张培刚20世纪八九十年代对祖国和人民挚爱之情的独特表达。

一、参与编审《政治经济学辞典》

1976年10月,粉碎了江青反革命集团后,张培刚满怀激情地说"春风"终于盼来了。坎坷难磨赤子心,他是多么的兴高采烈!已逾花甲之年的张培刚,重新获得发挥自己才能的机会,他壮心不已,在学术上取得显著成果。

1977年9月,中国科学院社会科学部经济研究所所长许涤新履新后,提出编撰一部中国自己的《政治经济学辞典》,并分别征求北京、华东、东北、中南等地的有关单位和同行的意见,得到积极的回应。10月19日至11月3日,在38个单位、70余人参加的第一次编写会议上,许涤新特别指出新中国成立38年了,还没有写出一部政治经济学辞典,这是经济学界欠人民的一笔债。会议经过讨论确定了以许涤新为主编，聘请若干编辑委员，组成编委会，在编委会下设辞典办公室，负责日常事务和行政工作。经许涤新提议，成立编审组，其主要负责人为刘诗白、刘国光、严中平、宋则行、巫宝三、吴承明、张培刚、苏星、陶大镛等。

1978年5月春暖花开的季节，张培刚应中国社会科学院经济研究所之邀，赴京参加《政治经济学辞典》的编纂工作。张培刚又见到了许涤新。自1949年3月在香港一别后，两人已接近30年未曾见面。但是，当年张培刚对西方经济学的研究成就、盼望祖国繁荣富强的赤子情怀，让这位从事经济学研究的中共驻香港的负责人刮目相看，并促成这位年轻有为的经济学家走上了回国报效祖国的道路。正是在许涤新的建议和特邀下，张培刚来到北京，专门进行中册外国经济思想史的条目编纂，负责汇集来自全国的材料，进行系统化的审稿定稿，并且编写具体的条目。在许涤新的安排下，张培刚与宋则行、宋承先担任该辞典外国经济思想史部分的主编工作，张培刚还兼任了该部分的编审组组长。著名经济学家陈岱孙为该编审组的总顾问和总导师。当时该组外地成员数人住在经济所办公楼房内。张培刚的办公室兼卧室设在经济研究所的一间房子里。这年，张培刚正好65岁。虽已逾花甲之年，但终究感到周围环境逐渐宽松，他感叹道："在站了30多年之后，终于有个凳子可以坐下歇歇脚了。"

在改革开放的新形势下，如何对待西方经济学，成为外国经济思想史编审组在编审辞典过程中一个重大的理论和现实问题。张培刚等人对外国经济思想史部分的编纂指导思想进行了认真的商议和研究，最后确定了这样一个观点，即对待西方经济学不能一概排斥，也不能全盘照搬，而应结合中国国情，对之加以具体的分析，而后决定取舍；既要重视，又要分析，不要陷入盲目性和片面性。这是符合改革开放精神的。

5月20日至6月2日，在西安召开的辞典座谈会上，张培刚介绍了编纂外国经济思想史部分的思路及设想，并针对编纂中的问题提出要用准确的科学定义解释辞条，对每一个范畴和概念要交代它的来龙去脉，辞条的释义必须中国化，切忌言必称希腊，要理论联系实际，既要有历史的叙述也要有时代的特点。他的发言得到了许涤新等人的赞同。

《政治经济学辞典·外国经济思想史》卷开始启动后，张培刚利用这一机会，贪婪地阅读着经济研究所收藏的大量的有关西方经济学，包括现代微观经济学和现代宏观经济学以及西方新兴的发展经济学在内的书刊文献，除了看到一些新的理论和论点外，也发现了不少理论和论点是他在《农业与工业化》一书中早已详细论述或简要提到过的。他那间办公室兼卧室的灯光直至深夜还亮着，他阅读着，做着笔记，冥思苦想，并认真画出道道求实的弧线。为了解决编纂中的思想认识问题，他还与常来看他的学生、著名经济学家董辅礽一起探讨解决的方法和途径，和其他编审组的同志一起研究初稿出现的问题。在与胡代光、范家骧、厉以宁等10余位专家学者参与的部分辞条释文初稿的讨论会上，张培刚对其中的释文稿件提出自己的修改主张和意见，与会专家学者被他那深厚的外国经济思想史的功底、渊博的知识、风趣的谈吐和娴熟驾驭会议的高超艺术所折服。

这年冬天，各地大专院校承担的辞条陆续送到张培刚的手上。浙江大学教师蒋自强将其所承担的部分辞条送到编审组，张培刚热情地接待了他，并特意留他住几天，以等候编审组审改意见。蒋自强回忆道："我就住在张先生的办公室兼卧室的原来堆放资料、辞条稿件的木板床上，并在经济所的食堂用餐。那时，张先生担负着繁重的审稿、改稿任务。由于'文革'刚结束，食品供应短缺，为了照顾年老体弱的张先生，领导'特许'供应张先生半磅牛奶。当他早餐在饮用这半磅牛奶时，他总要分半杯给我这位萍水相逢的后辈学子。这'半杯牛奶'的深情,长期萦绕在我的心间。"①

在北京参与编纂辞典的日子里,张培刚与国内为数不多的西方经济学的专家学者建立了良好的往来关系;利用闲暇时间,会见了多年失去联系的朋友,遇到了多年不见的老友,也结识了一些新的朋友。其中北京外交学院教授张之毅是张培刚的老友,当年日军侵占香港时,他亲身携带张培刚的《中国粮食经济》手稿,经过万般艰险、躲过日军魔爪、辗转于内地;任教于北京农业大学的韩德章教授,以及解放前求学于南京金陵大学、解放初期任武汉大学农学院实习农场场长兼指导教师、时任北京农业大学教授的陈道等,此外还有张之毅的高足、任教于北京农业大学的安希伋等。张培刚还与时任中国社科院经济研究所副所长的徐绳武一起去赵忍安下榻的宾馆,看望武汉解放前夕他的直接领导。张培刚和赵忍安都已年逾花甲,两鬓斑白,能够在改革开放之初的北京重逢,大家都很高兴。他们回忆起解放初期在武汉经济界共同战斗的日子。1951年底,张培刚到中央马列主义学院学习,赵忍安调到中央工作。1954年,已在中央统战部工作的赵忍安出差到武汉,下榻东湖宾馆,张培刚与李崇淮利用晚上专程到宾馆看望这位曾在武汉解放前后给予他们政治上关心和帮助的领导人。

1979年4月,在张培刚等编审组全体同仁夜以继日地共同努力下,终于完成了"外国经济思想史"部分初稿。接着,由张培刚提议,并经杭州大学的蒋自强四处联系,编审组全组成员以及高等院校特邀的专家教授,在距杭州市中心10余里的钱塘江畔的九溪十八涧工人疗养院集中一个月,召开扩大审稿会,对已编写的初稿进行最后审阅、讨论和修改、定稿。到会的专

---

① 蒋自强:《"老牛奋蹄"再创辉煌——张培刚创建"新发展经济学"的贡献》,徐长生、方齐云主编:《发展经济学与中国的工业化和现代化》(论文集),中国经济出版社2004年版,第42页。

家、教授 17 人，分成两组：一为"学说史"分组，由陈岱孙、李宗正主持，审阅、讨论、修改经济思想史辞条；二为"当代学说"分组，由张培刚、宋则行主持，审阅、讨论、修改当代经济思想史辞条。"当代学说"分组白天在大会议室分组讨论，对每一辞条，先是一读再读，然后评议讨论，最后推定修改人，晚上回房间修改，第二天或下一次提交会上评审、讨论、定稿。每一辞条，都得经过这一程序，毫不含糊。著名经济学家钱荣堃[①]曾回忆说："他（张培刚）在主持审稿会时，认真负责，给我印象最深的是对待西方经济学的态度。过去长期内我国对西方经济学采取全盘否定的态度，把它说得一无是处。在 70 年代末，'左'的影响根深蒂固。培刚作为主编，他引导大家注意反左，采取实事求是的科学的态度，既批判它的错误，又肯定它的正确的成分。这在当时是很不容易的，使我对培刚的科学的治学精神非常钦佩。"[②]

在编审书稿的日子里，每逢早晨或晚饭后，大家三三两两，或五六成群，漫步于花草丛生的江边、溪边，青山秀水之间。后来，张培刚回忆辞条定稿工作的情景时写道："虽然连日来，每天工作八小时到十小时，不免非常辛苦，但劫后余生，春回大地，我们却觉得春意盎然，心情十分舒畅。"[③] 这样有序又有成效地紧张工作了 3 个多星期，到了 4 月下旬，两个分组审定完各自分担的辞条。剩下最后几天，联合召开了全体会议，讨论共同关心的比较重大的疑难问题，最终一一予以解决，30 余万

[①] 钱荣堃（1917—2003），江苏无锡人。著名国际金融学家，中国第一个国际金融硕士点创办者、国务院学位委员会 MBA 学位设计委员会主任，被誉为"中国的 MBA 之父"。1942 年毕业于重庆大学商学院银行系后，考入南开大学经济研究所攻读硕士学位，1946 年考取了中英公费留学生，赴伦敦经济学院攻读货币银行学博士学位，1950 年回国，次年入南开大学任教，曾任南开大学经济学院顾问，金融学系教授，国务院学位委员会学科评议组（经济学）特约成员，中国金融学会名誉副会长，主要著作有《国际金融专题研究》、《国际金融专论》、《国际金融专题剖析》等。

[②] 钱荣堃：《我所崇敬的张培刚教授》，谭慧编：《学海扁舟——张培刚学术生涯及其经济思想》，湖南科学技术出版社 1995 年版，第 263 页。

[③] 张培刚：《文章风范照千秋——悼念陈岱孙先生逝世一周年》，《经济学家》1998 年第 4 期。

言的"外国经济思想史"部分全部定稿,即《政治经济学辞典》中卷。

《政治经济学辞典》于1980年12月由人民出版社首次出版后,深受读者的欢迎。第一次印刷30万册,一销而空。1983年又加印了50万册,仍供不应求。1985年加印100万册。前后三次印刷发行180万册。辞典在一定程度上体现了时代特点,对中国经济学界的新的研究成果,对改革开放初期出现的新范畴新概念以及西方流行的范畴和概念都有所反映,恢复了被"四人帮"恣意歪曲的马克思主义的本来面目,它为拨乱反正提供了马克思主义的理论依据,它用辞条的形式把马克思主义的普遍真理全面地和中国实际结合起来,它是马克思主义经济学中国化的一次成功的尝试。

也正是在《政治经济学辞典》出版发行之时的1980年12月18日,张培刚经中共华中工学院党委批准为中国共产党预备党员。《长江日报》于21日以"著名经济学家张培刚教授入党"为题作了报道。

二、重返学术讲台

1979年5月中旬,陈岱孙和张培刚等人决定,参与辞典外国经济思想史的编审人员移住杭州西子湖畔的新新饭店,一方面让大家休整数日,松弛一下一个多月来的紧张生活,另一方面共同商议大家所关心的以后如何开展外国经济学史的研究问题。编审人员着重讨论了积极筹划成立中华外国经济学说研究会事宜,当即拟定了成立"中华外国经济学说研究会"创议书,向全国经济学界通报讯息。大家一致公推陈岱孙主持筹备工作,由李宗正、厉以宁、黄范章协助筹备工作。作为研究会发起人在创议书上签名的有:陈岱孙、吴斐丹、陈彪如、刘涤源、张培刚、朱绍文、宋则行、钱荣堃、宋承先、王治柱、李宗正、黄志贤、蒋自强、李竞能、厉以宁、黄范章、吴易风。[①]

创议书于1979年《经济学动态》第9期刊出后，迅速得到全国有志于研究外国经济学的同志们的热烈响应，同年9月7日至11日在北京召开的外国经济学调研工作会议上，中华外国经济学说研究会正式成立，到会代表一致选举陈岱孙为研究会理事长（后改称会长），巫宝三、陶大镛、张培刚、宋则行为副理事长（后改称副会长），胡代光为总干事。会议还指定了各大区域理事组组长，中南区的组长由张培刚担任并负责开展工作。

十一届三中全会后，中国开始实行对内改革对外开放，全党的工作重点转移到社会主义现代化建设上来，全国振奋，世界注目。无论是经济实际工作部门，还是经济教学和研究部门，都迫切需要了解西方经济学说和管理方法。研究会一成立，就接受了国务院财经委员会调查组理论与方法小组的委托，在北京举办国外经济学讲座。讲座于1979年冬至翌年春在北京大学举行，每周讲授一次，由北京、上海、天津、沈阳、武汉等地的43名专家主讲。讲题从微观经济学、宏观经济学、经济增长论、发展经济学、区位经济理论、数理经济学、经济估量学，直到投入—产出分析原理和方法、经济预测理论与方法等，共60讲。在这60讲中，张培刚负责3讲，即第二讲"微观经济分析——价值、价格和供求关系"，第三讲"微观经济分析——厂商理论和分配理论"，第三十一讲"熊彼特的创新理论"。听课人员除大专院校教师、研究机构的研究人员外，还有国家机关各部委的部司级干部。每次听课人员凭听课证领取讲义入座，听众达四五百人，这在当时是很有声势和影响的。中国社科院出版社将此次讲座稿随即以"国外经济学讲座"为书名，于1980年7月至12月分四册正式出版，而且多次重印，在国内对启蒙和普及西方经济学知识，推动对西方经济学的学习、研究

[①] 研究会史编写组：《中华外国经济学说研究会成立三十年来的回顾》，第5页、第6-7页。

起到了积极的作用。而张培刚等著名经济学家也由此成为改革开放后最早评介西方经济学的代表人物。

微观经济学和宏观经济学是当代西方经济学的基础理论，如何将其中可供借鉴的部分介绍过来，以加速中国四个现代化的进程，是张培刚当时讲学的重要任务。在讲授微观经济学的对象和方法时，张培刚首先从宏、微两学的共同特征开始，对微观经济学的对象，微观经济学的方法，怎样看待资产阶级的微观经济学等进行了阐述，并具体介绍了微观经济学基本知识。

现代微观经济学，亦称为市场经济学，或称为价格理论、资源配置理论。这门学科是研究以市场价格为导向，在竞争的环境中如何使资源配置达到最优或优化境界。具体而言，它是研究一个企业单位或厂商，如何使用各类生产要素，包括物的生产要素和人的生活要素获得最优组合，充分发挥作用，取得最大的效益。

张培刚在讲授微观经济学时，特别强调必须解放思想，实事求是，突出市场调节在资源配置中的基础性作用，阐明由竞争形成的价格对于生产者和消费者的重要意义，以及通过市场来实现生产要素优化组合的可能性和必要性。张培刚认为，传统计划经济体制的主要弊端，就在于抹杀了竞争和市场的作用，使经济缺乏生机，因此，经济改革就是以市场经济为取向的改革。当时，恰好是十一届三中全会公报发表之后，学术界和实际工作部门对市场经济还很不熟悉，改革也只是在农村刚刚开始试验。为此，听众对张培刚的讲座很感兴趣。讲学中，张培刚运用马克思主义的立场、观点和方法，对现代西方经济学的基础知识以及主要流派的理论和方法，作出比较中肯的评介。在指出它们的不足之处的同时，张培刚借鉴其中合理的部分，做到洋为中用。他认为，现代西方经济学中实用性的理论和分析工具，反映了社会化大生产和高度发达的商品经济的要求，特别是那些与生产力直接有关而与生产关系关联不大的部分，只要加以修改或改造，是完全可以为社会主义的经济建设服务的。诸如边际分析、供求弹性分析、边际收益等于边际成本的原则、线性规划、成本—效益分析以及投入—产出分析等，在社会主义经济分析中，是能够而且应当加以利用的。他还认为，即使现代西方经济学中的某些理论部分，也不能把它们统统看成是一只敝屣，而加以全盘弃之不顾。比如西方的福利经济学，应该说，在社会主义公有制下较之资本主义私有制下更具备实现其中某些合理内容的条件。

在讲解微观经济分析时，张培刚除了介绍和评论西方微观经济理论外，还特地着重谈到了关于在经济学中运用数量分析的两个问题。即数量分析方法并不只是资产阶级所使用的方法，无产阶级的革命导师马克思、恩格斯早在经济学和哲学的著述中就使用过；那种把数量分析与资产阶级等同起来的看法，轻而言之是一种误解，重而言之则是出于无知。张培刚一方面以西方微观经济学中的边际效应为例，说明在当代西方经济学中，用数学公式表述的一些名词概念和分析工具，不仅在社会主义经济中可以借鉴和引用，而且仔细溯源，马克思在他的经济学著作中也早已表达过这种思想。张培刚指出：我们不赞同数理经济学派的极端主张，更反对以数量分析代替质的分析；但是，我们认为数量分析方法，无论是用以研究资本主义经济，还是用以研究社会主义经济，都是有益的分析工具，应该积极提倡；我们从事经济问题的研究，当然要以辩证唯物主义和历史唯物主义为指导，以质的分析为主，但与此同时也要采用数量分析方法。[①]

张培刚在讲课中注重理论联系实际。他对价格的弹性分析，不仅深刻透彻，而且有理论，有实际，深入浅出，生动活泼，

[①] 张培刚：《运用微观分析方法探讨社会主义经营管理问题》，《上海经济研究》1985年第7期。

引人入胜。在讲到需求弹性时,张培刚用了当时了解的事实举例说:几个月前,北京有几家糕饼店,由于经济情况好转,估计该年中秋节月饼一定大有销路,乃比平常加大数量生产;结果中秋节过了,月饼没有销完,于是降价出售,顾客仍然不多,以致遭受了损失。张培刚解释说,这几家糕饼店的经理们,不懂得月饼是一种节令性很强、需求弹性很小的食品,节令过了,即使价格再贱,也难以招徕更多的顾客。最后,张培刚话音一转说:可惜我们这个讲座办迟了,要是早办几个月,让那几位经理也来听听课,懂得了"需求弹性",也不致发生这次的亏损了。张培刚的话音刚刚落地,全场一阵大笑。就连坐在大礼堂第二排偏右位置上的著名经济学家陈岱孙也面带笑容,微微点头。①

在介绍西方经济学知识的同时,张培刚对熊彼特经济学说加以推介。熊彼特早年以《经济发展理论》成名,强调基于创新的"创造性破坏"是资本主义经济发展的根本动力。张培刚还讲授了微观经济分析和熊彼特的创新理论。此后,张培刚先后撰写和发表了《熊彼特的创新理论》(1981年)、《熊彼特经济理论》(1986年)、《创新理论的现实问题——对熊彼特〈经济发展理论〉的理论介绍和评论》(1991年)、《熊彼特〈经济分析史〉中译本序言》等文章。张培刚在讲授和撰文评介熊彼特以创新理论为核心的经济学说时,一方面明确指出其某些不足之处,另一方面又对其创新理论的合理因素加以肯定。他论证道:熊彼特的创新理论的最大特点,就是强调生产技术的革新和生产方法的变革,在资本主义经济发展过程中的至高无上的作用,并把这种"创新"或生产要素的"新组合"看成是资本主义的最根本的特征,因而认为没有"创新"就没有资本主义,既没有资本主义的产生,也没有资本主义的发展。他认为熊彼特的

---

① 张培刚:《文章风范照千秋——悼念陈岱孙先生逝世一周年》,《经济学家》1998年第4期。

这一根本观点,在某些方面确有其可取之处。因为:第一,马克思主义政治经济学从来就重视生产技术和方法的变革在人类历史发展中的作用,从来就认为生产力是社会发展的最革命最活跃的因素。这不仅对资本主义是这样的,对社会主义也是这样的。第二,熊彼特强调了"变动"和"发展"的观点,并且认为"创新"是一个"内在的因素","经济发展"是"来自内部自身创造性的"一种变动,从而强调了"内在因素"的作用。这种观点有其合理性,在传统的资产阶级经济学流派中是不多见的,因而是应该给予肯定的。

当年的听课者,后来任北京大学国家发展经济研究院院长的周其仁回忆说:"30年前,先生在北京大学办公楼二层开设外国经济学讲座,这是改革开放以后介绍当代经济学的启蒙课程。当时我是旁听生,先生对我们的教诲我永远不能忘记。那时候国内还没有出版张先生在哈佛得奖的论文,听众中的多数人应该跟我一样,对先生大有来历毫不知情。不过听他操着浓重的湖北乡音讲解外国经济学说,实在是很有味道。他对经济学说和相关学科的知识,知之广博又融会贯通。尤其讲到农村经济,他在理论的叙述中透着感情,对我们有着很强的吸引力。张培刚和数十位参加讲课的经济学者,对当代西方经济理论和分析方法,都作了十分有意义的介绍和评论。"①

三、同厉以宁两度合作

张培刚在"讲座"的基础上,与北京大学教授厉以宁首度合作,合著的《宏观经济学和微观经济学》(厉担任宏观部分,张担任微观部分)一书于1980年初由人民出版社出版。此书深入浅出,简明扼要,在国内起到了引进微观经济分析和宏观经

---

① 周其仁:《旁听张培刚》,《报林》2011年第12期。

济分析的先导作用。他们本着实事求是的精神和洋为中用的方针，对现代西方经济学的基础分别作了评述。在微观部分，张培刚以实例论证了需求理论和需求弹性。他论述说，由于需求理论和需求弹性的概念，是建立在边际效用价值论的基础上的，因而用需求弹性分析价格与需求的数量关系，就必然会受到很大的限制。但需求弹性作为一种分析工具和方法，对于我国社会主义制度下制定价格政策和调整商品流通，却是很可以利用的。马克思在论及商品需求量对价格和收入的数量依存关系时，明确写道："这种需要具有很大伸缩性和变动性。"马克思在这里指的"伸缩性"就是"弹性"（elasticity），英文原是一个词。所以研究各种商品的需求弹性（指需求的价格弹性），对于制定价格政策，仍有重要的参考价值。接着张培刚又指出，需求的收入弹性抹杀了各阶层人民收入分配的差别，尽管它有这一根本缺陷，但它对于社会主义制度下制定价格政策和工资政策，以至组织消费品的流通，却仍然具有相当大的实用价值。这本书出版后，我国开始普遍引用宏观、微观的词汇和运用宏观、微观的分析方法。应该说，《宏观经济学和微观经济学》在这方面起到了开拓性的作用。张培刚终于在中国获得了部分的学术地位。华中理工大学为此设置了专门的研究中心，调集了一批年轻学者跟随张培刚一起从事中断了整整33年的发展经济学研究。

著述出版发行了，但是张培刚的研究并没有停止。他经常思考和探求如何运用现代西方经济理论和分析方法，为社会主义经济建设服务。1984年9月底，张培刚参加在安徽屯溪召开的华东地区外国经济学说研讨会，提出"脱钩论"和"挂钩论"的设想。那就是将西方的微观经济学中的价格理论，一方面与边际效用价值论和生产费用价值率脱钩；另一方面，将其合理的对于供求关系和价格变动的分析，以及对于需求弹性和供给弹性、替代弹性等的分析，与劳动价值论挂钩，进而建立起社会主义的微观经济学。1985年，张培刚运用微观分析方法探讨社会主义经营管理的问题，提出要运用西方微观经济分析工具和方法，他用美国著名经济学家劳埃德·雷诺兹1976年撰著的《微观经济学：分析与政策》和匈牙利著名经济学家亚诺什·科尔纳撰著的《短缺经济学》作为例子进行论证和说明，对于建设社会主义的微观经济学和宏观经济学，具有极大的开拓性和启发性的价值。

随着中国经济体制改革向纵深推进，中共中央进一步强调：只有坚持对内搞活经济，增强企业的活力，特别是增强国营大中型企业的活力，才能提高整个社会的经济效益；与此同时，又要坚持对外开放政策，在独立自主、自力更生的基础上，充分依靠和发挥我国现有的物质技术力量，积极利用外资，引进先进技术和先进管理方法。张培刚和厉以宁认为，为了进一步探讨这些问题，有必要从理论上对微观、宏观产生的渊源及其发展过程，以及它们对我国国民经济和企业经营管理在实际上可能起到的作用，在实际上对社会主义经济建设引用和借鉴的可能途径，进行深入的研究，他们两人再度联袂合作撰写《微观宏观经济学的产生和发展》书稿，张培刚主撰微观部分，厉以宁主撰宏观部分。

为了保证书稿的质量，张培刚不顾年迈力衰，勤奋写作。缺乏资料，张培刚便不辞劳苦四处奔走寻找，有时为了查一个资料附注，也锲而不舍，追根溯源，务必交代清楚。一次，文稿中尚有一位外国学者的姓氏，由于在中译本上未载明原文，在武汉各大图书馆始终未能查明，弄不清这位学者究竟是谁，为此他总放心不下。1984年4月，张培刚出差北京，终于在北京图书馆找到了原文姓名，返汉后，补写在手稿上，才算罢休。1984年暑假，武汉酷热似火炉，湖北省和武汉市社科联邀请他外出休养，他没有去，因为他更需要时间，需要思考。那段时间他把自己关在书房里一待就是一个星期，静心写作。精诚所至，金石为开。一部53万字的专著《微观宏观经济学的产生和发展》1985年底终于全部脱稿了，1986年6月由湖南人民出版社出版。

该书概述了微观经济学和宏观经济学的产生、演变和发展的过程，涉及从资产阶级古典政治经济学到当代西方经济学（即从17世纪中叶到20世纪八九十年代）这段历史长河中经济思想演进的过程，从浩瀚的书海名家著述中，概括出两门学科的发展线索，展示了学科演进的全貌。其中，张培刚把微观经济学的产生与发展划分为四个阶段，并阐述了每个阶段的特点。作者不仅考察了古典劳动价值论、边际效用价值论、马歇尔均衡价格论、希克斯价值理论，以及现代价值的整个发展过程，而且揭示了现代消费理论、生产力论、市场理论、分配理论、资源配备理论和福利经济学理论的建立过程及其内容。与此相对应，在以整个国民经济活动为考察对象的宏观经济学方面，作者也分四个阶段介绍了宏观经济学的产生和发展过程。书中最后还专辟一篇，介绍西方经济学者关于宏微观经济学如何结合问题的研究。如微观厂商理论的建立过程，专门用一章介绍了张伯伦的垄断竞争理论和罗宾逊夫人的不完全竞争理论，再如专门考察了希克斯对近现代微观经济学中价值理论的发展和分析工具的改进，以及当代微观经济学的建立和发展过程，提供了许多鲜为人知的资料。从该书所概括的材料看，既包括经济学大师的著作，也引用了一些不知名作者的著作，甚至还包括一些尚未发表过的论文和手稿。可见作者涉猎的范围之广泛，提供的材料之丰富。作者力图全面而又系统地考察微观宏观经济学自产生以来的一切理论和观点，为读者提供一部详尽的研究成果，这在经济学界实属少见。

该书紧密结合经济建设实践，第一次系统地探讨了微观经济学和宏观经济学在社会主义条件下应用的可能性。诸如在微观部分，张培刚指出：（1）西方经济学中的"消费者主权"体现了市场经济的特征，而在社会主义社会中，它更能体现社会主义生产的目的。因为，在中国经济改革中，要求把维护"消费者主权"、满足人民需要放在首位，将其引入到社会主义企业生产目的的分析中，而与"为人民服务"联系起来。（2）把"边际收益等于边际成本"的原则引入到社会主义企业生产中来，以衡量并提高企业的经济效益。（3）借鉴现代西方经济学中的有用工具，以加强市场预测，建立信息网络，减少生产经营过程中的盲目性和不确定性。（4）大力开展对消费和需求的研究，积极从事需求弹性和职工生活费用的调查，以便更合理地调整消费结构和产业结构。（5）有条件地利用现代西方经济学关于技术进步的分析方法，来研究社会主义企业的技术革新和技术改造问题，促进技术进步，降低成本，提高经济效益。（6）除了生产方面的问题外，要大力加强流通经济学和消费经济学的调查研究等。特别是在该书"微观经济学与企业经营管理"一章中，张培刚阐明了如下一些观点："微观经济学中有关市场、竞争、成本、效益的分析，适用于社会主义经济"；"'消费者主权'体现了市场经济的特征，而在社会主义社会中，它更体现了社会主义生产的目的"；"在经济体制改革中，中心环节是搞活微观经济，也就是搞活企业"。张培刚的这些见解，清楚地说明了他在改革开放之初就已经把市场导向看成是社会主义经济体制改革的目标模式。明确地说，这是张培刚的市场经济观，也是张培刚对改革开放初期经济体制改革的基本看法。这种实事求是的科学态度，对我国开展外国经济理论的研究，清除学术界长期以来存在的"左"的影响，已经起到并将继续起到积极作用。

著名经济学家厉以宁认为："从张培刚教授的这些见解中，可以清楚地看到，他始终把走向市场看成是社会主义经济体制改革的目标模式。在1979年至1985年初，张培刚教授在经济体制改革方面的这一系列探索，今天看来，的确是难能可贵的。"①

　　自1986年到1996年的10年间，西方经济学无论在微观经济学方面，还是在宏观经济学方面，都有了不少的新的研究成果。1996年春，应广大读者的要求，张培刚与厉以宁商定，将《微观宏观经济学的产生和发展》一书分为《宏观经济学的产生和发展》、《微观经济学的产生和发展》两册。《宏观经济学的产生和发展》由厉以宁教授负责撰写和充实，《微观经济学的产生和发展》则由张培刚负责撰写和充实。两册虽各自独立成书，但互相依存、互相参照。张培刚除指导经济发展研究中心青年教师方齐云和张建华，补充了20世纪七八十年代以后的微观经济发展学发展的有关内容外，还在病床上完成了该书的增补稿，新增了4章的内容，即消费者行为和企业行为研究的新进展、博弈论的由来及其新近的发展和应用、"市场失效"与政府规制、不确定的分析与信息经济学等。张培刚在撰写增补稿的过程中，当修改到第四章第一节"垄断竞争理论产生的历史背景"时，为了考证张伯伦的《垄断竞争理论》是否导源于20世纪后期英国皮罗·斯拉法（Piero Sraffa）《在竞争条件下的报酬诸规律》的论文（尽管张伯伦曾多次声明：当斯拉法的论文发表时，他本人的哈佛大学博士论文《垄断竞争理论》书稿已于1927年4月1日完竣，但国际学术界对此却长期存在疑虑），张培刚写信向北京大学教授陈岱孙询证。因为陈岱孙是在1922年与张伯伦同时进入哈佛大学文理学院经济系学习的。据陈岱孙回忆，1926年当斯拉法的论文公开发表时，张伯伦的《垄断竞争理论》博士论文业已基本完稿。由此可以证明，张伯伦的自我声明是可信的。于是，张培刚在书中加了一个长注说明了这件事情。这些点滴知识和信息，张培刚都竭力搜寻，以弄清一些经济思

---

① 厉以宁：《张培刚先生对市场取向改革的可贵探索》，《湖北日报》"理论周刊"第370期，1993年5月19日。

想的发展脉络。① 这不仅大大方便了读者，也利于促进经济学科的发展。该书 1997 年由湖南人民出版社出版，是国内第一本以经济学说史为线索，系统介绍微观经济学主要理论和发展的专著，受到国内同行专家的高度评价，并于 2001 年荣获湖北省人民政府第二届（1994—1998 年）哲学社会科学优秀成果奖著作类一等奖。

四、参与国外学术交流

20 世纪八九十年代，张培刚受国家派遣以及应国外著名经济学家之邀，广泛参与了国际学术交流活动。通过这些活动，张培刚很快把握了发展经济学研究的前沿问题，密切了与国外经济学家的联系与交流。

1980 年 6 月，67 岁的张培刚参加了由国家物资总局、中国社会科学院财贸物资经济研究所、中国物资经济学会组成的中国物资经济学会访日代表团，到日本考察关于物资流通管理人才的培养问题。这是中国首次就物流管理方面问题的访问。在考察过程中，张培刚用了 7 天时间专门考察物流教育问题。在日本，张培刚一行访问了丰田汽车、日野汽车、三菱电机、王子造纸等著名企业，重点考察了历史悠久、闻名遐迩的东京早稻田大学，新办的专门从事经营管理教育的东京产业能率大学，以及兼有理工科和经营管理学科的大阪产业大学。与此同时，还访问了位于东京的 3 个研究所，即以研究企业管理和市场预测为重点的早稻田大学系统科学研究所，以研究运输为中心的日通总合研究所，以及以研究日本和世界经济情况、提供情报并研究新技术的开发和应用为主的三菱总合研究所。此外，还访问了倡导物流和组织日本物流教育的 3 个协会（日本能率协会、

---

① 张培刚：《文章风范照千秋——悼念陈岱孙先生逝世一周年》，《经济学家》1998 年第 4 期。

日本物的流通协会、日本物流管理协议会）和 2 个生产性本部（在东京的日本生产性总部、在大阪的关西生产性总部）。

在访问过程中，张培刚等还会见了各单位的负责人、教授、专家、研究人员共 50 余人。就内容而言，张培刚等重点考察了物流教育、学校教育和职工业余教育的现状；了解了大学商学部和经营学部的专业设置、教学计划和课程安排的情况；座谈了学生的学习情况和社会对学生毕业后工作能力、业务水平、服务效果的反映；了解了有关物流的科学研究方向和教材、教学参考书籍的编写出版情况；参加了物流学术会议；参观了有关大学的图书馆和实验室等。在考察过程中，还搜集了有关单位的要览、便览、"案内"（指南）以及教材、书刊、研究资料等。通过考察，张培刚认为日本物流自 60 年代以来在物流经济的迅速发展过程中，物流教育有了很大的进步，提高了物流管理人才的能力和水平。回国后他主笔写了《关于日本物资流通管理教育》的考察报告，这篇报告载于华中工学院主编的 1980 年第 2 期《高等教育研究》（月刊）。访问结束后，张培刚、林少宫[①]建议举办物资管理干部专修班、工业管理工程干部专修班。国家物资总局和湖北省委组织部于 1982 年 2 月委托华中工学院经济管理工程系举办了物资管理干部专修班、工业管理工程干部专修班。

1981 年 4 月上旬到 6 月上旬，张培刚与林少宫应美国罗格斯-新泽西州立大学（Rutgers, The State University of New

---

① 林少宫（1922—2009），祖籍广东信宜，出生于北京。著名的数理统计学家和计量经济学家。1944 年毕业于中央大学经济学系，1952 年在美国伊利诺伊大学获经济学博士学位。1954 年回国工作。1955 年后在华中工学院数学系、数量经济系任教。20 世纪 80 年代后，与张培刚一起创建华中理工大学经济学院，为经济学院顾问、特聘教授、博士生导师，以及数量经济与金融研究中心名誉主任。曾任经济管理学院院长、中国现代统计研究会第一、第二届副理事长，中国概率统计学会、中国质量管理学会第一、第二届常务理事。发表论文近百篇，出版著作、译著 10 余部，代表作有《基础概率与数理统计》、《农业试验正交设计》、《简明经济统计与计量经济》、《微观计量经济学要义》等。

Jersey)亚洲经济研究中心主任杜塔的特别邀请,赴美国新泽西州参加了第一届"美国与亚洲经济关系会议"。会上,张培刚宣读了由他们两人联合撰写的"China's Economic Adjustment and Trade Perspective"(《中国经济调整与外贸前景》),受到与会学者的好评。该论文载于杜塔教授主编的《美国与亚洲经济关系研究》英文本,由美国艾孔出版社(Acorn Press)1985 年出版。会后,他们又受国家教育部的委托,从美国东部到西部,访问考察了哈佛大学、麻省理工学院、伊利诺斯大学、哥伦比亚大学、贝克莱加州大学等 11 所著名大学。在重返母校哈佛大学时,张培刚特地到了自己当年读书时的教室、图书馆以及生活区,见到了阔别 35 年之久的老友哈佛大学教授杨联升,即将进入古稀之年的两位老友重逢,两人非常高兴。在一家中餐厅就餐时,杨联升从书包里取出他收藏几十年的《农业与工业化》(英文版),要张培刚补行亲笔签名留念。两位老友回忆了当年哈佛读书的愉快岁月。张培刚先后在普林斯顿、伊利诺顿、哥伦比亚和贝克莱加州大学举行了 4 次座谈会;个别会见了美国学者、美籍华裔学者、中国赴美访问学者共 50 余人;着重考察了第二次世界大战后美国经济学科及管理学科发展动态和教育问题,也涉及西方经济理论的最新发展趋势。张培刚回国后,撰写了《美国经济与管理学科的发展动态和特点——兼谈改革我国经济与管理专业的建议》的研究报告,载于华中工学院《高等教育研究》杂志 1982 年第 2 期。

1984 年初,美国宏观经济学家粟庆雄[①]受亚洲经济学会负责人杜塔的委托,挑选若干中国学者参加次年秋季在美召开的第二届美亚经济关系会议,粟庆雄最后决定邀请张培刚、林少宫、

---

① 粟庆雄,华裔美籍著名经济学家,美国纽约城市大学经济系教授,现任台湾"中央大学"管理学系教授。对中国经济的研究具有很高水准,改革开放后曾多次来华进行学术交流。

钱致坚、刘景同、李则皋等教授参加会议。次年9月底，张培刚与林少宫应邀再次赴美国纽约，参加了在纽约世贸中心举行的第二届美国与亚洲经济关系会议。会上，张培刚宣读了他和林少宫合作为会议准备的《中国的现代化：稳定、效率和价格机制》学术报告。会议结束后，张培刚亲自上门拜会了粟庆雄。粟庆雄后来回忆说，那次会面中，张培刚对他提出了一个要求，即将1949年到1980年这30年内美国的经济学各流派的起伏变动，为张培刚详细地分析一遍。这确实是一个"不情自请"，未教过"宏观动态理论"的人，还说不完全。虽然张培刚的学问底子厚，粟庆雄还是花了近三个小时，才把凯恩斯派与货币派之差别讲清楚，也分析了两者间的恩怨。张培刚悟性极高，恍然大悟地叫道："这不又回到了亚当·斯密时代的'供给面'了么？怎么倒走了两百年？"真可谓"一语中的"。张培刚用四两拨千斤的手法，道破了50年美国经济学的兴衰与变迁。张培刚对粟庆雄谈及了他在哈佛大学读书以及以后的学术生涯。张培刚相当健谈，粟庆雄也不示弱，表面上双方因立场不同，有些针锋相对，其实心底里是互相了解且易沟通的。粟庆雄说，西方学者中，经济学家最懂"共产主义"，因为经济学博士考试必考"西洋经济思想史"，其中"共产主义"所占的地位相当显著。张培刚点点头道："其实最终的目的，就是'世界大同'呀！"粟庆雄总觉得张培刚很有雄辩之才，常能用轻描淡写的三言两语，道破别人的长篇大论。张培刚也觉得与粟庆雄是"心有灵犀一点通"。自此次相聚以后，他们建立了较深厚的友谊，乃以"忘年交"互称。[①]

会后，张培刚和林少宫应美国密西根州立大学和内华达大学的邀请，先后在两校的经济管理学院就中国当时的经济体制改革问题作了学术报告，引起了与会听众的极大兴趣。

[①] 粟庆雄：《心有灵犀一点通——忆张培刚教授》，《经济学家茶座》2012年第2期。

1989年6月14日至18日，张培刚等专家学者赴联邦德国杜伊斯堡-艾森大学参加德方举行的发展中国家的经济发展战略问题国际研讨会，张培刚作为第一次讨论会议的主席主持会议。根据双方事先约定，会后由杜伊斯堡-艾森大学负责出版英文版会议论文集，武汉大学经济发展研究中心则负责出版中文版会议论文集。会后，在东道主的热心安排下，中方会议代表在德方教授陪同下前往科隆市，参观了著名的科隆大教堂，考察了科隆市的繁华商业区，参观了历史博物馆和美术馆，并沿着莱茵河岸边游览两岸初秋美景。

1991年5月中旬至7月中旬，张培刚在妻子谭慧的陪同下，赴加拿大多伦多大学访问讲学，然后到美国华盛顿世界银行和贝克莱加州大学访问，开展学术交流。在归国途中经过加州大学柏克利分校，艾玛·阿德曼（Irma Adelman）教授的博士生陈鸿仪开车将张培刚送到艾玛的办公室楼下。张培刚与艾玛教授一见如故，就发展经济学的相关问题进行了长达一个半小时的交谈。让陈鸿仪万万没有想到的是，这位在学生面前俨然是高傲的老学者的艾玛教授，竟然挽着张培刚的胳臂，一路说笑着亲自送他下楼，并请陈鸿仪于次日挑选校区附近最好的中国餐厅，由陈作陪，与中国学者张培刚和夫人谭慧一起共进午餐。这件事在美国加州大学贝克莱分校成为美谈，许多在贝克莱分校学习的中国留学生感到特别的振奋。[①]

五、开展外国经济学说交流研究

1979年9月，中华外国经济学说研究会成立，张培刚被推举为研究会的副理事长（后改为副会长），以后一直是连选连

---

① 陈鸿仪：《艾玛敬佩的中国学者》，谭慧编：《学海扁舟——张培刚学术生涯及其经济思想》，湖南科技出版社1995年版，第301页。

任,一直干了7届。直到1997年换届时,84岁的他才退到二线,被全体会员推选为名誉会长。

从1980—2001年的20余年间,研究会举办的全国年会和各种专业研讨会,只要身体允许,张培刚均会不顾年迈、路遥,应邀赴会。他利用这个全国性的交流和学术研究平台,卓有成效地开展了大量对外国经济学说的学术交流与研究活动,并发表热情洋溢的学术研究成果的演讲,理论精湛,生动风趣,引人入胜,言语之中饱含着对后辈和青年学者的关爱与殷切期望之情。张培刚对中华外国经济学说研究会30年的发展、壮大及团结、进步作出了重要贡献。

1981年4月29日至5月8日,张培刚参加在成都举行的中华外国经济学说研究会第一次学术研讨会。会议讨论的主题是发展经济学与中国社会主义发展战略、亚当·斯密《国富论》与我国的经济建设。张培刚在会上就西方经济学的理论如何为中国社会主义建设服务作了重要发言。

1983年7月16日至22日,为纪念无产阶级导师马克思逝世一百周年,中华外国经济学说研究会在云南昆明举行全国第二次学术讨论会和第二届会员代表大会,来自全国28个省、直辖市、自治区的高等院校、科研单位和出版机构的专家、学者共168人参加会议。张培刚与陈岱孙等著名经济学家出席会议。会议研究的主题包括对马克思经济学的研究,马克思对资产阶级经济学的批判,当代西方经济学家对马克思经济学的研究与评论,对国外其他经济学的研究。张培刚和胡俊杰合作撰写的《马克思论科学技术在社会经济发展中的地位》这篇论文在会上进行了交流。会后,在张培刚的策划下,中华外国经济学说研究会湖北分会第三届年会在华中工学院召开。这是华中工学院经济研究所举办的第一个省级学会的学术活动,来自武汉地区的12所大专院校、科研机构的代表50余人参加了会议,会长张培刚主持会议,年会以纪念马克思逝世一百周年为主题,与会代表着重交流了对马克思经济学说研究的成果。

1984年10月13日至20日，中华外国经济学说研究会第二次调研工作会议在华中工学院召开。这是张培刚领衔的华中工学院经济研究所首次承办的全国性、高层次的学术会议。来自中国社科院经济学研究所、世界经济研究所以及全国20多所院校的40余位专家、学者参加会议。会议在理事长陈岱孙、副理事长张培刚和陈彪如的共同主持下，围绕着以研究、评价西方经济学，探讨借鉴外国经济学说中的合理成分与中国现代化建设的关系为主题展开了热烈的讨论，并取得了共识。

1984年11月27日至12月4日，中南地区外国经济学说研究会首次年会在华中工学院召开，来自河南、湖北、湖南、广东、广西5省区的大专院校和经济研究机构的50余名代表参加了会议，提交论文40余篇，在中华外国经济学会学说研究会副理事长张培刚和湖北分会会长谭崇台的主持下，与会代表就如何贯彻外国经济学说研究会全国工作会议的精神，开展外国经济学说研究，加强发展经济学的研究，以及如何改进西方经济学和外国经济学说史的教学工作等问题，展开了热烈的讨论，提出了自己的见解。

1986年10月28日至11月2日，中华外国经济学说研究会第三届学术年会在长沙湖南师范大学举行，张培刚与陈岱孙等教授和专家学者130余人参加会议。会议收到论文75篇。在分组讨论上，张培刚就西方经济学的评价、西方经济学研究与我国经济体制改革的问题作了发言。会议期间，研究会趁全国专家云集之际，邀请9位专家举办外国经济学说的系列讲座。张培刚主讲西方经济学的借鉴和运用。讲座面向湖南长沙的高校师生，扩大了外国经济学说的宣传教育工作。

1990年5月，中华外国经济学说研究会第四届会员大会和全国第四次学术讨论会在成都西南财经大学举行。张培刚与陶大镛等百余人出席会议。会议通过了研究会新的章程，选举陈岱孙为理事长、张培刚等为副理事长。

1997年10月24日至31日，中华外国经济学说第七届年会与华东地区外国经济学说研究会第十届学术讨论会在南昌江西财经大学举行。张培刚等著名经济学家和来自全国各院校、研究机构和出版新闻单位的专家、学者共120余人参会。会议以外国经济学的新动向与我国经济学的发展为主题。各地专家学者在如何促进我国经济改革健康发展方向、正确对待西方经济学新动向的研究、对西方经济学内在体系的研究及其他经济学的比较研究，以及实事求是地、有分析地借鉴西方经济学，更好地为中国经济建设和改革开放的健康发展服务方面等，都提出了新的见解、新的观点。在这次会议上，选举了新一届的会长、副会长和理事，张培刚等被选为名誉会长。

张培刚从副会长的位置上退下来后，还十分关心研究会的活动。2000年5月，第八届会员代表大会在成都西南财经大学召开时，名誉会长张培刚参加了大会，会上即兴发表了题为"继往开来同振中华"的演说，深情缅怀学会创办者陈岱孙及其谢世的各位元老的贡献。

张培刚为中国经济学教育事业呕心沥血，倾注了毕生精力。在张培刚的创立之下，中华外国经济学说研究会湖北省分会成立，张培刚任会长，黄芳泉任秘书长。为了把分会建设得更好，张培刚经常奔走于武汉大学、中南财经大学等高校，与多位老教授交流探讨，寻求最适合分会发展的方向。为了推动外国经济学的研究在湖北全省的发展，张培刚策划了众多的讲座，并亲自担任主讲。

在参加中华外国经济学说研究会工作的同时，张培刚还四处奔走，进行着现代经济学特别是微观经济学和发展经济学在中国的传播、教学和研究，作出了卓越的贡献。

1985年暑假，张培刚与武汉大学经济学院院长谭崇台应西南财经大学之请，为研究生和成都地区的经济理论工作者分别讲授微观经济学、发展经济学。张培刚根据我国社会主义企业的性质、特点和需要所作的深入浅出的风趣盎然的授课，不胫而走，传遍蓉城。为了满足国内企业家的要求，张培刚欣然为四川省体制改革研究班第二期和第三期的200多名学员讲授了微观经济学。第三期是在素有"火炉"之称的上缴税利居四川省之冠的泸州天然气化工厂举办的。从成都到泸州旅途一天的疲劳和42摄氏度的炎热，连年轻人都受不了，张培刚精神矍铄，一路谈笑风生，原来他在四五十年前随中央研究院社会科学研究所内迁时曾经路过这些地方。半个世纪的前后对比，怎能不叫这位经济学家心旷神怡！

1986年12月30日，张培刚应邀在长沙湖南财经学院以"当代西方经济学的特点、发展趋势及其借鉴和利用"为题作报告。在报告中，张培刚把理论分析的前提从完全竞争改变为不完全竞争，从以充分就业为假定前提改变到以不充分就业来进行分析，介绍了当代西方经济学的主要特点、发展趋势和对西方经济学的借鉴和利用。

1987年9月15日，张培刚在西安西北大学经济管理学院以"当代西方经济学说与中国经济体制改革"为题作报告，主要介绍当代西方经济学的演变和主要特点，以及中国经济体制改革中对西方经济学的借鉴和利用等。

1990年暑期，张培刚应邀参加在北京国家教委举办的全国经济学十门核心课程教学大纲教师讲习班上，分别在西方经济学、发展经济学和国际贸易课程上作讲座，其中，以"国际贸易与经济发展"为题作了一次报告，后发表在对外经贸大学主编的《国际贸易问题》1991年第2期上。

六、中译版《农业与工业化》问世

20世纪五六十年代，在国内知道经济学家张培刚的人不多，然而在国外，一些在世界上享有盛誉的著名经济学家对张培刚却推崇备至，南美、北美、西欧和亚洲一些国家的大学，把《农业与工业化》列为西方经济学的基本教材或主要教学参考书。可以说，《农业与工业化》熏陶了战后一代又一代的发展经济学家。1950年，中国留学生高鸿业在美国柏克利大学经济系攻读硕士学位时，发现在老师指定的英文版参考书中有一本中国人张培刚著述的《农业与工业化》，那是唯一一本中国人写的书。[①] 1980年，武汉大学教授谭崇台在美国加州大学柏利克分校去做访问学者时，著名经济学家艾玛·阿德曼教授看到他手中借来的《农业与工业化》一书时，非常感慨地对他说："《农业与工业化》这本书应看作是发展经济学的最早作品。"[②] 曾任哈佛大学国际发展中心主任的帕金斯教授也对来访的中国访问学者说："在熊彼特的《经济发展理论》之后，张培刚的《农业与工业化》一书就算是最早最有系统的著作了。"[③]

1982年元旦刚过，著名经济学家、世界银行副行长霍利斯·钱纳里在上海讲学，有人就问起对发展经济学的评价，钱纳里说："发展经济学的创始人、发展经济学的奠定人是你们中国人，张培刚"，"拉丁美洲著名经济学家R. Prebisch提出的'中心与外围'之说是张培刚理论的引申"。他还强调说："你们都以为刘易斯和舒尔茨是发展经济学的创始人，实际上发展经济学的创始人是你们中国人，是培刚·张先生"。哈佛大学一些教授认为，刘易斯、舒尔茨的理论比张培刚的要晚好些年。张培刚对静态假设条件下农业与工业相互依存关系的论述比库兹涅茨关于农业贡献的论述也要早十多年。"发展经济学的创始人是

[①] 《"发展经济学之父"张培刚》，薛继军主编：《大家》第3辑，商务印书馆2005年版，第17页。

[②] 谭崇台：《白首话当年》，谭慧编：《学海扁舟——张培刚学术生涯及其经济思想》，湖南科学技术出版社1995年版，第261页。

[③] 《发展经济学一代宗师——张培刚先生》，华中工学院图书馆主编：《图书馆与读者》1992年第7期，第3页。

你们中国人,是培刚·张先生,这是中国的骄傲。"① 这位世界银行专家还多次引用张培刚的观点。这条消息在国内媒体上报道后,引起了中国经济学界的轰动。当时在西方经济学流派中,发展经济学是重要内容之一,刘易斯-拉尼斯-费模式、"刘易斯拐点"等发展经济学著名成果中,并没有张培刚和他的《农业与工业化》,即使张培刚本人,也未有提及。

1月13日,华东地区外国经济学说研究会学术会议在苏州召开,参会者绘声绘色地陈述了钱纳里的讲话,这让与会的张培刚萌生翻译出版《农业与工业化》中文版的想法。然而,回到武汉的张培刚于3月底却大病了一场,被送往湖北省人民医院治疗。在治疗过程中,医院曾多次下了病危通知书。妻子谭慧陪着身体极度虚弱的张培刚,谭崇台和夫人多次前往医院探视。校长朱九思也多次到医院,恳请医院无论如何也要努力抢救,要什么给什么。朱九思还亲自到有关方面求援,弄到了急需的10多只白蛋白……

面对疾病的折磨,张培刚却表现出了一种坚忍顽强的精神。他的许多学生纷纷去医院看望他。为了不让弟子们难过,他在清醒时始终保持着微笑。当他的研究生凤良志和张燕生探视时,看到老师身上插着导尿管,面露忧郁之色。看到弟子们的神情,疾病中的张培刚很诙谐的用经济学术语说:正常尿道就是计划内的,而这个管子是计划外的,这就是双渠道哦。张培刚忍受着难言的痛苦调侃着、说笑着,目的是让他们别太难过。经过医生们的积极治疗、多方抢救,张培刚乐观心态的积极配合,以及学校的大力支持,张培刚始脱险境。

1982年秋冬,在病情稍有好转时,张培刚认真思考一个问题,十一届三中全会后,全国工作重点已转到社会主义现代化

---

① 《发展经济学一代宗师——张培刚先生》,华中工学院图书馆主编:《图书馆与读者》1992年第7期。

建设上来，"四化"真正提到了党和国家的议事日程，如何使我们国家尽快实现工业化和现代化，应该成为中国经济学界要从事的重大而迫切的研究课题。要研究中国或任何其他发展中国家如何实现工业化的问题，无疑地主要是根据本国国情，从实际出发，制定方针政策；但同时要了解外国实行工业化的经验和教训，以便从中有所取舍和借鉴。而他本人撰写的《农业与工业化》，就其所提出的问题、所搜集的历史文献和统计资料以及所作的某些分析，或许在一定程度上可供参考，并可作为自己继续研究这一问题的起点。但《农业与工业化》写成于30多年以前，此后世界形势发生了巨大的变化，第三世界的一些农业国或发展中国家，在实行工业化的过程中又产生了许多新的特点，提出了许多新的问题。这一切特点和问题，需要运用马克思主义的观点，结合该书原来的分析，着重加以考察和探讨。再者，我国所实行的工业化，是具有中国特色社会主义的工业化，从而又需要结合我国具体国情，进行专题研究。为此，张培刚想到了长期放在心中但被中断多年的农业国如何实现工业化的这一宏大题目。他就在病榻上制订出一个新的写作计划，拟将全书扩大为上、中、下3卷，仍冠以《农业与工业化》的总标题，而将早已以英文本问世的该书作为上卷，加上分标题《农业国工业化问题初探》（简称《初探》）。计划在数年内，写成中卷《大战后农业国工业化问题再论》和下卷《社会主义中国农业与工业化问题研究》，陆续出版。张培刚后来回忆说："回想我撰写本书上卷时还只是三十岁左右的青年，而现在我已年届古稀，看来要完成本书后续部分的写作任务，还十分艰巨。但当此祖国四化建设宏图大展的历史时刻，我一定以'老牛奋蹄'的精神，尽力实现这一写作计划。"①

张培刚说干就干。为了完成他的写作计划，在医院卧床的

---

① 张培刚：《农业与工业化（上卷）·自序》，华中科技大学出版社2009年版。

张培刚,请妻子谭慧从家中书柜抽屉的底层找出沉睡了30多年的《农业与工业化》中译稿。这是他的研究生曾启贤[①]和万典武遵嘱在1947—1948年将《农业与工业化》翻译成中文的书稿,因张培刚忙于教学和研究,未审定出版。解放后的各项政治运动,张培刚只能让它束之高阁,得以幸存。为了整理出版这部中文书稿,在张培刚的单人病房里,一张单人病床上堆了两排垒得高高的各种参考书,剩下不足一半的面积,很难容一个人安稳躺下。只要病情许可,张培刚基本上或躺在病床上、或伏于桌前审阅和修订中文稿。谭慧说:当时谁要是把他的书拿开,他就睡不着觉!张培刚的堂妹张畹蘅一次去医院看他,进了病房,只见他正坐在一个木凳子上,弯着腰趴在病床上全神贯注地写着什么,直到走近了叫他,他才抬起头来,停下笔来笑了笑说:"'文化大革命'耽误了时间,我要把耽误的时间赶快补回来!"中断了30年学术研究的张培刚感到时间的宝贵,他要抓住来之不易的机会,完成《农业与工业化》三卷本的写作计划。古稀之年的张培刚已经把学术与生命融为一体了。疾病迫使他在医院治疗达一年半之久,从1982年冬天至1983年10月,张培刚几乎花费了近10个月的时间,前后3次,将中译稿从头到尾,逐段、逐句、逐字地进行了审阅和修订。在内容方面,为了历史存真,除了个别词句外,未加任何改动,全部保持着原来的面貌。在译文方面,则在准确性、文风以及用语、用字习惯上作了比较多的修改和核正。

《农业与工业化》中译书稿《农业国工业化问题初探》全部整理完毕之时,中国社科界正在进行一场对外开放的大论战,经济领域的著作在沉寂多年之后逐渐引起重视。按照当时出版

[①] 曾启贤(1921—1989),湖南长沙人。1946级武汉大学经济系硕士研究生,师从于张培刚教授,1948年获武汉大学经济学硕士学位。新中国成立后,历任武汉大学经济系讲师、副教授、教授、系副主任,湖北省经济学会第一至三届副会长,湖北省经济体制改革研讨会副会长。专于政治经济学。撰有论文《孙冶方经济理论体系试评》,主编《按劳分配有关范畴的分析》,共同主编《政治经济学(资本主义部分)》。

物的审批程序，校长兼党委书记朱九思立即派人将张培刚审改后的《初探》一书送到中共湖北省委宣传部审批。1984年5月，湖北省社科院院长密加凡受省委宣传部的委托组织人员审定《初探》，省社科院副院长、经济学家夏振坤和刘光杰是主要审核者。夏振坤回忆道："刚刚改革开放，有些人脑筋转过来还需要一个过程。"当时就有人说，该书不符合马克思主义，从西方经济学出发，是在美国得过奖的，不太赞成出版。"当时我负责审核，一看就说，这理论正是我们需要的啊。"夏振坤在审查意见中极力建议出版。

在得到省委宣传部的意见后，朱九思要求时任华中工学院出版社副总编的李白超对出版《初探》"一定要快！"1984年，《农业国工业化问题初探》由华中工学院出版社出版，与国内读者见面。《农业与工业化》有了中文本。张培刚的这部殚精竭虑的惊世之作，在历经40年沧桑后终于与同胞相见。当时的中国和世界都发生了翻天覆地的变化，而他的农业国工业化的理论非但没有褪色，反而更以其丰富、深刻的思想价值而得以凸现。

《初探》让中国经济学界第一次目睹了这部发展经济学开山奠基之作。国内学者发现这本论著的很多分析，至今对中国和其他发展中国家实现工业化都有很大的现实意义，引起国内学术界的巨大反响，读者来信纷至沓来。其中既有老、中年学者，也有青年学子。他们在来信中都一致认为，这一著作虽然成书于40年前，但至今仍有很大的现实意义。有的说："拜读大作，耳目一新，不胜敬佩。深感文笔翰墨，卓尔不凡，材料丰富，论证严谨，分析入微，理论密切联系实际，启迪仍不失其理论上的指导意义。"还有学者撰文评论此书说："作者在书中对问题犀利透彻的分析，令人信服。直到今天，在这一问题上能与作者的《农业国工业化问题初探》相比的著作仍不多见。《初探》一书对于每一个希望实现工业化的农业国家仍有极大的参考价值"。当时国务院农村发展研究中心主任杜润生等人在全国的书市上看到了这本书后,如获至宝,建议尽快多买一些,发给研究中心的其他同志。该中心的研究人员王岐山还特地请湖北省社会科学院院长夏振坤寄一本给他。1986年4月25日,国务院农村发展研究中心在给华中工学院院长办公室寄来的一封公函中说道:"我们最近看了张培刚先生的著作《农业国工业化问题初探》,感到张先生的研究对我国当前的经济决策工作有很多的帮助,我们想把有关的课题交给张先生研究,给他提供一些帮助。……"①

1985年4月,张培刚在中央研究院社会科学研究所的同事、时为北京农业大学教授的韩德章家里作客时,这位已年逾八旬且因白内障双目暂时失明的老朋友为庆贺《初探》一书在国内出版,把他于1985年元旦思索而成并默记于心的两首七言诗,当着张培刚的面热情洋溢地口诵而出,诗曰:

(一)

笔耕已逾五十载,尚有劫余半壁书。
壮岁同赏滇池月,憾未毗邻结草庐。
垂老远隔天南北,君在楚江我燕都。
忆君高论多奇趣,风度儒雅我不如。

(二)

喜逢华笺乐如何,久疏鱼雁怀念多。
伟策及时扬四化,佳篇及时献宏模。
相会有期待来日,共话新猷赞群科。
老马岂堪长伏枥,引吭同唱报国歌。②

清华大学教授、中国科学院清华大学国情研究中心主任胡鞍钢在定期给政府部门编写国情资料时,就经常引用张培刚的

---

① 《国务院农村经济发展研究中心致华中工学院的函件》,谭慧编:《学海扁舟——张培刚学术生涯及其经济思想》,湖南科学技术出版社1995年版,第341页。
② 胡俊杰、谭慧、廖丹清:《为农业国工业化理论作出开拓性贡献的发展经济学创始人张培刚》,林圃、孙连成主编:《中国当代著名经济学家》,四川人民出版社1987年版。

理论观点。中国科学院国情研究小组的一位学者反复钻研后为这"被淹没的声音"唏嘘不已,对北京晚报记者击节而诉:中国 40 余年的工业化进程竟如此戏剧般地在张培刚先生早年划定的三个框架内"进退无策"。第一,农业革命与工业革命谁为充分条件?谁为必要条件?第二,农业部门与工业部门能否平衡发展?第三,农业国与工业国的关系如何协调?张培刚在他的中文版的自序中只淡淡地说:"三十余年过去了,由于种种原因,我未能再从事这一问题的研究。"1989 年 2 月 18 日,《北京晚报》第一版刊载了该报记者黄一丁访问中科院国情研究小组后撰写的《珍视知识、科学、教育》一文。文章说:"访问谈话中,我们曾反反复复地提及那个曾经'被淹没的声音',也就是一次次和祖国一起经受苦难的科学的声音。……1945 年,张培刚即写出《农业与工业化》一书,被国际学术界视为发展经济学的开山之作。……此人国际声望甚高,国内无人知晓。……我们愿在此,对历史上一切被淹没的声音表示衷心的敬佩……"

所有这些来信和评论文章,以及同志们的鼓励和希望,都给予张培刚要在有生之年完成此书的续写部分以莫大的支持和力量。

大病初愈后的张培刚回到学校后,为了方便他开展工作,校党委书记、校长朱九思将他安排到学校的第一招待所一间 15 平方米的房子里,一则招待所昼夜有服务人员,身体欠佳的张培刚能够得到服务员的照顾;二则招待所有中央空调,四季如春的环境,能让其在工作期间少受武汉寒暑气候的侵袭;三则是招待所有接待室和会议室,使其不出大楼就能接待国内外的来访者,和他的研究生们一起商量探讨有关经济学方面的有关问题。这种便利条件,使得张培刚能够全身心地投入到发展经济学的创建活动之中去。

七、老牛奋蹄的精神

"自古人生谁不老，奋力求真总是春。"这是张培刚 1983 年作的自勉诗中的两句。20 世纪 80 年代初，古稀之年的张培刚在一场大病之后，依然没有放慢自己工作的节奏，他以"老牛奋蹄"和"奋力求真"的精神，担负着一般人难以想象的工作量。张培刚除了任华中理工大学经济管理学院名誉院长、经济研究所所长外，还兼任中国社会科学院经济研究所研究员、上海社会科学院经济研究所研究员、湖北省社会科学院经济研究所顾问、武汉大学经济系教授、四川财经学院教授。作为经济学的著名专家，他频频被邀请参加湖北省、武汉市主持的各种研讨区域发展的会议；协助商务印书馆，组织翻译著名经济学家熊彼特的名著《经济分析史》和《经济发展理论》。在已出版的《农业与工业化》之上卷《农业国工业化问题初探》后，还要续写中卷《大战后农业国工业化问题再论》和下卷《社会主义中国农业与工业化问题研究》。

1985 年又值牛年，新年初一，爆竹声声中前来向张培刚拜年的人络绎不绝。可是所有的人都扑了个空。他到哪里去了呢？原来他躲进了学校的招待所，找了个僻静之处疾笔奋书。他说："我现在深深感到时间不够用，只有拼命干，把一天当作两天来使用。"

为了把失去的时间抢回来，大病初愈的张培刚几乎没有星期天，没有节假日，没有寒暑假。白天除了处理教学工作外，他一般是上午 8 点半坐到写字桌前，除吃午饭和稍事休息外，一直工作到傍晚 6 点钟。晚饭后，他喜欢看一会电视，随后是两小时的阅读。晚上 11 点后，他就开始孜孜不倦地阅读报纸、杂志和书籍。每当夜深人静时，张培刚的思想就在知识的海洋中漫游，有时甚至双脚浸在水盆里而沉思达一二个小时之久。他不断思考着、探索着新的理论问题，并将一闪而过的思绪写在台历上或便条本上，直到午夜2点半，乃至3点钟才上床就寝。他每晚的睡眠时间仅四五个小时。据他自己说，他的睡眠时间虽然不长，但质量甚高，很少做梦，脑子仍然能得到较好的休息。第二天，他照样又继续进行着艰巨而繁重的科研和教学工作。

在学术上的张培刚，从不墨守成规，提倡勇于创新、追求真理，特别注重知识更新，不断地从各类报纸、杂志和书籍中吸取新的养料。他除了重新捡起他擅长的英语、法语和德语外，还挤出时间温习俄语，甚至阅读高等数学和有关数量经济的书刊。他常说，世界科学发展日新月异，不学习就要落后，新的知识只能从学习中来。由于他不断地学习新知识，留意新的信息，因而在教学和科研工作中，常常闪烁出一些新观点或新理论的想法。他为建立社会主义微观经济学理论而想到的"脱钩论"和"挂钩论"，就是显著一例。

学术素养高的张培刚，能运用三四种外语搜索大量信息，致力于一些新的学科，博采百家之长。因而他在经济学的许多领域，如政治经济学、农业经济、工业经济、企业管理、市场运销、物资经济、国际贸易、国际金融、当代西方经济学说、数量经济等领域，都广有涉猎，并有一些真知灼见。然而，他在学术上的主要成就，则是农业国工业化理论的建树和外国经济学说的精深造诣。就这两个领域来说，可谓"闳其中而肆其外了"。

在进行经济学方面撰著的同时，张培刚还认真带好他的经济学硕士、博士研究生。"百丈高楼从地起"，他提倡做学问要打好基础，要坚持一个"韧"字，要有不畏艰苦的钻研精神和步步脚印的踏实作风。他要求经济专业的学生要掌握中文、外语和数学这些基本知识，准备好深造的条件。张培刚一贯注意学生的质量，对学生、研究生或进修教师的要求从来都是严格的。他亲自批改学生和青年教师的论文、讲稿，连内容、章节、文字、标点符号都毫不含糊,一丝不苟。平时他对教学和科研工作也抓得很紧。教研室每月要讨论三至四次,解决疑难问题,拓宽知识面,增强分析能力;学生毕业时还要举行答辩。为了帮助硕士研究生完成论文的撰写,张培刚亲自指导他们读书和撰写毕业论文。为便于交流学习情况、讨论学术问题,他主动建立了定期接待研究生的制度。

这种严谨和踏实的学风,也体现在他本人所撰写的论文和专著中。张培刚一向认为,著书立说是写给他人阅读的,作者必须对读者负责任。他写文章,结构严谨,内容充实,字斟句酌,深入浅出。张培刚撰写文章时,凡是为之付出不同程度劳动的人们,他必定要在文中一一列举说明;凡引用他人的科研专著和论文,无论是中国的还是外国的,无论是赫赫知名学者还是初试文笔的青年学者,他都要在文中,清清楚楚地注明其书名、页码、著者或译者姓名。他认为别人付出的辛勤劳动,绝不能一概抹杀,更不能据为己有。

张培刚在学术上严于律己,也同样严格要求学生,但从不摆"权威"架子,对人态度和蔼可亲,有长者的风度。他要求教师和学生开拓思路,多注意和探讨新的问题。讨论问题时,他总是鼓励其他老师和同学不必拘于一格,希望大家畅所欲言,展开讨论和争论。张培刚从不固执己见,而是耐心听取每个人的发言。不仅听取与自己相同的意见,也仔细听取与自己不同的意见,只要讲出道理,他就表示欢迎。他说真理越辩越明,还可取长补短,拾遗补缺。1985 年 7 月的一天,一位中国人民大学青年教师因工作远道来武汉,顺便向张培刚请教。他回校后致函感谢:"张老师平易近人,令人敬佩。我是一个性格内向的人,见到陌生人,就会感到浑身不自在,更何况见到您这样有成就的人物。但是,当我第一次见到您,却全然没有这样的感觉。因为您待人是那样的亲切，慈祥中带有一种智者的幽默。我那紧张的神经，在您的感染下，早已松弛下来。"张培刚同青年讨论问题，总是平等以待，发扬民主，循循善诱。学生们与他谈问题时，从不感到拘束，哪怕不成熟的思想，也敢于谈出自己的观点。

张培刚"老牛奋蹄"的精神不仅感染了他周围的人，感染着武汉地区的学术界，也感动了海内外的经济学界。1989年7月23日至25日，香港《大公报》连续三天刊登笔名为青天的文章，介绍张培刚的事迹，这3篇文章的大标题分别是"发展经济学创始人张培刚"、"最早探讨农业国工业化"、"老牛奋蹄　有所开创"。

第十二章　垒筑高地

　　华中工学院是一所以工科为主的学校，张培刚身处其中，各项条件较之综合大学相去甚远，想在经济学上有一个好的团队和学术上有所成就，困难重重。张培刚只能在漫长、寂寞而曲折的学术生涯中踽踽而行，就连1979年张培刚参加中华外国经济学说研究会也只能以湖北省社科院的名义参加。

　　1980年，整个国家的形势大有好转，科学的春天渐渐来临，中国社科院经济研究所、武汉大学、南开大学以及湖北省社科院纷纷向张培刚伸出"橄榄枝"，希望华中工学院能够"网开一面"，让张培刚前去工作，以发挥他的聪明才智，使之成为它们那里的西方经济学科的带头人。恰好这时，时任院长兼党委书记的朱九思在全国率先提出要把华中工学院由单一的工科学院办成以工为主、理工文管兼备的综合性大学的战略思路，对各路商调置之不理。

　　在朱九思的大力支持下，张培刚不顾年迈体弱，以筚路蓝缕、以启山林的精神，在华中工学院这所工科院校开始了艰难的拓荒之旅，先后担任经济研究所所长、经济管理学院名誉院长、经济发展研究中心主任、经济学院名誉院长等职。经过30余年的努力，华中工学院经济学科迅速实现"从无到有"、"从小到大"的发展，将西方经济学专业率先建设成国家重点学科，成为华中科技大学文科专业快速发展的典范。

一、创办经济研究所

十一届三中全会后,全国的经济学科首先在综合性大学和专门财经类院校得以恢复和发展。这些学校率先成立了经济学系(院),学科建设先行一步,从而成为中国经济学科的"老大哥"或主流。不过,由于历史的原因,当时它们的经济学科均是以政治经济学专业为基础发展并演变起来的。

1979年秋,张培刚在京完成《政治经济学辞典》的编纂工作后,返回武汉的张培刚随即被任命为华中工学院社会科学部主任。1980年1月,华中工学院学术委员会成立,张培刚成为31名委员之一。

为适应改革开放和把学校办成综合性大学的需要,1981年3月,华中工学院党委决定在社会科学部政治经济学教研室的基础上成立经济研究所,任命68岁的张培刚为所长,实际上是一套人马、两块牌子。研究所的主要任务是:以马列主义、毛泽东思想为指导,坚持实事求是的科学态度,对国内外重大的经济理论和经济实践中出现的新情况、新问题和新特点进行研究,为发展经济科学,为加速社会主义现代化建设服务;招收研究生,申报经济学硕士学位授予权,培养德智体全面发展,坚持社会主义政治方向,扎实地掌握经济学基础理论、基础知识和基本技能,思维敏捷,具有战略眼光和经营管理活动的高级专门人才;同省内外、国内外的高等学校和经济研究机构建立学术联系,积极开展学术活动,增进社会各界对工科院校办经济研究所的了解、理解和支持。经济研究所除了培养中青年师资和研究生外,继续从事繁重而又艰巨的科研任务。正是有了经济研究所,并开始从事经济学专业方向的研究生培养工作,因此,华中科技大学将1981年认定为全校经济学科建设的起始年。

经济研究所从1981年开始挂靠在管理工程等专业门下招收

当代西方经济学研究方向的研究生,黄少明、叶强、王春育、风良志、吴声、张燕生①等是这一方向的第一届研究生,后来又陆续培养了张军扩、金哲松、胡和立、喻世友、丁宏祥、王建国、张光远、操敏等 20 余人。当时学校还没有经济学科的硕士学位点,申请硕士学位需要把有关材料报送武汉大学经审核批准授予。张燕生在《难忘华工》一文中回忆道:"我作为'文革'结束后恩师的第一届 81 级研究生,毕业后,无论是在中央财经大学讲台上讲授发展经济学,还是在多伦多大学研究生院学习'经济发展的国际方面',无论是在世界银行接受经济发展理论与实践训练,还是在国家计委(现国家发改委)从事政策研究,都不会忘记恩师教诲,始终如一地从事经济发展问题的研究。记得有一次,世界著名计量经济学家、普林斯顿大学邹至庄教授曾来校讲学。当时学生们无法看懂他的花体英文板书,恩师就亲自上台,一笔一画地用楷体重新书写板书,并解释道,'文革'使他们失去了学习英文的机会,现在重要的任务是补失去的十年的课。这段话,我始终铭记在心,终生补课。"②

继华中工学院成立经济研究所之后,1982 年初又成立了以林少宫为所长的数量经济研究所。1983 年经济研究所与管理工程系合并为经济与管理工程系,并设立技术经济专业。1985 年经济与管理工程系升格为经济管理学院,林少宫为副院长(后为院长),张培刚任名誉院长。学科下设管理工程系、经济学系、社会学系和数量经济学系。1986 年,由经济学系应用经济

---

① 张燕生,1955 年出生,河北清苑人。经济学家。1984 年获华中科技大学经济学硕士,1986—1988 年先后在美国科罗拉多大学、加拿大多伦多大学、世界银行 EDI 宏观处进修和工作。1996 年前在中央财经大学任国际金融专业硕士生导师。北京大学、清华大学、华中科技大学 EMBA 特聘教授。曾任国家发展和改革委员会对外经济研究所所长、研究员,现任国家发展和改革委员会学术委员会秘书长,是享受国务院颁发的政府特殊津贴的专家。曾先后主持或参与国家重点研究项目、国家计委重点课题、国家社会科学"七五"、"八五"、"十五"规划重点课题等。著有专著 10 余部。其中部分成果曾先后荣获孙冶方经济科学著作奖等。

② 张燕生:《难忘华工》,华中科技大学经济学院主编:《奋进——华中科技大学经济学院创业历程》,2004 年版,第 174 页。

教研室开始招收技术经济（物流经济）专业专科生；与此同时，由经济系国际经济教研室负责开始招收国际贸易专科生。经过两年的招生和教学实践，由经济系申报，1988年经国家教委批准学校建立国际贸易专业，由国际经济教研室负责招收国际贸易本科生。经济系除了招收本科生、专科生和硕士研究生外，还在校内办了夜大班，在校外办了函授班。数量经济学系也在校外办了函授班。

为了改变在工科学院创办经济学专业的窘况，张培刚和他的团队开始了一系列扩大华中工学院经济研究所影响的学术交流活动。

20世纪80年代初，国家教委为加强高校政治经济学教师队伍建设，提高其教学水平，在张培刚领衔的经济研究所的协助下，在华中工学院举办了一个中南地区高校政治经济学中青年教师骨干教师进修班，参加学习的有当时40多所高校的讲师以上的教师。当时的学习主要分为三大类，即《资本论》、西方经济学、经济学说史。其中西方经济学的课程是由张培刚讲授微观经济学、刘涤源讲授凯恩斯经济理论、谭崇台讲授经济增长理论。张培刚讲课时，头戴一顶布帽，脖子上围着一条大围巾，对教学的一丝不苟，整整齐齐的板书，讲课风趣幽默的大师风度，给当年听课的中青年教师留下了较深印象。

为了活跃经济研究所的学术活动，1982年春，在张培刚的策划下，约请诺贝尔经济学获得者阿罗（Kenneth Arrow）、西蒙（Herber Simon）来华中工学院讲授西方经济学的理论和研究成果，给以工科为主的学院带来了创办综合性大学的新气象。

1984年9月23日至11月30日，陈岱孙（北京大学教授、全国政协常委、国务院学位委员会经济学科学位授予权评议组成员）、宋涛（中国人民大学党委常委、教授、经济系名誉主任，国务院学位委员会经济学科学位授予权评议组召集人）、胡代光（北京大学教授、全国人大常委、国务院学位委员会经济学科学位授予权评议组成员)、范家骧(北京大学国际经济学教授)、陈立(中国科学院数量技术经济研究所教授)先后应邀来到华中工学院经济研究所经济学讲习班讲学。5位教授共讲6个专题,每个专题少则3次,多则10余次,每次3学时。讲习班主要面向华中工学院经济与管理专业的研究生和教师;省内外兄弟院校慕名听讲学的研究生和青年教师也不少。陈岱孙和宋涛的讲学扩大到全校部、处、系以上干部和全省经济学界的同仁。这是经济研究所成立后所举办的一次持续时间最长、讲课最多、水平最高的讲学活动。当时,胡代光讲授"现代资产阶级通货膨胀理论",陈岱孙讲授"资产阶级经济学中的自由主义与干预主义",宋涛讲授"如何认识现代帝国主义"和"社会主义经济理论专题",范家骧讲授"国际经济学",陈立讲授"社会主义经济建立模型"。

1987年6月29日至7月24日,在湖北省、武汉市人民政府的大力支持下,华中工学院经济研究所第一次承办国际学术会议——中美经济合作学术会议。出席会议的正式代表60人,其中美方代表23人,他们中有来自哈佛大学、麻省理工学院等美国著名高等学校的经济学教授,美国国际贸易公司的首席经济学家,《纽约时报》等新闻机构的高级记者;中方代表37人中有来自国内著名高校和研究机构的专家教授,外经贸委的主任和进出口公司的总经理等,还有海外学子及在汉各大新闻单位的记者等,提交会议交流的论文有50多篇。当时刚从美国芝加哥大学获得博士学位的林毅夫也参加了会议。会议以中美经济贸易关系为主题,在中方发起人张培刚、林少宫和美方发起人美国亚洲经济研究会主席杜塔的共同主持下,与会代表在友好的气氛中展开了热烈的交流讨论。代表们回顾了中美经济贸易关系的必要性、互惠性和可能性,展望了中美经济技术合作和贸易关系发展的前景。

在张培刚等人的共同努力下,经过几届硕士研究生的招生和培养实践,学院于 1986 年获得了外国经济思想史专业的硕士学位授予权。这是经济学科的第一个硕士点。从这时起,经济系及经济研究所招收的研究生才由华中工学院授予经济学硕士学位。以后较长时间内,经济系以及 1988 年成立的张培刚为主任的经济发展研究中心招收的发展经济学方向、国际经济学发展方向、国际金融学发展方向、投资学发展方向的硕士研究生,以及数量经济研究所和数量经济系招收的计量经济学方向的硕士研究生,都是在外国经济思想史专业(1992 年改为西方经济学专业)授予硕士学位的。

二、创办经济发展研究中心

1988 年 3 月,张培刚提出创办经济发展研究中心的设想。张培刚的建议得到学校的赞成和支持。这也是国内成立较早的发展经济学研究和教学的机构。张培刚确定研究中心三大任务,即办好已有的硕士学位点,组织科研教学,创立条件,借助武汉大学博士点,培养青年教师,留住人才,积累力量;申办博士学位点,以便培养自身高级人才;建设重点学科,加强科学研究。张培刚的这一想法得到了学校领导的支持,75 岁的张培刚披挂上中心主任的头衔,开始了艰难的打拼。为了尽快培养一支自己的教师队伍,张培刚充分利用在武汉大学良好的人脉,得到武汉大学的支持,利用武汉大学经济专业的博士点,与谭崇台共同带博士生的机会,培养经济发展中心的青年教师队伍。这是一项具有远见的决策和措施,也是建设华中工学院文科经济专业的一大转折点。

凡事开头难。当经济发展研究中心开始创业的时候,条件十分有限,与张培刚创办经济研究所时一样,也只有"七八条枪",其中包括当时已经"超期服役"的孙鸿敞和胡俊杰两位返聘教授。当时中心只有一个硕士学位点,没有专业立足,于是有人提出了"红旗到底能够扛多久"的疑问。不过,中心的团队很团结,特别是几位青年硕士生很有培养前途。尽管人员少,无经费来源,难以扩展,但张培刚以耄耋高龄,日夜操劳,竭力尽智。

张培刚总揽全局,筹划有方。谭慧内外兼顾,整理张培刚的文稿,出版《张培刚文集》,在外帮助筹办在职硕士研究生班。孙鸿敞、胡俊杰在中心创办初期,在年轻教师尚未获得高级职称时,独当一面,培养全日制和在职研究生,并为申报博士学位点做好铺垫。

学校由于原先是工科院校,办理、文、管学科时间不长,经济学科获得硕士学位的时间较晚,特别是缺乏应有的教师梯队,因此,较长时间内没有取得博士点,在一定程度上制约了学校经济学科的发展。加上经济专业在校内并未得到足够重视,青年教师们看不到前途,难以安心工作,不少优秀教师报考国内其他重点大学的博士研究生。这一问题严重阻碍了学校经济专业的持续健康发展。为了解决这个问题,利用武汉大学经济学院的博士学位授予权,从1989年起,张培刚挂靠在武汉大学经济学院,与谭崇台一起共同培养青年教师攻读博士学位。1994年,华中理工大学西方经济学博士点申办失利后,张培刚更加感到培养一支高素质的青年教师队伍的重要性,他老当益壮,不顾体力衰微,带领青年教师在干中学,学中干,不断拼搏。他经常组织课题和重点学科的研究,按期举行双周学术研讨会,获得了很好的效果。在较长时间内,华中理工大学与武汉大学经济学院联合培养博士生,徐长生、张卫东、林珏、刘建州、汪小勤、张建华、方齐云、宋德勇等一批年轻教师就是通过这种途径获得博士学位的。这为学校经济学科的发展作出了很大的贡献。

张培刚在培养自身队伍的同时,更加注重重点学科的建设。20世纪80年代末90年代初,张培刚为使发展经济学摆脱困境,倡议建立具有中国特色和其他发展中国家特色的新发展经济学。他认为世界上尚有大多数农业国家或经济落后的国家和地区，还远未实现工业化和现代化，就发展经济学任务言，仍然具有生命力，可以说是方兴未艾，大有作为。但关键是要扩大研究范围，包括实行计划经济的发展中社会主义国家；同时还要改进研究方法，加深分析程度，不能单纯以经济论经济，而应结合各国或各地区的历史、政治、文化、教育等诸多方面进行综合考察，追根溯源。诸如发展经济学的创建、促进宏观和微观经济学的研究向纵深发展。1997年，张培刚又在与厉以宁合著的《宏微观经济学的产生和发展》一书的基础上，大量充实和丰富了微观经济学的内容，以专撰巨著出版。围绕发展经济学学科建设，张培刚提出把发展中大国作为重要研究对象，运用历史的综合的分析方法，首次撰写发展中国家自己的发展经济学的学术专著，同青年教师进行了深入探索，于1992年出版了《新发展经济学》。此后又根据形势的变化，对其进行了修订再版，调整和改写了许多原有的章节，扩大和补充了许多新的内容，使该书进一步得到了完善，使其成为华中科技大学经济学科的学术品牌，有很高的学术价值和重要的现实意义。

俗话说"十年树木，百年树人"，人才培养是高等学院的首要职能，毕业生的质量是衡量大学水平的根本性标志。这一时期，张培刚的主要工作是给研究生上大课和指导研究生的论文，也着重培养并提高教师的业务水平和工作能力。他创建了经济学科的双周研究座谈会制度，规定所有的教师和研究生都要参加，不准迟到和随便请假。在双周研究座谈会上，张培刚的讲课内容十分丰富，涉及的面也很广，有时讲重大的学术问题，有时介绍国外的学习方式，有时讲做学问的经验，有时讲自己治学的方法，有时要求学生谈自己的体会。方式灵活多样，大家很有收获。他特别指出：治学要渊博结合，史论结合，文理结合，在学习西方经济学时要熟悉中国的历史与文化。学校经济学科在 80 年代创立之初，尽管条件艰苦，但在张培刚等的带领和指导下，培养了一批优秀学生，现在已经在国内崭露头角。在培养教师梯队上，除了听课之外，张培刚还根据各人的条件不同，分别采取不同方式，或送教师去国外学习，或留在工作岗位上由他指导，帮助提高。

为了适应社会需要，从 1990 年起，经济发展研究中心还和经济学系、数量经济学系一起先后开办了西方经济学专业在职硕士研究生课程班，并接受在职人员以同等学力申请硕士学位，培养了大批各地各部门的不同岗位的在职干部，取得了良好的社会效益。1994 年又利用国家学术委员会授予的自主设置硕士点的权利，在管理学院以及学科下增设了工业外贸硕士研究生专业。这样到了 1994 年经济学院成立时，经济学科共有技术经济、国际贸易、数量经济学 3 个本科专业和西方经济学、工业外贸 2 个专业硕士学位授予权。

经济发展研究中心成立以后的 6 年间，虽然机构变动频繁，但学科建设、科学研究、人才培养诸方面均取得了骄人的成绩。这一时期陆续培养了一大批硕士研究生，如王新屏、倪进、王喆、李佐军、钟德胜、喻大学、杨卫东、霍达、陈振宇、巴曙松、邢毓静、陈文新等，如今他们已成为学术界、政府管理部门或工商实业界的中坚力量。

三、推动经济学院跨越式发展

1992 年春，邓小平南方谈话发表，社会主义市场经济的春风吹拂神州大地。为了抓住机遇，谋求经济学科和管理学科的发展，张培刚于 1994 年 3 月向校长杨叔子提出将经济与管理学院分设为经济学院和管理学院的建议。张培刚认为将经济与管理学院一分为二，有利于学科的发展，这样经济学院可以集中力量做经济学理论研究，管理学院主要做企业管理研究。当时，一些同志感到经济专业还十分薄弱，主张不分。但是，张培刚据理力争，以谋求经济学科有更大更好的发展。校领导十分重视张培刚的这一意见，于这年4月果断决策，在原经济与管理学院的基础上，分别成立经济学院和管理学院，经济学院由原经管学院的经济学系、金融系、数量经济研究所和学校直属的经济发展研究中心四个部分组成。张培刚为经济学院的名誉院长，林少宫为顾问，特聘湖北省社科院院长、著名经济学家夏振坤为院长。对于全国理工大学类首家经济学院的成立，湖北省、武汉市的主要领导给予高度的重视。

1994年6月18日，华中理工大学召开经济学院成立大会。湖北省省长贾志杰和省委副书记钱运录等打电话祝贺经济学院成立。省委常委、常务副省长李大强，省委常委、宣传部长王重农，省人大常委会副主任李金铭，武汉市副市长孙志刚等省市领导莅会祝贺。武汉大学、中共武汉市委宣传部等单位送来了贺信、贺礼。李大强代表中共湖北省委、省人民政府对经济学院的成立表示祝贺。孙志刚代表武汉市人民政府表示将一如既往地大力支持华中理工大学。校长杨叔子在会上表示有信心把经济学院和华中理工大学办成一流水平的学校。

当时摆在学院领导班子和教师们面前的一个首要问题，是如何确立学科发展的战略方向和思路。张培刚和夏振坤等在多种场合表示，要使学院的领导和教职员工认识到社会主义市场经济已被确立为中国经济体制改革的目标这一宏观大背景的改变，使得西方经济学这一现代市场经济的基础理论学科在我国大有用武之地；另一方面也要看到当时学院具有得天独厚的条件，要充分利用学院所具有的人才资源。张培刚呼吁，新成立的经济学院不能再沿袭文理综合性大学以传统政治经济学为基础发展演变的老路，而必须努力跟踪和追赶现代市场经济学的潮流，走直接与国际先进水平逐步接轨的新路，即国际化之路。在中国，经济学这一学科门类被分为理论经济学和应用经济学2

个一级学科，前者又细分为 6 个二级学科，后者又细分为 10 个二级学科，共有 16 个二级学科。面对如此庞大的学科体系，经济学院确立了以获得西方经济学和数量经济学制高点突破的思路，因为前者是现代市场经济学的基础理论，后者是现代市场经济学的基本方法，这 2 个一级学科发展壮大起来，既可以使科研和人才培养跟上市场经济和国际化大趋势，又可以使其他二级学科比较容易地派生出来。方向明确了，思路清晰了，再加上措施得力，学科建设就能一步步地快速向前推进。

经济学院成立之初，只有 30 多名教师，而且是"老的老，小的小"，处于严重的青黄不接状况，年龄结构、职称结构、学历结构、知识结构很不合理。当时，35 岁以下的青年教师占 2/3 以上，60 岁以下的教授只有 1 人，而且快到退休年龄。除了张培刚和林少宫是留美博士外，只有徐长生、张卫东两位青年教师有博士学位，有硕士学位的教师比例也不高。教师是办学的主体，学科建设也好，科研教学也好，归根结底要靠教师的素质和水平。因此，师资队伍的建设迫在眉睫。张培刚和夏振坤确定以青年教师的培养为中心，充分发挥老教师的传帮带作用，着力建设一支高水平的师资队伍。

首先，利用张培刚挂靠在武汉大学西方经济学专业招收博士生的机会，分批选送了多名青年教师在职攻读博士学位。1992 年 9 月，由张培刚与武汉大学经济学院名誉院长谭崇台联合培养的 2 名发展经济学方向的在职博士生徐长生、张卫东通过了博士论文答辩，成为学校培养的第一批文科博士。之后，又有 6 位青年教师获得了博士学位，除 2 位调出学校外，其余 6 人后来均成为学校申报西方经济学博士点学术梯队的主要成员，先后成为教授和博导，成为经济学院的学术带头人或学术骨干。其次，还选送了一批优秀青年教师到本校管理学院和外校攻读博士学位。再次，学校 1998 年在获批西方经济学博士点以后，加快了经济学院中青年教师攻读博士学位的步伐。对于以张培刚挂帅的西方经济学博士点的成功通过，张培刚是这样表述他当时的心情的："1998年夏，就在我本人迎来85周岁生日之际，喜闻我校申报的西方经济学博士点，获得国务院学位委员会批准通过。此刻，我百感交集：一则感叹像我这样一位已年逾八旬的老学者挂帅获得博士点，恐怕在全国，甚至在全世界，都是极其少见的?！二则感叹在一所理工科院校里创办像经济学这样的人文社会学科，其经历的艰辛和困难恐怕也是令人难以置信的?！三则可以告慰的是，在我身边的一批年青的研究人员终于成长起来了。"①

在大力推进青年教师博士化的同时，张培刚还千方百计争取机会，推荐优秀中青年教师前往国外大学访问进修，开阔视野，进一步提高学术水平和外语水平。经济学院在获得西方经济学专业博士点后，又于2003年相继获批数量经济学专业博士点和理论经济学博士后流动站、西方经济省级重点学科和人文社科重点研究基地现代经济学研究中心。西方经济学科成为华中科技大学二级学科中的国家重点学科，标志着学院部分学科已经进入了国内前列。

2003年在人民网公布的《中国大学评价》排名榜上，华中科技大学的经济学科的整体水平已居全国高校第十五名，其中西方经济学研究生专业于2002—2003年度已连续两次名列前茅。截至2004年，经过几次专业调整和增补，华中科技大学经济学院已拥有西方经济学、数量经济学、金融学、国际贸易学、世界经济、国民经济学等6个硕士点和经济学、国际经济与贸易、金融学、金融工程、统计学等5个本科专业。与1994年建院比较，本科学生由300多人扩大至千余人，硕士生由20多人扩大至200多人，博士生由零到150多人。经济学科已经建立起比较

---

① 张培刚：《〈农业与工业化〉中下合卷出版说明》，张培刚著：《农业与工业化》（中下合卷），华中科技大学出版社2002年版，第3页。

完整的学科体系，已具有相当的规模和实力，并显示出良好的发展前景和较大的发展后劲。经济学院拥有了经济学系、金融学系、国际经济与贸易系、张培刚发展研究院、现代经济学研究中心、创新发展研究中心、经济发展研究中心、数量经济与金融研究中心、数量经济研究所、金融工程研究所、产业经济研究所、企业经济研究所、制度与产权经济研究所、国际商务研究所、农村发展研究所、区域发展与循环经济研究所、国防经济与装备战略管理研究所等教学和研究机构。

在经济学院成立10周年暨经济学科建设23周年的日子，《经济日报》和人民网报道说："作为早期以理工科为主体的华中科技大学，在短短的20多年时间内竟然培养出许多蜚声海内外的经济学家，被经济学界称之为奇特的'华中科技大学经济学家现象'。培养出这么多经济学家，对综合性或者以文科为主的知名大学也许算不了什么，但对像华中科技大学这样新型的理工科大学竟然培养出如此多经济学家的确不多见。"而在"国际经济学界前1000位经济学家"19位华人中，华中科技大学毕业的有3位，该校毕业生石寿永排名第48位。清华大学经济管理学院推出了高薪聘请国际高水平的学者担任"讲席教授/特聘教授"制度，他们从海外聘请的10余位知名的经济学家中，毕业于华中科技大学，后到国外深造的就占5位，即徐滇庆、艾春荣、石寿永、谭国富、田国强。在国务院发展研究中心，华中科技大学毕业的经济学家更是让人刮目相看，谢伏瞻两次荣获孙冶方经济科学奖，多次主持和参与联合国开发计划署、世界银行、亚洲开发银行的课题，其"东亚金融危机跟踪研究"、"国有企业改革与发展政策研究"、"金融风险与金融安全"、"完善社会主义市场经济体制研究"等重大项目，对我国的宏观经济政策、公共政策、区域发展战略和企业改革战略的拟定和健全有重要参考价值，被国务院授予"有特殊贡献专家"称号。

另外，中心下属的3所7部中，华中大校友张军扩①、陈小洪分别担任市场经济研究所和企业研究所的所长，巴曙松②为金融研究所副所长，李佐军③为资源与环境政策研究所副所长，在经济政策研究领域享有盛名的国家发展改革委员会对外经济研究所所长张燕生等也毕业于华中大。这就是说，华中大有的校友已经成为辅助国家相关经济决策的骨干力量之一。在以张培刚领衔的发展经济学，不仅在国内，而且在国际上也有一席之地。华中大经济学科的成熟是融合了几方面的传统，其中最突出的是武大经济学的学术传统和华中大的务实作风。老一代学者治学风格在学界心口相传，代代相继。④

在张培刚倡导下，经济学院始终坚持育人为本的办学理念，把最多的精力和时间倾注在教学和人才的培养工作上。学院积极吸收和借鉴世界一流大学经济学科人才培养的模式和经验，根据国家改革开放和现代化建设对人才培养提出的新要求，先后进行了3轮本科生和研究生的教学改革，不断调整和完善课程设置，更新教材和教学内容，改进教学方法和研究生培养方式，

---

① 张军扩，1961年出生，陕西临潼人。研究员。1982年7月毕业于西北大学经济系获经济学学士学位。1985年毕业于华中理工大学，获经济学硕士学位。是1998年孙冶方经济科学奖获得者，著有《建立社会主义市场经济体制基本框架评价体系研究》等书。2004年9月任国务院发展研究中心发展战略与区域经济研究部部长；1996年12月任国务院发展研究中心学术委员会副秘书长。2010年11月任国务院发展中心党组成员、办公厅（人事局）主任。2013年3月任国务院发展研究中心副主任。

② 巴曙松，1969年出生，湖北新洲人。获华中理工大学工学学士、经济学硕士学位，获中央财经大学博士学位，北京大学博士后。国务院发展研究中心金融研究所副所长，研究员，博士生导师。为享受国务院特殊津贴专家，中国宏观经济学会副秘书长，中国银行业协会首席经济学家。曾担任中共中央政治局集体学习主讲专家，并在华中科技大学、中国科技大学、北京大学等多所高校任兼职教授，主要研究领域为金融机构风险管理与金融市场监管。著有《中国外汇市场运行研究》、《中国金融市场发展路径研究》等。

③ 李佐军，1966年出生，湖南安化人。获华中理工大学学士、硕士学位，获中国社会科学院博士学位。硕士、博士先后师从于著名经济学家张培刚和吴敬琏。现为国务院发展研究中心资源与环境政策研究所副所长，研究员，博士生导师。著有《人本发展理论——解释经济社会发展的新思路》、《中国的根本问题——九亿农民何处去》等，先后四次获得中国发展研究奖一等奖、二等奖，获得农业部优秀论文二等奖等。

④ 记者梅绍华、郑明桥，实习生汪萍：《海外兴起"华中科技大学经济学家群现象"》，《经济日报》2004年8月4日。

加强思想工作和规范化管理。经济学院建立了本科生、硕士生和博士生三个层次循序渐进的完整课程体系，而且基本上做到了与国际一流大学的相应课程设置接轨。根据"厚基础、宽口径"的培养要求，经济学院本科生各专业前三年课程和研究生学位课程打通教学，本科生和研究生在外语、数学、人文社会科学、自然科学与技术、经济学基础理论与方法以及专业知识等方面能受到良好的教育，形成合理的知识结构和较强的社会适应能力。

根据国际化的培养要求，经济学院构建开放式办学体系，与世界知名高水平的一流学者开展各种形式的交流与合作。张培刚倡导开设双学位班，10余门专业基础课程使用国际上流行的英文原版教材，实行双语教学。张培刚邀请美国印第安纳大学经济系教授石寿永在经济学院用英语讲课，增加答疑时间，并请3位博士进行课后辅导。越来越多的人被这种英语教学课堂吸引。麦克法登（2000年诺贝尔经济学奖获得者）和赫克曼、赫尔维茨（2007年诺贝尔经济学奖获得者）、张五常[①]、邹至庄、拉丰等一大批国际著名经济学家被聘请为名誉教授，并邀请董辅礽、厉以宁、吴易风、何炼成、晏智杰等著名经济学家来院讲学。此外还实行了授课教师上岗招聘和应聘制度。

为了改进教学内容，张培刚建议经济学院大量引进国际一流大学的教材、教案习题及阅读书目，要求授课教师至少跟踪国内外一位名教授同门课程的教学内容。为了培养学生的科研能力，专业课程和研究生专业课程实行研讨式教学，布置经典和前沿文献供学生课下阅读；还定期和不定期地举行学生学术沙龙、读书班、研讨会、辩论会和研究生学术年会，以及创办学生刊物，建立丰富多样的第二课堂。

[①] 张五常，1935年出生于中国香港，国际知名经济学家，新制度经济学和现代产权经济学的创始人之一，曾任香港大学教授、经济金融学院院长。1967年获加州洛杉矶分校哲学博士学位，先在芝加哥大学任教，后成为华盛顿大学经济学教授和香港大学经济学教授。1997年，任（美国）西部经济协会主席。

为了培养一支有较广阔视野和较深厚学术水平的教师队伍，经济学院采取了送出去的方式，让教师们了解国际同学科研究和应用的现状及学术前沿，不断地学习和应用国外学科研究的新理论和方法，国内和国际学术交流频繁。张培刚建议经济学院鼓励教师出国学习、访问，对于自己联系、学院同意派出的教师，5年内学院资助一次，即若对方无资助，其往返的机票和3~6个月的住宿费由学院先行核算，按核算金额由学院给予资助；若对方有部分资助，学院作适当资助。通过这些请进来、送出去的方式，更新了教师的知识，提高了跟踪本专业国际研究前沿的自觉性。

　　张培刚寄希望于经济学院：一是吸引大量海内外优秀人才，建设一流师资队伍。从2008年开始，学院每年引进2~5名海内外优秀人才。学院在学校政策的基础上制定了一系列的配套政策，对海外的优秀人才从20万元年薪开始起步，学院从发展基金中拿出一部分基金加大人才吸引力度。二是在科研方面要做到顶天立地。所谓顶天，即支持和鼓励教师和研究生在国际知名刊物上发表高水平论文，体现学院的科研水平；所谓立地，即围绕国家、湖北省发展的重大战略问题做好研究，扩大服务社会的能力。第三，在人才培养上，一方面，在抓好面上人才培养质量的同时，着重培养拔尖人才。学院选拔优秀的本科生组成实验班，并将实验班纳入启明学院创新计划。配合导师制，学院对这类拔尖人才进行着重培养。另一方面，要大力培养交叉人才，发挥学校综合性大学的优势，为工科、理科、医科学生开设更多的经济学课程，扩大招收第二学士、第二硕士人数，通过学科交叉，培养出更多的复合型人才。经过若干年（5~10年），使经济学院的整体发展能够进入国内高校前列，实现学校建设世界高水平大学的总体目标。①

---

① 《华中科技大学周报》2009年4月27日第3版。

第十三章 再创辉煌

20世纪40年代后期，西方国家逐步形成一门综合性的经济学科的一个分支，即主要研究贫困落后地区或发展中国家如何实现工业化、摆脱贫困、走向富裕的经济学。《农业与工业化》成为这门分支学科的奠基之作。进入80年代后，张培刚面对西方发展经济学出现衰退的端倪，而世界上多数发展中国家和地区并未发展起来的现状，在1988年参加国内外的学术会议上倡议创立新发展经济学，再次扛起开拓创新的大旗，主张拓宽研究范围、改进研究方法，并从发展中国家实际情况和根本利益出发，在借鉴和吸收以往成果的基础上，建立比较全面的、新型的发展经济学理论体系，引导发展经济学走出困境。作为发展经济学的奠基者，他不仅为落后的农业国家的工业化理论奠定了基础，而且为发展经济学的新生指明了方向，给改革开放的经济理论界点燃了一盏明灯。

1989年6月至12月，张培刚先后在《经济研究》、《经济学家》发表《发展经济学往何处去——建立新型发展经济学刍议》和《关于建立新兴经济学的几个问题》。1990年，已古稀之年的张培刚再次奋起从学，主编出版专著《新发展经济学》，实现了研究立场、对象、主题、方法的重大变革，引导发展经济学走出困境，为发展经济学实现新的突破和飞跃作出了重大贡献。他在《新发展经济学·序言》中写道："回想本世纪40年代初期，我在美国哈佛大学撰写博士论文，在研究征途上进行第一次探索，以中国为立足点，以《农业与工业化》为标题，从世界范围内探讨'农业国工业化问题'，那时我还只是30岁左右的青年；而现在，在将近半个世纪之后，我已是年届八十的老翁，又鼓起余勇，在学术征途上作第二次探索，和全国一些中、青年学者一道，撰写出这本《新发展经济学》，……这是又一次尝试……"① 随着以张培刚为代表的经济学家们的不断拓新，中国的发展经济学在世界上占据了越来越重要的地位。

一、"发展经济学向何处去？"

张培刚把1978年春应中国社科院经济所之邀，主持编撰外国经济史卷看作是他重返理论界并与全国经济学界重新接触的开始。1978年底召开的十一届三中全会，开启了中国改革开放之门，这使张培刚开始有机会阅读到大量的包括发展经济学在内的西方经济学书刊，才知悉从第二次世界大战后50年代末期以来的20多年间，西方发展经济学作为一门独立的学科，茂然兴起，专门著作和教科书接连出版，可谓盛极一时（国内翻译和介绍发展经济学以及有关农业国工业化问题的书刊，亦相继出现），但好景不长，到了80年代初中期，美国经济学家赫希曼（A. O. Hirschman）在美国《经济学季刊》1980年第二期上发表了《发展经济学的兴起和衰落》一文，1983年伦敦经济事务研究所出版了英国经济学家拉尔（D. Lal）的《发展经济学的贫困》一书（1985年由美国哈佛大学出版社重版）。迨至1986年，美国经济学家拉尼斯（G. Ranis）和费景汉教授于1986年在美国耶鲁大学经济增长中心召开的第二十五届发展经济学年会上，提出了《发展经济学：下一步迈向何处？》的学术报告。他们的意见，或说"发展经济学在兴盛一阵之后，已开始衰落"，或说"已濒于灭亡的困境"，或说"发展经济学到了七八十年代，已经不像五六十年代那样繁荣昌盛，而是由高潮转入

---

① 张培刚主编：《新发展经济学·序言》，河南人民出版社1992年版，第8页。

低潮，处于所谓收益递减阶段"。总之，发展经济学濒临困境，正走"下坡路"。①

面对西方发展经济学由盛转衰的剧变，作为发展经济学奠基人的张培刚颇感惊讶，继则又深感困惑：何其兴衰剧烈短促乃尔?！这样重大的问题，不得不促使张培刚面向世界形势，结合发展中国家的历史和现状，反复进行思考。张培刚向西方发展经济学家，也包括国内研究这方面的同仁，其中包括他自己，提出了亟待弄明白并须迫切加以解决的几个问题：

第一，为什么当今世界上绝大多数落后的国家或发展中国家，正有待于经济起飞和经济发展，有待于实现工业化和现代化，而西方发展经济学竟然宣告"濒于死亡困境"或正在走"下坡路"呢？本来，第二次世界大战后西方发展经济学在五六十年代的兴起，乃是顺应当时许多经济落后的国家，或刚刚获得独立的前殖民地或半殖民地国家，力图从经济上摆脱长期的贫困境遇和依附地位的这种普遍愿望而出现的。它体现了时代发展的客观要求。现在二三十年过去了，也只有极少数的国家和地区在经济上有了显著的发展。可见发展经济学所担当的任务，还远远没有完成。既然任务在肩，这个新兴学科岂能遽然消亡？

第二，即使就第二次世界大战后已经发展起来，并且初步实现了工业化的极少数国家和地区而言，它们大都幅员较小，人口较少，例如亚洲"四小龙"，其中除了韩国和台湾地区外，新加坡和香港地区都是城市国家或地区，缺少典型的农业特征。至于世界上历史悠久、幅员广大、人口众多的大国，无论是实行计划经济体制的中国，或是实行市场机制的印度、巴基斯坦等国，虽然战后三四十年来有了相当大的进步和发展，但还没有哪一个转变成为发达的工业化国家。它们的生产技术特别是

---

① 张培刚：《新发展经济学的思路》，《江海学刊》1994年第3期。

农业生产技术还相当落后,交通运输等基础设施也远未具备,人均收入仍然较低,国内各个地区在发展层次上的差别仍然巨大,远未达到能够协调发展的程度。这其中的原因安在?是否还有超越社会制度之上或在现行制度之外的根本性原因仍然阻碍着这些大国的经济发展?这个问题是特别值得深思的。

第三,战后数十年来的西方发展经济学,除了个别学者或个别著作外,大都未涉及实行社会主义计划经济的发展中国家的经济问题,研究对象几乎全是实行私有制和市场机制的发展中国家。这当然是不够全面的,也是亟待补救和予以改正的。

针对上述几个问题,张培刚认为:"第二次世界大战后,西方发展经济学之所以在兴盛了一阵之后而陷入了当前的困境,并不是说明它已经圆满完成了时代赋予的历史任务,而恰恰相反,它在过去的二三十年间虽然取得了一定的成效,但由于当今实际上大多数发展中国家,仍处于贫困落后的境地,尚未实现经济起飞,故就时代任务的要求而言,则仍然相距甚远。其所以会造成今天陷入困境的局面,主要是由于过去发展经济学本身在研究范围和研究方法上存在着重大的缺陷和严重不足造成的。""发展经济学不应该'趋于衰落'、'濒于灭亡',而应该是任重而道远,前途大有可为。"张培刚进一步认为,"但要做到这样,应该对发展经济学的研究范围和内容,连同研究方法,加以彻底改造和革新,并在此基础上建立一种'新型发展经济学'"。[①]

1988年10月13日下午,青岛海军疗养院会议室内气氛融融,张培刚正在为华东地区外国经济学说研究会第五届年会的全体代表作一场精彩的学术报告。张培刚根据自己的研究和反复思考所得到的认识,作了《发展经济学往何处去——建立新

---

① 林珏:《"发展经济学方兴未艾"——张培刚教授谈发展经济学》,《华中工学院学报》1988年11月19日。

型发展经济学刍议》的报告。张培刚指出，西方经济学界有人认为进入70年代后发展经济学由高潮转入低潮，处于"收益递减阶段"，于是论断"发展经济学快死亡"，这种论断是错误的。第一，发展经济学不仅不会死亡，而且还会发展；第二，若将发展经济学理解为农业国家或经济落后国家如何实现经济起飞、实现工业化和现代化的话，那么发展经济学仍然充满生命力，可以说是方兴未艾。要做到这一点，需两个条件，一是扩大研究范围，原来的发展经济学研究都是以一些小国或地区（包括岛国）为代表的，像刘易斯等人都是以牙买加这样的一些小岛国，最多也是以后来的亚洲"四小龙"这样小经济体为背景的。从他们总结出来的一些理论上升到一些模型，当然无法解释所有的国家，尤其是对发展中大国，像中国、印度、巴西这样的国家，它的实用性是大打折扣的。二是加深研究。研究方法上要改变，原来的讨论只是就经济问题谈经济问题。而大国，或者说像这些发展中国家，有悠久历史的这些大国，往往是有很多因素在起作用的。比如，政治、文化，还有一些历史沉淀的东西，因为历史的因素在里面，它有一个依赖性。就是说你今天的发展肯定跟过去之间有千丝万缕的联系，用现在的话说，有一个路径依赖。所以在研究方法上面，要进行改变。改变不仅仅是就经济谈经济，应该要用一个综合的，用一种多因素的，包括政治、经济、文化、历史，这种视角来看发展问题。张培刚追溯了发展经济学本身的发展过程，指出农业国的工业化问题是发展经济学的最早渊源和主要问题或主要内容。张培刚诙谐、寓意深刻地用蚌壳、水牛、猴子等例子生动、形象地比拟了亚细亚生产方式、中国经济的起飞和发展经济的研究等问题。中国的经济结构是多元化的，官倒实质上就是双轨制加上我们过去的历史和多元经济结构的产物；中国经济的复杂性，有赖于政治体制的改革以及文化教育体制的改革。张培刚深入浅出、幽默的话语不时地引起了代表们会意的笑声。①

在这次会议上，张培刚进一步提出了建立新发展经济学的四点初步设想：

第一，要以发展中大国为重点研究对象，不论它是实行市场机制的，还是计划体制的；当然也要研究中、小型的发展中国家。

第二，必须从社会经济发展的历史角度探根溯源。研究发展中国家的经济起飞和发展问题，不能只就经济谈经济，而应联系历史、社会、政治、文化、教育等方面，综合进行探讨。只有这样，才能从方法论上加深分析程度。

第三，必须从发展中国家的本国国情出发，制定发展战略。就发展中大国而言，更应顾及各个地区间的发展层次上的差别和不平衡，既不能使先进迁就落后，但也不能仅"锦上添花"，而不顾"雪中送炭"，以致不断加大地区间的差别和倾斜。②

第四，必须正确认识和处理计划与市场的关系。应该看到，一方面，近些年来有不少实行资本主义私有制和市场机制的发展中国家，如印度，已经在一定范围内实行了国有或国营（大多为重工业、铁路和发电站等），并且在一定程度上实行了计划体制。另一方面，又有一些以公有制为主体的实行计划经济的发展中国家，如中国，已经兴起了少部分的私营和个体成分，并且正在引发、培育和扩展市场机制的因素。对这些问题的探索和研究，将在新发展经济学中占据非常重要的地位。③

张培刚的报告当即引起了与会者的热烈反响。更没有料到的是，晚饭甫毕，张培刚与谭慧漫步海滨后回到宾馆房间时，竟然发现房间里挤满了青年学者和好学之士。后来北京大学教

---

① 张培刚：《新型发展经济学的由来和展望》，《张培刚选集》，山西经济出版社1997年版，第675-676页。

② 张培刚：《我的市场经济观》（下），江苏人民出版社1994年版，第339页。

③ 张培刚主编：《新发展经济学·序言》，河南人民出版社1992年版，第5页。

授晏智杰也赶来参加。大家争先恐后发言，有的说听了报告，受到了莫大的感染和鼓舞；有的说发言"有理论、有感情，特别是对中国广大农民怀着朴实的挚爱"；有的说张教授提出的新发展经济学，实际上代表着新的方向，其目的是想为中国的经济发展提供理论依据，使中国的学术研究能跻身于世界先进之林……大家谈得热情奔放、意气风发。最后，千言万语，归结为一句话，就是要张培刚立即牵头，由晏智杰协助，组织力量，尽快根据新的意图和设想，撰写出一部新发展经济学。时针指向凌晨一点，大家才意犹未尽地慢慢散去。张培刚后来回忆说：这天，不少学者吃完晚饭都不约而同地来到他的寝室，去呼应他的这个想法；他们恳请自己立即牵头，组织力量，尽快根据新的意图和设想，撰写一部"新型发展经济学"。

  1989年6月，张培刚前往德国参加一次国际学术研讨会。在这次研讨会上，张培刚提出这么一个想法，即应该把中国的改革和发展当中的一些问题，上升到理论层面。如果能够从理论上解释中国改革和发展中的问题的话，也许对发展经济学的再生、新生是有利的。

  1989年6月至12月，张培刚先后在北京的《经济研究》、成都的《经济学家》分别发表《发展经济学往何处去——建立新型发展经济学刍议》和《关于建立新兴经济学的几个问题》等文章。张培刚后来回忆道："我的关于'建立新型发展经济学刍议'的学术报告，以及紧接着在刊物上发表的有关文章，在全国经济学界，特别是在中青年学者中间，引起了热烈的反响，有的来信表示完全赞同，有的则表示愿意参与讨论和撰写工作。这对于我这个'理论拓荒者'来说，无异于得到了'千军万马'的神力，从而感受到莫大的鼓舞和激励。在此同时，我国的经济体制改革已经到了关键的十字路口：如何才能把改革引向继续前进和深化，冲破计划体制的牢笼和束缚，扫除它的障碍和弊端，充分引进和发挥竞争和市场机制的作用，正确运用市场在资源配置中的导向功能,从而使各类包括物的和人的生产要素的组合达到优化境界,使得人尽其才、地尽其利、物尽其用。"①

后来,张培刚又在《江海学刊》1994年第三期和江苏人民出版社1994年出版的《我的市场经济观》(下卷)中,分别发表了《新发展经济学的思路》和《新型发展经济学与我国经济体制改革的深化:从计划经济到市场经济的体制转型》等著名文章,更加深入细致地论述了新发展经济学的创立和发展。

2007年6月9日,首届中华发展经济学年会暨庆祝张培刚教授95华诞学术研讨会在汉召开,张培刚在谈到自己的治学体会时说:"虽说我写了上十本书和发表过若干篇文章,但最值得提出来的,就只有一本书和一篇文章。"张培刚提到的一本书是《农业与工业化》,一篇文章是他在《经济研究》1989年第六期上发表的《发展经济学往何处去——建立新型发展经济学刍议》。

二、创建新发展经济学

从1988年冬到1992年春,张培刚带领一班人在酝酿、准备他的变革之作《新发展经济学》。1990年5月,乘中华外国经济学说研究会在成都召开之便,张培刚邀集了到会的北京大学的晏智杰、上海社科院的杨建文以及华中大的孙鸿敞等10多位志同道合的中青年好学之士,包括个别老年学者,在晚间举行了第一次关于研讨和撰写新发展经济学的筹备会。

同年10月,围绕同一课题,在华中大举行了一次由全国30多位中青年学者和少数老年学者参加的规模较大的研讨会,探讨课题的重点和特色,进行总体部署。当时,武汉大学教授谭

---

① 谭慧编:《学海扁舟——张培刚学术生涯及其经济思想》,湖南科学技术出版社1995年版,第194页。

崇台、湖北省社科院研究员夏振坤等亦应邀出席会议，并表示积极支持。

12月18日至21日，张培刚又在保定河北大学主持编纂骨干会。年近80的张培刚竟然连续4天主持每天长达10多小时的紧张讨论会，拟定全书的提纲，安排撰写分工，表现了一种全身心投入的可贵精神。与会者除张培刚和杨欢进外，还有北京大学的晏智杰、梁小民，上海社科院的杨建文，南京大学的陈志标，宁波大学的石士钧，内蒙古大学的刘建国等。会上明确张培刚为总负责人，决定了各章的撰稿人，拟定了撰写体例的说明，并对时间进度进行了具体安排。

1991年4月底至5月初，在上海社科院主持召开的一次会议上，确定了该书的主编和副主编由张培刚和杨建文担任。同年7月底至8月初，由内蒙古大学经济系主任许柏年主持、刘建国协助召开了"发展经济学与中国区域经济发展研讨会"。当时，刚刚从加拿大多伦多大学、美国耶鲁大学、世界银行、贝克莱加州大学等处访问两个多月归来的张培刚，风尘仆仆，匆匆登机赴呼和浩特市参加会议。会后该书的主要编撰人员开了一次短会，除了讨论撰稿过程中涉及的问题外，并决定全书各篇必须在10月中旬以前完稿交齐，然后在华中理工大学统稿。

11月2日至7日，统稿会议在华中理工大学召开。到会者就各篇章文稿的中心思想、理论观点和结构体例进行了认真的审读和详细的评述。其中凡须作较大改动的部分，要求散会后由作者进行必要的修改或补充，一个月内完成交稿，并就撰写工作提出许多宝贵的意见和具体要求。与此同时，由张培刚主持的新发展经济学研究的课题，也得到了全国社会科学基金会立项资助。

最后的审稿工作，是从12月中旬开始进行的。由于张培刚和杨建文分别在武汉和上海，因而只有采取两地分阶段作业式的方法进行审稿、改稿和定稿。一系列的研讨会，从设想到大纲，从大纲到初稿、定稿，历经 4 年，一步步地孕育成熟。初审之后，张培刚从 1992 年 2 月中旬开始审阅、统稿，在徐长生、张卫东协助下，逐篇、逐章以致逐节地对文稿进行了最后的审读、议论和修改，至 5 月下旬全书审稿完毕。张卫东在回忆《新发展经济学》书稿统稿的情景时说：到了最后书稿统稿时，张培刚把我们召集在他居住的招待所一号楼的 201 室，当时在场的，包括张培刚在内有 3 个人，一个读，两个听，一字一句、一个一个标点地校对，如果有一句话有问题，就一起讨论，足足花了两个月才完成全书的统稿任务。他让我了解到，什么叫真正做学问。他是用求真的态度做学问，容不得一点浮夸。在整个审稿、统稿过程中，工作之繁重、琐细和艰苦，固不待言。

由张培刚主编、全国社会科学基金会资助、全国 12 所高等院校和科研单位的 20 多位老中青学者的集体研究成果《新发展经济学》于 1992 年 9 月，由河南人民出版社出版。

《新发展经济学》由 9 篇 33 章构成，共 36.2 万字。该书有两个突出特点：其一，史论结合，透过历史过程分析，得出理论结论。该书体现了张培刚以农业国工业化为轴心的一贯主张，研究了从前工业社会到工业化社会的历史演变过程及其类型。其二，由简至繁，由单项到综合，形成了独特的理论体系。该书从工业化的原初问题开始，分析了工业化运行的全过程，由发动因素到限制因素，由基本条件形成到产业结构的转换和区域经济的发展，由国际条件到相关问题如调节机制的选择等，形成了层次分明、颇为完善的理论体系。其中，张培刚撰写的总论阐述、概括了《新发展经济学》理论研究的三个方面的内容，即找出导致贫穷和落后的原因，探索促进经济增长和发展的方式，制定符合国情和时代潮流的政策。这三项工作是一个循序渐进的研究过程。重点结合发展中大国，特别是社会主义中国经济发展的实际问题，有不少理论创新。该书其余各篇章，如对发展中大国应该成为重点研究对象、农业国工业化是发展经济学研究的主题、传统文化的特点和演变、工业化的发动因素、现代乡村工业的兴起、第三产业的发展、经济割据现象与工业化的矛盾、通货膨胀问题等内容的论述和分析，都是过去发展经济学研究中的难点或空白，该书均作了开拓性的分析。特别是对"工业化的发动因素"的研究，将"创新"作为工业化的发动因素，并将技术创新和制度创新的理论贯穿于工业化问题的全过程。对"现代乡村工业的兴起"的研究，不是从概念出发，而是从历史与现实的条件出发，分析了传统乡村工业与现代乡村工业不同的特点及其演变趋势，从而肯定了现代乡村工业是工业化过程的一个组成部分，是整个工业化过程中必须出现的一个历史阶段。董辅礽和万典武认为，这部《新发展经济学》体现了"张培刚经济发展思想的重要特色"，同时，也是张培刚思想的"充实"和"创新"。[①]

张培刚认为：《新发展经济学》仅仅是"创新过程"中的"一部尝试之作"，只是"作为初步实现'新型发展经济学'设想的一个具体化代表"。概括起来说，它有下述 5 个特点：

第一，全书从指导思想到研究方法，从总体框架到重要论点，可以说是继承了《农业与工业化》的基本思想，仍然是以"农业国工业化理论"为主题。

第二，《新发展经济学》与《农业与工业化》一样，都是发展中国家自己的学者撰写的。他们站在发展中国家的立场上，为发展中国家的利益着想。他们都是在发展中国家土生土长，都不同程度地比较了解本国本地，特别是农村的情况。这些都有助于比较深入地理解问题，比较确切地分析问题，因而能使问题的分析和解决问题的办法，比较符合本国本土的实际情况。

第三，《新发展经济学》分析研究的对象以发展中的大国为重点，兼及发展中的中小国家和地区，改变了西方发展经济学

[①] 董辅礽、万典武：《〈新发展经济学〉评介》，《光明日报》1993 年 9 月 28 日。

以小国为分析重点的做法，从而使其理论和结论的适用范围更广。

第四，除了着重经济分析以外，《新发展经济学》更强调运用历史的、社会的、政治的、文化教育的，连同经济的综合分析法，进行考察。

第五，《新发展经济学》的研究对象，既包括以资本主义私有制为基础的、实行市场机制的发展中国家和地区，又包括实行以社会主义公有制为基础或主体的、实行计划经济体制和市场经济体制以及计划与市场相结合体制的国家和地区。书中还着重分析了计划与市场的矛盾关系及其相互结合的必要性以及条件和模式，并初步探讨了计划与市场两种体制互相转换的背景及其已有的和可能的途径和模式。最后，该书还对计划体制向市场体制的转型作了开拓性的分析。

《新发展经济学》突破了以往发展经济学研究的局限性，运用发展经济学的基本理论对发展中国家特别是对发展中大国的经济发展进行分析，因而书中的一些结论对发展中国家的发展具有指导意义。张培刚在序言中指出，西方经济学家在相当长的时期内，把工业化片面理解为仅仅是发展制造工业，而忽视了农业的发展，所以以往发展经济学对工业化的理解是片面的；并认为这是战后发展中国家工业化进程步履维艰和屡屡失败的重要根源之一，同时强调了工业化仍然是发展经济学研究的主题。书中还对工业化的含义作了新的广泛的说明，并论述了工业化与现代化的关系。认为在一定的情况下，"现代化"可以而且应该看作是阶段性的。在这一阶段内"现代化"的活动内容和变化情况基本上同"工业化"一致。但"现代化"与"工业化"之间又存在大不相同之处。"现代化"远比"工业化"广泛。"现代化"所包含的内容，除了"工业化"的内容外，还包含政治、法律、社会、文化和思想意识等方面的变革。而且"现代化"远比"工业化"久远。"一个国家或地区从以手工劳动为主的小农经济的社会，进化到以机器操作为主的社会化大生产的经济社会，就可以说它的工业化任务已基本完成"，而"现代化"还包含了无止境的不断变革的任务，"即便是先进的工业国或已经'工业化'了的国家或地区，仍然面临着继续不断地进行现代化的任务"。在此基础上得出结论："工业化是人类社会历史上的一个特定的发展阶段，而现代化则是人类社会不断向前发展的历史长河。"指出了现代化是无止境的，这就澄清了过去人们认为实现了工业化就实现了现代化，把工业化与现代化等同起来的模糊认识。①

《新发展经济学》对政府干预经济、计划与市场的关系的阐述具有独到之处，特别是对从计划经济体制向市场经济体制转换的探索，为中国经济体制改革作出了较大的理论贡献。该书指出这种转换可以是剧烈的快速的转换，也可以是缓和的渐进的转换，并特别强调这种体制转换能否奏效的衡量标准是能否解放生产力，促进社会经济的进步和发展，从而不断提高广大人民的物质和文化生活水平。这就意味着只要有利于解放和发展生产力，社会主义计划经济体制是可以转变为社会主义市场经济体制的。

这部新著的出版，不仅给处于"衰落"或"收益递减"阶段的发展经济学注入生机，使其发挥潜在的生命力，而且给建立具有中国特色社会主义发展经济学奠定了基础。这是张培刚为发展经济学的创立和发展所建立的又一个里程碑。

10月7日，河南人民出版社在郑州举办《新发展经济学》出版座谈会。胡代光、范家骧、陶文达等国内40多位著名经济学家和中青年学者，以及《人民日报》、《光明日报》、《经济日报》、《河南日报》等新闻单位的记者参加了座谈，对该书的出版给予了高度评价。董辅礽、万典武等10多位著名经济学家在

---

① 张培刚：《新发展经济学·序言》，河南人民出版社1992年版，第7页。

《光明日报》、《经济学家》等报刊上发表了10多篇书评；著名经济学家谭崇台、夏振坤等分别在其主编的教材或撰写的论文中，多次引用和评价《新发展经济学》的主要观点和重要贡献。1995年，该书荣获湖北省人民政府首届哲学社会科学优秀成果（著作类）一等奖。

就在张培刚率领富有朝气和活力的研究团队取得一批研究成果时，1998年夏张培刚85岁的生日之际，由张培刚挂帅申报华中理工大学西方经济学博士点，获得国务院学位委员会批准通过。张培刚决定调整原定计划，先行一步完成新发展经济学的另两部著作——《新发展经济学》增订版和《发展经济学教程》，然后在综合以往研究成果的基础上，编撰完善新发展经济学理论体系的其他著作。

世纪之交，张培刚率领研究团队修订《新发展经济学》。自1992年《新发展经济学》出版发行后，无论是国际还是国内，出现了若干重大事件，主要包括：由市场化取向改革推动的全球范围的由计划经济向市场经济的体制转化；由信息化和网络技术的兴起而推动的经济全球化；由经济自由化和扩大开放而导致的东亚经济繁荣、尔后却又陷入金融危机等等。这些问题，必然导致需要重新评价和进一步反思发展经济学的理论体系。为此，张培刚率领他的研究团队独立完成增订版编写任务，修订或补充撰写相关内容，由初版的36.2万字扩大到增订版的51.9万字。增订版由河南人民出版社于1999年10月出版。

发展经济学自诞生以来，学说繁多，观点不一。每一种研究思路都有其长处，亦有其局限性，在经济学的其他领域，还没有哪一个领域像发展经济学这样，其学说和范例难以得到普遍的认同。而长期以来，国内外已出版的各种发展经济学教科书，一般倾向于较多地采用西方发达国家学者的研究成果，相对忽视发展中国家（包括中国）学者的研究成果。为了克服这一缺陷，张培刚认为必须在研究内容和研究方法上完成一次综合，即在综合有关理论的基础上，以农业国工业化理论为主线，兼容并蓄，适当吸收西方各种经济发展学说和观点，向学生和读者提供一个较为完整的关于发展中国家经济发展的原理和政策框架。张培刚率领他的研究团队完成修订再版《新发展经济学》的同时，交叉地进行着另一部著作——《发展经济学教程》（简称《教程》）的编写工作，历时两年。《教程》于2001年12月由经济科学出版社出版。

《教程》的主要特点包括以下方面：

第一，《教程》对经济发展的基本理论和主要学说作出了比较全面系统的介绍，兼收并蓄东西方各种经济发展学说之优长，以一种综合的视野和方法展开分析，展示了一个比较有特色的学科体系。迄今为止，在西方影响较大的发展理论主要包括结构主义的经济发展理论、新古典主义的经济发展理论，以及新制度主义的发展理论等；在东方，同样存在各自的理论体系，如农业工业化理论。然而，从各种发展经济学教科书来看，一般倾向于采用西方发达国家学者的研究成果，相对忽视发展中国家（包括中国）学者的研究成果。为了克服这一缺陷，《教程》试图在发展问题的研究方法和内容上完成一次综合。就研究立场而论，《教程》始终站在发展中国家的立场上分析问题，这同农业国工业化理论和激进主义发展理论是一致的。就具体方法而言，结构主义的分析、新古典主义分析乃至新制度主义分析，都是可以借鉴和包容吸收的。尤其是结构主义和新制度主义的分析，这两种方法是分析不发达经济问题的重要工具。因为结构主义的不均衡和结构的调整及转换，仍然是发展中国家经济社会变革所面临的主要问题；与此同时，在社会经济结构转型中，各种经济行为主体（包括个人、民间团体和政府）的行为方式，对于经济发展的作用至关重要，而关于这一问题的研究，正是制度分析的主要领域。至于新古典主义的增长要素分析，也早已成为发展研究的一种基本工具。因此，在综合的基础上构建一个发展经济学的学科体系，是非常必要的，而这也正是《教程》的突出特点。

第二，《教程》研究发展问题，始终坚持了农业国工业化理论的基本分析框架，即以农业国工业化为主线展开分析。因为从战后发展中国家的发展道路来看，工业化是经济发展中具有根本性和决定性的基本内容。从这个角度看，发展中国家可以视为"处于工业化过程中的农业国家"，发展中国家的经济发展过程，可以具体而明确地称为"农业国的工业化"。从理论线索上看，农业国工业化问题之所以仍然是发展经济学的主题，主要有三个方面的原因：（1）发展中国家实现经济发展的起点或现实基础是农业国家，即以农业或农民或农村为主体和基础的研究；（2）发展中国家实现经济发展的目标或方向是工业化和现代化；（3）发展中国家实现经济发展的必然途径是启动和完成工业化。工业化是经济发展的核心内容，而农业国工业化理论可以合乎逻辑地将目前中西方发展经济学的内容统率起来，因此以农业国工业化理论为立论主线是重整和革新发展经济学的重要途径。

第三，在内容体系设计上，《教程》遵循了上述思路做出了不同于其他发展经济学教程体系的结构安排。全书共设4篇19章。第一篇为基本概念和一般原理，比较全面地阐述了对发展中国家及其发展的总体认识，包括发展经济学学科的概况、发展的目标和发展水平的度量、发展的主要理论、发展的发动因素和限制因素。第二篇为制度因素与政府作用，依次论述了制度与经济发展，计划、市场与体制转型，政府在经济发展中的作用。这一部分内容通常在许多发展经济学教程中被放在较后甚至是最后的位置。但张培刚认为：制度在经济发展中既起促进作用又起促退作用，它们对于人的行为具有十分重要的影响。发展中国家摆脱贫困的一个重要方面，就是要使穷人的行为方式实现转变，因此，制度的变迁就至关重要。与此相关，政府在经济发展的诸方面中扮演着相当重要的角色。鉴于此，张培刚将其提前到该书的较前位置来讨论这些问题，这也为后面的各章奠定了基础。第三篇为发展要素与国际条件，由 7 章构成，依次论述了影响经济发展的国内因素和国际因素，它们是人口、资源与环境，资本形成，基础设施，人力资本，技术进步，对外贸易，利用外资。第四篇为结构转换与城乡发展，由 5 章构成，依次论述了产业结构的变动、传统农业的改造与转型、乡村经济结构与乡村社会发展、城市化与乡村—城市人口流动、区域经济发展。在这里，尤其关注发展中国家乡村经济和社会的转型及发展。

第四，《教程》采用了最新文献，力求反映现代发展理论的新进展。张培刚和他的研究团队收集了截至 2001 年上半年的大量中外参考资料，包括各类发展经济学教材、专著和论文，以及一些国际机构的出版物和统计数据；并特别关注发展理论的现代进展，例如，发展目标和度量指标、信息化与工业化的关系问题、制度与体制转型问题、规模报酬递增问题、技术进步机制、经济全球化、乡村发展的微观机制等，同时，也关注到中国工业化、城市化的新发展，如科学发展观、建设资源节约型与环境友好型社会等。其中，也体现了张培刚所带领的研究团队完成的重要课题研究成果，如贫困测度、新型工业化与工业结构优化升级等。透过这些丰富的研究成果的著述，可以使读者"感受到发展经济学正在呈现出强大的生命力"。

第五，《教程》注重发展原理与政策分析相结合，密切联系实际，并作适当的引导。张培刚认为"发展经济学是一门应用性很强的学科，它的生命力在于其理论能否有效制定发展政策。由此，《教程》特别强调一般原理与政策之间的一致性和协调性"。从字里行间，几乎可以看到在每一个主要的发展问题上，都结合发展中国家或中国的发展实践进行分析，并提出适当的对策建议。从而可以看到张培刚等人的真知灼见。

《新发展经济学》增订本和《发展经济学教程》进一步实现了张培刚创建新发展经济学的构想,同时,通过这两部著作的撰著,还使张培刚身边的研究团队得到锻炼。

三、编著《发展经济学通论》

张培刚在编撰《新发展经济学》、《发展经济学教程》的同时,还考虑到发展经济学研究对象的扩大和研究方法的改进,特别是基于农业国工业化问题正是发展经济学的主题的考虑,因此他决定将原来准备撰著的三卷本《农业与工业化》的书名,改为"发展经济学通论"。20世纪80年代末90年代初的几年间,张培刚在组织志同道合者编撰《新发展经济学》的同时,也开始了《发展经济学通论》的编撰工作。两部书稿交叉进行,同时起步。

1991年3月,张培刚将原来的20余万字的《农业与工业化》修订、扩大补充成33万余字,以《发展经济学通论第一卷·农业国工业化问题》为书名由湖南出版社出版。张培刚撰写了一篇4万余字的总领全书三卷的"总论"。张培刚在这篇总论中,除了开头论述发展经济学的"困境"与"革新"途径,以及"发展经济学本身的发展过程及特点"外,还完善了他在青岛学术报告和论文中所提出的"建立新型发展经济学"的4点设想。

第一,建立新型的发展经济学,首要地必须从社会经济发展的历史方面来考察,探根溯源。张培刚指出:"回顾大战后30多年来,为什么当代西方发展经济学的理论和政策,如进口替代、出口鼓励、'国际大循环'等等,只在第三世界的极少数国家和地区,而且大都又是幅员狭小、人口较少的国家和地区,取得了比较成功的经验呢?关于大多数经济落后或欠发达的发展中国家和地区,……特别是那些幅员广大、人口众多、历史悠久的国家，阻碍经济发展的真实原因究竟在什么地方；然后'对症下药'，该泻的泻，该补的补，使得阻碍发展的因素得以消除，启动发展的因素得以真正发挥作用。基于这种理由，我认为要建立新型的发展经济学，首要地必须从现有大多数发展中国家和地区的社会经济发展的历史方面来进行分析研究，探寻阻碍经济发展的最终根源。"寻找出困扰这些国家经济发展的"历史幽灵"。经过反复研究和思考后，张培刚认为，"像中国、印度等世界文明古国，有着灿烂辉煌的早期文化历史；但在另一方面，它们的封建历史包袱也极为沉重"。它们的"这些历史包袱和因素，……至今仍然阻碍着其经济的稳定起飞和协调高速发展。我们甚至可以说，今天世界上几乎所有的发展中国家和地区，大都以不同的方式，并在不同的程度上经受着沉重的人口压力和封建制、殖民地的历史包袱所产生的对于经济起飞和经济发展的双重阻碍和困扰作用"。因此，"发展中国家的这些从历史上遗留下来的各种重大包袱，值得我们结合它们各自的具体历史情况，进行深一层的分析和研究"。①

第二，西欧、日本实现经济起飞和经济发展的历史经验，值得对照参考。在这里，张培刚就西欧和日本经济发展成功的历史经验，和当时中国落后的情况，进行了概略的对照考察和分析，初步探索出旧中国历史变革维新之所以屡遭失败以及资产阶级民主革命之所以未尽全功的部分重要原因。这些原因，很可能对于今天这个经济体制改革，乃至政治体制改革和文化教育改革，以及有计划的商品经济的发展，仍然起着巨大的阻碍作用。②

第三，建立新型的发展经济学，还必须从发展中国家的本

---

① 张培刚：《发展经济学通论第一卷·农业国工业化问题·总论》，湖南出版社1991年版，第21-27页。
② 张培刚：《发展经济学通论第一卷·农业国工业化问题·总论》，湖南出版社1991年版，第28-38页。

国国情出发，制定发展战略。张培刚指出，建立和研究新型的发展经济学，"还必须从发展中国家各自的具体国情出发，制定发展战略，就今天的中国而论，我认为最重要的国情就是应该考虑中国'多元经济'的特点和问题"，而"中国'多元经济'型的最大特点，那就是从横断面来看，西部最为落后，中部较为先进，东部或东南部沿海地区最为先进"①。

鉴于中国是这样一个大的发展中国家，它具有幅员辽阔并且属于多元经济类型的特点，因此在研究和制定中国的社会经济发展战略和政策措施时，张培刚指出必须特别注意以下几点：

（1）无论研究和制定何种社会经济发展战略和政策措施，决不能笼统"一刀切"，而应因地制宜，因各地的背景和条件不同而应有差别。②

（2）对于中国东部、中部和西部的经济发展，不能使先进的东部（包括部分偏南部分）地区和落后的西部（包括部分中部）地区之间的差别，益趋悬殊和扩大，甚至使先进地区的经济发展损害落后地区的利益或阻碍落后地区的起飞进程。③

（3）当前中国强调先发展东南沿海地区，这有其必要性，但如果中部不相应地及时崛起，大西北和大西南不能同时着手开发，则全国整个经济的起飞和持续协调发展，仍然不可能达到。④

第四，新型的发展经济学，应该研究社会主义国家的经济体制改革及其有关问题。张培刚指出，"从历史的经验看，一个发展中国家或地区，不论是属于市场机制私有制，还是属于计

---

① 张培刚：《发展经济学通论第一卷·农业国工业化问题·总论》，湖南出版社1991年版，第40-41页。
② 张培刚：《发展经济学通论第一卷·农业国工业化问题·总论》，湖南出版社1991年版，第47页。
③ 张培刚：《发展经济学通论第一卷·农业国工业化问题·总论》，湖南出版社1991年版，第47页。
④ 张培刚：《发展经济学通论第一卷·农业国工业化问题·总论》，湖南出版社1991年版，第48页。

划经济公有制，要想实现工业化起步或经济起飞，首先必须注重解决两大根本性的问题：一是加紧充实基础设施，二是抑制人口增长……并在注重解决这两大根本性问题的同时，作为实行社会主义公有制的中国，要想实行工业化和现代化，实现经济稳定起飞和经济协调发展，还必须进行经济体制改革以及有关的改革"。①

张培刚认为，中国进行经济体制改革的核心问题是，在一个社会生产力水平低下，市场从未健全发育过，而权力又高度集中的计划经济社会里，如何能够引进市场机制，发挥它的积极作用，使计划调控和市场调节得以有效地结合起来。这是当时世界上所面临的一个十分复杂而又很难解决的新问题，也是新发展经济学所必须探讨的一个主要课题。

对于这一主要课题，张培刚首先论述了计划经济与市场经济的对立性及其结合问题，其次，又论述了农业体制改革问题，提出克服短期行为、树立长远观点的论断。然后，他在论述经济体制改革成功的必要条件时写道：从理论上言，以及从历史上看，任何一个国家或一个社会，要进行经济体制改革，必须以政治体制改革为先导和保证，始能奏效。在我国的社会主义初级阶段，进行这种史无前例的经济体制改革，也必然是这样，要以政治体制改革作为先决条件。其理至明，不待深论。与此同时，还必须伴之以文化教育和科技等体制改革的同步进行，经济改革才能尽其全功。其中特别是教育改革的重要性，更是不言而喻的。

《发展经济学通论第一卷·农业国工业化问题》，是张培刚根据世界经济的新形势与经济理论的新动向，着重研究发展经济学的研究方法及有关理论问题、实际问题后，在《农业与工

---

① 张培刚：《发展经济学通论第一卷·农业国工业化问题·总论》，湖南出版社1991年版，第49-53页。

业化》基础上，作出的新的补充和论述。该书的新增内容，除导论的新增部分没有单独标题外，其余各章的新增部分为：第一章第五节的分析方法再论；第二章第五节的农业对工业化提供资金积累的作用，第六节的农产品供给与通货膨胀的关系，第七节的关于"需求弹性"的概念和公式渊源的探讨；第三章第四节的关于"工业化"定义的重新表述及其说明，第五节的"工业化"与"现代化"的联系，第六节的智力投资或"人力资本"投资，第七节的关于工业化"起步"或经济"起飞"问题；第四章第六节的土地改革是农业发展的前提条件；第六章第四节的外贸、外资与经济发展。

从上述标题看，除第五章外，各章都增加或补充了新的内容。这些新增内容，是张培刚在20世纪80年代末90年代初，围绕着农业国或发展中国家在工业化、现代化过程中遇到的一些问题所作的进一步考察、探索和研究，体现了张培刚创建新发展经济学所取得的新的成果和心得。

在1991年3月和1992年9月《发展经济学通论第一卷·农业国工业化问题》和《新发展经济学》两书出版后，张培刚已年近八旬，但仍打算在新发展经济学的思路下，继续完成《发展经济学通论》第二卷和第三卷的撰著工作。为此，张培刚率领经济发展研究中心的青年教师，多次拟定和反复修改第二卷和第三卷的提纲，并要求各位青年教师结合自己的博士论文选题，分成若干专题深入研讨，由张培刚和中心诸青年分别牵头申报相关课题，相继得到国家社会科学基金项目、湖北省社科"八五"和"九五"规划项目以及国家教育部人文社科规划项目等10余项资助。于是围绕着创建新发展经济学的研究和著述，产生了一批有价值的成果。同时，由张培刚和谭崇台联合指导的徐长生、张卫东、刘建州、汪小勤、张建华、方齐云、宋德勇等7位青年教师相继获得博士学位，由此，逐渐形成了一个较有生机和活力的研究团队。这就使得张培刚摆脱了"单枪匹马"

的"单干"局面。

张培刚反复思考后,决定将第二卷、第三卷两卷合卷,在内容的安排上,着重选取几个重要的问题展开分析,最后形成的书稿由6章构成。第一章"总论",着重论述工业化的定义及其重新解释,发展经济学的研究主题和分析方法的再认识;第二章"工业化的发动因素和限制因素再论",根据现有的理论进展和战后经验分析,着重从企业家创新管理才能、技术进步、制度创新和人口、资源与环境(这一方面涉及可持续发展问题)等四个方面来探讨发展中国家工业化的发动因素和限制因素;第三章"农业与工业的互动关系",首先概述发展经济学中有关农业作用的观点,然后讨论农业为工业化提供资金积累的作用,讨论农产品供给与通货膨胀的关系,讨论土地改革与农业发展及经济发展的关系,最后专门讨论中国的工业化与农业发展的有关问题,并提出关于中国工业化进一步深化过程中农业发展的一个初步思路;第四章"工业化过程中的结构调整与变动",着重结合战后发展中国家或地区和中国工业化实践的历程,进一步探讨产业结构、劳动力结构以及区域经济发生变动和调整的原因及机制作用,总结工业化过程中经济结构变迁的一般规律;第五章"对外条件下的工业化",着重结合第二次世界大战后的实践情况,进一步从理论和经验上,回顾和探讨开放经济条件下对外贸易和引进外资对发展中国家工业化和经济"起飞"的作用,并从正反两方面进行总结和概括;第六章"计划、市场与经济体制转型",着重探讨计划经济与市场经济这两种经济体制的矛盾及其结合和相互转换问题。

张培刚认为,这些问题是现实背景下农业国工业化的最为紧迫和极为关键的一些问题。至于包括中国在内的发展中国家在工业化和现代化进程中所遇到的其他问题,读者可以在其他著作,以及《新发展经济学》和《发展经济学教程》中看到更为详尽的讨论。张培刚认为,社会主义市场经济的基本特征主要有两点。其一是社会公平与市场效率相结合,其二是市场调节与宏观调控相结合。他的结论是:"我国所要建立的社会主义市场经济体制,就是要在市场机制对资源配置发挥基础性调节作用的基础上,充分发挥政府的宏观调控对市场的引导作用,实现两者的有效结合,也就是最终转换到作者所主张的'市场经济与计划调节相结合'的那种'主辅结合'模式。"他还补充说:"当然,以上的这两个基本特征如何具体发挥和体现出来,还要经过今后相当长的时间的实践摸索。"

2002年10月,凝结张培刚心血的《农业与工业化(中下合卷)——农业国工业化问题再论》由华中科技大学出版社出版。2008年,中国文库编辑委员会主持中国文库的编辑工作,收录20世纪以来国内出版的哲学社会科学研究、文学艺术创作、科学文化普及等方面的优秀著作。张培刚的《农业与工业化(上卷)——农业国工业化问题初探》、《农业与工业化(中下合卷)——农业国工业化问题再论》被选入中国文库哲学社会科学类出版计划,2009年9月由华中科技大学出版社出版。张培刚为他坎坷的经济发展理论研究画上一个句号。

四、完善新发展经济学理论体系

张培刚在撰著《新发展经济学》增订版和《发展经济学教程》以及《发展经济学通论》,研究有关问题的过程中,他考虑到如何完善新发展经济学的理论体系问题。经过反复思考后,他决定再一次调整撰著计划:"将原定《发展经济学通论》三卷的撰写计划,进一步扩充为发展经济学研究丛书,在华中理工大学(后更名为华中科技大学)出版社陆续出版。这套丛书包含《农业与工业化》上中下卷,其中中下卷也可以说是先前计划的《发展经济学通论》二三卷的主要内容。此外,丛书还包括世纪之交出版的《工业化进程中的农业》(方齐云,华中科技大学出版社1999年版)、《创新激励与经济发展》(张建华,华中科技大学出版社2000年版)、《经济转型问题研究》(宋德勇,华中科技大学出版社2000年版)、《二十世纪中国粮食经济》(张培刚、廖丹清,华中科技大学出版社2002年版)、《中国乡镇企业体制转型》(陈鸿仪,华中科技大学出版社2005年版)以及另外几本待出的专著。张培刚认为,《新发展经济学》与这套丛书相辅相成,相互呼应,其共同目标就是完善新发展经济学理论体系,并加强和推进中国工业化和现代化问题的研究。

张培刚自20世纪80年代开始领衔的科研项目,其中有战后工业化问题研究(国家社科基金项目,1989—1991年)、新发展经济学研究(国家社科基金重点项目,1990—1992年)、大国经济发展与中国的工业化和现代化(国家社科基金重点项目,1993—1995年)、发展经济学新发展与大国经济发展(湖北省社科基金重点项目,1992—1994年)、新发展经济学与我国经济发展(湖北省社科基金重点项目,1997—1998年)、南方湖区经济问题研究(国家"七五"课题)、我国农业市场化问题研究(国家"八五"课题)等,均获得了可喜的硕果。2006年12月,张培刚与张建华共同担当首席专家,主持国家社科基金重大项目——新型工业化道路的工业结构优化升级研究。在开题报告会上,看到在座的学者与年轻学生,94岁高龄的张培刚兴趣盎然,当场赋诗戏言自己是"人老心不老,前进不停止","仍有志向和意愿,同大家一道来完成这个重大课题"。在开题的全体成员的会议上,张培刚一再告诫课题组成员,一定要克服浮躁和急功近利的思想作风,只有认真负责、脚踏实地地开展调查研究,不断探索,才能取得较好的成果,才能为国家的经济发展提供可行的建议。由张培刚领衔的这项课题,旨在准确把握当时中国的基本国情和工业化发展阶段的基础上,以全球化的视角来考虑中国工业结构的优化升级问题,并提出相关的建议。华中科技大学校长李培根说,中国是世界上最大的发展中国家,研究发展经济学对我国制定科学的发展战略和政策、少走弯路具有极为重要的现实意义。而且，中国经济近30年来的快速发展创造了历史奇迹，为发展经济学的创新和发展提供了宝贵的沃土。在张培刚的指导和敦促下，课题组深入工厂、农村长达4年之久，最后完成了这项国家重大课题研究。

在完善新发展经济学理论体系过程中，值得一提的是张培刚与廖丹清在2002年编撰出版的《二十世纪中国粮食经济》。这是在20世纪40年代初张培刚撰写的《中国粮食经济》（未刊稿）的基础上对中国粮食经济问题继续研究的一部力作。

《二十世纪中国粮食经济》从张培刚启笔到全部脱稿逾越了60余年。1940年夏秋间，张培刚开始写作并于1941年初完成书稿。由于1941年8月，张培刚赴美国哈佛大学学习，这一书稿交由他在中央研究院社会科学研究所的同事张之毅保存。1946年7月，张之毅与张培刚在南京相见，此书稿回到作者手中。后来，整理书稿的任务时动时停。新中国成立后的30年，张培刚在将近30年的时间内完全失去了对经济学专业从事研究的机会；改革开放以后的20年，因忙于创建新发展经济学，一直未能有空余时间整理书稿。直到1995年春夏间，张培刚才将沉睡了近60年的《中国粮食经济》手稿（即《二十世纪中国粮食经济》前3篇部分）进行重新整理的任务提上了议事日程。张培刚在整理书稿的过程中，重新架构了书稿的篇章结构，形成了第一篇总论的主要内容，即第一章粮食问题之涵义、范围及其研究方法，第二章粮食问题与工业化，第三章对我国粮食自给程度的估计方法述评，其中粮食问题与工业化是整理后新增添的部分。手稿还构成了第二篇半封建半殖民地的中国粮食经济的全部内容。这两篇占据《二十世纪中国粮食经济》的大部分篇幅。1999年正值20世纪之末，21世纪即将到来，手稿整理甫毕，一个新的构想在张培刚的脑海里油然而生，那就是将此手稿扩大而成为《二十世纪中国粮食经济》，为即将过去的20世纪有关中国粮食的生产、消费及运销情况和进出口问题，作一粗浅而扼要的总结，以奉献给新世纪的国内外读者。

为了达到此目的，张培刚还得从两方面增添内容，进行相当大的充实，即后来形成的第三篇抗日战争时期（还包括解放战争时期）中国粮食经济，第四篇社会主义计划经济时期的中国粮食经济，第五篇向市场经济转轨时期的中国粮食经济。而后两篇则由他的弟子、对中国粮食经济问题颇有研究的湖北省社科院副院长廖丹清承担。全书首先从理论上探讨了粮食问题的重要意义和粮食经济的研究方法，详细地考察和研究了20世纪中国粮食经济的发展历程及其特点，最后简要展望了21世纪的中国粮食经济，特别是向市场经济转轨时期可能遇到的问题和发展前景。在对中国粮食的供需平衡与安全、中国粮食市场类型、粮食浪费与中国粮食经营体制改革、中国的土地制度、20世纪中国粮食经济对工业化和国民经济的作用和贡献等一些重要观点进行阐述的同时，张培刚认为：要树立辩证的粮食安全观，我国目前98%的粮食自给率太高，许多地方应从粮食生产领域中退出来，要退耕还林、退耕还草、退耕还湖，以保护生态环境。还要充分利用国际粮食市场，发展我国具有比较优势的产业和产品。就粮食自给而言，以保证口粮自给，即65%的自给率为宜。在论述中国粮食市场的类型时，张培刚提出了完全市场、竞争市场必须满足的4个基本条件后指出：改革开放，我国逐渐地取消了统购统销体制，同时引入了市场机制的竞争因素，农民也有了一定的生产自主权。但国家在粮食经营中依然处于垄断地位，其市场类型属于垄断竞争形态。尽管离完善的市场经济还相差甚远，但总算开始向市场经济体制迈出了重要一步。在对粮食消费与中国粮食经营体制改革中，张培刚认为，在20世纪的最后20年，随着中国的改革开放，粮食经济状况逐渐好转，可是粮食浪费现象却变得越来越严重。我国在粮食收割、脱粒、加工、运输、储藏、销售、消费等各个环节上均存在着严重的浪费现象。从深层次分析，其原因在于粮食经营体制不合理而导致的责权不清、管理混乱。中国自从取消粮食统购统销体制以来，对粮食经营时而放、时而收，始终没有改革到位。因此，在新世纪必须进一步深化粮食经营体制改革。粮食经营体制应实行国家宏观控制和微观市场化经营相结合。国家除制定粮食经营的法规、政策和掌握必要的粮食储备以外，微观上应放开经营，由市场调节。要允许民营粮食企业与国有粮食企业同台竞争。同时深化国有粮食企业改革，理清产权关系，明确责任界限，使其真正成为市场经济主体。在论述中国的土地政策时，张培刚曾对土地制度进行过数十年的考察和研究，提出："把'田面权'（土地使用权）和'田底权'（土地所有权）分开，使'田底权'属于国家，使'田面权'商品化，即'土地使用权'或'土地经营权'商品化。"因此，张培刚认为，把土地的所有权与经营权分开，建立土地交易市场，允许土地经营权自由买卖是土地制度的大方向。在论述 20 世纪中国粮食经济对工业化和国民经济的作用和贡献时，张培刚认为，20 世纪末，中国已基本解决了 13 亿人口的温饱问题，这一历史性成就标志着中国粮食经济在 20 世纪的巨大发展。然而，中国的"三农"（农业、农民、农村）问题，包括粮食问题，还远没有得到彻底解决。并且，由于片面强调解决粮食问题而引起生态环境遭到破坏也越来越严重。因此，张培刚认为，在 21 世纪，我国要继续密切关注粮食问题。但解决粮食问题，仅靠粗放式扩张和简单的行政命令是行不通的，而必须进行制度创新和技术创新。要进一步深化粮食生产制度和粮食经营体制的改革，要加强农业技术的研究和推广，同时要转变传统的粮食安全观，搞好粮食的对外贸易，走"高产、优质、高效、开放"的粮食生产经营之路。

五、提出"牛肚子"理论

20世纪40年代中期,张培刚的《农业与工业化》奠定了发展中国家经济发展(农业国工业化)的理论基础,张培刚因此被国际上誉为发展经济学创始人之一。20世纪80年代,面对西方发展经济学正走下坡路,而大多数发展中国家和地区尚未发展起来的现状,他再次扛起开拓创新的大旗,全面提出创立新发展经济学的思想,引导发展经济学走出困境。1992年,他主撰的《新发展经济学》,将发展经济学推向了一个新阶段。

张培刚对发展经济学的研究根源于对中国这一世界上最大的发展中国家实情的深切了解。他从小就立志要为改善农民生活、改进农耕方式和实现中国的工业化寻找出路。而且这种思想感情与日俱增。其农业国工业化理论的形成是他长期关注和研究中国农村经济乃至整个国民经济所积累的结果。正因如此,张培刚的发展经济学思想对中国经济发展作出了巨大贡献。

张培刚关于基础设施和基础工业在工业化中"先行官"作用的理论对中国经济发展贡献至伟。中华人民共和国成立以来,对基础设施建设的重要性虽有所认识,但在实际上仍然重视不够。甚至一度还忽视了能源、交通对启动和促进工业化的重要作用,以致在工业化过程中产生了许多瓶颈问题和难关,并严重限制了国民经济的持续发展。后来,中国决策者在系统或非系统、直接或间接地对张培刚发展经济学的接触中以及在经济发展实践中逐渐积累了经验,提高了认识,确定把农业、基础工业和基础设施的建设作为经济发展的重点,这无疑是十分正确和必要的。

张培刚关于工业化演进程序的科学概括,对于正确认识中国工业化进程中产业结构变动的一般规律以及制定正确的产业政策,具有十分重要的意义。回顾共和国成立以后长达30年的时间，走的是重工业（资本品工业）优先发展的工业化道路，其结果是轻工业（消费品工业）发展缓慢，人民的基本生活需要长期得不到满足，重工业由于缺乏最终消费品市场也难以进一步发展，致使国民经济结构严重失衡。这就违背了产业发展的一般规律。改革开放后，我国进行了产业结构的调整，重新回头大力发展消费品工业，从而大大改善了人民的生活水平，增加了就业。20世纪90年代以来，在市场规律的作用下，我国出现重工业发展快于轻工业发展、重工业比重又重新高于轻工业比重的趋势，这表明我国的工业化已进入了更高级的阶段。因此，我们应顺应产业发展演化的一般规律，制定相应的产业政策，以促其健康发展。

张培刚关于工业化进程中农业与工业关系的理论，为中国农业和工业的相应发展提供了明确的向导。在工业化初期，农业对工业有"五大贡献"，农业是工业发展的启动器和助推器，是"工业机器"运转的"燃料"。工业化发展到一定阶段，在市场规律作用下，农业生产结构将相应调整，且农业总产值占国民经济总产值比重不断下降。这样，工业就应该适时"反哺"农业。改革开放前，我国大力发展工业，虽然没有忽视农业，但农业几乎完全是为工业发展服务，农业剩余被完全用于发展工业。到21世纪的今天，我国的工业化已初步进入中、高级阶段，农业发展仍然相对缓慢。现代工业如何帮助发展新型农业，提高农业生产率，提高农民收入水平，已成为最为热门和最引人关注的问题，并引起决策者的关注。工业化对农业在生产结构上的影响以及国家在农业政策上的倾斜，均反映了张培刚"先是农业支持工业，然后工业反哺农业"的思想。

张培刚关于"工业化"的独特而全面的定义以及工业化对农业剩余劳动力影响的阐述对中国经济发展有重要影响。工业化不仅包括传统工业的现代化，还包括农业的现代化。农业剩余劳动力继城乡手工业者之后终为工业部门所吸收。但考虑到中国的地理环境（平原不多）以及人口众多和由此导致的劳动力廉价等因素，这就导致一方面农业机械化、现代化十分困难，同时农村剩余劳动力的转移也必然更加缓慢和艰难。张培刚60多年前的论断，至今仍符合中国农村的实际情况。当今，中国面临着严峻的"三农"问题，如何解决这一问题，加速农业的现代化，张培刚的理论仍将发挥指导性作用。

"三农"问题是张培刚始终关注的问题。张培刚生长在普通的农民家庭，农民生活的贫困、农业劳动的艰辛在张培刚思想上刻下了深深的烙印，使他从小就立志要为改善农民生活、改进农业耕作而努力。在武汉大学和留美学习期间，张培刚很喜欢外国经济史尤其是欧洲经济史。留英的任凯南教授讲授的英国工业革命对张培刚触动很深。18世纪，英国采取剥夺农民土地，令农民流离失所的办法搞工业化，十分残酷，张培刚认为中国无论如何不能这样搞工业化，工业化不能以牺牲农业、农民为代价，而要改善农民、农业的状况。张培刚在《农业与工业化》中提出"发展中国家农业自身的发展是工业化的重要内容"这一观点。2007年8月，张培刚在接受《环球时报》记者采访时说：到目前为止，新中国的工业化经历了改革开放前后两个发展时期，农业也经历了相应的变化。从1953年开始，中国通过三个"五年计划"，初步建立起以重工业为骨干的现代工业体系。在这一过程中，农业和农民为工业化的成就作出了巨大的贡献和牺牲。农业本身虽有改进，却进步不大；农民生活水平虽有提高，却未达到应有的程度。1978年，中国实行了改革开放，在农村推行家庭联产承包责任制，彻底放弃人民公社制度，农民在改革中真正得到了实惠。1985年起，随着农产品"统购统销"制度的取消和农村多种经营及乡镇企业的兴起，沿海等经济发达地区农村非农产业发展迅速，农民收入有了较大幅度的增长。但从1989年到1991年，我国针对国民经济中的过热现象给予了必要的治理整顿，使农村工业和非农产业的发展受到了一定程度的影响，农业生产特别是粮食和棉花生产形势严峻，农业、农村和农民问题十分突出，严重影响了我国工业化的进程，"三农"问题再次引起了各级政府和社会各界的极大关注。农业的脆弱和严重滞后以及农民收入和购买力的低下，也极大地限制了我国工业化的进一步深入开展。

张培刚认为：从世界范围看，只要人类仍以动植物为主要食物，农业提供食物的功能就不会丧失，因而就世界而言，绝不能没有农业；从一国范围来看，一国的工业化必须使工业发展与国内或国外农业取得一种动态的平衡；从发展的角度看，由于发展中国家农业产值和就业在国民经济中都占有较高的比重，贫困人口的绝大多数在农村，因而对发展中国家，特别是对发展中大国而言，农业及农村的工业化和现代化，是经济发展的关键。"三农"问题的症结是农村剩余劳动力问题和非农产业问题。从新中国成立初期到20世纪90年代，我国农村人口向城市的转移有四个高峰期，共转移出农村人口1亿多；但也出现了4次城市人口向农村逆转的现象，由城市向农村转移劳动力6000多万。张培刚认为，不论现在还是将来，中国农村剩余劳动力的出路都不可能单纯依托现有城市工业的发展。农业剩余劳动力的进一步转移和农村经济的高层次发展，主要还是应该依赖于农村乡镇企业的深入发展和由此而引起的农村初步城镇化。乡镇企业是农民自己办的企业，是农民为摆脱贫困而找到的出路。我们需要认真研究乡镇企业发展的经验和问题，调整乡镇企业的产业分布、产品方向和技术结构，使之继续向着有利于劳动力吸收和农产品深加工方向转化，向着农业产前、产中和产后服务方向发展。

改革开放以来，是张培刚学术的第二个高峰期。这期间，他有一系列主题始终围绕中国经济发展问题的论著问世。特别是由张培刚倡导并推动建立的新发展经济学进一步将发展经济学的研究对象扩展到多个社会主义国家等。当然，中国仍是特别研究对象，因为张培刚时时刻刻都在考虑着中国的经济发展问题。这个时期，他对中国中部地区经济发展问题尤为关注，研究目光不能不正视中部地区面临的严峻现实。

新中国成立初期，中部地区快速发展了一阵子，而后是一度停滞。第一个五年计划，国家对中部地区比较重视，投资建设了较多的大项目，使诸如武钢、武重、武船、武锅和武汉长江大桥等类似的国家级企业与重点工程，在华中地区应运而生。但从第二个五年计划开始，中部地区就开始停滞，没有什么大项目；第三、第四个五年计划，国家实行"三线建设"，"深挖洞、广积粮"，备战备荒，再加上"文革"对经济造成灾难性破坏，中部被"跳"了过去；第五、第六个五年计划，国家经济实行调整、改革、整顿、提高的方针，投资东移，沿海经济快速发展，珠江三角洲经济区很快成为我国第一个快速发展的重点开发区；第七、第八、第九个五年计划，国家继续实施沿海、沿江的T字形开发战略，长江三角洲经济区和环渤海经济区继珠江三角洲经济区之后，很快成为我国的第二、第三个快速发展的重点开发区，而中部地区彻底下陷，与东部地区的差距不断扩大。

面对中部经济发展的严峻现实，张培刚想到自己下放到农村劳动时的情景：有一天，他放的一头大公牛陷进湖塘淤泥里，怎么也拉不起来。一起劳动的老师们赶来帮忙，越拉牛陷得越深，眼看就要沉下去了，大家束手无策。附近几个农民见此情景，不慌不忙搬来几根木杠垫在牛肚子和臀部，旁边再垫些树枝干草，就这样，一边牵牛鼻子，一边托牛肚子，牛肚子一得力，牛很快就脱离了泥潭。

受大公牛脱离泥潭的启示，张培刚提出了"牛肚子"理论，又叫"中部崛起"理论。他认为，历史上，中原有事，必涉及四方；四方有事，必影响中原。中国经济要发展，社会要稳定，必须着力解决好"牛肚子"问题。中国沿海开放城市就像"牛鼻子"，中部地区就像"牛肚子"，中国经济要腾飞，只是拉"牛鼻子"不行，经济还是不能起飞。因此，既抓沿海开放，同时托起"牛肚子"，进而带动西部大开发，才能使整个国家经济起飞。他指导他的博士生舒炼具体研究"牛肚子"理论，很快写出博士论文《"牛肚子"论——中部经济发展战略研究》，并于2005年由中共中央党校出版社出版发行。

随着时间的推移和认识的深化，"牛肚子"理论的重大价值越来越明显。它是区域经济理论的一个重大突破，一个重大创新，一个重大发展。这一理论的出现，翻开了区域经济理论发展史上崭新的一页。

第一，"牛肚子"理论，丰富和发展了区域经济理论特别是我国的区域经济理论。纵观过去国内外的区域经济理论，是找不到"牛肚子"理论这一说法的。当"牛肚子"理论出现后，区域经济理论这座"大花园"中，便多了一朵艳丽的奇葩。我国区域经济理论研究起步较晚，还很不完善，"牛肚子"理论的出现，无疑也增添了我国区域经济理论的内容，为我国区域经济理论打造了一个新高地。从这一意义上讲，"牛肚子"理论的提出，是对区域经济理论尤其是我国区域经济理论的丰富和发展。

第二，"牛肚子"理论，提供了我国中部经济发展的重要理论支撑。我国中部经济要发展，离不开理论的指导。以前指导我国中部经济发展的理论，均是西方经济学理论或在此基础上"加工"了的一些"作品"，直接被实践催生出的独特理论，似乎还没有见到。但人类社会实践的进展，总是不断催生新的科学理论的，只不过是时间或长或短、机遇未到罢了。而新创的理论连同原有的科学理论，又指导着人类社会实践继续向前发展，这就是理论与实践的辩证关系。20世纪80年代末，机遇到了，中国区域经济的发展，催生出了"牛肚子"理论。这一理论，主题突出，观点鲜明，为我国中部经济的发展指明了方向，是我国中部经济发展的重要理论支撑。

第三，"牛肚子"理论，揭示了我国中部经济发展的重要内涵。加不加快我国中部经济的发展，关系到整个中国经济能不能腾飞的重大问题。这是"牛肚子"理论对我国中部经济发展的重要定位。的确，我国中部经济的发展，对整个中国经济的发展，有着极其重要的影响。这个"牛肚子"起不来，中国的经济也难起来。只有既抓沿海开放，同时实行中部崛起，才能带动西部大开发，进而促成整个国民经济腾飞。

第四，"牛肚子"理论，展现了我国中部经济发展的新机遇。我国中部地区是重要的经济增长极，发展潜力巨大，蕴藏着无限的商机。国内外政府、团体、大企业、大公司、知名人士、有识之士等，都可以抢抓中部经济发展的机遇，开拓进取，大展宏图。

第五，"牛肚子"理论，激发、鼓舞了我国中部地区人民的工作热情和斗志。"牛肚子"理论，非常深刻地论述了我国中部经济发展的极端重要性，并有着巨大的发展潜力，这有力地激发了中部地区人民的工作热情，极大地鼓舞了中部地区人民的斗志。

令人们无比悲痛的是，张培刚于2011年11月23日14时与世长辞了，享年98岁。2012年1月20日下午，学生舒炼去看望师母谭慧，她说："张老师最后看的一本书是《'牛肚子'论——中部经济发展战略研究》。这本书就放在他生前常坐的沙发前的茶几上。他离开这个茶几去医院后，就再也没有回来了。他临走时还看这本书，是因为他心中念念不忘中部经济发展，他希望中部经济大发展，'牛肚子'一定要起来，这样就能带动整个中国经济的腾飞。"

第十四章　学者风范

张培刚自20世纪70年代末开始，参加各种报告会，参与改革开放后的参政议政工作，用自己的聪明才智为大武汉的振兴出谋划策，他提出的"牛肚子"理论，成为湖北省暨武汉市中部崛起的理论依据。作为一代宗师，张培刚培养的学生桃李满天下，遍布海内外，成长为各条战线的骨干和精英。从国家最高智囊团的国家发改委、国务院发展研究中心，到学术最前沿的高等院校，再到经济生活中关系国计民生的各行各业，皆可看到张培刚弟子的足迹。

张培刚十分希望他所开创的学术事业后继有人，发扬光大。以他的名字命名的研究基金会和优秀成果奖，已奖励了一批为发展经济学研究作出重要贡献的海内外学者。该奖现已成为中国经济学界的一项重要奖项，逐渐产生国际影响。鉴于张培刚在经济学界的卓越成就，中央电视台《大家》栏目组和腾讯《大师》栏目组先后采访了张培刚，展现了张培刚的学术生涯及其人生经历。

一、为振兴大武汉出谋划策

20世纪80年代初，武汉进入改革开放的发展时期，武汉市城市经济研究会、武汉市政府咨询委员会等一批智库机构相继成立。张培刚作为武汉市人民政府的首届咨询委员会委员、武汉市首届社会科学联合会的顾问、武汉城市经济学会顾问等，为武汉市改革开放出谋划策。

1979年12月6日，邓小平在会见来访的日本首相大平正芳时提出，中国现代化所要达到的是小康状态，即"翻两番，国民生产总值人均达到800美元，就是到本世纪末在中国建立一个小康社会。这个小康社会，叫做中国式的现代化"。张培刚在给武汉市党政干部做辅导报告时说：中国人达到小康水平，要以人均国民生产总值1000美元、800美元、600美元为标准，根据在哪里？有没有道理？他说，定量分析似乎有一定的道理，但是不形象。为此，张培刚则根据武汉市的实际情况，提出了3条：武汉人夏天用空调，冬天有暖气，再就是可以旅游。张培刚在总结"戊戌变法"失败的教训时说，改革者康有为、梁启超等人找错了依靠对象，不应该找无权的光绪皇帝，而应找掌权的慈禧太后，即使慈禧只采纳改革措施的10%，也比光绪皇帝答应100%要有效得多，可以说，变法或任何改革，如果脱离了强大政权的支持，那就决定了这种改革是短命的，必然夭折。

1980年11月，由张培刚、刘涤源、王治柱、朱景尧、李崇淮、吴纪光等6位知名经济学专家担任主讲的"外国经济讲座"在武汉正式拉开序幕，这次讲座持续到次年的春节之前，内容都是介绍和探讨国外经济学界近年来科学研究的新课题、新成果和新动态。张培刚主讲微观经济分析，省、市各大专院校从事经济理论工作的专家学者，各大型企事业单位的经济工作者，湖北财经学院的部分研究生、本科生以及武汉市广播电视大学部分师生参加了听课。此后，张培刚又在中共武汉市委党校讲授微观经济学，传授西方经济学方面的知识，在武汉地区率先倡导并推动现代市场经济学的引进和普及，为社会主义市场经济理论的提出起到了重要的先导作用。

1987年4月，张培刚在中共武汉市委党校作生产力标准的报告。他给来自武汉市各条战线的领导干部讲改革，讲发展，讲如何用生产力的标准来看中国的改革发展。张培刚的讲课非常风趣，讲解通俗，道理深刻。报告虽然只有两个多小时，但整个会场的气氛非常活跃,而且跟听众之间有非常良好的一种互动。

1992年12月5日,共青团武汉市委召开纪念"一二·九"运动座谈会,张培刚等一批曾经担任过青年联合会领导职务的老同志应邀参加座谈会,与全市青年的代表一起畅谈新时期的青年如何发扬爱国主义精神。张培刚在发言中说:爱国主义精神在不同的历史时期具有不同的内涵。57年前,"一二·九"运动的爱国主义意义在于反侵略,今天的爱国主义就是要以经济建设为中心,发展经济,发展生产力,使国家尽快走向繁荣富强。经济实力是影响一个国家国际地位的重要因素。社会主义市场经济理论的提出为我国发展经济指明了方向,也为青年人发挥才干和报效祖国提供了机会。①

1993年3月下旬,武汉市民对企业实行股份制中出现了种种困惑:如实行股份制的目的是什么?股份公司的组建、股票的发行和上市交易、股票市场的设立如何才能规范化、合理化?如何分析并正确引导人们的投资热情和投资行为?面对这些问题,张培刚在接受记者采访时说:我国实行股份制的初始目的是理顺国有企业的产权关系,实现经营权和所有权相分离,用新的企业财产组织形式为企业注入新的活力。实行股份制另一个目的是转换国有企业经营机制。承包制固然有其作用,但缺点很多。而股份制作为先进的企业制度和经营形式,能克服这些弊端。发展市场经济需要有一大批职业企业经营家,而股份经济正是产生这样一大批职业企业经营家的土壤。在我国由于国有企业经营受到种种限制,一旦企业被批准实行股份制试点,特别是允许其股票上市,就使其经营和创新的空间大为拓宽,并取得极大的广告效应,同时,企业经营自主权和灵活性随之

---

① 《发扬爱国主义精神 为国家富强展才华——团市委召开纪念"一二·九"运动座谈会》,《长江日报》1992年12月6日。

出现根本性改观。作为试点，股份制对企业而言已成为一种稀缺的"组织资源"。这种"组织资源"如果操作适当，可以成为国家实施资源配置政策的调控手段。一是国家可以将此作为一种"政策杠杆"，支持重点产业如交通、能源等基础产业的发展。二是根据区域经济发展的要求，引导资金在地区之间合理流动。三是国家可以通过参股、控股以及在股市中运作国有股，实现国家投资计划和资产存量结构的调整。武汉是我国老工业基地，国有大中型企业多，基础产业比重大，普遍存在的问题是经营机制呆滞和企业发展资金不足，应当加快股份制试点的步伐。在如何正确引导人们的投资热情和投资行为问题时，张培刚说：中国目前持有股票的股民大约 100 万，而美国有 1/5 的国民持有各种股票。随着股份经济的发展，我国将有越来越多的人成为股东。这是金融市场发展和成熟的需要，也是企业改革和发展的需要。当前股市中存在着一些问题，一是盲目买股票，而不管是什么样的股票，这是不明智的。二是股票交易市场中，短期投资或者说股票投机过热。过分的投机会危及股市的正常发育，容易造成货币幻觉，形成"泡沫经济"。西方国家一般都通过法规予以限制。短期投资者一般不大关心公司的生产经营状况，只是关心股价的涨落及其趋势，投机之风太盛，除了浪费大量人力、时间外，谈不上有利于社会生产力的发展。政府要鼓励长期投资，保护长期投资者的利益，这是开放股票市场的基本目的之一。为此，至少要做到：第一，把过高的市盈率纳入有利于吸引长期投资的正常范围之内；第二，股票价格应反映有关股份公司的生产经营状况，通过股价的涨跌来发挥股市对公司生产经营的监督作用；第三，尽快完善有关交易法规，把肯定会发生的股票投机尽可能纳入可控制的限度之内。[①]

---

① 《关于股份制的访谈录》，《长江日报》1993 年 3 月 31 日。

1993年4月22日，为纪念"世界地球日"23周年到来之际，张培刚、谭崇台、夏振坤等湖北省19名著名专家学者面对全省耕地递减、人口递增，森林破坏严重、废水废气污染严重的情况，本着"既要发展经济，又要保护环境"的信念，为了湖北经济持续、稳定、协调发展，为了子孙后代，向全社会郑重地发出倡议：希望全社会共同行动起来，关心生态，建设生态；向湖北社会各界发出倡议：珍惜土地，保护资源，节制人口，控制污染，发展经济，造福子孙。这一倡议书在《湖北日报》、《长江日报》刊登后，得到了社会各界的支持和关注。

同年，中国经济界讨论全国第三个证券交易所的选址问题。张培刚力主将全国第三个证券交易所设在武汉。他说，因为武汉位于长江中下游，就像一条长蛇的"七寸"。在这里设立股市，也可以起到带动整个长江流域发展的作用，对国家中西部的经济发展乃至对全国的经济起飞都具有重大意义。①

1993年5月15日至16日，武汉市政府在汉口举行"再造'东方芝加哥'——把武汉建成国际性城市国际研讨会"，60余名中外专家学者齐聚武汉，研讨如何把武汉建设成国际型城市。张培刚在会上动情地说：由于新中国成立初期的闭关锁国，武汉出现了"马鞍形"的发展曲折。在几十年中不仅失去了参与国际分工与合作的资格，在国内的位次也在后移。如果没有再度走向国际的姿态，将无法走出这个下滑的"马鞍"。武汉要建成国际性的大都市，一是要实现金融国际化，突破口是在汉设立中国第三家股票市场，这不仅有利于带动中西部发展、支援三峡建设，而且武汉代理沪深股市积累了经验，企业股份制改造步子快，已有了开市的条件，武汉已是全国最大的证券交易中心，应建设成中国最大的期货市场，应接纳国外财团、银行与保险业在汉落户。二是要优先发展第三产业和旅游业，规划

---

① 《专家呼吁武汉设立我国第三股市》，《长江日报》1993年5月11日。

核心不仅是工业,还应有城市软硬环境的改善。三是要实现交通业大发展,不仅开通武汉—香港直通客货列车,而且扩大天河机场规模,直飞世界主要城市,借长江大力开拓与世界各国的水运往来。四是要发展电讯与信息业,举办定期的国际博览会,把武汉建成国际会议中心。五是要大流通、大市场,营造国际性大商埠。①

1993年10月16日,张培刚、夏振坤、肖国金、伍新木等及武钢、武船、长动集团等企业界人士共50余人参加湖北省社科联和省经济体制改革研究会举办的企业转换经营机制理论与实践研讨会。张培刚在发言中指出:从近几年的实际情况看,国有企业不活的主要原因在政府方面而不在企业。这主要表现在对国有企业来说,企业竞争的机会不平等,税赋不公平,价格双轨制仍存在,国家宏观调控不力,企业资金来源渠道单一,企业办社会的问题严重,等等。要搞活国有企业,不能把企业的经营机制简单地理解为经营权的落实上,必须从机制上进行彻底变革,从根本上解放生产力。企业产权关系是最基本的经济关系,因此,必须从这一基本的经济关系的改革入手,实行产权多元化,对有的企业可以进行股份制改造,实行规范化管理;对有的企业可以实行国有民营、公有私营,通过租赁、拍卖、嫁接、承包等多种形式搞活国有企业。进一步转换政府职能,合理划分政府与企业的职责与权限,把企业外部配套改革与企业内部改革结合起来,从根本上转换国有企业的经营机制,使之真正走出困境,而步入良性发展的路子。②

1994年1月7日,《长江日报》的《环球经贸瞭望》栏目刊发张培刚撰写的《放眼世界 开拓未来》发刊辞。张培刚欣然

---

① 《再造"东方芝加哥"——把武汉建成国际性城市国际研讨会侧记》,《长江日报》1993年5月19日。
② 《全省"企业转换经营机制理论与实践研讨会"在汉召开》,《长江日报》1993年10月20日。

命笔道：

在 1994 年新春到来之际，经过一段时间紧张而繁忙的筹备，《环球经贸瞭望》版今天与广大读者见面了。武汉是座向国际性城市迈进的大都市，《长江日报》是张有影响的报纸，在《长江日报》上开辟这样一块从未有过的专刊，这体现了武汉人开放意识和国际意识的日益增强，是一件值得庆贺的事。

当今世界是一个开放的世界。随着各国在经济、贸易、技术方面的联系日益密切，相互依赖日益加强，经济的国际化已是大势所趋。任何一个国家要想求得发展，都必须实行对外开放，充分利用国际上提供的资源、技术和市场等方面的有利条件。

然而，要走外向型发展道路，通过对外开放促进经济发展，我们必须熟悉世界，了解世界，同时也要让世界熟悉我们，了解我们。只有在相互了解的基础上，中国才能更好地同世界各国进行经济合作和交流，发展对外经贸关系。他山之石，可以攻玉，《环球经贸瞭望》的创刊，正是适应了这种时代的要求，它对于武汉的改革开放事业，特别是对实现把武汉建设成国际性城市这一宏伟战略目标，具有积极的意义和作用。

作为一个"窗口"，我们可以瞭望世界经贸大势，把握其最新潮流和格局，寻找武汉的位置，瞄准我们的目标！

作为一个论坛，它将通过从现实出发的分析、预测、研讨，为解决对外开放和经贸发展中的新情况、新问题，提供借鉴与参考。

作为一块知识园地，广大读者将可以从中了解中国和世界各国经贸发展最新的基本情况和走势，以及相关的背景文化和知识。

《环球经贸瞭望》专刊应中国建立社会主义市场经济体

制,进一步扩大对外开放这个最大的时运而诞生,生逢其时,必将有一番作为。我衷心希望经济界、理论界以及社会各界、各阶层的广大读者,都来关心它,扶持它,使之办出特色,办出影响,真正成为了解世界、研究世界的一个"窗口"、论坛和园地。

1月25日,张培刚等专家学者应邀参加武汉市学界、企业界知名人士谈社会主义市场经济的研讨会。张培刚对社会主义市场经济侃侃而谈:建立社会主义市场经济体制和现代企业制度,从宏观到微观都要进行创新,难度非常之大。第一,市场经济在发达国家培育发展经历了几百年,中间有无数波澜起伏,才有今天这个样子;而我们国家现在才刚刚起步,要在较短的时间里走完别人几百年走的路,困难很大,必须加快改革,超常规发展。第二,计划经济体制和市场经济体制是两种完全不同的经济体制。西方国家在私有制和市民社会的条件下,市场经济可以靠内在力量自然地发展起来;社会主义国家长期搞计划经济,从体制到观念都形成了顽固的习惯势力。计划经济不可能产生市场经济,体制转轨在一定意义上是另起炉灶,风险很大,弄不好可能出问题,苏联、东欧的变化就是例证。第三,从发展经济学来看,发展中国家搞市场经济既有某些"后发型"优势,但也有大量不可避免的困难。首先是自己的基础差、起点低,与发达国家水平不可同日而语。同时,面临着"早发型"的发达国家造成的利益格局和远非平等的竞争环境,发展中国家要进入强手之林,形势严峻。总之,社会主义条件下搞市场经济,建立以公有制为基础的现代企业制度,的确是前无古人的伟大创举。要做好这篇大文章,需要政府、企业、学术界联手攻关。有些问题至关重要但又一时无法完全弄清,如产权问题,可以在实践中探索,在发展中逐步明晰。张培刚还指出:要十分注重社会主义市场经济的健康发展。对某些社会风气不正、道德沦丧的现象,既不能简单地归咎于市场经济,也不能袖手旁观听之任之。一些时有所闻、令人发指的事,为任何文明社会所不容。要继承发扬中华民族的传统美德,领导干部要身为表率,社会舆论要大力扶正压邪予以正确的引导。①

为了引导全市人民学习十四届五中全会《中共中央关于制定国民经济和社会发展"九五"计划和2010年远景目标的建议》的精神,《长江日报》刊载张培刚、方齐云撰写的文章《没有农业现代化就没有中国现代化——论工业化进程中中国农业发展的问题与对策》。文章结合十四届五中全会的建议,阐述了正确认识工业化与农业发展的关系,正确认识农业的弱质性、加强对农业的适当保护和支持,深化土地制度改革、促进农业规模经营和技术进步等三个方面的问题,明确提出重新认清中国工业化过程中农业的重要性和基础作用,进一步进行经济体制改革,切实促进农业技术的转变,当是解决我国农业问题刻不容缓的重大步骤。②

1996年1月29日,武汉与中西部发展战略研讨会在北京国际会议中心开幕。张培刚等80多位全国知名的专家学者在会上为武汉"定位"。张培刚充分肯定了武汉市"产业结构调整"、"对外开放"、"社会保障和劳动就业对策研究"方面的举措,并对武汉市未来15年的发展战略,即构筑起承东启西的大支点提出了建设性的意见,希望能够很好地贯彻十四届五中全会提出的"坚持区域经济协调发展,逐步缩小地区发展差距"方针,加快武汉经济的发展。他指出:"长江像条巨龙,横卧在古老的中华大地上。如果说上海是'龙头',那么武汉就是它的心脏,处在'七寸'这个要害部位。武汉振兴崛起,要分两步走,第一步是恢复昔日的地位,申、汉并举,成为内陆的金融、经济和贸易中心。第二步是发展成为多功能、现代化、开放型的国

---

① 张培刚:《勇于攻关 健康发展》,《长江日报》1994年1月25日。
② 张培刚、方齐云:《没有农业现代化就没有中国现代化——论工业化进程中中国农业发展的问题与对策》,《长江日报》1995年12月17日。

际性城市。没有武汉振兴崛起，就没有内地经济的起飞，也就不会有全国经济的真正起飞。"①

1996年3月1日，张培刚等一批国内知名的专家学者和相关部门负责人应邀参加了由武汉市政府主持召开的全市国民经济和社会发展"九五"计划和2010年规划研讨会。张培刚对市计委编制的《武汉市国民经济和社会发展第九个五年计划和2010年规划纲要（征求意见稿）》提出了中肯的意见。张培刚指出：长江开放战略的实施，雄厚的科技资源优势和国家产业政策的倾斜，使武汉市周围的丰富资源和广阔市场等独特区位优势已经显现出来，武汉市委、市政府提出的"快速增长，跳跃发展"的战略思想是值得肯定的，武汉市政府要以优化环境和生态为目标，形成现代化国际性城市的总体布局和产业布局。城市布局将以主城为中心，作大跨度跳跃式展开，形成主城、新城、卫星城等城乡一体化的市域城镇体系；产业布局以内、中、外三大交通环线为框架，以建成中央商务区和中心商业区为核心，并依次形成第三产业和高新技术产业区，工业、交通和城郊型农业综合开发生产区，以及中远郊农业区。②

1997年5月6日，全国第一家立足区域发展、服务地方经济的研究机构——武汉大学区域发展研究院正式挂牌成立。湖北省省长蒋祝平任研究院名誉院长。伍新木（武汉大学经济与管理学院教授）任研究院院长。张培刚等21位各界名流被聘为研究院顾问。③

1998年10月27日，武汉市举行纪念十一届三中全会20周年研讨会。张培刚等全国各地近60名知名专家学者出席研讨会。张培刚在讲话中充分肯定了武汉在党的十一届三中全会后在经

---

① 《跨世纪的承诺——我市"九五"计划和2010年远景目标起草纪略》，《长江日报》1996年3月1日。
② 《构筑承东启西的战略大支点　促进我国区域经济协调发展——"武汉与中西部发展战略研讨会"专家发言摘要》，《长江日报》1996年3月7日。
③ 《武大成立区域发展研究院》，《长江日报》1997年5月7日。

济建设、经济体制改革、经济理论建设等方面的成就，并就经济体制改革目标、公有制的实现形式、国有企业改革等重大理论问题和实践问题，以"要发展，就要打破老框框"为题，阐述了自己的认识和观点：

邓小平理论是当代中国的马克思主义。马克思主义有三个组成部分，其中哲学又是基础。那么邓小平理论的哲学基础是什么呢？我看就是解放思想，实事求是。这8个字体现了辩证法和唯物论。解放思想就是要发展，发展的观点就是辩证的观点；实事求是就是唯物论的观点，这8个字就是邓小平的哲学，也是邓小平理论的思想基础。过去，有些人用"猫论"来代替邓小平的哲学观点，我以为这是很不贴切、很不准确的。我们今天还是一个有党派的社会。但任何政党都是要消亡的，我们就是要达到这个地步——没有政党的状态。人间极乐世界是没有政党的。但现在是需要政党起作用的时候，还应加强它。加强就是为了更好地创造条件使它自己慢慢消亡。这是真正彻底的哲学。

邓小平的科学社会主义就是他建设有中国特色的社会主义。这也是很有贡献的。他的经济理论中最可贵的就是能够把社会主义和市场经济结合起来。《反杜林论》说商品、货品要取消。我们搞政治经济学的都知道社会主义ABC、公有制、按劳分配。要把计划经济变为市场经济，而且还要与社会主义结合起来，当时不少人认为这不可能，甚至连想都不敢想。但是邓小平敢想也想到了。这表明他没有旧框框。他的经济理论最重要的有两点：一是贫穷不是社会主义。这是至理名言。这一论断使人豁然开朗，思想解放。二是关于计划与市场的关系这一段话：计划不是社会主义，市场不是资本主义，资本主义有计划，社会主义也有市场，计划和市场都是手段。这些都是前无古人、石破天惊的思想。由此，我妄谈一句，邓小平有"三明"：

聪明、开明、高明。

当前我们碰到了一些难题：国有企业的改革、农村的现代化、中西部的发展。现在提8%的目标，虽然比较高，但经过努力，是能办到的。但明年、后年、21世纪怎么办呢？现在是从速度型向效益型转变，这个跨度也是很难的。体制转变、前进中的质量转变也是不容易的。这些都需要我们在邓小平理论的指导下，解放思想，实事求是，与时俱进，制定符合实际情况的战略规划。①

1999年5月，武汉市政府下大气力对汉口中山大道部分路段进行大规模整治，并本着"整旧如旧"的原则对沿街的老建筑进行维修。在专家学者论证会上，张培刚感到这是一件十分有意义的举措，他建议武汉市有关部门在整治过程中重视保护老建筑，坦言现实仍令人担忧。②

同年12月，张培刚在武汉市政府举行的科学开发利用农村土地资源研讨会上作了重要发言。他认为应该强调农村经济制度创新的重要性。张培刚说：所谓制度创新，是指传统社会的经济制度和经济管理体制的根本性变革。它是经济组织形式或经济管理形式方面的一种革新。影响或促成制度创新的社会经济因素主要是经济发展水平、社会文化因素、市场规模容量、科学技术革新、国民收入分配等。他指出：科学利用农村土地资源，必须明晰土地权属关系。中国古代重农思想家早就提出"地者，政之本也"的主张。如何使农业劳动者更合理更有效率地与土地结合，是当前大多数社会主义国家进行经济体制改革所要探讨和解决的一个重要课题。农村实践表明，通过租赁拍卖、股份合作、两田分离和反租倒包等形式，可以促进现有土地和山水资源的市场流转，使集体所有权和集约经营权分离。

---

① 张培刚：《要发展，就要打破老框框》，《长江日报》1998年10月29日。
② 《保护武汉老建筑》，《长江日报》1999年5月10日。

土地两权分离不仅有利于提高现有土地和山水资源的利用率、产出率和商品率,而且有利于农业区域化布局、专业化生产、一体化经营、企业化管理、社会化服务和市场化竞争。因此,乡镇政府只有有的放矢地按照市场经济的效益原则进行农村土地制度创新,明确界定土地权属,在"耕者有其田"的基础上,进一步把固定的田底权与流动的田面权分离,才能遏制国有集体土地资源流失、抛荒、粗放耕作或掠夺式经营的趋势。①

2000年元旦,《长江日报》在首版开辟《肩负历史重任 繁荣社会科学——10位武汉学界名流寄语新世纪新千年》的专栏,张培刚以"期望经济和学术共繁荣"为题写道:

> 新的千年来临,我们更应有紧迫感。作为中国人,不仅要在经济上争气,早日摆脱贫困,做到真正振兴和发达,而且在学术上也要争气,早日摆脱落后,做到真正独立和繁荣。
>
> 我是从事发展经济学研究工作的。发展经济学主要是研究农业国家或经济落后国家实现工业化和现代化,实现经济起飞和经济发展问题。中国是一个发展中的大国,我们要探索中国的经济发展,必须结合中国三千多年的封建历史,一百多年受列强和帝国主义侵略的历史,以及解放后前三十年"左"倾路线的历史,寻根问底,找出积弱的总根源。
>
> 我们更不能单纯就经济论经济,而要结合历史的、社会的、政治的、文化的、教育的等等因素,进行综合分析。只有这样,我们才有可能找出长期阻碍我国经济发展的外因和内因、根本原因和短期失误,然后对症下药,予以诊治或猛然切除,或逐步化解,或徐图补救。以我国幅员之大,人口之众,地区差异之悬殊,人口的问题更为复杂,

---

① 胡建新:《农村经济制度要全面创新》,《长江日报》2000年7月3日。

研究工作难度更大。希望学术界同仁加强合作,取长补短,为了一个共同的目标,迎接新的千年。

2000年7月,要不要在武汉设立二板市场问题上,长江日报的记者采访了张培刚、董辅礽、厉以宁等一批著名专家学者。张培刚在接受采访时说:二板市场作为主板市场的一种补充,在西方国家有较快的发展。二板市场是以中小型创业企业、高新技术企业为服务对象,上市标准往往低于主板交易市场,在交易制度方面大多有做市商制度和比主板市场更频繁的信息披露要求。开设二板市场,不仅能为国内企业募集大量资金,促进企业建立现代企业制度,还能带动第三产业发展,有利于资本市场的建立和完善。张培刚认为,组建二板市场已成为中国资本市场建设的当务之急。在武汉设立二板市场,可以使资源流向逐渐由沿海向内地转移,通过金融纽带把沿海同内地连接起来,并使武汉成为内陆经济与国际经济相连接的桥梁城市。武汉这一功能,是任何其他城市(包括上海、天津、广州)所不能取代的。处在承东联西、通北接南的双重扇形枢纽点上的武汉设立证券交易所,具有不可估量的意义。①

2001年2月20日,国务院发展研究中心、武汉市政府和武汉大学发起的长江发展研究院在武汉成立,标志着全国第一家跨长江流域、系统、权威科研机构的诞生,也标志着整个长江流域的各项研究朝科学化、集约化、正规化方向发展,它为长江流域乃至全国的改革和可持续发展提供建设性、高质量、可操作的研究报告、方案设计及决策咨询。该院在科研上实行文理渗透、理工结合的跨学科攻关,张培刚等一批资深学者和院士被聘任为首批学术顾问。②

2003年9月5日,武汉地区部分著名专家学者张培刚、李

---

① 胡述斌:《武汉应设立股票二板市场》,《长江日报》2000年7月3日。
② 《长江发展研究院在汉成立》,《长江日报》2003年2月21日。

崇淮、周大仁、伍新木等应江夏区政府的邀请，考察了该区"一主三化"（即坚持主要依靠民营经济，推动工业化、农业产业化和城镇化），实现"农村人口向城镇集中、工业向园区集中、农业向规模集中"的实践，对武汉市区级经济的发展战略和对策措施作了深入探讨。在座谈会上，年逾九十的张培刚以"抓住了经济发展的'牛鼻子'"为题，作了精彩的讲话。张培刚说：

> 这次参加江夏区"一主三化"发展战略研讨会，深有感触，觉得江夏区发展经济的思路很超前。特别是参观考察江夏经济发展和城市建设后，使我们眼界大开。古人说："秀才不出门，便知天下事"。我却认为"秀才要出门，才知天下事"。如江夏的产业发展和产品的加工，做得不错，与我们原来想象的完全不同。通过参观考察，使我们研究"一主三化"发展战略在内容上更加丰富、更加具体。我的主要感受是：（1）江夏发展思路很好。他们这次为研讨会准备的材料，质量很高，很有水平。特别是有些观点和提法非常好。如："工业化程度的高低，决定着区级经济增长的速度和质量。抓住了工业化，就抓住了经济发展的'牛鼻子'，就抓住了强区富民的关键环节。把项目建设作为工业化的外在形式，采取对上争取项目、对外引进项目、对内策划项目、对下督办项目的办法，加快项目由意向变签约、签约变动工、动工变受益的'三变'步伐，为经济增长注入新活力，极大地推动了工业化的进程。"这些话观点鲜明，思想深刻，反映了江夏区发展思路。（2）江夏城乡结合，发展潜力很大，发展空间广阔。与江汉、硚口等城区相比，虽然江夏城市化程度不高，但发展后劲足，发展前景好。因为江夏区较之于近城区，有广大的乡村作后盾。在实施农业产业化过程中，一部分农民转移到工厂，一些乡村变城镇，既推进了工业化进程，又扩大了劳动就业。

（3）江夏招商引资力度大，成效显著。在发展市场经济过程中，资本靠自身积累太慢，这就决定了要大力引进项目，项目引进来了，就有了资金、技术和管理经验。对江夏区未来发展我充满了信心，这里特赠四句话：招商引资、兴工旺农、富民强国、世界大同。①

张培刚为中部地区的发展、为振兴大武汉支招，其中重要一招就是主张建立武汉市直辖市。张培刚认为：

> 加快中部地区的发展，必须要有一个核心城市来带动。应充分发挥武汉市在中部地区的带动作用，将其建成直辖市。
>
> 十九、二十世纪之交，现代化发展机遇降临武汉。武汉开埠，张之洞督鄂实行"湖北新政"，武汉获得超常规发展，由一个传统的政治军事中心和内陆内部循环为主的传统商业市镇一跃转变为中国近代工业的重要发祥地和面向海外市场、仅次于上海的国际性通商口岸。当时的武汉文教昌盛，不仅是两湖乃至整个中原地区的文化教育中心，而且还是全国新式教育中心之一。1911年辛亥革命武昌首义后，孙中山多次登上武汉土地，在《建国方略》中提到"武汉将来立计划，必须定一规模，略如纽约、伦敦之大"。
>
> 武汉是中国中部的中心城市，是首义之城，共和国的脊梁，科技大城，九省通衢，从政治、军事、文化、交通等方面看，都应该是直辖市，以带动中部崛起，促进中国经济持续发展。
>
> 武汉是中部地区的重要工业基地，是东西结合、南北对流的交通枢纽，是华中地区的重要商埠，是内地直通海洋的外贸口岸，是全国重要的科技文教中心，是长江流域

---

① 《紧紧抓住第一要务　发展壮大县域经济——武汉市江夏区"一主三化"发展战略研讨会发言摘要》，《长江日报》2003年9月6日。

和西部大开发的重要支点。

建立武汉直辖市，有利于提高行政管理效率，有利于带动周边地区经济的起飞，有利于战略支点作用的发挥。

武汉是全国人民的武汉，武汉建立直辖市，是整个国家发展战略的需要，是加快发展中、西部的需要，是进一步开发长江流域的需要。武汉建立直辖市，对武汉来说是难得的发展机遇，但更重要的是担当、是责任、是重担、是压力。对此，武汉人要有清醒的认识，也要有勇挑重担、敢于承受巨大压力的大无畏精神和决心，力争为加快发展中、西部和长江流域多作贡献。

武汉在新中国成立后就是直辖市。1949年5月24日，武汉市人民政府成立，吴德峰任市长，直辖于中央人民政府领导。20世纪50年代大区撤销的同时，武汉直辖市也随即予以取消，从此，武汉市的地位一落千丈。从20世纪90年代中期开始，张培刚在多种场合呼吁恢复武汉直辖市的地位。张培刚认为，将武汉划为直辖市，不单纯是行政区划上的一次变革，而是赋予了武汉更新、更全、更快、更佳的发展动力，与此相比较，将会产生积极的政治意义、经济意义和社会意义，从而进一步推动武汉在中部地区充分发挥龙头作用，促进中部地区经济社会的发展。张培刚譬喻要救出陷入泥潭的大牯牛，必须托起牛肚子，通过这个形象说法说明中国的经济腾飞，中部必须崛起。中原大地，区域辽阔，资源丰富，要抓住这个支点，武汉应该恢复直辖市的地位。每逢中央领导和省委书记、省长到华中科技大学看望他时，他总会谈起这个问题。2004年9月10日教师节时，时任中共中央政治局委员、湖北省委书记俞正声到张培刚的居所向这位老人致以节日的问候时，张培刚又一次向俞正声谈起武汉市恢复直辖市的问题，他从有利于提高行政管理效率、有利于带动周边地区的经济起飞、有利于战略支点作用的发挥等方面，说明武汉恢复直辖市的重要意义。他说，恢复武汉直辖市，对武汉来讲，是一个重要的发展机遇，能给予武汉新的奋斗目标、新的动力，能给予武汉人新的眼光、新的胸怀。

张培刚的博士生、武汉市市长唐良智曾深情地说："先生热爱湖北武汉这片热土，投身武汉重大项目建设。他多次谈到，没有武汉的崛起，没有长江经济带的腾飞，就没有长江这条巨龙的腾飞。"

二、桃李满天下

作为杰出的教育家，张培刚为中国经济学教育事业呕心沥血，勤勤恳恳70余载。他在教学中非常注重言传身教、师风垂范，培养了一大批优秀的经济学人才，遍及海内外，他们中的很多人已成为中国经济学界的中流砥柱。

华中科技大学在张培刚80、90、95岁华诞时，都为他举行祝寿活动。来自全国各地包括香港、台湾地区，乃至远在美国、加拿大的张培刚的学生、好友纷纷前来，一则表示对他的敬意和爱戴之情，二则对他取得的学术成就表示祝贺。

1992年10月15日，在武汉东湖之滨的华中理工大学的校园里，举行了庆祝发展经济学一代宗师、著名经济学家张培刚从事科研教学工作60周年暨80华诞的盛会。中共湖北省委书记关广富特地送来亲笔题词"奋力求真"的条幅，表达了他对一代宗师的崇敬之情。海内外学者、专家，省市领导，各界人士和张培刚的同事、弟子，群贤毕至，少长咸集，人数近300人，盛况空前。张培刚身穿咖啡色西装，系一条绛红色领带，显得格外精神。他满面春风，谈笑风生地与前来祝贺的中共湖北省委常委、宣传部长王重农，武汉市人大常委会主任黎智，武汉大学校长齐民友、副校长陶德麟，华中理工大学校长黄树槐、副校长姚宗干、原校长朱九思，以及省、市社科院负责人一起登上主席台。张培刚的学生代表、全国人大财经委员会副主任董辅礽、中国社科院数量经济与技术经济研究所所长李京文和早年研究生万典武,从海峡彼岸专程前来的武汉大学校友蔡名相,武汉大学经济系老同事、武汉大学经济学院名誉院长谭崇台,以及张培刚的老友、联合国所属国际劳工组织高级经济专家黄开禄也在主席台就座。

华中理工大学校长黄树槐代表学校党政班子向张培刚表示热烈的祝贺,高度赞扬他为祖国的教育事业,为经济理论的创建和发展,以及为学校所作出的卓越贡献。

武汉大学校长齐民友谦诚地说:"我今天是作为张老师的学生来祝贺的,因为真正能够代表武大的首先要推张老师。他既是武大30年代优秀学生的代表,又是四五十年代为武大建设作出重大贡献的老前辈,由他主持的武大经济学系以人才辈出而蜚声国内外,为祖国的经济建设和理论研究输送了一批又一批人才。"

湖北省社会科学院原院长夏振坤特别赞扬张培刚为人师表、培养后生的献身精神,他在发言中引述了张培刚的一段话:"作为中国人,不仅要在经济上争气,早日摆脱贫困,做到真正振兴和发达,而且在学术上也要争气,早日摆脱落后,做到真正独立和繁荣。要立志为中国学术(现代社会科学)在世界上争得一席之地","在这方面我现在特别寄厚望于青年好学之士了"。

全国人大财经委员会副主任、著名经济学家、中国社科院经济研究所名誉所长董辅礽教授,走向台前向张培刚深深地一鞠躬,然后说:"张先生不管过去、现在还是将来都是我敬爱的老师。他40年代发表的《农业与工业化》博士论文,不仅当时引起了国际学术界的轰动,被誉为发展经济学的经典之作,而且至今对我国现代化建设和广大发展中国家实现工业化和现代化仍具有十分重要的现实意义。他在书中提出的农业国工业化和现代化是当代发展经济学的核心问题的论点,比1979年获得诺贝尔奖的刘易斯至少先行了10多年。张先生立论的精辟与独到之处就在于他是深深植根于我们这个农业大国的土壤里，经过长期考察、探索，并广泛汲取西方经济理论的精华而成为一家之说，这是值得我们后辈永远学习和汲取的。"

专程从台湾台北赶来祝贺的武汉大学校友会理事蔡名相，代表台北校友韩钦元和他本人，将一枚镌刻有"寿"字的纯金牌双手捧给张培刚老师时，全场响起热烈掌声，师生的双手紧紧地握在一起，此时此刻海峡两岸的时空差距似乎顿时消失，融为一体。

在一片掌声和鲜花丛中，张培刚兴奋地即席讲话。他感谢大家为他举行这么盛大的庆祝活动，他认为这本身就说明中华民族的尊师重道的优良传统正得到恢复和发扬。张培刚说他现在首先想到的是引导他进入学术之宫的老师和前辈们，他们对中国的现代教育事业的开拓和发展是功不可没的。这次能见到这么多同事、老朋友、老学弟、小学弟，更感到高兴和欣慰，说明事业后继有人。说到这里，张培刚站了起来，请他在武汉大学经济系执教期间的45届、46届、47届、48届……的学生依次站起来，一批批年过花甲、两鬓染霜的学生都恭恭敬敬地站了起来聆听自己老师的再次召唤。他们当中不少人是著名的专家、学者、教授、博士生导师或政府官员，张培刚还能准确地叫出他们的名字。在场的年轻学弟学妹们无不为这"四世同堂"的感人情景而欢呼雀跃。

作为庆祝活动重要内容的张培刚先生学术成就展览同时揭幕，络绎不绝的参观者从这里看到了张培刚奋斗一生的缩影。这里展出的有他在20世纪30年代初出茅庐的农村调查著作，有他成名之作的博士生论文英文原本，以及在国内出版的中译本；有他70年代末重返学术舞台后发表的一系列论文和专著，以及他参加国内外重要学术活动的珍贵资料和部分照片。《张培刚经济论文选》上、下卷汇集了其中的部分重要论文，使人们看到了张培刚的一系列科研成果。这里展出的还有学术界翘首已久的由河南人民出版社出版的《新发展经济学》，这是被学术界尊为张培刚继《农业与工业化》之后又一传世之作，是他对发展经济学作出的又一新贡献，它将为广大发展中国家的经济发展提供一些崭新的思路和研究方法，并将把发展经济学的深入研究推向一个新阶段。

展览厅还陈列出许多张培刚在海外和全国各地的朋友发来的贺电、贺信和送来的贺礼。如美国哈佛大学经济系主任本杰明·弗里德曼，美国玛利瑞塔学院经济系教授陈文蔚，加拿大多伦多大学东亚项目主任迈伦·戈登教授；还有北京大学校长吴树青、中华全国外国经济学说研究会兼总干事长胡代光、中国人民大学校长黄达、中共中央党校副校长苏星、上海社科院院长张仲礼、西南财经大学名誉校长刘诗白、湖南财经学院院长杨长庚等。正在美国讲学的中国人民大学教授高鸿业在贺函中说："张先生对世界经济学的发展作出了重大的贡献，这当然是为民众所知的事情。我要特别指出的是他在哈佛大学的博士论文和萨缪尔森的博士论文获得该校相同的'威尔士奖金'，而萨缪尔森由于自己的那篇论文而成名，甚至得到诺贝尔经济学奖，由此可以看出张老那篇论文的重大意义。以后，张老为了祖国，毅然抛弃了丰厚的待遇和取得更高学术地位的机会，返回祖国。他的高风亮节和学术成就都是我们学习的典范。"

2002年10月18日，武汉秋高气爽，丹桂飘香，华中科技大学庆贺张培刚教授90华诞及从事科研教学工作70年。会场内外披红挂彩，300多位来宾胸佩红花，济济一堂。除了省、市及教育部高教司的领导外，从海外专程前来庆贺张培刚90华诞的有张五常教授夫妇和台湾著名的经济学家、台湾中国经济企业研究所所长于宗先，以及张培刚的哈佛校友、台湾大学教授、85岁的施建生。国内的学者有吴易风、谭崇台、熊映悟、董辅礽、何炼成、周其仁等300余人。当90高龄的张培刚走进会场时，与会的海内外经济学人响起经久不息的掌声。华中科技大学党委书记朱玉泉、省市及教育部高教司的领导均高度评价了张培刚对经济学的贡献。武汉市副市长辜胜阻在讲话之后深深地向张培刚三鞠躬；施建生回忆了张培刚在哈佛的故事；张培刚的高足、著名经济学家董辅礽情义真切地赞誉自己的老师。87岁的华中理工大学原校长朱九思走向讲台说："大会没有安排我讲话，我要讲。知道过去的人已经不多了，我再不讲，那段历史会被人遗忘。"朱九思回忆起他与张培刚共同奋斗的半个世纪，竟激动地一再超时。讲完之后，87岁的老校长与90岁的张培刚教授紧紧地握手。轮到张培刚讲话时，礼堂里突然停电，张培刚不用扩音器，站立起来，用他儒雅的湖北乡音继续讲话，字字句句抑扬顿挫，让在座的人听得真真切切。几代经济学人对这位中更蹉跌、老而弥坚，在国际经济学界作出杰出贡献，被誉为发展经济学创始人的学者由衷地表示尊重。

2007年6月9日至10日，首届中华发展经济学年会暨庆祝张培刚教授95华诞学术研讨会先后在武汉大学和华中科技大学召开。会议由中华外国经济学说研究会发展经济学分会主办，武汉大学经济发展研究中心、华中科技大学经济发展研究中心和张培刚发展经济学研究基金会承办。来自中共中央党校、国务院发展研究中心、中国社科院、国家发改委对外经济研究所、台湾大学、香港中文大学、中国人民大学、南京大学、浙江大学、武汉大学等的80余名经济学专家学者参加了会议。武汉大学资深教授谭崇台、湖北省社科院原院长夏振坤等到会祝贺。华中科技大学党委副书记刘建凡、西北大学经济与管理学院名誉院长何炼成、首都经贸大学教授丁冰、南京大学党委书记洪银兴和武汉东湖新技术开发区管委会主任唐良智等作为代表致词。精神依然矍铄的张培刚在答谢词中首先对大家的祝福表示感谢。他在总结一生时说："虽说我写了上十本书和发表过若干文章，但最值得提出来的，就只有一本书和一篇文章。"这本书是1945年在哈佛大学用英文写的博士论文《农业与工业化》；这一篇文章是在《经济研究》1989年第6期发表的《发展经济学往何处去——建立新型发展经济学刍议》。张培刚强调:"在哈佛获奖的这篇论文,之所以得以写成,我曾经说过,读书固然使我获得知识,但是如果没有我在青少年时期在农村的亲身经历和感受,没有我在大学毕业后走遍国内4省,包括河北省、浙江省、广西省等等,先后6年的实际调查,特别是如果没有一颗始终炽热的爱国心,我是写不出这篇论文的。""我写的这本书,已是60多年前的往事了,历史已翻开了新的一页,世界格局已发生深刻变化。"张培刚殷切地寄望后学:"在繁星点点的夜空中,出现闪烁炫目亮光的中国新星。"对于张培刚的学术贡献和自我解读,湖北省社科院原副院长陈文科深有感慨,当场赋词一首,以表达对张培刚的崇敬之情:"培桃李,珞瑜挥教鞭,驰骋六十春秋,亦园丁,亦大师,风云弟子岂三千?刚经论,哈佛开先河,耕耘百万宏文,或农业,或大国,传世纪经典称两部!"

在张培刚的弟子中,成长起众多的经济学人,有早年的董辅礽、李京文、何炼成、曾启贤、万典武等著名的经济学家;20世纪80年代以来,又有徐滇庆[①]、张军扩、张燕生、胡和立、李佐军、巴曙松等一代学者。他们或身居国家经济决策中枢,或就任国家经济智囊部门,或身处高端学术机构,他们的学术主张经常被纳入国策。相对于书斋型经济学家,这些距离权力很近、掌握着学术话语权的名家学者,他们无疑是所处时代的"庙堂经济学家"。作为中国顶级的经济学家,适逢思想解放的20世纪80年代,在历史机遇与个人奋斗的合力下,他们成为政

---

① 徐滇庆,1945年出生,云南昆明人。著名经济学家。加拿大西安大略大学休伦学院终身教授。1967年毕业于东北大学自动控制系,1981年获华中工学院经济管理硕士学位。北京大学中国经济研究中心兼职教授。2000年任长城金融研究所所长,2003年获孙冶方经济科学奖。徐滇庆教授是中国民营银行的倡导者。著有《国际贸易税制与经济改革策略》、《政府与经济发展》、《政府在经济发展中的作用》等书,主编了《中国经济改革:分析反省前瞻》、《台湾经验和海峡两岸发展策略》、《中国国有企业改革》、《中国税制改革》等书。

府器重的改革智囊。随着以张培刚为代表的经济学家们的不断拓新,中国的发展经济学在世界上占据越来越重要的地位。在张培刚培养的中青年一代的弟子中,巴曙松、张燕生、张军扩均到中南海给中央领导讲过课。张培刚的思想通过后人向高处、远处飞扬。

把张培刚视作为其人生第一位重要导师的董辅礽在给徐滇庆的《终结贫穷之路——中国和印度发展战略比较》一书所写的序言中这样写道:"我与徐滇庆教授有一点缘分:我和他都师从张培刚教授。1949年我进入武汉大学经济系,成为张培刚老师的第一批学生中的一个,而徐滇庆则是张老师'文革'后在华中理工大学指导的第一个研究生。学长与学弟之间有一种亲切感。"

徐滇庆在2009年出版的《终结贫穷之路——中国和印度发展战略比较》一书的扉页上写道:"谨以此书献给恩师张培刚先生。"2010年10月徐滇庆又在《中国不怕》一书的扉页上写道:"谨以此书献给我的恩师张培刚先生百岁诞辰。"书中写道:"我是张培刚老师'文革'以后带的第一个研究生。1945年他在哈佛大学发表的论文《农业与工业化》早已成为发展经济学的经典。张老师认为工业化不能以牺牲农业、农民为代价,农业发展本身就是工业化过程中的不可分割的一部分。他指出:提高农业生产效率之后必然释放出大量剩余劳动力,形成向非农产业转移的'推'力。城市收入的提高又会产生吸收农村剩余劳动力的'拉'力,一推一拉,会使工业化进程顺利启动并实现良性运转。张老师的教诲加深了我对'三农'问题的认识,产生了写作这本书的愿望。很快我们就要为张老师庆祝百岁诞辰了,我愿意将此书作为献给恩师的一份薄礼。"

传统中国注重师道尊严,所谓天地君亲师。师者,传道授业解惑也。张培刚与弟子之间的关系并不仅仅局限于知识的传播,而更延伸到对人生意义的探索。

张燕生，张培刚的1981级硕士研究生。1983年，张燕生陪同张培刚到昆明参加中华经济学术研究年会。致力于理论创新的张培刚阐述了科技是第一生产力的论文观点。论文指出了在改革开放之初，我国应该如何发展社会生产力，尤其是在社会主义制度条件下，如何提高生产效率。张燕生说，正是在张培刚与时俱进、注重学以致用的学术思想影响下，他从毕业到现在都始终在做经济发展领域的国际贸易、国际金融政策、战略研究及国际投资的金融理论、战略研究。

张军扩，张培刚的1982级硕士研究生，1998年度孙冶方经济科学奖获得者。他至今仍清晰地记得，在一次理论探讨中，张培刚曾问他："你们的研究能为国家服务什么？"后来张培刚语重心长地告诉他和同学们，为国家的经济建设服务，首先要有扎实的理论功底。这就需要去读原著，去了解国际上最前沿的东西。其次，研究中国的经济问题，要理论联系实际。这就需要知晓现实中的具体情况。在张培刚的点拨下，张军扩和同学们把凯恩斯的《就业、利息和货币通论》、马歇尔的《经济学原理》、萨缪尔森的《经济学》原著拿去影印，掀起读原著的热潮。在张培刚的影响下，张军扩还养成了阅读国内报刊的习惯。

方齐云，张培刚的1983级硕士研究生。谈起张培刚，方齐云说："张老对我们如同父亲对待孩子。要求我们每周一次到他家里，汇报学习。比如，这周看了什么书，有什么收获，有哪些思考等等。问完学习，他会留学生们拉拉家常，"生活上有没有困难，个人感情进展如何之类"。如同关心自己的孩子一样，同学们聊起来毫不拘束。当了解到方齐云的家庭困难后，在张培刚直接过问下，方齐云的妻子从孝感调入武汉，解决了方齐云的后顾之忧。

张建华，张培刚的1988级硕士生和1993级博士生。1985年有志于成为比尔·盖茨的张建华，在学校看了《发展经济学的创始人——张培刚》的报道，因为张培刚的人格魅力，由工科转向了经济学，后来成为张培刚的硕士研究生。1995年，张建华与张培刚合写一篇关于中国经济在亚太经济发展中作用的论文。与张培刚反复交流后，他交了初稿。当收到张培刚的修改稿时，他惊呆了：张培刚从头到尾改了一遍，满篇都是红字。张培刚不但从学术的角度进行了修改，而且从文章的结构甚至字词句的用法都进行了推敲。他还谆谆告诫张建华，写文章要有思想有观点，不能光有文字，辞藻的堆砌是没有用的。张培刚指出："词的使用也要讲究，'的''地'的使用都不能疏忽。"在师从张培刚的学习过程中，身为工科生的张建华开始写东西时，不是很得心应手。张培刚便鼓励他，做学问要有耐心，进步是需要过程的。张培刚曾耐心地帮张建华分析："写文章要经历三个阶段，第一个阶段就是，提笔千斤重，没有办法往下写，是因为你的积累不够。然后第二个阶段是下笔万言书，这也不好，文章有必要写那么长吗？最关键的是你能够到达第三个阶段，那就是下笔如有神，能够真正抓住文章要领。"

李佐军，张培刚的1989级硕士研究生。李佐军坦言感受最深的是张培刚的学术精神："老师为人正直，中国知识分子的精神在他身上体现得非常明显。他一生淡泊名利，只专心做学问，坚持自己独立的观点。而且他对待学术十分严谨，写文章时，每一句话、每一个词都精雕细琢，他写的很多文章都会在重点文字下面加着重号，这已经成为他著作的风格。"

巴曙松，张培刚的1991级硕士研究生。当年巴曙松他们进校时，学校条件很艰苦。没有教室，张培刚就在资料室里给他们上课。资料室一分为二，中间由一个书柜挡着，一边做教室，一边做资料室。就在这样的条件下，张培刚带领一批老师们一步步地带动学科成长，付出了太多的心血。巴曙松在《阅读的历程》中描述其学术成长之路时说："撇开其他的因素，我印象最为深刻的几本专业领域的书，还都是就读学校的一些老师的著作，印象最深的当然要数张培刚教授的成名作《农业与工业化》，刚刚考上研究生的那个暑假，我把这本经典著作反复阅读，以至于对注脚都十分熟悉……这本书对我的影响之大，以至于我现在的论文写作语气都带有浓厚的《农业与工业化》的风格，刚刚开始发表文章的时候，也刻意模仿张培刚教授在书中不厌其烦的注解。沿着张培刚教授的研究脉络，我开始顺藤摸瓜去阅读那些奠定他思想基础的著作……"巴曙松感慨地说："张老给我们树立了一种追求，也让我们在人格上形成自我约束。尽管人到中年很容易懈怠，但当我想起张老无论在何种环境下都能始终如一地向前时，就不敢懈怠了。"

梅松，张培刚的1996级硕士研究生。当年张培刚指导他写硕士论文时说："你当我的学生，就要下功夫真学。不能抱着为一纸文凭来学习的态度，我坚决不当'水军'都督。"2000年，梅松成为张培刚的博士生后，进一步得到张培刚的悉心指导。当梅松把博士论文《中国世界工厂的研究》交给张培刚时，年近九十高龄的张培刚逐字逐句、一丝不苟地帮助修改论文，并嘱咐他："你这个论文题目不错，但要做好这个论文还需要你考虑外部经济问题，要多关注国际交流活动信息，世界工厂是由于跟国际合作、国际交流而形成的。同时，你一定要结合中国发展的实际情况，充分运用所掌握的数据资料。"梅松感慨地说："张培刚对我的影响不仅是严谨求实的治学精神，更重要的是他教会了我为人处世的道理。"

茶洪旺，张培刚的1999级博士研究生。他说：张培刚老师是一本书，在书里面有两个部分，一个部分是经济学，另一个部分是人生的哲理学。张培刚的高尚人格决定了他学术上的高度。茶洪旺在做西部大开发的博士论文时，张培刚教导他说：博士，不能一驳就死；博导，不能一博就倒。做学问要查原始资料，千万不要去抄二手材料，当看到茶洪旺引用西部大开发的史料时，张培刚让他到湖北图书馆去查相关史料，尤其是孙中山先生早年提出的西部开发的设想。张培刚告诫他："做科学研究，要研他人所未发，来成研究进取。"张培刚的教导后来成为茶洪旺从事教学研究工作中的标杆。

为了帮助他的研究生在毕业后有更大的发展，张培刚常常会热心地给国内著名的大学乃至国外的大学写推荐函。1982年秋，华中工学院经济数学硕士毕业生田国强申请出国攻读博士学位，找到张培刚。张培刚不吝笔墨给他写了内容极为恳切的推荐信，使其在1983年1月到美国明尼苏达大学攻读博士学位。1992年，国家计委领导答应派徐滇庆去美国学习，但申请美国大学深造需要国内知名教授推荐。当徐滇庆怀着不安的心情找到张培刚时，张培刚非常爽快地答应了。正是带着张培刚的推荐函，徐滇庆顺利地进入了美国匹兹堡大学。巴曙松在华中科技大学获得经济学硕士后想在北京求职，张培刚给董辅礽和厉以宁写信，请求给予帮助和支持。董辅礽、厉以宁接到信函后分别写了两份推荐信，并提出了求职的建议。

即使弟子们走上工作岗位了，张培刚也会时刻挂念他们的成长进步。1985年5月，张培刚从报纸上看到他的1982级硕士研究生郑志耿在《人民日报》发表了一篇关于经济效率评估的文章，非常高兴，当即打电话鼓励郑志耿接着做学问。有过知青经历的郑志耿，最终选择了回浙江省政府工作。张培刚对他的指导却始终没有间断，指导方式就是书信往来。给郑志耿印象最深的就是张培刚常嘱咐他："一定要关心工农大众，只有这样，你的经济发展研究才有价值。"2004年，张培刚的1981级硕士研究生凤良志所在的国元证券公司正处于困难期。一直主抓风险控制的凤良志感到巨大的压力，面对经营困难常常夜不能寐。得知此事后的张培刚，主动打电话给凤良志说："良志啊，认真，但不要太认真，应适时而止；看透，岂可以全看透，须有所作为。"张培刚的谆谆教导，给了凤良志以极大的鼓舞，他暗暗告诫自己要挺住，不能自以为看透了这个世界就消极。凤良志后来说："尽管在实践中，我们积累了很多的经验教训，也摔了很多的跤，但是我们仍要积极进取。国元证券能有今天，是张老师给了我精神力量。"

张培刚的学术精神影响所及，并不限于及门弟子，而是春风化雨嘉惠后学。湖北省社科院的经济学科是在张培刚一手帮扶下成长起来的。刚刚结束"文革"浩劫的湖北省社科院，基本上招不到研究人员，1980年湖北省社科院恢复建院时延揽的29名研究人员中，绝大部分是张培刚的学生或者助手。时任湖北省社科院学术顾问的张培刚每周都会到省社科院和研究人员座谈，座谈内容从学术到国家大事无所不包。省社科院很多的经济类研究课题，都要找张培刚提建议、参加讨论会。陈文科是1980年考上湖北省社科院研究生的，除了工作上的来往，陈文科开始经常在私下里找张培刚请教发展经济学的问题。每次去见张培刚，陈文科和廖丹青都十分紧张，因为老师一般要和他们聊两个小时，一个小时聊经济学，一个小时聊国家大事。陈文科和廖丹青很怕他提的问题答不上来。因此，两人必须在家里把"功课"做足后才敢拜访，久而久之形成了习惯。陈文科已经记不清楚张培刚为他修改了多少篇论文，直到张培刚80多岁高龄时，还多次修改陈文科的文章和专著。1994年，陈文科将自己的文章《大国发展的十大困惑》拿给张培刚审阅后，迟迟得不到回应。直到一个多月后，陈文科才拿到老师的修改稿。后来陈文科从张培刚的学生口中了解到，这篇只有几千字的文章，张培刚多次阅读、修改。

提携后学，也是张培刚的为师之道。1989年4月，武汉大学的薛进军著述了《凯恩斯革命的反革命》，请求张培刚作序。张培刚接到书稿后，认真阅读，从中提炼出书中的特点和观点，并根据书中的内容，建议将书名改为《凯恩斯革命与再革命》，并以"寄希望于青年学者"为题，写了3000余字的序言。1990年，张培刚受好友吴于廑之托，审阅和鉴定武汉大学世界近现代史专业陈勇的博士论文《商品经济与荷兰近代化》，并慨然允诺为该书作序。张培刚充分肯定陈勇强烈的社会责任感和好学深思的进取精神。张培刚认为：经济学理论如要不断得到深化和发展，就必须善于联系和运用经济史的具体研究成果；经济学理论的深化和发展又会有助于指导和推动经济史的研究。1993年5月，张培刚接到复旦大学经济学博士生李向民的来信，恳请张培刚作为他博士学位论文的评阅人。张培刚仔细看了李向民的博士论文《中国的经济发展学说（1840—1949）》，并认真写了评语。1994年6月，李向民又来信，希望张培刚能够为他的论文的出版作序。正在同济医科大学附属协和医院住院的张培刚有感于这位青年好学之士的盛情相邀，另一方面有感于中国发展经济学的研究后继有人，乃振作精神，欣然命笔，撰写序言。序言中，张培刚回顾了发展经济学的发展历程，充分肯定作者首次对中国的经济发展思想进行了比较系统的整理，认为其填补了中国发展经济学研究的一项空白，可以预料该书的出版必将对中国学术界产生重大的影响。

三、"大家"、"大师"和"荆楚社科名家"

大师与大师聚在一起，名著与名著相映生辉。张培刚因在研究农业经济和农业国工业化问题方面作出的卓越贡献而被誉为发展经济学创始人之一。1985年，英国剑桥国际传记中心所编的《国际知识分子名人录》第七卷，收集了世界各大洲2500位名人传记，将张培刚作为其中极少数的卓越的有杰出贡献的学者，特别提出列在卷首献词中。1999年5月，经武汉大学海内外校友会推荐，张培刚被列为第二届武汉大学杰出校友之首，成为武汉大学永远的骄傲。与此同时，张培刚与中科院院士杨叔子、沈绪榜，工程院院士崔崑等10多位科学精英，诠释着华中科技大学的历史与辉煌。

作为哈佛大学博士的东方人，张培刚凭其卓越的论著，叩问并震撼了西方经济学界,使培养了亚当斯、罗福斯、肯尼迪、基辛格等美国总统和政治家,培养了30余人次的诺贝尔奖得主的世界顶尖学府,因张培刚的学说和影响而使中国的学子们倍感亲切。张培刚32岁时的成名作与萨缪尔森的《经济学》、诺斯的《经济史中的结构与变迁》、缪勒的《公共选择》,以及弗里德曼、熊彼特、贝克尔的著作一起,成为现代经济学理论的经典。

2009年6月,为庆祝中华人民共和国建国60周年,宣传中国经济学家对祖国经济建设的贡献,中国社会科学院《经济研究》编辑部为在全国范围内推出真正有影响力的百位经济学家,邀请了北京、上海、天津等省市的经济学家作为推荐人,并在初步推荐名单的基础上,在北京召开了论证(编辑)委员会会议,经过充分讨论并投票,最终确定了百位经济学家入选名单。国内外大学入选百位经济学家的人选共有34位,张培刚、谭崇台作为武汉经济学家的杰出代表被纳入其中。《经济研究》编辑部于2009年9月正式编辑出版了由吴敬琏、厉以宁、张卓元等著名经济学家担任主编的《影响新中国经济建设的100位经济学家文丛》。

2010年11月16日,湖北全省社会科学工作大会在武昌隆重召开。大会命名表彰了湖北首批13名"荆楚社科名家",即马克昌、冯天瑜、邢福义、朱祖延、刘纲纪、张培刚、周骏、夏振坤、郭道扬、陶德麟、章开沅、彭斐章、谭崇台。

2003年后,张培刚因为身体原因,很少参加社会活动,但是他的影响则在日渐扩大。在他患病期间,时任国务委员的陈至立曾亲自上门看望这位德高望重的著名经济学家;每年春节和教师节,省委、省政府主要负责人都要亲自上门看望张培刚,给他带来党和政府的关怀,并对他在促进经济学的发展方面作出的贡献表示敬意。

2004年4月,中央电视台《大家》栏目组采访了91岁的张培刚。在采访之前,《大家》栏目组先采访了厉以宁、胡鞍钢、谭崇台等国内著名经济学家,请他们对张培刚的学术成就给予评价。厉以宁在接受采访时说:"他是发展经济学的创始人之一,这个在国内经济学界是没有争议的。因为他是最早建立自己的、适合于发展中国家的经济发展的一条模式。"胡鞍钢说:"在50年代实际上就有这样的评价,南有张培刚先生,北有马寅初先生,他们俩都对中国的发展,我称之为作出历史性的贡献。"谭崇台说:"培刚同志这个人我很了解他,因为他的知名度很高很高,学术上是第一流的,外语是第一流的,最重要是人品是第一流的。"张培刚在接受采访时,回顾了自己的成长经历以及留学美国、回国发展的经历。这位令国内外众多著名经济学家为之脱帽致敬的人,在正当壮年、最富创造力的30多年中,是在盖房子、养牛、种地、被批判斗争中度过的。改革开放之后,已将进入耄耋之年,又无怨无悔地为中国经济学界闪耀了他最后一次光芒。①

主持人在评述中说:"如果说《农业与工业化》是张培刚一生当中最大的成就,那么他晚年所表达出来的这种淡泊名利、豁达、幽默,也许是他一生当中最大的收获。"张培刚的经济学从一开始就不是"权贵市场经济学",而是立足乡土中国的接地气的经济学,不管是出身乡村,还是大学毕业后的这份与乡村经济密不可分的研究工作,都为张培刚此后在哈佛大学的崭露

---

① 张培刚的生肖属牛,他说自己就是一头劳累的老牛。20世纪40年代,他放弃国外优厚待遇,毅然回国报效祖国。可是,在极"左"错识指导下,又囿于一所多科性的工学院,他没有机会结合经济学专业从事教学和科研工作。这当中,包括10年盖房子、搞基建等总务行政工作;逾10年的政治课教学工作,实际上在这段时间政治运动接连不断,经常上山下乡劳动,改造世界观;紧接着10年的"文化大革命",受审查、挨批判,从事繁重的体力劳动。弹指挥间,年华已去。随着时光流逝,他的锐气已消失殆尽。仅仅留下了"韧"性,这就是一股牛劲。史无前例的"文化大革命"结束后,他说他只干了两件事:一是于1989年发表了一篇《发展经济学往何处去》的文章;二是在一所多科性的工学院内建了一所经济学院。谈何容易,他说,他是困兽犹斗,前面还要加一个"老"字,老困兽犹斗,终于在85岁高龄获得博士学位点,经济学院在华中大才算获得可以生存和发展的条件了。

头角甚至大放光芒奠定了一份独特的平民主义的精神底色。这是贯穿张培刚学术生命的一根主线。

张培刚在接受访谈时曾动情地叙述其学术生命的心灵动机："我总是心里有他们，还是有他们。农田耕作的艰苦我亲自尝到过，怎么把它现代化、改进，那就是我心目中，总在考虑的一个问题。所以农业后头还要加一个工业化，主要就是农业国如何工业化。"

《大家》栏目记者曾问张培刚：是否对20世纪40年代从美国回国的选择感到后悔？他的回答是："怎么会呢？子不嫌母丑嘛。"这就是张培刚，尽管经历了不公待遇和人生坎坷，但永远是一个热爱国家、关心民生的伟大知识分子。

2011年4月初，在张培刚即将进入98岁之时，腾讯网《大师》栏目组也采访了张培刚。这次采访，由于张培刚的身体状况，已经不允许口述很多的问题，妻子谭慧在一旁帮忙提醒和转述，张培刚的弟子、华中科技大学教授张建华考虑到张培刚的身体和精神状况，就发展经济学的发展近况代为受访。腾讯网在4月11日的第35期中，以题为"是谁在改变我们的世界，告诉您一位不为人知的大师，发展经济学之父张培刚：被淹没的声音"进行了报道。报道分为"被全世界公认的发展经济学创始人"、"哈佛经济学最高奖东方第一人"、"他们瞧不起中国人"、"美国再版，国内被批判"等七个部分。

现代意义上的经济学，有时被界定为一门研究人们如何选择的科学，据此，经济学家便是善于作出各种理性选择的人，而这对张培刚却是一个例外。在他的学术生涯中，他本来可以选择美国，可以选择哈佛大学，但他却义无反顾地选择了祖国，选择了武汉大学；他在华中工学院这所理工科大学"蜗居"数十载，本来可以有多种选择，但他依旧"岿然不动"。在他看来，人只有献身于社会，才能领悟、感受到有限生命的真谛和崇高价值，热爱祖国和人民、报效国家和民族，这是张培刚矢志不渝的赤子情怀，他的理论和思想贡献，将随着中国现代化建设而永驻史册，他对中国经济改革的关注，对中国农业、农村和农民问题的深深忧虑，使大家感受到这位经历了近一个世纪沧桑、承受了两种制度、两种文明洗礼的老人，本身就是一个课题。他是落后的农业国家走向工业化、走向现代文明的一个惊叹号，是所有发展中国家政府、学者和民众都不得不通读和研究的一部杰作。

为了表彰张培刚的杰出学术成就和对华中科技大学发展的重要贡献，2011年11月23日上午，在张培刚病重弥留之际，华中科技大学作出授予张培刚华中科技大学终身成就奖的决定，这是华中科技大学建校以来首次授予这种崇高荣誉，并颁发奖金人民币50万元。决定指出："张培刚教授于1945年获得哈佛大学经济学博士学位，1953年来我校工作。他是发展经济学的奠基人之一和著名经济学家，是我国经济学界德高望重的学术大师。改革开放之初，他是最早把西方市场经济学引入到我国的学者之一，为市场经济理论在我国的传播作出了重要贡献。张培刚教授桃李满天下，为国家和学校培养了一批优秀人才，为学校学科建设、校园建设等方面作出了杰出贡献。在他的带领下，我校西方经济学科特别是发展经济学在国内位于前列，西方经济学已成为国家重点学科。希望广大师生员工向张培刚教授学习，爱岗敬业，严谨求实，开拓进取，勇于创新，为学校创建世界一流大学和国家经济社会文化发展作出更大贡献。"

四、经济学界的"张培刚奖"

20世纪80年代，面对西方发展经济学正走下坡路，而世界上多数发展中国家和地区并未发展起来的现状，张培刚再次扛起开拓创新的大旗，全面提出创立新发展经济学的思想，引导发展经济学走出困境。1992年，由张培刚主编的《新发展经济学》，将发展经济学推向了一个新阶段。为了推动中国发展经济学的研究和传播，立足中国，面向世界，以严谨的科学态度，不断探索包括中国在内的发展中国家如何有效地实现工业化和现代化的理论和政策，这年10月，华中理工大学召开了较大规模的张培刚学术思想研讨会。来自国内外的百余位专家学者一致建议成立张培刚发展经济学研究基金会。张培刚被推选为基金会的名誉理事长，谭慧被选为理事长，徐长生、宋德勇、张建华、李佐军被选为副理事长，秘书长由宋德勇兼任。基金会学术委员会主任委员由张培刚担任，谭崇台、林毅夫、张军扩、辜胜阻、李京文、何炼成、巴曙松、夏振坤等22人被选为学术委员会委员。基金会通过民间筹资人民币10万元，经中国人民银行武汉分行核资批复同意设立。1999年经湖北省人民政府审定合格，准予登记，并领发社会团体法人登记证书。2004年底，基金会以武汉张培刚发展经济学研究基金会的名称，作为非公募基金会登记注册，基金会由社会团体法人转变为基金法人，湖北省委宣传部为主管单位，2012年底主管单位变更为湖北省教育厅。基金会的两项重要公益活动就是设立张培刚发展经济学研究优秀成果奖（简称张培刚奖）和举办中国经济发展论坛。设立"张培刚奖"，旨在表彰为发展经济学及其相关研究作出突出贡献的学者，促进经济学研究的繁荣，推动中国经济发展，并让中国的发展经济学研究成果走向世界。举办中国经济发展论坛，目的在于汇聚国内外知名专家学者对中国经济发展的重大理论和现实问题进行研讨，总结中国经济发展的经验教训，寻找中国经济可持续发展的良策，并将中国的发展经验推向世界。

张培刚发展经济学研究基金会成立后，在长达10余年的积累中，基金会的基金由开始的10万元逐渐扩大到500多万元。基金会先后举行了发展经济学与中国经济发展研讨会、发展经济学与21世纪中西部发展研讨会和发展经济学与中国的工业化和现代化研讨会;并资助出版了发展经济学研究丛书,一批发展经济学研究方面的最新研究成果得以正式出版。

为纪念张培刚博士论文获得大卫·威尔士奖60年,2006年4月23日,张培刚发展经济学研究基金会在华中科技大学一号楼学术报告厅举行首届张培刚发展经济学优秀成果奖颁奖典礼。

那天的颁奖现场座无虚席,走廊上也挤满了师生。时年93岁的张培刚蹒跚步入颁奖现场时,报告厅响起了热烈的掌声。张培刚以一首小诗开始了讲话:"老汉九十三,讲话千百遍。今天头一回,要照讲稿念。年龄不饶人,诸位多包涵。"在大家善意的笑声中,张培刚回顾了自己60年前在哈佛求学的岁月,回忆当年因博士论文而获得举世关注,成为发展经济学奠基人之一的经历。他的幽默风趣引得现场一直笑声不断。最后,他希望学生们能热爱母校,热爱祖国,在发展经济学领域不断开拓创新,使发展经济学得到更广泛的传播和发展。他的讲话结束后,全场爆发长时间的雷鸣般的掌声。

颁奖典礼由华中科技大学经济学院院长徐长生主持,武汉大学经济管理学院教授谭崇台,国家发改委对外经济研究所所长张燕生,国务院发展研究中心金融研究所副所长巴曙松,北大星光集团总裁、星光国际传媒有限公司董事长王新屏,中共中央办公厅陈鹏,美国约翰·霍普金斯大学历史学博士吴遇以及众多校友出席。华中科技大学经济学院的师生也参加了会议。基金会秘书长宋德勇介绍了基金会及首届张培刚奖的评审情况,谭崇台代表学术委员会宣布获奖名单及著作:何炼成的《中国发展经济学》,林毅夫的《自力更生、经济发展与转型:理论与实证》,史晋川等的《制度变迁与经济发展:温州模式研究》。华中科技大学党委常务副书记冯友梅在简短而热烈的致辞后,和张培刚一起为3位获奖者颁发了兼职教授聘书。林毅夫在谈及获奖感言后说:张培刚教授一生对发展经济学的建立,对我国经济学的教育和经济学科的发展作出了巨大的贡献;他为人温良,提携后进不遗余力,为我等后辈良师。

2009年2月8日,第二届张培刚发展经济学优秀成果奖暨中国经济发展论坛在北京人民大会堂举行。谭崇台的《发展经济学》、吴敬琏的《中国增长模式抉择》、姚洋的《土地、制度和农业发展》、胡必亮的《Informal Institutions and Rural Development in China》(《非正式制度与中国的农村发展》)、刘遵义(Lawrence J. Lau)等的《非竞争型投入占用产出模型及其应用——中美贸易顺差透视》、蔡昉的《中国经济面临的转折及其对发展和改革的挑战》等6部(篇)论著或论文获奖。第十二届全国人大常委会副委员长陈昌智等领导及国家有关部委、研究机构、高校、企业、基金会负责人出席了颁奖典礼。著名经济学家、国务院发展研究中心研究员吴敬琏、香港中文大学校长刘遵义等200余名来自中国内地和香港地区的专家学者参加论坛,探讨中国经济发展的重大理论问题和现实问题,寻找中国经济可持续发展的良策。

张培刚因身体欠佳无法亲自赴京。颁奖典礼上,张培刚通过一段视频,向获奖者表示祝贺。他说,在60年前还不存在发展经济学这一分支学科,还缺乏系统的关于农业国工业化理论的研究;与此同时,作为世界上最大的发展中国家,中国没有开始真正意义上的工业化。60年来,发展经济学不仅在中国产生了,而且有了相当的发展。60年来,中国的工业化和现代化取得了相当大的成绩。他语重心长地勉励大家:"随着中国的崛起,中国对世界经济的贡献和影响将会越来越大。中国经济学家,尤其是从事发展经济学研究的学者,应当为世界经济学作出更大的贡献。"

2010年12月11日至12日,第三届张培刚发展经济学优秀成果奖颁奖典礼暨2010中国经济发展论坛在华中科技大学隆重举行。美国哈佛大学教授怀特·帕金斯(Dwight Heal Perkins)的论著《Economics of Development》(《发展经济学》)、北京师范大学教授李实等的《中国居民收入分配研究Ⅲ》、北京大学教授卢锋等的论文《我国资本回报率估测（1978—2006）——新一轮投资增长和经济景气微观基础》、复旦大学长江学者及特聘教授张军等的论文《中国为什么拥有了良好的基础设施?》等4部论著（论文）获奖。张培刚以98岁高龄在行动十分不便的情况下，坐着轮椅到现场为获奖者颁奖，全场师生将经久不息的掌声，送给这位始终情系学科发展、关心包括我国在内的发展中国家发展问题的著名经济学家。国务院发展研究中心、中国社会科学院、美国哈佛大学、北京大学、中国人民大学、南京大学等海内外著名大学和研究机构的100多名专家、学者参加论坛，探讨中国经济转型与发展模式创新等重大理论与现实问题，谋求可持续发展与和谐发展之路。新浪财经进行了现场实录。帕金斯深情回忆了与张培刚持续多年的友谊，并表示非常高兴能获得这样一个特别的奖项。

在为期两天的2010年中国经济发展论坛活动中，学者们围绕后危机时代的中国经济转型、"两型"社会建设与经济结构转变、发展模式比较与中国发展模式创新等主要内容进行研讨。

2012年12月1日，在张培刚逝世一周年之际，第四届张培刚发展经济学优秀成果奖颁奖典礼暨2012中国经济发展论坛在北京人民大会堂举行。颁奖典礼由中华全国归国华侨联合会、华中科技大学、张培刚发展经济学研究基金会联合举办。厉以宁的《非均衡的中国经济》、万广华的《经济发展与收入不均等：方法与证据》、张曙光的《博弈：地权的细分、实施和保护》、徐滇庆等的《终结贫穷之路——中国和印度发展战略比较》、白重恩等的《谁挤占了居民的收入——中国国民收入分配格局分析》、沈坤荣等的《企业间技术外溢的测度》等6部论著获得优秀成果奖。颁奖仪式由华中科技大学党委书记路钢主持；华中科技大学校长李培根，中华全国归国华侨联合会副主席王永乐，中国侨商联合会常务副会长、香港冠城有限公司董事长韩国龙，第一届获奖者代表林毅夫，先后致辞；张培刚发展经济学研究基金会理事长谭慧宣读颁奖词；全国侨联主席林军、华中科技大学校长李培根等为获奖者颁奖。厉以宁、万广华、张曙光、徐滇庆的代表李昕、白重恩、沈坤荣发表了获奖感言。

随后举行的2012年中国经济发展论坛的主题是"转型与创新：求索中国特色发展之路"。论坛分为三个部分，即"求索中国特色发展之路"、"宏观经济与收入分配问题"、"转型发展与创新驱动"。来自国内众多知名高校和研究院所的经济学家汇聚一堂，带来了一场场精彩的学术报告。在此次会上，张培刚的弟子巴曙松被推举为基金会新一届会长。

为了纪念张培刚，中信出版社再版发行了英文版《农业与工业化》。张培刚发展经济学研究基金会和华中科技大学于2012年4月21日举办发行纪念座谈会，同时开办"张培刚经济学纪念讲座"，这个讲座计划是由张培刚发展经济学研究基金会在华中科技大学设立的专门讲学项目，包含"张培刚经济学纪念讲座"、"张培刚讲座"和"张培刚发展经济学系列讲座"。其目的在于设立一个平台，继承张培刚遗志，推动中国对发展经济学的研究和传播，立足中国，面向世界，以严谨的科学态度，不断探索我国和发展中国家如何有效地实现工业化的理论和政策，让中国发展经济学走向世界，并在国际上占有一席之地。其中"张培刚经济学纪念讲座"，旨在邀请在国内外享有崇高学术影响的经济学家讲学，以促进华中科技大学学术交流和发展经济学学科发展，主讲者为现任或曾任国内外著名大学教授，在学术界仍然非常活跃并具有相当大的影响力；拥有重要学术成果，在经济学研究的某一领域处于国际前沿水平。该讲座每学年举办一次。举办"张培刚讲座"的目的有三：其一，作为经济学专业学生专业训练的重要组成部分；其二，作为经济学者交流的平台；其三，作为向社会传播经济学知识的重要渠道。讲座内容既涉及学术前沿，又能让广大学生和社会公众所理解。力争把"张培刚讲座"办成类似于剑桥大学的"马歇尔讲座"、北京大学的"严复讲座"那样的崇高荣誉品牌,使其成为中国经济学界国际学术交流的重要平台。

五、生活中的大师

张培刚的一生是献身于经济学理论创新的一生,是献身于中国教育事业的一生。他淡泊名利的学人风骨、严谨求实的治学作风、高屋建瓴的学术造诣、追求理想的执着精神、提携后辈的高风亮节,是世人学习的榜样。除此之外,生活中的张培刚给人的感觉是更加的亲近和自然……

生活上艰苦朴素,吃苦耐劳,宽厚待人,无论在什么情况下都能充满乐观。张培刚从哈佛归国之初,很少添置衣物,他的西服、大衣、帽子大多是原来在美国购置的,领带也是为数不多的那么几条,不可能随着外衣的颜色而经常换着佩戴。他的皮鞋也是从美国穿回来的,几年下地,有的已经穿得前翘后翻,甚至出现了裂纹。当时,张畹蘅见他上面的西装笔挺挺的,下面的旧皮鞋实在不搭配,便极力劝他去买一双皮鞋,他笑笑说:"这有什么关系呢?"他对张畹蘅说:有志气的人应该着重考虑个人如何为国家为社会作出贡献,把主要的精力调度到学习、工作上去,不能时时刻刻拘泥于生活琐事,这样才能有所作为。[①] 张培刚的姨侄叶虎是谭慧妹妹的大儿子,出生后就一直在张培刚的身边,直至叶虎赴加拿大攻读硕士学位。张培刚夫妇将他视为己出,他叫张培刚伯伯。叶虎曾这样说道:"我和伯伯共同生活了20多年,他就是我心目中的英雄,影响了我的一生。"

[①] 张畹蘅:《沉痛哀悼我的堂兄张培刚大师》,华中科技大学经济学院、张培刚发展经济学研究基金会、张培刚发展研究院编:《悼念张培刚教授文章汇编(二)》,2011年11月,第227页。

年轻时的张培刚，穿着非常整洁，笔挺的西装，打着领带，用一口流利的英文讲着经济学理论。新中国成立后，他换上了中山装。华中工学院建校期间，他一身工装穿梭在建筑工地上，在正式场合他会换上整洁的中山装。从风度翩翩的青年变成了老者，他的规矩依然没有变，风骨也没有变。穿着上依然是干净整洁的西装，但里面会塞进一件小棉袄，再用绳子捆紧点，他说："我是一个农民，外面穿得体面是对别人的尊重，里面只要暖和，破旧一点又有什么关系。"

张培刚一向崇尚俭朴，反对铺张浪费。张畹蘅记得在解放前帮他抄写稿件时，他总是不断地提醒她节约用纸，不要随便乱撕乱扔；下雨天走路不要故意踩水，以免把鞋子浸湿容易弄破；在日常生活中，他连用一张大一些的卫生纸都要撕开一半留着在袋中以备再用。

张培刚生活节俭，却对有困难的亲朋好友慷慨相助，爱心善举也惠及到求助之人。1946年，张培刚从美国回到武汉大学任教后，在武昌遇见了两位堂姐妹，即二妹张畹蕙、三妹张畹蘅。她们亲切地称张培刚为二哥（张培刚在家排行老二）。在接触中，张培刚发现两姐妹品学兼优，肯于上进，而她们的家庭又家道中落，几乎无力继续支持她们完成学业，难以实现她们的大学梦想。慷慨的张培刚帮她们缴学费，照顾她们的生活，尤其是从思想品德、为人处世等方面，适时地给她们以诚挚的教育和关注，冬天帮她们购置大衣，夏天为她们买凉鞋，甚至从香港为她们带回风衣和派克钢笔。张培刚在联合国亚洲及远东经济委员会工作期间，与两位堂妹书信不断，鼓励她们努力学习。1948年深秋，张畹蘅不幸患了伤寒病，当时她的家已从武汉迁到红安乡下，而她正在私立武昌华中大学就读，华中大学的外籍医生便把她送到了同仁医院，张培刚知道后，给她寄来慰问信和医疗费用，嘱她安心养病，甚至委托好友吴于廑教授给予关照。吴于廑曾几次带着营养奶粉和饼干到医院探望张畹蘅的病情，转交张培刚寄来的医疗费用，这让张畹蘅感激不已。这次大病幸亏得到了及时治疗，使张畹蘅仅一个多月就痊愈返校补课。但由于伤寒病对人体的健康损伤很大，张畹蘅出院后极度贫血，张培刚得知后邮寄了营养费，还叮嘱她注意营养，以期尽快康复，把耽误的学业补回来。1949年7月，张畹蘅参加了中国人民解放军，张培刚得知后大力支持，并送给她一块瑞士金壳手表和一条纯毛毯。

还要特别提到的是，解放后，张培刚一直负担两个侄儿、一个侄女的生活和教育费用，以及家乡的三位姐姐、一位表姐和一位妹妹的生活费，其中妹妹张培驹一家三代的生活费和后辈的教育费，延续了数十年，都是张培刚资助的。

除此之外，张培刚对同村的亲友也是有难就帮，有苦就助。同村的堂弟张培琴因一次车祸致两腿残疾，张培刚知道后特意到汉口铁路外为他定制了一辆轮椅送去，并定期给他送去生活费用。解放初期，同村妹妹张献华父母双亡，生活无着落，张培刚推荐她到中国人民银行武汉分行工作。

对待亲友是这样，对待学生也是给予大力支持和帮助，只要知道他们遇上困难，张培刚都慷慨救助。张畹蕙的同学万哲男在临近解放时，因其养母逼她嫁给国民党军的营长，她不愿意，逃婚来到武汉，无依无靠，又恰逢眼疾严重必须立即治疗。万哲男急得没有办法，找到好友张畹蕙。张畹蕙带她找到张培刚。张培刚了解情况后，二话没说，资助万哲男所需要的全部医疗费用和生活费，帮她渡过了难关。张畹蕙在武汉大学的朋友张悟铭，家在湖南，武汉解放之初她的家乡尚属蒋管区，一时失去了家中的供养，也是在张培刚救助下继续完成了在武汉大学的学业。

在饮食上，"喝过洋墨水"的张培刚依旧偏爱红苕稀饭，当然也不拒绝红烧肉和东坡肉。改革开放后，西式快餐开始风靡武汉，他的饮食又增加了一项，即到麦当劳、肯德基或者必胜客快餐店吃点西餐，后渐成习惯，即每逢星期六，他都要和家人一起去这些快餐店吃午餐，快餐店服务员都认识这位常客。

年轻直至中年的张培刚有时也喜欢饮点酒，晚年的他常慨叹自己"年轻时可与千家驹对拼一瓶白酒"。奈何医嘱戒烟戒酒，他便诉苦道："喝酒伤胃，抽烟伤肺，但戒酒戒烟伤心啊！"2004年，华科大硕士生毕业聚餐时，硕士毕业生给心目中敬仰的张培刚敬酒，张培刚正咬嚼一只鸡腿，对他们说："等我吃完了再跟你们喝酒！"

张培刚受中国传统的儒家思想影响较深，尊师是他的优良品德。改革开放后，新中国成立前后毕业的武汉大学经济系学生，为了尊师酬师和同学们的团聚，全国各省市包括台湾地区的同学们上十次地返回珞珈山聚会。张培刚和其他老师也都欣然应邀参加聚会，张培刚总是热情地即席讲话，嘉奖学生们在各自的岗位上所作出的贡献和成就。在这些场合中，张培刚总是深情地回忆他在武汉大学读书时的老师们，并谆谆教导学生不仅要记住老师们的姓名与恩情，而且要记得各位老师的别号。他一口气把创建武汉大学经济系的第一辈老师的别号如数家珍地讲出来，从中体现了张培刚对尊师重教的情感，或者说给学生们传承中华优良传统。台湾武汉大学校友会举办的《校友通讯》发表了很多回忆母校、回忆老师的文章。张培刚几乎每期都会阅读。1991年10月，当张培刚看到他的学生、中南财经大学教授彭明朗在台湾校友会主办的《珞珈》109期上撰写的《癸卯清明为袁昌英教授扫墓记》一文后，写信给彭明朗称赞道："写得很好，读后催人泪下，感人至深。"袁昌英不仅是张培刚的师母，也是他的法文老师，张培刚对袁昌英的深情是油然而生的真情实感。对帮助他的恩师，他始终不忘。1993年，在武汉大学迎来百年校庆的时候，81岁的张培刚怀着深深的感恩之情撰写了长达 9000 字的文章《怀念母校讲授基础课的诸位老师》[①]，深情地讲述他在武汉大学求学的经历和讲授基础课的老师们的教学特点及主要事迹，表达他对老师们的敬意和怀念。时隔 14 年后的 2007 年 9 月教师节前夕，适逢武汉大学经管学院成立 10 周年之际，95 岁的张培刚应武汉大学经管学院之邀约，以《怀念母校讲授基础课的诸位老师》为基础修改成的《感谢母校，怀念老师》在网上发表。这篇文章作为爱校尊师的范文在各高等院校风靡一时。1998 年，在张培刚十分崇敬的导师陈岱孙病逝一周年之际，张培刚抱病撰写了《文章风范照千秋——悼念陈岱孙先生逝世一周年》的回忆文章，追记恩师在他留学前夕对他的辅导和帮助，以及改革开放后创建中华外国经济学说研究会时的谆谆教诲。3 年后在 2000 年 5 月成都中华外国经济学说研究会上，为纪念陈岱孙诞辰一百周年和逝世三周年，作为名誉会长的张培刚即兴发表了题为"继往开来　同振中华"的演说，深情缅怀陈岱孙对该会的卓越贡献和学术上的巨大成就，以及以他为首的创办研究会现已谢世的各位元老的贡献，并当场赋诗一首。

　　作为经济学家的一代宗师、一位大学者，张培刚极平易近人，极其和蔼可亲。许多研究生到张培刚所住的招待所处请教学问，如恰逢中午，张培刚和妻子谭慧总要留下学生和他们共进午餐。小方桌摆开，张培刚和妻子各坐一侧，学生们坐两旁。每人面前摆一张从卷筒纸巾上撕下来的一段纸当作餐巾。保姆做的饭很香，饭后每人还有一个香蕉或苹果吃，这对天天在学校吃食堂饭菜的学生来说很是惬意的。吃饭时，张培刚总会谈笑风生地跟学生们讲一些古今中外的趣事。张培刚的思路极其清晰，思维极其敏捷，无论是博古还是论今，总能引导学生的

[①] 张培刚：《怀念母校讲授基础课的诸位老师》，武汉大学百年校庆纪盛《百年树人，百年辉煌》，武汉大学出版社 1994 年版。

思维不断蹦出火花,总能让学生茅塞顿开、受益匪浅。同时,张培刚的记忆力又是极其惊人,哪怕只与你有一面之交,无论过了多少年,总能一字不差地说出你的名字或当时的情况。

20世纪八九十年代,张培刚经常到外地开会,开会间隙,他还会主动提出去看望身边工作人员或学生的家人。如在云南,他曾到学生茶洪旺的老家看望;在湖北黄冈开会时,他主动提出到学生汪小勤家中看望她的父母,一则表示对他们父母的尊敬,二则他也真实地了解当地的民风民情。张培刚的研究生尤可曾在2006年9月撰写的《追忆往事——聆受圣贤》一文中记述了一段感人的往事:

> 那是全国性的经济学会在郑州召开,先生应邀参加,把他的几个弟子也带去了。会议期间安排到洛阳参观,先生知道我的老家就在洛阳,而家中只有母亲一人在家,条件很艰苦,于是就让我顺便回去看看,临走前,先生突然说:"干脆我们都去看望一下你的母亲吧!"我真是喜出望外啊!先生这么一个有名望、有地位的大人物,竟能委身去我家探望我的母亲。欣喜过后,我又很紧张。我母亲住在洛阳一个濒于倒闭的小印刷厂的家属院,房子很小很旧,是那种属于单身职工住的筒子楼。先生能到这种地方来吗?我先回到家中,和母亲紧张地准备起来,因时间太紧,也来不及做什么了,就买了很多洛阳的特产烧鸡、火腿肠什么的熟食。到傍晚,先生和师母带着师兄师姐们果真来了!家里的地方确实太小了,吃饭的小方桌摆在屋中间,已经没有下脚的地方了,师兄师姐们坐在小竹凳上,先生和师母只能坐在床沿上。那天大家都特别高兴,一边吃一边大声地说笑着。由于屋里太热,母亲就把房里的吊扇打开了。先生身体受不了这种吊扇的直吹,左侧的肩膀疼起来了,先生就拿了件衣服往左肩一披,又和大家风趣地说笑起来。那天,我清楚地记得我的嘴一直在咧着笑,眼睛却是湿湿

的。快 20 年后的今天,先生见到我时,还提及那次到我家吃饭的情景,说:"你妈妈身体还好吧?你妈妈很会做饭,那天做的很好吃呀!"我鼻子一酸,眼泪差点掉出来。①

学识渊博的张培刚始终保持着一颗童心。20 世纪 80 年代中后期,金庸、梁羽生等人的武侠小说盛行一时,张培刚几乎是本本必看。在读武侠小说时,他喜欢作眉批,对小说中写到的前面死了多少人,中间死了多少人,最后剩下多少人,都要认真计算出来。他说,从这里面可以找到正义和侠气,还可以转换角度看历史的演变和社会的变迁,兴许会找到一些创新的灵感。张培刚不仅爱看纸质版的武侠小说,而且也爱看改编成电影的武侠电影。1988 年的一天,华中理工大学外的关山正在放映《白发魔女》电影,那天张培刚把尤可叫去,说:"今天正好你师母不在家,你带我去关山看电影吧!"张培刚虽然耳不聋眼不花,但由于长期伏案颈椎弯曲,有些驼背,当年已 75 岁高龄的人了,腿脚走起来也不太方便。那些年没有私家车或者出租车,公交车也很难挤上。关山电影院离华中理工大学有几站路的距离,而且有一段坑坑洼洼的路,不是很好走。当时,尤可也没有多想,就推来自己的自行车,让张培刚坐在后座上,尤可跨梁上车一路骑行,就这样把张培刚带到了关山。等他们两人看完电影回来,尤可受到了领导、教师们的埋怨。一次,张培刚在南昌开会,江西财经大学教授张进铭得知其喜欢武侠小说,于是向张培刚求证:"您最喜欢哪部武侠小说的哪一部分呢?"张培刚想了一想认真地回答道:"我最喜欢《笑傲江湖》中令狐冲假装大胡子军官保护小尼姑的那一段。"这的确是金庸武侠小说中极为精彩的举重若轻的一个部分,惊险中带着轻松,曲折中含点戏谑。

---

① 尤可:《追忆往事——聆受圣贤》,华中科技大学经济学院、张培刚发展经济学研究基金会、张培刚发展研究院编:《悼念张培刚教授文章汇编(二)》,2011 年 11 月,第 154 页。

张培刚出身农村，对农民的感情深厚，在探讨学术问题时，也习惯于用农民和一般老百姓的通俗语言，把很深奥的理论用轻松、形象的语言讲述出来，用来阐述对某一个问题或众多复杂问题的看法。在谈及中国这个发展中大国的传统根深蒂固时，他提出了猴子变人的理论，他说这个猴子变人不彻底啊，拖着长尾巴哦。在讲到大国要处理好人口与人数关系的理论时，他用了俗语中的"人多好种田，人少好过年"来佐证经济学和社会学原理。当农村生产落后，差不多一切农活都靠手工劳动时，当然是"人多好种田"；当农民生活还不富裕，甚至贫困时，按习俗，过年时家家户户都要准备几斤肉，大人、小孩要做一两件新衣，如果家庭人口多、开销大，就令人发愁，当然是"人少好过年"了。张培刚常说，这两句话出自农民口里，平淡无奇，但认真推敲，实则包含了很深的道理，而且也很全面，因为这两句话把人们的生产和消费两方面都说到了。这比那种只看到生产方面的所谓"人多好办事"的片面说法，实在要高出一筹哩！在谈到大国的小康理论时，对于什么是小康社会，大多数学者以人均 GDP 作为标准，有的学者论证为人均 800 美元，有的学者论证到人均 1000 美元，还有的拿出了一系列的指标体系，实际上缺乏操作性，大家也记不住，张培刚在讲话中以发展中的湖北省为例，提出湖北省的小康就是冬天有暖气、夏天有空调。这就说到了问题的本质。张培刚说："倘若经过 10 年的发展建设，湖北暨武汉地区的市民每家冬天能用上暖气，夏天能用上空调，可以旅游，到那个时候，如果我不在世了，你们要去我的坟头告诉我一声。"对于大国如何进行政治体制改革，张培刚总是论及中国历史上的改革，他说：晚清时戊戌变法之所以不成功，不是康有为、梁启超等的计划不完整，不是光绪皇帝的决心不大，关键是光绪没有依托慈禧太后。当一个大国要进行政治体制改革，而改革的阻力很大，反对派势力很大时，要善于利用旧势力，破除旧势力，培养新势力。1998 年，当 85

岁的张培刚得知他所领衔的华中科技大学西方经济学博士学位点得到国务院学位办的正式批准后，他莞尔一笑，说道："姜太公80岁遇文王，我比姜太公还强点。"到了晚年，遇到红安老家来人看望他时，他总会说："想起农民，我的脑海里一直都是我村子里的老爹爹老奶奶，和我自己的童年。"类似这样的例子还有很多。张培刚精深的学问见解和思想的吸引力，教育和熏陶了一代又一代的后来人，受其泽惠者甚众。这正如中国文化的始祖孔子所谓：桃李不言，下自成蹊。

张培刚无疑是一个活得洒脱的人。在哈佛大学读书的5年中，每个礼拜天的10点到12点，张培刚都会从为数不多的生活费中省出5角钱去听古典音乐会，听莫扎特，听贝多芬，直到晚年他仍然喜欢交响乐。长期生活在校园里的这位智者，自然喜欢观看校园操场上的网球、足球、排球运动。20世纪80年代，华中工学院的校园里常常举行足球比赛，古稀之年的张培刚会带着叶虎拿着小板凳，坐在场外，大吼大叫地为学生们加油。后来，中国女排队员连续取得三连冠的优异成绩，他便迷上了观看电视实况转播。实况转播开始前，他已经坐在了电视机前，凡是电视上实况转播中国女排的比赛，他几乎是场场不落，甚至连女排队员的名字他都能一一叫得出来。

张培刚还喜欢文学作品。1946年他从美国哈佛大学学成归国后，曾带回了不少世界名著，诸如《简·爱》、《呼啸山庄》、《孤星血泪》、《双城记》等，此外还有莎士比亚全集、柏拉图、罗素等人的文集以及英美现代文集、诗歌集等。对中国的古典文学也十分喜爱，尤其喜欢读唐宋诗词，特别喜欢李商隐的诗歌。他不仅喜欢中国的古典诗词，而且喜欢著名政治家撰写的爱国诗句，例如他就特别喜欢林则徐在《赴戍登程口占示家人》中的"苟利国家生死以，岂因祸福避趋之"的诗句。他曾多次在自己和妻子谭慧的笔记本上抄录这两句诗，并在诗句下解释道："如果对国家能以死报国、生死与共，又何能贪生怕死、置国家安危而不顾呢。"通过抄录诗句来表明自己的工作态度。

张培刚国学功底也颇深厚,心情好的时候,他会和友人唱和诗词,遇到喜事,也会即兴来上几句打油诗。俗话说,诗言志。张培刚有时通过与友人的诗歌唱和、在新年明信片上写一首小诗来表达对友人的关心,通过对生活的调侃小诗,来表达他对生活的豁达和开朗。在张培刚的人生经历中,这样的小诗大约有四五十首,既展示了他对中国诗文化的喜爱,同时也表现了他对生活的热爱。他的诗中有隐喻时事、表达对时局的忧郁心情的,如"文革"后期的1976年的暑期,与家人一起从武昌到汉口,当他走进一家商店时的瞬间,他戴在手上的手表被小偷扒走了,怏怏而归的他对好友王启荣说起此事,恰好王也在不久前丢失了一块表,并写过一首抒情诗。王特地将这首诗送给他,以示安慰,诗曰:

  丢表何须添忧急,诸葛岂无失着棋。
  人为物累终是错,胸有海天永相宜。

张培刚当即步原韵和诗一首曰:

  丢表不急气难弭,庶子无辜宵小欺。
  安得春风吹四海,与君同庆不拾遗。①

显然,张培刚是用其"丢表抒怀",隐喻时事,期盼早日结束"文革"动乱局面。在张培刚的小诗中也有抒发情感的,诸如1980年春,张培刚在重返学术讲坛后,在给好友甘士杰的一首七律诗里这样吟哦道:

---

① 胡俊杰、谭慧、廖丹清:《为农业国工业化理论作出开拓性贡献的发展经济学创始人张培刚》,谭慧编:《学海扁舟——张培刚学术生涯及其经济思想》,湖南科学技术出版社1995年版,第546页。

>　　白云飞渡逝华年，雨薄风摧喜有边。
>　　佳句吟成千日泪，苦丹回味几分甜。
>　　慈禧新莽今何处，文景贞观又一天。
>　　再跃疆场新试刃，与君携手共挥鞭。①

对"文革"的结束、十一届三中全会后涌现出的新气象，张培刚在诗中表达了由衷的高兴，由此萌发跃马扬鞭的激情。进入耄耋之年的张培刚在经济理论研究的交流中，与许多著名的经济学家建立了很深的友情。每逢朋友寄来诗词时，他都要和上一首，以表示互相的惦念。如1991年新春佳节到来之际，南开大学教授钱荣堃通过新春贺卡赋诗一首遥致问候，在诗中写道：

>　　海内存知己，天涯若比邻。
>　　新年除旧岁，此时最念君。②

张培刚唱和道：

>　　黄鹤楼前聚，晴川阁上吟。
>　　东流汉水去，北望更思君。③

2000年7月，美国著名经济学家粟庆雄在华中科技大学讲学后回到美国，为感谢张培刚的盛情款待，遥寄一首七律诗。张培刚随即以"和庆雄教授吾兄遥赠七律"为题唱和道：

>　　纽城握别越旬年，千禧重逢在喻园。
>　　最喜春光回大地，尤欣故国换新颜。
>　　感君情重叮咛语，老迈珍同警世言。
>　　人世征途多险阻，天涯海际共平安。④

---

① 程良骏：敬和培刚教授答友人诗，书此以贺张兄学术活动60周年。谭慧编：《学海扁舟——张培刚学术生涯及其经济思想》，湖南科学技术出版社1995年版，第13页。
② 钱荣堃：《我所崇敬的张培刚教授》，谭慧编：《学海扁舟——张培刚学术生涯及其经济思想》，湖南科学技术出版社1995年版，第264页。
③ 钱荣堃：《我所崇敬的张培刚教授》，谭慧编：《学海扁舟——张培刚学术生涯及其经济思想》，湖南科学技术出版社1995年版，第264页。
④ 粟庆雄：《心有灵犀一点通——忆张培刚教授》，《经济学家茶座》2012年第2期。

张培刚更擅长对联。2002 年，张培刚创作了"对待人生"的一副对联：

　　认真但不要太认真应适时而止
　　看透岂可以全看透须有所作为

这副对联展示了张培刚这个历经磨难但又学富五车、颇有思想的大学者的做人处事的态度和原则。他不是简单、庸俗地看待世界，而是从世俗纷扰中提炼出无法干扰他内心世界的"真经"。这既是他一贯朴朴实实的生活态度，也是他一生命运的真实写照。对于这副对联，张培刚的自我解释是：对某些事或人的是与非、对与错、成功与失败，往往需要历史的沉淀，历史的反思，而历史的沉淀与反思又往往不是靠一时的、短期的，有的要经过十年二十年或是半个世纪或更长的时间。清晰其真相后，才能做出判断。因此当你付出九牛二虎之力或者倍于九牛二虎之力还一时解决不了问题、说不清道不明时，就不必劳神费力，适可而止了。透视这个道理，对眼前一时弄不清楚的事，特别是个人因此受到伤害、受到挫折时，就不要因此碌碌无为，以致灰心失意、自暴自弃。历史车轮总在前进，特别是有着几千年历史的中华民族，国情十分复杂，但要肯定中国在重重困难中仍在前进。人生短暂，岂能虚度光阴。每个人都要在不同的岗位上有所作为。他强调，自己对待人生态度的这副对联的最后是"须有所作为"，因而是积极向上的。他告诫弟子们：学生要勤奋学习，积累知识；教师要认真教学，传授知识；走仕途者不要看重当官，要为百姓办实事；企业经营者要诚信创业，一定要对社会有所作为。张培刚还将"对待人生"的对联书赠友人和弟子。他的博士生舒炼被他极富哲思的对联打动了，情不自禁地给导师对了一副"三味人生"的对联：

　　做人但不能做超人应有得有失
　　为仕岂可以为贪仕须无毒无黄

张培刚没有想到，在他病逝后 3 个月的 2012 年 2 月，"对待人生"的对联成为华中科技大学自主招生文科试卷的作文题，考生们可以根据这副对联选择一个角度自由发挥作文。

2005年6月，博士生舒炼撰写的经济学新著《"牛肚子"论——中部经济发展战略研究》出版，张培刚在序言中曰：

> 他撰写的经济学新著《"牛肚子"论》，颇有新意，发展中部之见地，于我心有戚戚焉。特作横批为"大写中原"的楹联一副，是为序：
> 牛陷泥淖拉头拉尾贵托腹部
> 龙卷天河乘风乘云终靠脊梁[①]

张培刚在授业解惑之余，也喜欢和他的学生们研究楹联的创作。舒炼自幼就跟奶奶、父亲学对对联，2000年秋成为张培刚的博士生后，师生时常在一起切磋对联。舒炼在清华大学学习时，看到道光进士，咸、同、光三朝礼部侍郎殷兆镛撰写的一副楹联：

> 槛外山光历春夏秋冬万千变幻都非凡境
> 窗中云影任东西南北去来澹荡洵是仙居
> 水木清华

舒炼细品之后，感到这副楹联虽好，但有一个遗憾，就是只写了清华大学的"景"怎么好，未好出清华大学更加深层的东西，即支撑清华大学的各类泰斗、雄立清华大学门户的各类学子……正像前校长梅贻琦先生说的："所谓大学者，非谓大楼之谓也，有大师之谓也……"想到这里，舒炼思索良久对了一副楹联：

[①] 舒炼：《"牛肚子"论——中部经济发展战略研究·张培刚序》，中共中央党校出版社2005年6月第1版。

园内宗师融东西文化博大精深于斯为盛
校外桃李栉春秋风雨姹紫嫣红唯华有才
水木清华①

  张培刚看了这副对联后对舒炼说："你对的楹联，其他的地方都很好，就是有一个地方需要改正一下，建议你将'姹紫嫣红'改为'嫣红姹紫'，这样平仄就对上去了，对联就没有什么可挑剔的了。""姹紫嫣红"成语的灵活运用，一调一改，看似简单，但没有深厚的文学功力是看不出来、改不出来的。可见，张培刚对中国诗词创作的深厚功底。

  2002年，舒炼看望导师张培刚时，又带去了他在四川九寨沟创作的一副横批为"容中尔甲"的对联，求教于老师，即：

九寨沟沟不沟海不海何处迷人
五彩池池是池瀑是瀑仙在水中

  张培刚看了这副楹联后说："横批'容中尔甲'有点意思，但上联要改，改成'九寨沟沟非沟海非海人游何处'，这样不仅有韵味，而且联意更明确了。"②

  在华中科技大学，还流传着张培刚与一位年轻人对对联的故事。年轻人是华中科技大学一名教授的孩子。孩子小时候常随父亲拜访张培刚，颇得张培刚喜欢。孩子贪玩，不爱学习，没有考上大学，张培刚为之惋惜。没多久，张培刚参加一次老师聚会，这位孩子也到了。没想到在酒桌上，这位孩子向张伯伯敬酒，并要同张培刚对对联。张培刚心想，你这孩子书不好好地读，大学也没有考上，还对什么对联，便顺口说了一句：

---

  ① 这副楹联悬挂在清华大学工字厅后门的朱柱上。工字厅原名工字殿，是清华园的主体建筑。因其前、后两大殿中间以短廊相接，俯视恰似一"工"字，故得名。它共有房屋100余间，总体建筑面积约2570平方米，院内曲廊缦折，勾连成一座座独立的小套院，形成这组建筑的主要特色。早年，曾有学者说，这就是《红楼梦》里的"大观园"原址，现在看来，固然根据不大，但也足以说明这所庭院的盛貌。其后厦水木清华一带景色因设计别具匠心，非常秀丽迷人，现转变成为"水木清华"区的正廊。

  ② 舒炼：《"牛肚子"论——中部经济发展战略研究》，中共中央党校出版社2005年版，第289页。

"吃的喝的拉的睡的回家去想一年二年三年。"孩子知道这是张培刚给他出的上联,却没有能力对出下联,最后闷闷不乐地离开了。若干年后,张培刚得知这位孩子经商去了,先承包了后勤食堂,后又出国发展,成了富商。一次,这位孩子从国外回来探亲,请张培刚及家人吃饭。酒桌上,已成为中年人的"孩子"兴奋地告诉张培刚,当年张培刚出的那个上联他对出来了。张培刚还记得此事,很快说出了上联:"吃的喝的拉的睡的回家去想一年二年三年",中年人对道:"男将女将大将小将出国赚钱十万百万千万"。张培刚一听大笑起来,称赞对得还可以,花了一二十年的精力,不容易呀!接着又问:"横批呢?"中年人答道:"发展经济学。"张培刚听到这个横批真是笑翻了天,连声称赞:"对得好,对得好,你虽然没有考上大学,但你的社会大学上得好,看来不上大学不一定就不能成才,这是社会大学老师的道理,我们还得信一信。"

张培刚不仅吟诗对对联,有时也偶尔即兴来几句打油诗。当张培刚88岁生日时,他的堂妹张畹蘅打电话祝贺二哥生日快乐,并问他现在在干些什么。张培刚在电话中回答道:

老汉今年八十八,头不昏来眼不花。

平生只有一心愿,幸福早到穷人家。

张畹蘅立即将此笔录下来,至今还存在笔记本里。张畹蘅说:"二哥真是生命不息,忧民不止呀!"

对待苦难,张培刚可以一笑置之,但对离开讲台与"文革"初期被迫拖着板车将书作为废品处理这两件事却始终难以释怀。张培刚从未丧失过知识分子的坚守,不卖身投靠,不加害同类。"文革"期间,由他出具的各种外调证明材料,他都是实事求是,不为当时外调人员极"左"的气势所吓倒。

张培刚具有随遇而安的能力。1997年秋,张培刚和妻子谭慧在江西参观八大山人纪念馆时,当看到八大山人的画像时,张培刚笑了笑,幽默地说:"八大山人叫朱耷,原来确实是个大耳朵。"当看到八大山人那些"横涂竖抹千千幅，墨点无多泪点多"的画作时，便自言自语："人生有什么看不开的呢？为什么把画画得这样凄惨悲凉呢？"但是，当看到关于八大山人生平的一组塑像时，张培刚又说："这就可以理解了，原来他亲身经历了亡国之痛啊！"[①]

对于"文化大革命"时期迫害他的人来找他办事，耿直的张培刚仍会帮忙。心胸开阔、思想豁达的张培刚，对于新中国成立后在"左倾"路线的影响下所受到过的歧视和不公正的待遇，并没有埋怨。他说："人非圣贤，孰能无过。我自己也有缺点，也有错误。就拿50年代、60年代来说，由于受'左'的影响，我也曾不够公正地写过批判文章，不够客观地评介过西方经济理论。我们看任何事情，都不要离开当时的历史背景，不应该怪罪于个人，而要宽宏大量，不能耿耿于怀。"

张培刚晚年的大部分时间在华中科技大学一号楼招待所二楼顶头的两个房间里度过。这是两个普通的房间，201房用来做书房和会客室，202房当做卧室。推门进入张培刚的书房和会客室，靠墙的书柜上摆满了书。政治的、经济的、哲学的、文学的，林林总总，金庸的武侠小说《笑傲江湖》也在其中。单人沙发对面的茶几上，摆有上十本书。茶几上，有中华书局1961年版的早已泛黄的《唐诗宋词一百首》，里面夹了很多字条。书里的每首诗词，都被张培刚做了很多标注。张培刚读书十分认真，在其所阅读的书籍中，随处可见有的书中文字下，有用红铅笔画下的红杠杠，标示此处是重要内容；有的在书页边的空隙处打上红"√"，画上红"○"或加上"！"，甚至在某些文字上面或旁侧写下简短的评语和心得。张培刚和友人常常谈起"文革"初期下放到咸宁向阳湖放牛时，经常带着唐诗，躺在牛

[①] 张进铭：《大师留给我的记忆》，华中科技大学经济学院、张培刚发展经济学研究基金会、张培刚发展研究院编：《悼念张培刚教授文章汇编（二）》，2011年11月，第116页。

儿吃草的草地上，就着温暖的阳光潜心阅读的乐趣。阅读书籍在他人生的最后岁月里是一大乐趣，每天这位睿智的老者坐在沙发上，总是静静地思考、看书，膝盖上盖着一条印花的毛毯，毛毯一角露出挂在腰间的尿袋。2011年8月，他撰写的小文《养牛之谈》，仅用600字，平实无华的记述，谈起他的养牛经历、对牛的感情，从牛的牙齿谈起讲到牛吃草的反刍，从孩儿时帮助家里做些农活谈起到夏天放牛，他还深情地讲述自己家的老牛被卖掉时看见牛的眼角上噙着泪水的情景：

要知道，牛的嘴里上面不长牙齿，牙齿都是在下面。牛幼年时无齿期，叫小圆口，长出两颗牙，叫对齿；然后四颗、六颗至八颗牙齿长齐，叫齐口；到老年，叫老圆口。牛是反刍动物；吃草时，经过口里，装进胃里，又从胃里反刍到嘴里咀嚼，如此反复消化。牛的两边肚子，各有功能，一边装草，一边装水。喂牛，就是要使它两边肚子圆滚鼓起来，叫喂饱了。一般是：牛先吃草，装草的一边肚皮先鼓胀起来；再牵牛喝水，使装水的那一边肚皮也鼓胀起来；这时，牛才是吃饱、喝足了。

我六七岁就可以跟着大人，帮助家里做些砍柴、栽秧、割谷的农活。农村有这样的谚语："养牛无巧，栏干草饱。"

我夏天放牛，总是先找茂盛青草地让牛吃饱后，再牵到塘岸上的大树旁，就在大树下歇歇。牛的身上常有虫子爬，我就用家里竹子捆扎的大扫帚为它擦痒，看见它舒舒服服，我也很高兴。有时牛脱了缰绳，牛劲一发，人是比较难以驾驭的。这时，我向它招招手，并哇哇地叫两声，它哞哞一叫，就过来了。村子里的长辈，都夸我牛养得好。

牛是很有感情的。牛为农活劳累了一辈子，老了，做不动了，农民就把它卖掉交给屠宰坊，因此村子里有些老人就不忍心吃牛肉。我小时与牛建立了感情。至今我还记得，我家的老黄牛卖给了牛贩子，我的脸就紧紧地靠着它的头，用手轻轻地抚摸它。我看见它的眼角噙满了泪水，我心里十分难过。我的母亲从不吃牛肉。

我于1913年出生，属相牛，也像一匹劳累的"老黄牛"。①

这篇看似谈牛实则谈自己的散文，成为他生命旅程中的绝笔。

在张培刚的整个人生轨迹中，大致是青年辉煌、中年蹉跌、晚年荣耀的变奏曲。妻子谭慧是在张培刚中年惨淡的时候走进他的生活的。在1954年4月，23岁的谭慧与40岁的张培刚结成伉俪，同甘苦共患难、相濡以沫走过了57年。"执子之手，与之偕老"，谭慧从亭亭玉立的少女到已是满头银发八旬老妪。在"动乱"的岁月里，谭慧除了工作外，主要的精力是料理张培刚的生活。改革开放之初的1982年，鉴于张培刚年事已高，学院党组织决定让已是副研究员的谭慧调至经济研究中心，协助张培刚工作，并悉心照顾张培刚的生活起居和外出活动。在张培刚进入耄耋之年后，亦成了他学术上的有力帮手，为他整理资料、起草和回复邮件，笔录张培刚的腹稿。1992年8月，由谭慧编辑的《张培刚经济论文选集》上下两辑由湖南出版社出版，上辑收录了张培刚从1934年至1948年所撰写和发表的部分文章，共39篇，内容涉及农村经济、粮食问题、货币与金融、经济理论与对策、农村调查方法及书评等；下辑收集张培刚从1980年至1991年所撰写和发表的部分文章，共23篇，内容涉及西方经济学与中国经济体制改革、发展经济学、熊彼特经济学说及管理学科等。1995年，谭慧又编辑了47万余字的《学海扁舟——张培刚学术生涯及其经济思想》。张培刚发展经济学基金会成立后，谭慧担任理事长，在各位副理事长和秘书长的协

---

① 张培刚：《养牛之谈》，华中科技大学经济学院、张培刚发展经济学研究基金会、张培刚发展研究院编：《悼念张培刚教授文章汇编（二）》，2011年11月，第64页。

助下，主持基金会的日常工作。2002年初夏，谭慧开始整理由张培刚口述的《〈农业与工业化〉的来龙去脉》一文。从2010年开始，断断续续地整理了两万多字的张培刚口述的反映那段留美往事和成名之作诞生时情景的《哈佛岁月》……虽然到了晚年，张培刚也会蛮不高兴地孩子气地抱怨妻子谭慧因担心他的身体而限制他与人长时间的交流，甚至会很执拗地赌气，但在大多数时，他却会耷拉着脑袋像孩童一样温顺地听从妻子谭慧的建议，并被谭慧称为"一个执著、奋进、坦然而又乐观诙谐的知识分子"。对于妻子谭慧的帮助，张培刚在他20世纪80年代以后出版的著作后记中都会提到，但是真正说得最感人的却是张培刚在2002年90岁的祝寿会上的深情话语："感谢妻子谭慧在张家最困难的时候嫁给我，几十年伴随我走过风风雨雨的坎坷历程，现在景况稍有改善，她却被多种疾病缠身，健康受到很大的损害。"夕阳斜下，英雄迟暮，张培刚说到此，哽咽难言。

纵观张培刚的人生旅程，赤子之心和经世济民的梦想一直没有改变。尽管他的人生经历十分曲折坎坷，但他乐观心性不减，永远都是那么的豁达，那么的充满着希望。这就是一代学术宗师、世界发展经济学奠基人张培刚的"写意"人生。

第十五章 大师远去

张培刚走了,他还未来得及领取华中科技大学终身成就奖,带着对发展经济学的眷恋走了。张培刚逝世后,新华网、新浪网、《湖北日报》、《中国教育报》等全国数十家知名媒体及时报道了张培刚逝世的消息。包括党和国家领导人、国务院侨务办公室等中央国家所属机构和组织,湖北省及武汉市党政机关,其他地方各级有关部门和组织,海内外有关高校和科研院所等,海内外共800多个单位和个人发来唁电唁函、敬献花圈花篮,对张培刚的逝世表示沉痛的哀悼,社会各界1000余人参加遗体告别仪式。他长眠在武汉市九峰陵园寿安林苑。纵观张培刚的一生,作为世界知名的经济学大师,他对中国乃至世界的经济学作出了杰出的贡献;作为杰出的教育家,他为中国经济学教育事业呕心沥血,教书育人,桃李满天下;怀着对共产主义理想的执着追求,他最终成为中共党员;他一生光明磊落,对人真诚豁达,不计较个人得失;他的弟子和社会各界共同资助成立的张培刚发展经济学研究基金会,以及为推动发展经济学的研究和传播而设立的张培刚发展经济学研究优秀成果奖,继续为推动发展经济学研究的理论创新作出重要贡献。他虽远去,但风范永存。

一、各界痛别

2011年11月23日14时,张培刚走完了98岁的人生。就在当天上午,华中科技大学校长办公会决定,授予张培刚华中科技大学终身成就奖,颁发奖金50万元,以表彰张培刚的杰出学术成就和对学校发展的重要贡献。原定下午举行颁奖仪式,会场已布置完毕,张培刚却未能领取他人生中最后一个奖项。

14时17分,国务院发展研究中心金融研究所副所长、中国银行业协会首席经济学家巴曙松在微博上发文:"刚刚接到噩耗,发展经济学奠基人、我的恩师张培刚教授于武汉辞世。先生已98岁高龄,近期因病住院,虽然已有心理准备,但刚刚接到通知,依然悲痛莫名,提笔不知所云。"短短几小时,这条微博的评论已有数百条,转发近千次,他的博文通过500多万"粉丝"迅速传遍世界各地。新华网也于18时51分发出《我国发展经济学奠基人张培刚教授逝世》消息,称张培刚为"我国具有国际影响的老一辈著名经济学家"。此后,新浪网、凤凰网、腾讯网、和讯网建立了专题网页进行滚动报道。中国经济网、光明网、人民网、文汇网、中国新闻网、搜狐网、网易、荆楚网、长江网、新民网、《中时电子报》、证券时报网、财富(中文)网、大众网、《国际日报》、湖北网络电视台、华讯财经、现在新闻、中工网、《中国日报·国际版》、中金在线等新闻媒体,均以各种方式对张培刚的去世表示哀悼。截至12月5日,《中国教育报》、《湖北日报》、《长江日报》等9家媒体共组织了28个专版报道。华中科技大学新闻网建立了悼念专题,《华中科技大学报》在第410期头版刊发消息的同时,还在第410、411期组织了两个专版报道。

24日,设于华中科技大学经济学院一楼大厅的灵堂内摆满了花圈。张培刚的弟子们从全国各地陆陆续续赶到,来给恩师三鞠躬。

张培刚灵堂的两边悬挂着一副挽联:"培桃李珞喻挥教鞭驰骋七十春秋育风云弟子普天下栋梁材　刚经论哈佛开先河耕耘百万宏文传世纪经典农业国工业化"。

张培刚逝世后,温家宝、李长春、李克强、王岐山、刘延东、俞正声、朱镕基、吴官正、陈宗兴等党和国家领导人以各种方式表达慰问和哀悼。国务院侨务办公室、国务院发展研究中心、中华全国归国华侨联合会等中央国家所属机构和组织发来唁电并敬献花圈花篮。

教育部部长袁贵仁，国务院研究室主任谢伏瞻，中国工程院院长周济，中央财经领导小组办公室副主任、中央农村工作领导小组办公室主任陈锡文，国务院发展研究中心主任李伟，国家发改委副主任杜鹰，国务院法制办副主任郜风涛，教育部党组成员、国家教育行政学院院长顾海良，国务院发展研究中心党组成员、办公厅主任张军扩，全国人大常委、法制委员会副主任委员厉以宁，全国人大常委、内务司法委员会副主任委员辜胜阻，全国政协常委、经济委员会副主任委员吴敬琏，世界银行副行长兼首席经济学家林毅夫等中央国家机关、所属机构领导和国际组织负责人也发来唁电唁函并敬献花圈花篮。

中共湖北省委、省人大、省政府、省政协、省纪委、湖北省人民检察院，中共武汉市委、市人大、市政府、市政协等发来唁电并敬献花圈花篮。

李鸿忠、王国生、杨松、张昌尔、李宪生、阮成发、侯长安、尹汉宁、刘友凡、郭生练、涂勇、唐良智、胡曙光、贾耀斌等湖北省、武汉市领导，以及省老领导关广富、湖北省人民检察院检察长敬大力等也表达了慰问和哀悼。

发来唁电唁函、敬献花圈花篮的中央国家机关、直属机构有关部门负责人有：国家发改委地区司司长范恒山、价格司副司长张光远，中共中央政策研究室党建局局长江金权，中央财经领导小组办公室秘书组巡视员蒲淳，中央农村工作领导小组办公室局长赵阳，国务院科教办主任胡和立，教育部科技司司长王延觉、社科司副司长张东刚，财政部经济建设司副司长周法兴。

发来唁电唁函、敬献花圈花篮的地方各级有关部门和组织有：湖北省委办公厅、组织部、宣传部、统战部、高校工委，湖北省委财经工作领导小组办公室（省委农村工作领导小组办公室）、人才工作领导小组办公室，湖北省人大常委会办公厅，湖北省人民政府办公厅、湖北省政协办公厅，湖北省政府法制办、教育厅、外事侨务办公室，湖北省社会科学院、湖北省归国华侨联合会，武汉市委办公厅、宣传部、统战部，市政府办公厅及东湖高新区、洪山区等政府有关部门和单位，武汉市社会科学院，上海市社会科学院，中国延安干部学院教学科研部，董辅礽经济科学发展基金会，中共红安县委、县政府。

发来唁电唁函、敬献花圈花篮的地方各级有关部门和组织的负责人有：天津市人民政府秘书长陈宗胜，南京市政协主席缪合林，湖北省人民政府法制办公室原主任李凝康，浙江省人民政府法制办主任郑志耿，中共北京市委宣传部副部长梅松，中共河南省委宣传部副部长赖谦进，湖北省政府政策研究室主任王顺华，湖北省人民检察院常务副检察长徐汉明，湖北省国资委主任杨泽柱，湖北省教育厅厅长陈安丽，湖北省体育局局长胡德春，共青团湖北省委书记朱厚伦，湖北省科协主席、华中科技大学原校长樊明武，湖北省社会科学联合会党组书记兼常务副主席马建中、副主席刘宏兰，中共湖北省委党校副校长邹德文，中共湖北省恩施土家族苗族自治州党委书记肖旭明，襄阳市市长别必雄，宜昌市人大常委会常务副主任张建一，宜昌市人民政府副市长王宏强，河南省总工会常务副主席李建庄，中共武汉吴家山经济技术开发区书记、武汉东西湖区委书记张平，武汉市洪山区区长刘涛。

发来唁电唁函、敬献花圈花篮的海内外有关高校、科研院所负责人和个人有：哈佛大学经济系教授帕金斯，普林斯顿大学经济系教授邹至庄，斯坦福大学讲座教授刘遵义，国际知名经济学家张五常，加拿大多伦多大学经济系讲座教授石寿永，加拿大西安大略大学休伦学院终身教授徐滇庆，德州农工大学经济系教授田国强，中国科学院、中国工程院院士杨叔子、李京文、崔崑、潘垣、程时杰，台湾大学资深教授施建生，台湾"中央研究院"院士于宗先；武汉大学党委书记李健、校长李晓红、副校长蒋昌忠，武汉大学原校长刘道玉、陶德麟，南京大学党委书记洪银兴，北京大学副校长海闻，中南财经政法大学党委书记张中华，东北大学校长丁烈云，武汉理工大学党委书记刘伟，南京财经大学校长徐从才，电子科技大学原校长邹寿彬，山西财经大学原校长冯子标，西南财经大学名誉校长刘诗白，西南财经大学副校长刘灿、丁任重，中山大学副校长喻世友，华中农业大学副校长李崇光，南开大学原副校长逄锦聚，长沙理工大学副校长叶泽；中国社会科学院人口与劳动经济研究所所长蔡昉，中国社会科学院经济研究所副所长杨春学，国家发改委对外经济研究所所长张燕生，国务院发展研究中心企业研究所所长陈小洪，国务院发展研究中心金融研究所副所长巴曙松，国务院发展研究中心资源与环境研究所副所长李佐军，中华外国经济学说研究会名誉会长胡代光、吴易风，上海社会科学院原院长张仲礼，湖北省社科院原院长夏振坤、原副院长陈文科，武汉市作家协会主席池莉，中国大唐集团公司董事长刘顺达，泰康人寿董事长兼首席执行官陈东升，中国进口汽车贸易有限公司董事长兼总经理丁宏祥。

华中科技大学全体校领导、历届老领导、院士，以及武汉大学、北京大学、清华大学、中国人民大学等高校经济学院、经济与管理学院及其院长、教授，华中科技大学各职能部门、各院系，华中科技大学北京、上海、香港等地校友会，张培刚的亲属、生前好友、同仁和几代学生等也敬献了花圈。

据统计，在张培刚治丧期间，社会各界和海内外共有800多个单位和个人送来花圈和发来唁电。

张培刚曾担任中国经济理论创新奖组委会主席。11月26日下午，中国经济学家年会在正式开始前，中国经济理论创新奖组委会执行主席毛振华提议全体起立，向张培刚默哀。300多位经济学界人士纷纷站起，老中青三代学人沉浸在巨大的悲伤中。

27日上午9时，发展经济学奠基人，经济学一代宗师，我国卓越的经济学家、杰出的教育家，中华外国经济学说研究会名誉会长，湖北省首届"荆楚社科名家"，"华中科技大学终身成就奖"获得者、经济学院名誉院长兼经济发展研究中心主任、教授、博士生导师张培刚遗体告别仪式在武昌殡仪馆举行。中共湖北省委常委、宣传部长尹汉宁，湖北省政协副主席涂勇，武汉市市长唐良智，湖北省政府副秘书长黄国雄，湖北省教育厅厅长陈安丽，湖北省人民检察院常务副检察长徐汉明，湖北省政府参事室副主任褚玲，河南省安阳市市长张笑东，河南省驻马店市副市长陈星，武汉大学党委书记李健和原校长刘道玉、陶德麟，中国大唐集团公司董事长刘顺达，湖北省、武汉市有关部门和单位代表，华中科技大学全体在校校领导、老领导、院士，各职能部门、各院系负责人，教职工和学生代表，张培刚生前亲朋好友、同仁和弟子，以及中央、湖北省、武汉市的媒体朋友等千余人前来参加张培刚遗体告别仪式。遗像两边的挽联"培土润新苗，成一代宗师典范，倾心竭力，无悔无倦，七秩春秋育英杰；刚风吹哈佛，开发展经济先河，济世赈民，至谦至厚，百年岁月献中华"，真切地表达了张培刚光辉豁达的一生。

张培刚长眠的地方在九峰陵园寿安林苑，墓旁就是一代国际法大师、中国环境法学的奠基人、武汉大学"哈佛三剑客"之一韩德培和其夫人的墓地。张培刚的墓穴上面是一本汉白玉雕刻的石书，上写："立足中国，面向世界，开放式地借鉴人类文明的成果，探索一个贫穷落后的农业大国，如何转变为工业强国的可行途径。张培刚"。

二、垂范千古

张培刚出生于农家,亲身体会到传统农业劳动的艰辛和中国农民生活的困苦,他属于中华民族饱受欺凌、历经磨难、力求民族生存和发展时代生长的老一辈知识分子。他怀揣幼年时期即萌发的"救国图存、振兴中华"志向,终生为其理想——"立足中国,面向世界,开放式地借鉴人类文明的成果,探索一个贫穷落后的农业大国,如何转变为工业强国的可行途径"——而奋斗。

张培刚作为具有国际影响的老一辈著名经济学家,在长达近80年的学术生涯中,对中国乃至世界的经济学作出了杰出的贡献。他创立了系统的农业国工业化理论,为发展经济学的诞生奠定了理论基础;他提出了建立新发展经济学的理论构想,为发展经济学的新发展指明了方向;他率先倡导并推动现代市场经济学在我国的引进和普及,为社会主义市场经济理论的提出起到了重要的先导作用。著名经济学家厉以宁认为,张培刚为中国经济学作出了三个贡献:"把西方经济学作为理论介绍到中国来,引进了西方经济学的发展理论、研究观点;很早就开始研究中国的发展问题,研究了中国从农业社会转到工业社会的问题,他的著作在中国产生了启发性影响;改革开放后,他将发展经济的理论和中国的改革开放理论、区域发展理论、可持续发展理论结合在一起研究,具有开创性。"可惜因为时代等因素的制约,张培刚的思想营养长期未能被政府决策层所吸取。著名学者张五常认为:"如果当年经济学界以张培刚的论文作为经济发展学说的基础,我们的眼界和思维早就有了长进。于今尘埃落定,我认为还是张大哥胜了。二十年来中国的惊人发展,是成功的农业工业化。大哥的思想早发晚至。"张五常还说:"张培刚回国是有代价的。大材何止小用?中国浪费了一个顶级经济学天才。"北京工商大学教授梁小民认为:"发展经济学提出重视农业问题是 60 年代以后的事。舒尔茨把农业放到重要的地位,这是舒尔茨的重大贡献。但张老在他的书里早已经提出了这种思想,所以说中国人的思想并不总是在外国人的后面,只是中国人的思想没有被发现,有时还靠洋人来发现。"清华大学教授胡鞍钢说:"虽然历史不能假设,但是如果那个时候我们的领导人能够读一读张培刚先生的著作,或者请他讲几课,那么中国的历史可能就会改写。"

2011 年 11 月 27 日,胡鞍钢在撰写的《张培刚——中国工业化道路的理论探索者》悼念文章中指出:

"张培刚先生是一位真正的理论大师,但他的理论却是源于实践,从实践认识中提炼出来的。"在去哈佛大学经济学系读博士之前,张培刚先生就在当时的中央研究院社会研究所从事农业经济调查研究工作,6 年间足迹遍布多个省份的村镇,积累了大量的一手资料,这成为他后来农业国工业化理论的重要实践来源。他已经在商务印书馆出版了 3 部著作,发表了近 40 篇论文。《农业与工业化》一书的理论概括,也是基于对中国等发展中国家,以及英美等国工业化实践资料系统梳理而得出的。张先生为作出这一理论至少花了十几年,真可谓"十年磨一剑"。张培刚先生可以说是中国学术本土化创新的先驱。他始终强调"不唯洋(人)",作为一个落后国家的学者,并没有学术自卑,不是拾(洋)人牙慧,亦步亦趋,言必称希腊,而是自觉地选择落后工业国如何农业化这一"真问题"、"大问题",从而作出了开创性的、领先性的、奠基性的学术贡献。

新中国成立之初,中国领导人所遇到的最大的瓶颈是知识瓶颈,即关于中国工业化理论的系统知识严重缺乏,既没有大规模的根据地工业化实践,除了东北根据地,也没有专门、专业、职业的经济学家的系统理论研究。就如同茫茫沧海、滔滔巨浪之中的一艘巨轮，也只能借助现成的又比较成功的苏联的"航海图"发动中国工业化。形象地讲，用别人的图，开自己的船。作为舵手的船长并不晓得还有一位中国学者的航海图，不仅是最近的航线，也是最小成本的航程。这一切只能是在几十年之后才被历史所检验，被历史所证明。

此时的张培刚是中国工业化理论"第一人"。在我看来，他才是真正的"人才难得"，是最有价值的经济学家，他的理论对刚刚成立的中华人民共和国来说，不只是"雪中送炭"，更是"真知灼见"，是中国学者原创的"航海图"。就以张先生的工业化定义和内涵来说，远比苏联教科书和实践要丰富得多、全面得多，中国真正要实现工业化目标的困难要艰巨得多，所花的时间要长远得多。张先生把"工业化"（Industrialization）定义为："一系列基要生产函数，连续发生变化的过程。这种变化可能最先发生于某个生产单位的生产函数，然后再以一种支配的形态形成一种社会的生产函数而普及于整个社会。"这里的"某个生产单位"，既可以是农业部门，也可以是工业部门，还可以是服务业部门，既可以是轻工业部门，也可以是重工业部门，一个国家或地区是选择优先发展重工业还是选择优先发展轻工业，都需要根据各国国情和经济发展阶段来决定。这比当时的一般的认识要广泛得多："它不仅包括工业本身的机械化和现代化，而且也包括农业的机械化和现代化。"[①]

最重要的是张先生毅然回国，报效祖国，为新中国服务。很可惜的是，当时的中国领导人如果能像对待钱学森那样对张先生，"礼贤下士"，共同交流、共同分享发展知

---

① 胡鞍钢：《张培刚——中国工业化道路的理论探索者》，华中科技大学经济学院、张培刚发展经济学研究基金会、张培刚发展研究院编：《悼念张培刚教授文章汇编（二）》，2011年11月，第86-96页。

识，共同探索、共同总结中国工业化道路，那么张先生的贡献肯定会超过钱先生，并改写中国工业化道路的历史，因为张先生是对中国工业化道路的软知识贡献，钱先生是对"两弹一星"的硬科技贡献。从经济学角度看，软知识（我也称为"精神原子弹"）是全国性公共知识，在中国的创新成本更低，规模效益更大，影响更长久，甚至还会成为全球性公共知识，造福于人类。钱先生的贡献举世公认。但是我还要客观地、严肃地指出，不能忽视刚刚过世的张先生的巨大知识贡献。这一切是从难以计算的机会成本评价的，也是从历史角度评价的。换言之，如果按照张先生的理论思路创新的话，中国50年代、60年代、70年代的工业化就会更为成功，付出的代价就会更少。

张培刚作为杰出的教育家，注重言传身教，为中国经济学教育事业呕心沥血，作出了突出贡献。中南财经政法大学教授王时杰说："他是一部书，每一页都给人启发。"对于宏观高深的理论，张培刚总能用浅显的语言来表达，"他第一个提出了'中部崛起'的想法。"北京大学教授林毅夫在第一届张培刚发展经济学研究优秀成果奖颁奖典礼上发表获奖感言时说："第一，我们应该像他一样，在学生时代就打好基础，这包括经济学、数学及人文科学方面；第二，我们应该跟张培老学习的是，他那种关心真实世界、从现象当中来总结理论的学习方法；第三，更重要的是，必须有一个以天下为己任、关心国家兴亡的责任感，因为只有真正关心我们这个时代、关心我们这个国家，才能掌握这个时代所给予我们的机会。"北京邮电大学教授茶洪旺说，张老是他人生的旗帜。张培刚的逝世对中国经济学界来说，失去了一位大师，对他来说，失去了一位恩师。"中国经济学界以后也许会出现一些大师，但像他这样具备特色的，我想是不可复制的。"

张培刚一生教书育人，为人师表，桃李满天下，培养了一大批优秀的经济学人才。1946年回国后,他在武汉大学任教期间,培养了董辅礽、李京文、何炼成、曾启贤、万典武等一批著名经济学家。20世纪80年代以后,他在华中科技大学培养了徐滇庆、张燕生、张军扩、巴曙松、李佐军、胡和立等一批知名学者,以及一大批政界和实业界的精英。

张培刚一生执着追求共产主义理想。在联合国工作时期,受到中共秘密党员的影响,充满了对新中国和共产主义理想的向往。在20世纪50年代初就向中共党组织提出了入党申请。尽管在当时极"左"的大环境下,他受到了不公正待遇,但他经受了党组织的长期考验,直到改革开放以后,最终成为中共党员。

张培刚一生光明磊落,对人真诚豁达,从不计较个人得失。在学术上,他严于律己,不墨守成规,提倡勇于创新、追求真理,重视知识更新;在生活上,艰苦朴素,吃苦耐劳,宽厚待人,无论在什么情况下都能充满乐观。对于自己坎坷的人生经历,他的总结是"认真但不能太认真须适时而止,看透岂可以全看透须有所作为"。"先生的一生,是献身于经济学创新的一生,是献身于中国经济学教育的一生。"华中科技大学校长李培根说,"他淡泊名利的学人风骨,严谨求实的治学作风,高屋建瓴的学术造诣,追求理想的执着精神,提携后辈的高风亮节,永远是我们学习的榜样。"北京大学国家发展研究院院长周其仁这样评价张培刚:"大概就在1984年,我到武汉听说张培刚先生病了住院,就去探望。只见一张单人病床上,堆了两排摞得高高的书,剩下不足一半的面积,很难容一个人安稳躺下。这就是张培刚先生的病床。他太太谭慧老师说,你要是把书拿开,他睡不着觉!一刹那间,我相信世间确有人把学术与生命完全融为一体。"

张培刚致力于学术的传承与创新,十分希望他所开创的学术事业后继有人。在他的大力支持下,由他的弟子们和社会各界共同资助成立了张培刚发展经济学研究基金会，以推动我国对发展经济学的研究和传播，并于2006年设立了张培刚发展经济学研究优秀成果奖，至2012年12月1日，该奖已顺利举办四届，已奖励了一批为发展经济学研究作出重要贡献的海内外学者和作品，产生了良好的社会声誉。该奖已成为我国经济学界的一项重要奖项，并开始面向海外，逐渐产生国际影响，为推动我国发展经济学研究的理论创新作出了重要贡献。

三、心曲缅怀

张培刚去世后，他的博士生舒炼出差在外，还不知道此事。2011年11月23日深夜，师母谭慧老师给舒炼打电话，说张老师走了。舒炼听到这个消息后，不由自主地"啊"了一声，半响说不出话来。这天夜里，舒炼怎么也睡不着，便作对联，表示对恩师的怀念。他作了这样一副对联：

学贯中西哈佛一跃惊四海
寿享百年德艺双馨垂九州

连夜用手机发给了华中科技大学教授张建华。此时，已是翌日凌晨三点钟，舒炼还是睡不着觉，又萌发出为恩师创作一首歌曲的冲动，终于赶在太阳初升之时，将《绝唱——为缅怀发展经济学奠基人张培刚恩师而作》这首歌的歌词写好：

午夜时分，师母急电，
恩师仙逝，天塌地陷！
宗师远行，江河鸣咽！
弟子含泪，弹奏心弦！

念念你的名字就温暖，
想想你的微笑更难忘！

历经坎坷，
能伸能屈报祖国；
淡泊名利，
呕心沥血育栋梁！
一代宗师，
你是不倒的大山；
一生传奇，
你是人间的绝唱！

念念你的名字就温暖，
想想你的微笑更难忘！
人生百年，
漫道耕耘勤又精；
学贯中西，
哈佛雄文惊五洋！
一代宗师，
你是不倒的大山；
一生传奇，
你是人间的绝唱！

歌词写好后，舒炼又饱含着对老师的一片深情谱曲。然后，他特地看望师母谭慧老师，并将曲子哼着给谭老师听，谭老师听着曲子，情不自禁地用脚尖打着拍子，不断地流着眼泪，这使舒炼有一种感觉，这首歌打动了谭老师，从而更增添了创作好这首歌的力量。

舒炼给谭老师哼完歌曲后，认真听取谭老师以及华中科技大学经济学院领导及教授们的意见，同时向音乐专家们请教，最后将《绝唱——为缅怀发展经济学奠基人张培刚恩师而作》这首歌曲定稿：

绝 唱

——为缅怀发展经济学奠基人张培刚恩师而作

舒 炼 词曲

1=D 4/4
♩=58

(3 - - - | i76· 6 - - | 2i7· 7 - - |

432 543 654 765 176 2i7 3i2i 432 | 432 543 654 765 176 2i7 3i2i 432 |
朗诵：午夜时分　　师母急电　　恩师仙逝　　天塌地陷

3 - 3̇3̇3̇3̇3̇3̇ | 3̇2̇i̇ ♭7̇6̇5̇4̇ 3̇2̇i̇ ♭7̇6̇5̇4̇ | 3̇ - - 3̇ |
宗师远行　　江河呜咽　　弟子含泪　　弹奏心弦

4/4
6 - - 5·6 | i6· 6 61 | 2· 66 553 | 2 - 1 - | 7 - - - |

2/4　　4/4
7̇ 6· 3̇ | 2̇ 2̇· | 2̇ 6· 3̇ | i̇ i̇· i̇7̇7̇6̇ | 563 - 5i̇ | 6 - - -)

‖: 3 6 - 5·6 | i6· 6 53 | i 6· 6 6i | 2 - - 35 |
　念念　你的名字　就温暖，想想　　你的

6· i̇6̇5̇5̇3̇ | 2 - - - | 2̇2̇2̇i̇3̇ - |
微　笑更难　忘！　　{历经坎　坷，
　　　　　　　　　　{人生百　年，

能伸能屈报祖国；淡泊名利，呕心沥血育栋
漫道耕耘勤又精；学贯中西，哈佛雄文惊五

梁！
洋！
一代宗师，你是不倒的大山；

一生传奇，你是人间的绝唱！

1=D

唱！ 唱！

你是人间的绝 唱！

歌声是心曲，歌声是深情，歌声是思念，歌声是缅怀，愿"绝唱"之歌，带着我们的心声，带着我们的怀念，带着我们的崇敬，飞向远行的张培刚，告慰大师的英灵！张培刚虽然离开了我们，但他已深深地扎在了人们的脑海里，已成为人们永久的记忆！

张培刚年谱

（1913—2011 年）

1913 年　出生

7月10日（农历六月初七），张培刚出生于湖北省黄安（今红安）县南乡八里湾成家田村一个普通农民家庭。父张焕元（字锡臣）；母张黄氏；兄张培典（号卓群，以号行世）；大姐张先娣；二姐张培蓉；三姐张培秀；四姐张培荷；五姐张培聪；妹妹张培驹。

1919 年　6 岁

春，入私塾读书，诵读《大学》、《中庸》、《论语》、《孟子》、《幼学琼林》及《千家诗》等，打下旧学基础。

1920 年　7 岁

是年，继续在私塾读书。

1921 年　8 岁

插班进入兄长张卓群与湖北第一师范学校的同学合办的私立启人小学学习。农忙时从事车水、插秧、锄草、割谷、打谷、放牛等农活，深深体会到农民生活的困苦以及农业劳作的艰辛与不易。

1922 年　9 岁
是年,继续在启人小学读书。

1923 年　10 岁
是年,继续在启人小学读书。

1924 年　11 岁
是年,从启人小学毕业。

1925 年　12 岁
春,进入董必武任校董兼国文教员的私立武汉中学。期间,受董必武影响,参加一些学生活动。

1926 年　13 岁
10月,国民革命军北伐军占领武汉。

1927 年　14 岁
春,转入中共党员刘季良任校长的湖北省立第一中学(今武汉市第十四中学)初中部二年级学习。学习成绩常为全班之冠,作文与数学尤其突出。数学期考常得满分,作文常被全班传阅。是时,武汉成为国民革命中心。兄长张卓群曾任国民党武昌市党部执行委员、武昌市政府土地局局长;五姐张培聪加入中国共产党;张培刚加入童子团,参加游行活动,接受反帝反封建思想的洗礼。大革命失败后,五姐张培聪参加"黄麻起义",英勇牺牲;张培刚一心读书。

寒假,回乡接父母妹妹到汉,住兄长张卓群家。

1928年　15岁

冬,毕业于湖北省第一中学初中部。知悉国立武汉大学1929年春季将招收预科插班生,遂决定以同等学力报考文预科插班生。

1929年　16岁

2月15日(农历正月初六)凌晨,随同外出打工的堂叔及堂兄弟五六人步行70里到达黄陂县城,夜宿黄陂县城旅店。

2月16日,凌晨起,步行20多里到平汉铁路横店站,乘火车抵达武汉,住武昌胭脂路。半月后前往位于武昌东厂口的武汉大学参加考试。揭榜时文预科插班生仅录取张培刚1名,理预科录取艾华治(女)等6名。文预科主要学习数学、国文、英文等基础课程。

3月1日,武汉大学珞珈山校址第一期工程动工。

3月,武汉大学代理校长刘树杞因身兼湖北省政府委员、省教育厅厅长职,事务繁忙,向国民政府教育部提出辞呈,国民政府教育部准辞并任命王世杰为武汉大学校长。在王世杰未到任之前,由理学院院长王星拱代理校长。

3月4日,参加总理纪念周,聆听武汉大学法律系主任周鲠生演讲。周鲠生认为:知识也是一种力量,大学负有养成实用专门人才的使命,武汉大学要担负起提高社会文化的使命。

3月11日,参加武汉大学代理校长刘树杞离任欢送会。代理校长王星拱认为,知识是立身的基础,在主观方面的修养,不能脱离知识,在客观方面的应用,尤须以知识为源泉。

春季,撰写入读武汉大学文预科后的国文课第一篇命题作文《论文学之创作与模仿》。

5月12日,参加总理纪念周,聆听武汉大学文学院教授高翰演讲《大学应注重人文教育》。

5月22日，参加武汉大学欢迎王世杰校长莅校大会。王世杰畅谈就任校长的目的"是要创造一个新的武汉大学"，拥有文、法、理、工、农、医六大学院的万人大学。

6月3日，参加总理纪念周。王世杰演讲《大学教育的目的》，认为"应该把高尚人格的训练和高深知识的灌输一样看作本校教育努力的目标"。

暑假，回乡省亲。

9月23日，参加武汉大学补行秋季学期开学典礼。

10月5日，参加总理纪念周。王星拱演讲《让武昌变成文昌》，直言"教育乃是百年树人之大计"。

10月25日，参加总理纪念周。武汉大学法学院教授燕树棠演讲《礼貌问题》。

10月，王世杰校长提出大学的"总理纪念周"要有大学的特点，"应当有关于学术教育之报告和演讲"。此后，武大的"总理纪念周"几乎成了大家名师作学术报告和演讲的"学术周"。

12月5日，国民政府陆海空军总司令部武汉行营主任张治中应武汉大学校长王世杰邀请到校演讲《文化与武化》，强调："大学是一国文化中心，是领导一个国家的细胞"；"武化"即是"要诸位有强健的体魄、不挠的精神、铁般的纪律、漆般的团结；用那去发扬文化，用那去指导社会，中国才有转机，才能在国际上有一个地位"。

1930年 17岁

2月23日，参加总理纪念周。同盟会元老、武汉大学工学院院长石瑛发表演讲，介绍孙中山做人特点，即"刻苦"、"勤学"、"百折不挠的精神"、"大公无私的态度"。

3月12日，植树节。武汉大学教职员及学生在珞珈山校址植树。

3月,武汉大学珞珈山校址工程全面动工。

4月14日,参加总理纪念周。王世杰在演讲中宣布校务会议议决案:本科一年级学生须一律选习基本英文课目,其目的在于本科学生经此课目及校中其他课目之训练,能得到阅览西书的完全自由。为了使武汉大学学生毕业后能够阅览普通西文书及其专门学科之西文书,武汉大学本科各学系还设有诸种专门科目的外语选读。

9月,顺利进入武汉大学法学院经济系本科一年级秋季学期就读,将英国著名思想家、哲学家弗朗西斯·培根的一篇名著中的一句名言,特意译成押韵的中文:"多读使人广博,多写使人准确。"以此作为"读书座右铭"。

9月22日,参加总理纪念周。工学院院长石瑛演讲《大学生应该有一个远大的目标和理想》,建议"各位同学毕业后多到农村中去服务,因为今日中国言治,必先从农村中着手"。

12月,武汉大学文学院英文讲师、经济系一年级基础英文任课教师胡稼胎在总理纪念周上演讲《大学风》,提出:大学之教育,重在创造,应为一国文化之源泉;大学不仅为研究学术之中心,且应为培养高尚人格之素地。

1931年 18岁

2月2日,参加总理纪念周。王星拱发表演讲,希望全体学生读书注意两点,一是专心,二是增加兴趣,并告诫学生一方面用功读书,一方面注意锻炼身体。

9月,进入本科二年级。必修课师从皮宗石(财政学)、张峻(宪法及银行学)、杨端六(货币学及会计学)、梁明致(经济学英文选读);另有选修课民法总则(燕树棠)、近代欧洲政治史(周鲠生)、市政学。继续选修第二外语法文课,受教于袁昌英。

9月18日,日本关东军发动"九一八"事变。

10月2日，武汉大学学生集会成立"武大抗日救国会"，决定发行反日刊物，联合武汉三镇各校共同抵制日货，组织"义勇军"，以实际行动进行抗日。

10月12日，参加总理纪念周。王星拱受校长王世杰委托向学生演讲《求学的方法》，强调学问是立身之本，应趁年富力强时努力求学。

10月19日，以武汉大学学生为首的武汉地区学生举行大规模反日游行示威。张培刚与几位同学起草传单、标语，鼓动同学罢课赴京请愿。

12月7日至10日，武汉大学举行国难演讲，学生踊跃参加。

12月22日，参加总理纪念周。武汉大学商学系主任杨端六演讲《建设的意义》，认为物质建设和精神建设是不可偏重、不可偏废的。

1932年　19岁

1月，武汉大学珞珈山新校舍一期工程竣工，校址建设告一段落。武汉大学开始由武昌东厂口迁入珞珈山新校址。

2月22日，武汉大学迁入珞珈山新校舍。

3月3日，武汉大学从汉口银行界借款在新校址开学。

3月7日，参加总理纪念周。武汉大学新学期全体教职员和全体学生第一次集会，也是教职员和全体学生在武汉大学珞珈山校址第一次集会。王世杰校长希望全体教职员和全体学生把武汉大学建成一个名副其实的学府，把武汉大学作为永久的工作园地；赠送各位学生"好学、吃苦、守纪律"7字箴言。

春，袁昌英布置法文作文题："珞珈山游记"，以应珞珈胜景。张培刚认真作文，查阅字典，对照法语书刊，几乎花费了一个星期的课余时间，完成作文。

5月23日，曾任湖北省教育厅厅长兼武汉大学筹委会主任、建筑设备委员会委员、武汉大学代理校长,时任北京大学理学院院长的刘树杞应邀参加武汉大学珞珈山校址落成典礼,发表《中国科学教育的几个重要问题》的演讲,认为"宇宙间的各门科学,都是互为关联的,并没有一个天然的界限"。

5月25日下午,前来参加武汉大学珞珈山校舍落成典礼的蔡元培出席武汉大学教职员欢迎会,发表《大学生之被助与自助》的演讲。

5月26日,参加武汉大学珞珈山校舍落成典礼。蔡元培代表国民政府行政院、李四光代表国民政府教育部,武汉军政党学各界代表及全体教职员和学生参加庆典。王世杰校长作《请大家看我们所走的路是不是中华民族的出路》的报告。蔡元培发表热情洋溢的讲话,希望武汉大学师生搬进新校舍后,充分利用优良的条件,勤奋地学习和研究,把武汉大学真正办成华中地区的学术文化中心。

5月30日,参加总理纪念周。武汉大学政治系系主任周鲠生演讲《大学之目的》,指出:现代大学应该有三个重要的使命,一是造成人才,二是提高学术,三是影响社会,要做社会改造的动力。

9月,进入本科三年级。必修课师从周鲠生(三民主义、国际公法)、任凯南(近代外国经济史、经济思想史)、陶因(经济政策)、张峻(国际贸易国际金融)、梁明致(经济学英文选读);另有近代欧洲外交史、政治思想史、保险学、第二外国语等选修课。张培刚选修第三外语德文,受教于德籍教师格拉塞。

9月26日,参加总理纪念周。武汉大学文学院院长陈源演讲《怎样做笔记》。

11月21日,参加总理纪念周。吴其昌发表《治学的态度和救国的态度》的演讲。

11月28日,参加总理纪念周。武汉大学教务长杨端六在《人生的意义》演讲中认为,人生的兴味,在乎继续不断地上进。人生的意义各人不同，走上光明正大的路，在乎立定宗旨，不要走入歧途；在乎努力奋斗，人生在世，都是一部奋斗史，从来没有畏难苟安而能成功；在乎养成充分的能力，以为应付环境的工具。

11月30日，北京大学文学院院长胡适在武汉大学讲学，学生踊跃参加。

12月12日，参加总理纪念周。王星拱坦言：大学的任务，可以分作三个方面。在道德的方面，大学应当树立国民的表率，大学生做国民的表率；在知识的方面，大学应当探研高深的理论；在技能方面，大学应当研究推进社会进步的事业。

是年，武汉大学制定奖学金规则。该年度设学系奖学金13名，每学系1名，每名奖50元；设学院奖学金4名，每院1名，每名奖60元。获奖者须是该院系学年成绩（即该学年各科学年成绩之平均分数）"最高者"，或者必修科目学年成绩"均满80分"或有"三门满90分"者，学校指定教授5人组成奖学金评定委员会。

1933年　20岁

3月6日，参加总理纪念周。王星拱发表《求学的态度》的演讲。

4月17日，参加总理纪念周。武汉大学文学院院长陈源在《谈谈学习外国文》演讲中认为，外国的文化学术，是一个我们见所未见、闻所未闻的大宝藏。打开这宝藏的门的秘诀是外国文，不学外国文，是不能窥见这一个大宝藏的奥妙的。

4月24日，参加武汉大学师生欢送王世杰校长赴京大会。王世杰发表《祝武汉大学前途无量》的演讲。此前21日，国民党中央政治会议决定任命王世杰担任国民政府教育部部长，武汉大学校长一职由王星拱接任。

5月15日，参加总理纪念周。武汉大学理学院院长查谦发表《国耻与我们的责任》的演讲。

5月29日，参加总理纪念周。武汉大学文学院哲学系教授胡稼胎演讲《领袖哲学》。

9月18日，武汉大学图书馆动工兴建。

9月19日，进入本科四年级，参加1933年度秋季学期开学典礼。为学好德文，订阅上海同济大学编辑出版的《德文月刊》。大学毕业后仍然继续订阅，直到1937年抗日战争烽火蔓延上海，同济大学西迁后杂志停刊为止。由于大学时打下的根底，加上毕业后的连年自修，张培刚在后来工作中能够用德文阅读专业书刊。

11月2日，作为傧相参加卢立群与朱世濂在武昌抱冰堂举办的新式婚礼。

12月11日，参加总理纪念周。武汉大学文学院院长陈源演讲《读书与环境》，认为武汉大学所处的环境可以说是读书的比较理想的环境。

1934年　21岁

暮春，武汉大学露天游泳池在东湖之滨落成。

4月9日，《评宪法草案初稿》刊发于《中兴周刊》第38、39合期。

4月，经武汉大学政治系学生郭长禄介绍，误入中华民族复兴社，未参加任何组织活动。

5月21日，参加总理纪念周。武汉大学文学院教授吴其昌演讲《开国的士风与亡国的士风》。

5月，经辛亥革命烈士吴禄贞亲侄、武汉大学政治系1933年毕业生吴忠亚介绍，误入国民党忠实同志同盟会，未参加任何组织活动。

6月，以优异成绩毕业于武汉大学经济系（年年得系奖学金，全系成绩最优；毕业时得法学院奖学金，全院成绩最优），获经济学学士。张培刚在武汉大学求学5年半，为其学术生涯打下了重要基础。

6月，《论我国食粮盈亏的估计方法》发表于《中山文化教育馆季刊》第4卷第2期。

7月，因成绩优秀被选送到中央研究院社会科学研究所，任助理研究员，从事农业经济及粮食问题研究。自此，从事农村经济调查研究工作达6年之久。

11月15日，《论如何繁荣汉口市》发表于《中国经济评论》第1卷第9号。

11月17日，《我国农村调查之困难及其补救》发表于天津《益世报·农村周刊》。

12月15日，《农村建设的推动力》发表于《中兴周刊》第74期。

12月，《评W. Gee：〈农业的社会经济学〉英文版》发表于《社会科学杂志》第5卷第4期。

1935年　22岁

1月19日，《中国的土壤——读棱卜氏〈中国土壤与人文地理民要〉》发表于天津《益世报·农村周刊》。

2月，在《独立评论》第138号发表《第三条路走得通吗?》一文，提出："我们要做到工业化，不仅要建设工业化的城市，同时也要建设工业化的农村。"

3月30日，《一年来之农村复兴工作》发表于《中兴周刊》第88期。

3月，《一年来农村金融的调剂工作》发表于《中国经济评论》第2卷第3期（1935年一周年纪念号）；《评Edmund de S. Bruner and J. H. Kolb：〈农村社会趋势〉英文版》发表于《社会科学杂志》第6卷第1期。

4月27日，《我国合作社的现况》发表于天津《益世报·农村周刊》。

4月,《近年来的灾荒》发表于《独立评论》第150号。

6月,发表《印度的农民借贷——几种清偿农民负债的方法》;《法国货币贬值的问题》发表于《中国经济评论》第2卷第6期。

夏,《民国二十三年的中国农业经济》发表于《东方杂志》第32卷13号(1935年夏季特大号)。

9月14日,《失去了的朋友——纪念正辉》发表于《中兴周刊》第109期。

11月30日,《保定的土地与农业劳动》发表于天津《益世报·农村周刊》。

11月,《汇兑干涉之研究》发表于《中国经济评论》第2卷第11期(货币问题专号)。

1936年　23岁

1月18日,《论农村调查的方法——拣样调查法的理论及其应用》发表于天津《益世报·农村周刊》。

1月中旬,因日军步步进逼,华北局势日益紧迫,中央研究院社会科学研究所从北平迁至南京,随所到南京工作。

3月31日,《中国农村经济的回顾与前瞻》发表于《经济评论》第3卷第3期(两周年纪念号)。

春,《我国农民生活程度的低落》发表于《东方杂志》1936年新年特大号,向社会人士和政府当局大声疾呼,要重视农民生活日益困苦的问题。

4月,《民国二十四年的中国农业经济》发表于《东方杂志》第33卷第8号。

夏,受中央研究院社会科学研究所指派,到浙江从事全省食粮运销调查,调查区域遍及32个县、市的56个市场,为时3个月。后写成《浙江省食粮之运销》,于1940年出版。

11月,《浙江粮食消费的一个特殊习惯》发表于《独立评论》第 226 号。

是年,《清苑的农家经济》由商务印书馆出版发行。

1937 年　24 岁

春,开始撰写浙江省食粮运销的研究报告。后因全民族抗日战争爆发,南京时遭日军飞机空袭,研究所南迁,撰写研究报告陷于停顿。

4 月 24 日,《中国农业经济的新动向》发表于天津《益世报·农村周刊》。

4 月,《民国二十五年的中国农业经济》发表于《实业部月刊》第 2 卷第 4 期。

6 月 23 日,《论农家记帐调查法》发表于天津《益世报·农村周刊》。

6 月 26 日,《评汤惠荪、杜修昌编〈中国农家经济之记帐的研究〉》发表于天津《益世报·农村周刊》。

6 月,《评 Paul de Hevesy:〈世界小麦问题〉法文版》、《评 Bertrand Nogaro:〈世界农产价格与经济恐慌〉法文版》发表于《社会科学杂志》第 8 卷第 2 期。

8 月,应广西大学经济研究室主任千家驹邀请,向中央研究院请假离所一年前往桂林广西大学经济研究室任研究员,从事农业经济及粮食问题研究,并设计广西省战时粮食问题之管制方案。依据在广西省各所及省统计室的经济调查资料和统计数字及《广西年鉴》,并进行一些必要的补充调查,至 1938 年暑期编著完成《广西粮食问题》。

9 月,《农村调查与资料整理》发表于《广西统计季报》第 3 期。

夏,《论我国粮食盈亏的估计方法》发表于《中山文化教育馆季刊》第 4 卷第 2 期(1937 年夏季号)。

1938 年　25 岁

暑期，回湖北黄安县探望双亲。8 月间，与堂弟张培琴抵达汉口。后与万先法、万先荣兄妹一同乘火车南下到衡阳转长途汽车至桂林。

9 月，回广西阳朔中央研究院社会科学研究所工作，任助理研究员，继续撰写浙江省食粮运销研究报告，至年底全部脱稿。

12 月，《抗战期中我国粮食问题的探讨》发表于《中国农村》第 5 卷第 4 期。

是年，《广西粮食问题》由商务印书馆出版；《论战时的粮食统制》发表于《战时文化》第 3 期。

1939 年　26 岁

1 月，因中央研究院社会科学研究所须西迁昆明，被派驻贵阳市为图书资料转运站负责人。

春，随社会科学研究所到昆明工作。

春季学期，应浙江大学（时校址在广西宜山）校长竺可桢和农业经济系主任梁庆椿邀请，经社会科学研究所所长陶孟和同意，到浙江大学农业经济系担任讲师，为毕业班学生讲授农场管理、土地经济学课程。

8 月，回中央研究院社会科学研究所（时在昆明竹安巷 4 号）工作，任助理研究员；《沦陷区的农村经济》发表于昆明《今日评论》第 2 卷第 10 期。

1940 年　27 岁

2 月，庚款留美考试委员会即将在重庆和昆明两地招考第五届留美公费生，遂决定报考"工商管理"科，向中央研究院社会科学研究所所长陶孟和请假离所，租居复习，积极备考。该科所考课目为英语、经济学、货币与银行、劳动经济、成本会计、工商组织与管理。

3月，迁居离昆明40公里处安宁县温泉庄租赁房屋备考。

7月，迁居昆明铁局巷13号华中大学驻昆明办事处备考。

8月，在昆明云南大学参加停顿数年之久的庚款公费留美考试。英语只考作文，得益于张恕生、胡稼胎、骆思贤三位老师坚持每两周一篇英文作文的教学，考得优秀成绩。

是年冬，在云南大理喜洲镇华中大学等候庚款留美考试发榜的同时，利用数年积累的资料，开始撰写《中国粮食经济》。

是年，《浙江省食粮之运销》由商务印书馆出版。

1941年　28岁

4月，报载"清华留美公费考试发榜"消息，共录取16名，外加林森奖学金1名。其中文科门类仅录2名，即张培刚（工商管理）、吴保安（经济史）；其余门类共15名，均属于理工科。

5月初，到昆明西南联合大学内庚款留美考试委员会报到。该会指定清华大学教授陈岱孙和武汉大学教授杨端六作为张培刚留美导师。陈、杨建议张培刚就读哈佛大学工商管理。

5月，去重庆国民政府外交部办理赴美手续。

6月，从中央研究院社会科学研究所离职，准备赴美留学。

7月，乘飞机经重庆抵达香港，在美国驻香港领事馆接受体检，因沙眼治疗半月始获赴美签证，办理出国和乘船手续。

8月中旬，在香港乘"哈利逊总统号"特大客轮离港经太平洋赴美。

9月上旬，历经23天抵达美国西部海岸城市旧金山，由吴忠亚侨居美国的堂弟吴忠华接船。3天后，乘公共汽车离旧金山抵达波士顿，转乘地铁到哈佛大学所在地康桥，入住伊尔文街16号。翌日入哈佛大学工商管理研究生院。

12月，与吴保安、吕保维前往康桥行者街27号拜谒清华留美学生监督赵元任教授。结识赵元任一家。

是年，编著《中国粮食经济》（手稿，1940—1941年）。

1942年　29岁

10月，从哈佛大学工商管理研究生院转到文理学院经济系，学习经济学原理、经济史、经济思想史、农业经济、货币金融、国际贸易等课程，先后选修了张伯伦教授的经济学原理和垄断竞争理论、熊彼特教授的高级经济学和经济思想史，以及农业经济、货币金融、国际贸易等课程。晚间到哈佛大学印刷所担任中文书籍的排字工作。以勤工俭学收入偿还了工商管理学院的一部分债务，并能购买一些书籍。

秋冬间，作为哈佛大学中国留学生代表出席在华盛顿召开的全世界青年联合会会议，会期3天。第二天，美国总统罗斯福及夫人在白宫广场接见会议代表。会议休会时，前往中国驻美大使馆拜访胡适大使，适逢张培刚在武汉大学求学时的武汉大学法律系主任周鲠生担任大使馆法律顾问。周鲠生遂向胡适介绍张培刚在武汉大学学习期间年年拿奖学金，并询问张在哈佛学习情况，希望张培刚学成后邀约几位基础扎实、学习好的同学到武汉大学执教。

12月24日，与赵元任一家及同学友人共度平安夜。

1943年　30岁

5月，主修张伯伦教授开设的经济学专题课程，所撰写的考核论文《关于"厂商均衡理论"的一个评注》被张伯伦评为"A"，并写下评语：A very good paper, indeed. It seems to me, on the whole, quite sound. （真正是一篇很好的论文，在我看来总体上十分正确。）

12月，通过硕士论文答辩，取得撰写博士论文资格。

是年，师从经济史学大师厄谢尔学习欧洲经济史课程。

1944 年　31 岁

是年，广泛阅读经济学著作，收集资料，准备撰写博士论文。住 Walter Hastings Hall 8 号。

1945 年　32 岁

年初，与博士论文指导导师布莱克和厄谢尔商定，将农业与工业化作为研究方向和博士论文题目。为撰写这篇论文，大量阅读有关英、法、德、美、日、苏等国从产业革命以来各自实行工业化的历史文献和统计资料。仅从参考书目来看，涉及的经济学家 180 余人，文献资料 200 余种，几乎包括了当时世界上全部经济学中最主要的成就。

7 月，时在美国的周鲠生被国民政府教育部任命为武汉大学校长。周鲠生访问哈佛大学时，当即邀请在哈佛大学就读博士的张培刚和吴保安、韩德培三人毕业后到武汉大学任教。

9 月初，接到兄长张卓群于 2 月寄出的家信，告知母亲已于 2 月 20 日（农历正月初八）因病去世。

10 月，完成博士论文《农业与工业化》(Agriculture and Industrialization)。

11 月 5 日，武汉大学在四川乐山补行开学典礼。周鲠生报告聘请新教授的情况，言称法学院的张培刚、韩德培、吴保安、赵理海，都因为交通工具的困难，一时未能到校。

12 月上旬，顺利通过博士论文答辩，获得哈佛大学经济学博士学位，并经答辩教授推荐其论文参加哈佛大学大卫·威尔士奖的评选。

年底，从兄长张卓群来信中得知父亲已于 8 月病逝，赋诗悼念双亲。

1946年　33岁

1月至5月，在国民政府经济部资源委员会驻美技术考察团任专门委员，从事中国国民收入估计、农业机械化问题研究。

5月，离美回国。

6月，抵达上海。

6月至9月，在南京国民政府资源委员会经济研究室任专门委员，从事农业经济与工业化研究。

7月，与中央研究院社会科学研究所同事张之毅在南京相见。张之毅将其保管的张培刚于1940年夏秋间开始撰著并于1941年初完成的《中国粮食经济》（未刊稿）交还给张培刚。

7月，《论"正统学派"对于经济学的新看法》发表于《经济周报》第3卷第1期。

10月初，到武汉大学任经济系系主任、教授，建议武汉大学邀请一批国外留学生到武汉大学任教。后在华中大学、中华大学兼课，讲授农业与工业化、计划经济。

10月31日，参加武汉大学由四川乐山迁回武昌珞珈山后举行的开学典礼。

1947年　34岁

1月7日，参加总理纪念周。周鲠生校长作《克服困难，办好武大》的演讲。

2月，《通货膨胀下的农业和农民》发表于南开大学《经济评论》第1卷第2期。

3月，收到哈佛大学贺函，祝贺《农业与工业化》博士论文被评定为哈佛大学1946—1947年度经济学专业最佳论文，荣获大卫·威尔士奖，并被列为哈佛经济丛书第85卷由哈佛大学出版社出版。

5月，与韩德培、金克木、曾炳钧等6位教授联名发表宣言，响应学生运动，呼吁恢复国共谈判，保障人民自由，铲除豪门资本。

6月，《论物价指数债券》发表于南开大学《经济评论》第1卷第6期。

8月，被评为中央研究院社会科学研究所通讯研究员。

夏，推荐芝加哥大学社会学硕士刘绪贻任武大经济系副教授，讲授社会学和文化人类学课程。

10月31日，参加国立武汉大学建校19周年及武汉大学本学年开学典礼、武汉大学医学院附设医院开业典礼。

11月7日，武汉大学第450次校务会议决定，组织学术文化讲演委员会，推举张培刚等7人为委员。

12月，《评Paul M. Sweezy：〈资本主义发展的理论——马克思政治经济学原理〉英文版》发表于《社会科学杂志》第9卷第2期。

是年，《论经济学上的两大准则——效率与公平》刊发于《武汉大学经济学会会刊》。

1948年 35岁

1月，由哈佛大学导师布莱克推荐，经联合国亚洲及远东经济委员会秘书处研究组主任方显廷介绍，被经济委员会执行秘书罗格拉森聘任为联合国亚洲及远东经济委员会顾问和研究员，取得周鲠生校长同意，赴联合国任职，但仍兼任武汉大学经济系主任，其工作暂由周新民代理。月底抵达上海。在联合国亚洲及远东经济委员会工作期间，到访过新加坡、马来西亚、印尼、柬埔寨、缅甸等国（地区），实地考察，收集资料，以便于继续研究农业国工业化问题。

2月下旬，受联合国亚洲及远东经济委员会派遣，以观察员身份出席国际粮食农业组织在菲律宾碧瑶召开的国际稻米会议、国际营养会议、国际水产会议。

3月底，从菲律宾返沪，为联合国亚洲及远东经济委员会编印的《亚洲远东国家经济概况年刊》撰写《农业及粮食》一章。

5月初，因联合国亚洲及远东经济委员会第三次大会将于5月底在印度召开，中国代表团首席代表李卓敏邀约张培刚以顾问身份陪同前往与会。

5月下旬，乘飞机经香港去印度，以中国代表团顾问身份前往印度出席联合国亚洲及远东经济委员会第三次大会。会期三周。

6月5日，《从"新经济学"谈到凯恩斯和马克思》发表于《观察》第4卷第15期。

6月下旬，回国途经香港时，与千家驹、许涤新、徐坚等会面，研读毛泽东的《中国革命和中国共产党》、《新民主主义论》、《论联合政府》，返回武汉大学。后出国、回国途经香港时多次与千家驹、许涤新、徐坚、高叔平、蔡北华、章乃器、萨空了等会面，并举行几次座谈会，进一步了解党的新民主主义经济政策。

6月，《评Edward Heimann：〈经济学说史：经济理论导论〉英文版》发表于《社会科学杂志》第10卷第一期。

9月，联合国亚洲及远东经济委员会执行秘书罗格拉森电邀赴会工作，商请武汉大学同意，赴上海工作，任职农业工作组，在亚洲及远东各国搜集资料编写报告。

11月底，以中国代表团专家、顾问身份赴澳大利亚参加联合国亚洲及远东经济委员会第四次大会。

12月底，返沪。适时联合国亚洲及远东经济委员会秘书处由上海迁泰国曼谷。

是年，承担联合国亚洲及远东经济委员会编写的《1947年度亚洲及远东地区经济调查报告》第4章《亚洲及远东地区的土地利用》撰写任务。该调查报告由纽约联合国总秘书处经济部印刷出版。

是年，在武汉大学学生会会刊发表《经济学上的两大原则：效率与公平》，表明社会主义优于资本主义，在长期的发展中，各个国家包括中国在内一定会走向社会主义。

1949 年　36 岁

1月，离沪经香港去泰国曼谷。

2月中旬，辞去联合国亚洲及远东经济委员会顾问及研究员职务，放弃优厚待遇，又两次婉言谢绝哈佛大学导师布莱克和厄谢尔的邀请，离开泰国曼谷回国，继续担任武汉大学教授兼经济系主任。

2月，邀请交通银行汉口分行襄理李崇淮兼任武汉大学经济系教职，后又聘为教授。

3月18日，参加武汉大学学生举行的周鲠生六十寿辰祝寿会。

4月初，赵忍安回武汉后经中共武汉市委书记曾惇同意，即到武汉大学与张培刚联系，约请张培刚、李崇淮到家与曾惇一起研究关于折实储蓄的问题，并请张培刚协助做武汉大学教授的工作，留下不走，迎接武汉解放。

4月，经蔡心耜、刘绪贻介绍加入中共的外围组织武汉大学新民主主义教育协会，参加学习和讨论《新民主主义论》、《中国革命和中国共产党》、《将革命进行到底》、《工商政策》等著作和文献。后担任新教协教授支部委员。

四五月间，与刘绪贻等8位教授组织新民主主义经济座谈会，讲授计划经济与新民主主义、生产和分配政策、货币政策、农业与工业的配合问题，并从事团结"应变"工作；与刘绪贻等共同起草武汉大学教授会《为呼吁局部和平运动告武汉人民书》，呼吁武汉市民行动起来，促使一个完整的武汉回到人民手中。

5月16日，武汉解放。

5月22日晚，出席武汉大学师生与驻武昌的解放军某师官兵在武汉大学体育馆举行的军民联欢晚会。

6月10日，中国人民革命军事委员会武汉市军事管制委员会文教接管部武汉大学接管办公室成立。6月至7月，张培刚参加武汉大学接管工作。

6月28日晚7时，出席武汉市军事管制委员会文教接管部驻武汉大学代表和联络组全体人员在图书馆大阅览室与武汉大学教授、讲师、助教举行的茶叙会。张培刚首先发言，指出以往学校管理的不够民主，大权由行政机构的少数人把持。

7月29日至9月18日，暑假期间，参加教职员集体学习，讨论国内形势、国际形势、新民主主义政治、文化与教育、毛泽东思想以及中国革命基本问题。

8月24日，武汉市军事管制委员会文教接管部批准成立武汉大学校务委员会。张培刚任校务委员兼总务长。校务委员会取代学校原有的校长制，成为全校最高领导机构。25日，出席武汉大学校务委员会成立庆祝大会。29日，接管总务处。

9月，兼经济系主任，并代理法学院院长，因总务处下设会计室、出纳组、庶务组、公用组（后庶务组、公用组合并为公用组）、仪器组、卫生组，承担大量事务性工作，以及参加讨论会和学习会，仅有一小部分时间预备课堂教学；教授农业经济课题，并参加新民主主义经济课程的讨论。

10月14日，《长江日报》以"庆祝人民政协圆满成功"为题发表张培刚等访谈。

10月26日，在《长江日报》发表《我对于武大青年团的希望》。希望青年团的同学要团结全校师生员工，帮助校委会，建设新的人民的武汉大学，加紧政治与业务学习，建立为人民服务的人生观，把自己锻炼成在经济建设和文化建设中的有用人才。

10月30日下午3时，出席武汉工商界、财政金融界、文化教育界等各单位负责人士在中原人民政府教育部召开的中国新经济学研究会武汉分会发起人会议，当选为筹备会常务委员。

11月22日下午1时，出席中国新经济学研究会武汉分会筹委会在中原人民政府教育部召开的第一次常务委员会。会议决定于12月初召开正式成立大会，委托张培刚负责办理武汉大学会员申请登记。

12月5日，与周鲠生等148名武汉大学教授致电联合国秘书长赖伊及大会主席罗慕洛，支持周恩来总理兼外长致联合国的声明，要求立即取消国民政府所派遣的代表团的代表权利，并承认中华人民共和国中央人民政府为代表中国人民的唯一合法政府。

12月11日9时，中国科学工作者协会武汉分会在懿训女中举办科学讲座，由张培刚主讲"中国工业化问题"，包括工业化的性质和方式、从农业国转变为工业国的各种问题、如何使中国工业化。武汉各界踊跃听讲。

12月11日，与周鲠生等148名武汉大学教授致电各大学教授，提请各大学教授联名致电联合国秘书长赖伊及大会主席罗慕洛。

是年，哈佛大学经济丛书第85卷《农业与工业化》由哈佛大学出版社出版。1969年再版。

是年，承担联合国亚洲及远东经济委员会的《1948年度亚洲及远东地区经济调查报告》第4章《亚洲及远东地区的粮食与农业》撰写任务。该调查报告由纽约联合国总秘书处经济部印刷出版；《农业与工业配合》由武汉大学刊印。

1950年　37岁

1月11日晚，参加武汉大学学生会召开的认购人民胜利折实公债动员大会，认购100分，充分表现出他对祖国及人民的热爱。

1月28日,《长江日报》刊发《发行胜利折实公债的意义》。此文系武汉大学经济系张培刚等13名教师的观点,由张培刚等人整理成文。

1月,武汉市各界代表会协商委员会为研究关于武汉市各种具体问题,集中人民意见以便进行协商,设立文化建设、劳资关系、市政建设、卫生、社会救济、财经、码头等七个研究委员会。张培刚为财经研究委员会委员。

3月7日,参加武汉大学召开的自愿减薪动员会,请减226分。武汉大学自愿减薪运动期间总共减去工薪分22036分。

4月3日,《新武大》刊发武汉大学总务长张培刚的《本校关于经费运用及精简节约——工作检查报告之一》。

4月10日,中央人民政府主席毛泽东签发《中央人民政府任命通知书》(府字第1767号):兹经中央人民政府委员会第六次会议通过任命张培刚为武汉市人民政府委员。

4月17日14时30分,代表高教联出席在青年团武汉市工委俱乐部召开的武汉市民主青年联合会筹委会,讨论并通过筹委会组织章程,当选为副主任委员。会议还通过了代表资格审查委员会、提案审查委员会、文件起草委员会名单。

4月18日上午,在武汉剧院出席武汉市人民政府成立大会,武汉市人民政府市长吴德峰,副市长周季方、陈经畬,张培刚等28名政府委员就职视事。19日,参加分组讨论。20日,参加大会讨论。

4月22日,《长江日报》刊发《克服困难努力生产 庆祝大军胜利登陆——本市各界人士发表感想》。张培刚的感想为:在不久以前,蒋介石和美国还说人民解放军不能跨海作战,现在解放军在海南岛登陆了。这是铁的事实。在后方工作的人,在兴奋之余,更要刻苦努力,增加生产,支援前线,完成海南岛和台湾的早日全面解放,开展今后长期的建设工作。

5月4日,武汉人民广播电台为纪念"五四"青年节和新民主主义青年团成立纪念日，播送特别节目。13时至13时20分，由武汉市民青联筹委会副主任张培刚播讲"为什么要成立民青联，以及如何加强各界青年的团结"。

5月20日，《长江日报》公布张培刚等211人为中国保卫世界和平大会武汉分会委员。

5月，武汉市人民政府第十二次行政会议通过，成立由主任委员吴德峰、副主任委员朱有骞等5人、张培刚等34名委员组成的武汉市都市计划委员会。

6月8日至11日，在武汉市职工俱乐部出席武汉市第一届民主青年代表大会，当选为武汉市民主青年联合会执委会副主任委员。

6月11日，中南军政委员会指令武汉市人民政府：市府各单位负责人除呈请政务院批准外，先行到职视事。6月20日，武汉市人民政府命令各单位负责人遵令执行，张培刚就任武汉市人民政府财经委员会委员。

6月12日，经徐懋庸、夏森介绍，中共武汉大学经济系支部大会讨论，决定吸收张培刚为中共预备党员，候补期一年。

7月21日，中央人民政府政务院总理周恩来签发中央人民政府政务院任命通知书（政内字第01361号）：兹经政务院第四十二次政务会议通过，任命张培刚为武汉市人民政府财政经济委员会委员。任职期间曾协助中南财委及武汉市财委研究设计关于城市经济和农村经济的调查统计事项。

9月18日，出席中南军政委员会第二次会议，并发表讲话，代表武汉市各界表示热烈拥护土改。

10月13日，在粤汉铁路武昌总站以武汉市青联副主席的身份迎接世界民主青年联盟代表团，并出席在月台举行的欢迎大会。随后陪同代表团出席在汉口举行的欢迎大会，并陪同在武昌活动的代表团成员参观武昌第一纱厂、武昌人民剧院、省立第一女中，出席中南军政委员会、中共中央中南局、中南军区等单位联合举办的欢迎晚宴及晚会。14日，陪同代表团成员参观武汉大学，出席在中山公园举行的群众大会。

10月13日，参加中国金融学会武汉分会发起人大会，当选为副理事长。

10月21日，武汉人民政府第三十六次行政会议决定聘请张培刚为武汉市第四次各界人民代表会议代表。

12月6日，武汉市人民政府为热烈响应并积极执行12月1日中央军委会及政务院发布之"关于招收青年学生、青年工人参加各种军事干部学校的联合决定"，在市府会议室召开武汉市军事干部学校招生委员会成立大会。会议还决定在武昌成立武汉市军事干部学校招生委员会武昌分会，张培刚等10人为委员。

是年至1951年，武汉市急需培养一批银行和财务人员，武汉市人民银行、武汉市税务局商请武汉大学经济系合作举办两届银行专修科和税务专修科培训班，培养数百名银行、税务工作人员。张培刚商定由李崇淮担任银行专修科主任，黄仲熊担任税务专修科主任。

1951年　38岁

1月，在武汉市第四次各界人民代表会议上，张培刚等24名教育界代表为支援本市各教会学校师生反侮辱、反诽谤的抗美援朝运动，发表声明，支持武汉市各教会学校师生开展的反侮辱、反诽谤的行动。

9月8日，《长江日报》以"痛斥美国单独进行对日媾和非法行为"为题刊发张培刚书面谈话。

10月16日，《长江日报》刊发张培刚等286名武汉大学教授、讲师、助教的"坚决反对美制非法对日和约——决心做好教学研究工作，热烈地参加抗美援朝等三大爱国民主运动"。

10月，至北京中共中央马克思列宁学院学习，钻研马克思主义的辩证唯物主义与历史唯物主义，以及政治经济学理论的观点和方法。

是年,《农业与工业化》西班牙文版在墨西哥出版发行,引起南美学者普遍关注。

1952年 39岁

8月,结束在中共中央马克思列宁学院的学习回到武汉。

10月25日下午,以中国人民保卫世界和平委员会中南总分会委员的身份前往车站欢迎出席亚洲及太平洋区域和平会议的印度代表团。

11月15日下午,以武汉大学教授身份前往武昌机场欢迎苏联艺术科学工作者代表团、苏联艺术工作者代表团。

11月,中南军政委员会(1953年1月更名为中南行政委员会)文化教育委员会召开高等教育计划会议,决定在武汉新建三所工科学院即华中工学院(后改为华中理工大学,现为华中科技大学)、中南动力学院和中南水利学院,同时组建三院联合建校规划委员会,张培刚任委员兼办公室主任。

1953年 40岁

1月17日,中南行政委员会正式批准成立华中工学院筹备委员会。22日,中南行政委员会教育部宣布"三院联合建校规划委员会"正式成立,张培刚为委员;设规划建校办公室作为办事机构,负责规划建校的具体事宜,任命张培刚为三院联合规划建校办公室主任。张培刚为筹建华中工学院,从选定校址、规划设计到基建施工无不倾注心血和汗水。

2月4日,与三院联合建校规划委员会主任查谦等查看几处地方后,最终确定三院建在喻家山、关山地区。报经中南行政委员会教育部呈请中南行政委员会批准。

2月6日,陪同湖南大学参加华中工学院建校筹备工作的人员到喻家山察看校址。

5月，中华人民共和国中央人民政府批准华中工学院筹备委员会名单，张培刚等为委员。

6月5日至6日，参加华中工学院筹备委员会第一次全体会议，讨论教学组织、行政机构和筹备工作中的主要问题；并汇报关于学校校园规划和第一期基建任务的情况。会议决定设立机械制造系、内燃机及汽车系、电力系、动力系和实习工厂，设办公室、教务组、总务组3个职能办事部门，确认张培刚为总务组主任。

7月9日至12日，参加华中工学院筹备委员会第二次会议。

7月底，华中工学院第一期建校基建工程的24种类型的校舍设计任务全部完成。

9月1日至11日，参加华中工学院筹备委员会第三次会议。

9月11日，华中工学院在武汉市喻家山正式开工兴建。

10月15日，华中工学院成立大会和开学典礼在武汉大学举行，正式宣告华中工学院成立。

11月，因张培刚曾参加中华民族复兴社，加之介绍其兄长张卓群到武汉人民银行工作，中共武汉大学文法学院支部委员会取消张培刚候补党员资格，1955年12月上级党委批准处分决定。

是年，请负责校园规划的建筑专家会同武汉市园林部门的专家提出校园绿化工作的要点。

1954年　41岁

3月17日，参加华中工学院第十七次行政会议。经华中工学院筹备委员会主任委员查谦提请上级批准，张培刚被任命为华中工学院总务长。总务处曾在本年3月、6月、7月具体组织协调华中工学院南昌分部、桂林分部、长沙分部迁汉工作。

4月10日，张培刚与谭慧喜结连理。朱九思、熊小村等校领导，谭慧的哥哥谭崇台、妹妹谭冰心以及华中工学院筹建处的同志参加婚礼。

5月20日，接中南行政委员会高等教育管理局通知，撤销三院联合建校规划委员会，将规划建校办公室改为华中工学院基建办公室。

5月31日，参加华中工学院第二十三次行政会议。

5月，华中工学院第一期建校工程（计81400平方米）完成。年底，完成建筑面积9500余平方米。

1955年　42岁

3月25日至28日，参加华中工学院第一次院务委员会全体（扩大）会议，学习3月4日中央人民政府高等教育部《关于研究和解决高等工业学校学生学习负担过重问题的指示》，讨论并通过了执行高等教育部指示的决议。此前华中工学院院务委员会成立，张培刚为委员。

是年，华中工学院图书馆大楼落成，建筑面积6000平方米，有14个阅览室，可供1500人同时进馆阅览。

1956年　43岁

1月14日至20日，中共中央召开关于知识分子问题的会议，周恩来代表中共中央作了《关于知识分子问题的报告》。会后，华中工学院传达会议精神，组织学习讨论，并根据《关于知识分子问题的报告》中关于制定1956年至1967年科学技术发展的远景规划的精神，成立由张培刚等12人组成的规划小组，负责综合规划的起草工作。

2月20日，参加"绿化校园，营造青年林"开工典礼。

3月9日，参加华中工学院行政（扩大）会议。

夏，在华中工学院工地接待两位智利大学的教授。

9月1日，参加华中工学院第十四次院务委员会全体会议，讨论并通过规划小组起草的《华中工学院12年远景和1956年——

1960年的综合规划（草案）》。

11月，参加华中工学院第十六次院务委员会全体会议。

12月5日，参加华中工学院院务委员会第十七次全体（扩大）会议。会议决定于1957年5月召开第一次全院科学讨论会。

1957年　44岁

4月27日，中共中央发出《关于整风运动的指示》。

5月上旬，华中工学院开始党内整风。华中工学院党委负责人多次召开教师、职工、学生座谈会，听取意见，欢迎大家帮助党组织搞好整风。张培刚认为自己搞基建是"不务正业"，希望回到教学研究岗位工作。华中工学院接受了张培刚的意见，调张培刚任政治经济学教研室主任。

5月22日，参加华中工学院第一次科学讨论会。

6月8日，《人民日报》发表社论《这是为什么？》；同一天，毛泽东起草《中共中央关于组织力量准备反击右派分子进攻的指示》。《人民日报》社论的发表和中共中央指示的下达，标志着反右派斗争正式开始。6月26日，华中工学院召开全院大会，号召全院反击右派分子的进攻。采取的方式主要是开辩论会，分清大是大非，先后召开了5次全院大会，就"中国为什么这样穷？"、"社会主义制度"、"社会主义民主"、"党的领导"等问题开展大辩论。参加7月4日华中工学院5000余师生员工举行的大辩论。

6月，参与撰写的《社会主义人口理论：马尔萨斯人口理论与中国人口问题》发表于《经济研究》1957年第6期。

8月26日，《长江日报》以"谈谈高校领导体制问题"为题刊发张培刚的观点：党必须领导也能够领导高等学校，而当前的问题是在于如何加强党在高等学校的领导、改进领导方法和工作作风。

10月15日，由张培刚等23人组成的华中工学院教学问题处理委员会改组后召开第一次会议，讨论委员会的工作任务、工作方法及决定教学改革组、科学研究与师资培养组、教学体制与组织制度组负责人，并就本年度毕业设计提出建议，供行政参考。

11月，随着反右派斗争的结束，华中工学院的整风运动转入着重整顿作风、改进工作，以解决人民内部矛盾为主的整改阶段。12月上旬，华中工学院开始以"精简机构，下放干部"为主要内容的第一个整改高潮。中共华中工学院委员会根据"统一安排，全面锻炼"的方针，分三批下放了325名教职工到农村、工厂劳动锻炼，或到基层单位去工作。12月20日至29日，与华中工学院6000余名师生员工一起参加武汉市东西湖围垦工程劳动。

12月28日至31日，中国科学院武汉分院哲学社会科学研究所和湖北省哲学社会科学研究会联合召开会议，300余名哲学社会科学工作者、自然科学工作者、各大专学校教师、新闻出版界代表、各民主党派代表等出席。张培刚等18人在会上作了发言。

1958年 45岁

1月20日，中共华中工学院委员会批准张培刚等98名教师、干部下放红安县参加劳动锻炼，和社员同吃、同住、同劳动。

1月27日，《长江日报》刊发张培刚文章，批判反社会主义的"经济纲领"。

5月，陪同澳大利亚青年代表团参观华中工学院。

8月6日，华中工学院召开全院党员大会，提出开展以批判资产阶级教育路线、教育观点和教育方法为中心内容的教育革命。8月下旬，全院开展了对教学观点、教学大纲、教学内容的大清查，批判资产阶级的教育思想。

8月30日,《人民日报》发表社论《学术批判是自我革命》,提出高校的领导者要大胆地发动群众,帮助资产阶级学者们进行学术思想批判。华中工学院随后开展了学术批判的群众运动,张培刚遭受错误的批判。

1959年　46岁

9月18日,在华中工学院院报上发表《在平地上建设文化城》。

是年底至1960年初,全党掀起一个学习运动。湖北省举办《资本论》讲座,张培刚主讲《资本论》第二卷。

是年至1966年间,在《经济研究》、《江汉学报》、《武汉大学学报》、《七一》、《湖北日报》、《长江日报》等报刊,先后发表了《社会主义人口规律与中国人口问题》、《对〈资本家宣言〉的批判》、《对〈非共产党宣言〉的批判》等文章。

1960年　47岁

是年,在政治经济学教研室工作。

1961年　48岁

2月,针对高等学校教材缺乏,已有教材又多受1958年以来"大跃进"运动和各种政治运动的影响而水平较低,难以保证教学质量的问题,中央书记处决定把编选高校教科书和讲义作为教育部门的重要工作。之后,参与编写政治经济学教科书和讲义。

9月15日,中央工作会议讨论并通过《教育部直属高等学校暂行工作条例(草案)》(简称"高教六十条"),提出一系列调整关系、稳定工作秩序、调动知识分子积极性的政策,并相应作出具体规定;明确高等学校的基本任务是为社会主义建设培养合格的各种专门人才,必须以教学为主,学生以学习为主,努力提高教学质量。条例的中心问题是调整同知识分子的关系。条例发布后，华中工学院党委开始逐步落实条例精神，召开会议听取张培刚等人的意见，对过去的错误承担责任，在教师中产生了良好反响。

10月，中共中央中南局第一书记陶铸在广东主持召开中南地区高级知识分子座谈会，建议在中南地区今后一般不用"资产阶级知识分子"这个名词。张培刚的境况进一步改善。

11月25日，华中工学院第三届院务委员会第十九次常委会决定《华中工学院学报》复刊，并成立由张培刚等19人组成的学报编辑委员会。

12月9日，向华中工学院讲师以上教师传达中共湖北省委第一书记王任重在全省高级知识分子座谈会上的两次讲话。会前张培刚等华中工学院8位教授出席中共湖北省委召开的全省高级知识分子座谈会。

1962年　49岁

7月23日至28日，参加华中工学院暑期教学工作座谈会，全面讨论教学工作的方针，贯彻"少而精、学到手"，劳逸结合，因材施教等原则，以提高教学质量，并结合学院的实际情况，研究贯彻教学方针的主要问题与主要措施。

1963年　50岁

7月10日，50周岁，书写"百岁春秋才过半，一生甘苦但求真"，抒怀明志。

1964年　51岁

1月12日，毛泽东就巴拿马人民反对美帝国主义的爱国斗争，对人民日报记者发表谈话：中国人民坚决支持巴拿马人民的爱国正义斗争。15日，《长江日报》以"同仇敌忾反对美国侵略巴拿马——我市各界人民纷纷举行座谈和发表讲话"为题发表张培刚谈话。

七八月间，中共中央宣传部、高等教育部和教育部在北京联合召开会议讨论全国高等学校、中等学校政治课教学中存在的问题。会议提出高等学校应该开设形势与任务、中共党史、哲学和政治经济学四门课程。会后，华中工学院抓紧进行政治理论课教学的改革，成立政治理论课改革小组；中共华中工学院党委召集政治理论教研室负责同志研究如何在政治理论课中加强对学生的思想教育。

1965年　52岁

5月，根据《关于轮换省直等单位参加农村"四清"运动干部的通知》要求，参加恩施县社教工作团，作为恩施县白果区社教工作分团成员参加"四清"运动至1966年10月。

1966年　53岁

四五月间，在湖北省恩施县白果区赋词一首："咆哮清江水正黄，栽秧割麦两头忙。人人立下愚公志，誓把穷山变富庄。"

5月7日，华中工学院召开全院大会，部署开展"文化大革命"。

6月，中共湖北省委向华中工学院派出工作组，领导开展"文化大革命"运动。

8月上旬，中共湖北省委工作组撤离华中工学院，各种"红卫兵组织"纷纷成立，全院各级党组织陷入瘫痪。

10月，由恩施县返回华中工学院。

1967年　54岁

4月1日，华中工学院造反派对全院的"牛鬼蛇神"采取"四一"革命行动。深夜敲开张培刚的家门，翻箱倒柜，开始第二次抄家。第二天拂晓，将张培刚带走，押往东三楼不准回家，天天写书面材料交代"罪行"。第三天，造反派展出了"四一"行动抄家的战利品，以证明"牛鬼蛇神"的反动性。后勒令张培刚必须半天内从三居室住房（厨房厕所共用）搬出，搬至一间16平方米的学生集体宿舍居住。此次搬家，损失巨大。

是年，经受"文化大革命"的磨难。

1968年　55岁

9月23日，"工人毛泽东思想宣传队"和"解放军毛泽东宣传队"进驻华中工学院，实行工（军）宣队、革命师生和革命领导干部三结合的领导体制，以工（军）宣队负责人为核心建立党组织。之后，宣传队开始进行恢复教学秩序的工作，拆除武斗工事，收缴武器，制止武斗，领导开展革命大批判，清理阶级队伍，调整革委会成员，整党建党等"斗、批、改"工作。

1969年　56岁

4月11日，华中工学院革命委员会作出《对于张培刚的处理决定》："从宽处理，不戴历史反革命的帽子，把帽子拿在群众手里，由群众监督改造，以观后效。"

12月4日，与华中工学院一部分教师，在军宣队、工宣队率领下从武昌火车站乘车去湖北省咸宁县（今湖北省咸宁市咸安区）马桥镇农村参加"斗、批、改"运动。至1971年7月一年半时间，先在湖北省咸宁县马桥镇，后在向阳湖畔的甘塘角华中工学院五七农场，从事体力劳动，接受"群众的监督劳动和改造"。

1970年　57岁

6月，中共中央决定在部分高等学校进行试点，恢复招生，并明令废除历来实行的统一考试、择优录取的招生办法，改为

"实行群众推荐，领导批准和学校复审相结合的办法"。7月，华中工学院准备招生，绝大部分参加"斗、批、改"运动的教师从咸宁返回学校，开始教学准备工作，开办工农兵学员试点班；年近六旬的张培刚仍被留在五七农场。

1971年　58岁

7月，从咸宁县向阳湖华中工学院五七农场返回喻家山。

是年，华中工学院正式招收第一批工农兵学员。以后每年招生，直至1976年共招收6届6000余人。

1972年　59岁

1月31日至2月3日，华中工学院召开连以上三级党员干部会议。会议着重提出落实政策问题：一是坚持执行党的干部政策，大胆放手使用干部；二是落实党的知识分子政策，充分调动广大教师积极性。张培刚调华中工学院外语教研室，从事英语教学。

9月21日至24日，参加华中工学院党支部书记、教研组组以上干部的座谈会。分析学院的形势，着重讨论如何加强党对教育革命的领导，如何巩固和发展教学、生产、科研三结合的新体制，如何深入开展教学改革、提高教学质量。

1973年　60岁

秋，调任华中工学院政治理论课部政治经济学教研室教授。在此前后，张培刚、李诚能、胡俊杰组成写作组，研究大卫·李嘉图、亚当·斯密等人的古典经济学，先后在校刊、学报上发表数篇文章。

1974年　61岁

是年，在政治经济学教研室从事古典经济学研究。

1975年　62岁

是年，在政治经济学教研室从事古典经济学研究。

1976年　63岁

1月，参加华中工学院师生沉痛悼念周恩来总理大会。

9月，参加华中工学院师生沉痛悼念毛泽东主席大会。

10月，中共中央毅然粉碎"四人帮"，"文化大革命"结束。

1977年　64岁

5月，中共华中工学院临时委员会召开师资培养规划交流会，要求各系贯彻落实师资培养指示精神，对老中青各类教师的培养和提高制定切实可行的规划。华中工学院即招收13名文科生以培养政治理论课的师资，由张培刚担任英语教学任务。

8月，参加华中工学院对国外著名大学的教学、科学研究情况所进行的调查研究工作，查阅2400余份国内外科技文献资料。在调查研究中，着重了解、分析美国麻省理工学院、贝克莱加州大学的情况，涉及大学的历史发展、教学和科学研究现状、基础理论课及主要专业课的教材内容、最新科学技术的科学研究动向、新兴学科专业的课程结构、实验装备和图书资料情况等等。经过调查研究，华中工学院提出要瞄准美国麻省理工学院，努力赶超。此项调查研究工作持续半年。

1978年　65岁

2月26日，华中工学院招录的全国高考第一届（1977级）新生开始到校。

春，赴北京参加由国务院财政经济委员会为中央机关负责干部和广大经济工作者举办的国外经济学讲座，讲授"微观经济分析"和"熊彼特的创新理论"，对于当时我国普及和传播市场经济知识、转变人们对市场经济的正确认识,发挥了先导作用。

5月,是月起至翌年秋应中国社会科学院经济研究所邀请,在北京参加编撰我国第一部《政治经济学辞典》(三卷集),主编其中的"外国经济思想史"部分,将西方经济理论引进我国。

6月14日,中共华中工学院临时委员会作出《张培刚同志政治历史问题复审结论》,"其政治历史问题已审查清楚,与本人交代相符。撤销一九七二年十二月华工临时党委对张培刚同志政治历史问题的审查结论"。1979年3月8日,湖北省革委会文教办公室、中共湖北省委宣传部制发《关于张培刚同志政治历史问题复审结论的批复》(鄂文教政〔1979〕9号),行文至中共华中工学院临时委员会:"同意你院一九七八年六月十四日对张培刚同志政治历史问题的复审结论,撤销中共湖北省委宣传部一九七四年六月十五日关于张培刚同志政治历史问题的审查结论的批复。"

1979年　66岁

四五月间,在杭州参加《政治经济学辞典》外国经济思想史部分的终审会议。

5月,在杭州参加中华外国经济学说筹备会。9月,中华外国经济学说研究会在北京成立,当选为副理事长(后改为副会长)。

是年,兼任中国社会科学院经济研究所研究员、湖北省社会科学院经济研究所顾问、武汉大学经济系教授、湖北省经济学会副理事长。

1980年　67岁

1月10日,华中工学院学术委员会成立,张培刚等31人为委员。

2月11日，出席湖北省社会科学院和省社会科学联合会筹备组联合举办的迎春茶话会，并发表感言：在理论工作上要面对现实，努力赶超世界先进水平。

3月，《微观经济学的对象和方法》发表于《教学与研究》1980年第3期。

春，对"文革"的结束、十一届三中全会后涌现出的新气象，由衷地感到高兴，赋七律诗一首赠给好友甘士杰："白云飞渡逝华年，雨薄风摧喜有边。佳句吟成千日泪，苦丹回味几分甜。慈禧新莽今何处，文景贞观又一天。再跃疆场新试刃，与君携手共挥鞭。"

6月3日至23日，参加国家物资总局、中国社会科学院财贸物资经济研究所、中国物资经济学会组成的中国物资经济学会访日代表团，考察物资流通经济。张培刚重点考察了物资流通管理人才的培养，即日本有关物流教育的现状、专业设置、教学计划和课程安排，有关物流的科学研究方向和教材、教学参考书籍的编写出版情况。后撰写《日本物资流通管理教育考察观感》发表于《高等教育研究》（月刊）。

6月，《微观经济学的产生和发展》发表于《江汉论坛》1980年第6期。

8月14日、16日，出席武汉市经济情报研究所和长江日报编辑部联合召开的武汉经济优势问题座谈会，就什么是经济优势发表看法，并参与如何发挥武汉经济优势的讨论。

10月，经华中工学院政治理论课部张平、毛求识介绍，中共华中工学院政治经济学教研室支部通过、后于12月18日中共华中工学院委员会批准，被吸收为中共预备党员。《长江日报》于12月21日以"著名经济学家张培刚教授入党"为题作了报道。

11月至1981年1月，参加武汉地区知名经济学专家每周星期三下午在湖北财经学院开办的"外国经济讲座"，分别主讲

"微观经济分析"、"宏观经济分析"、"经济计量学"、"经济预测的理论与方法"、"当代西方货币理论"、"激进学派经济理论"等6个讲题，共8讲，介绍和探讨国外经济学界近年来科学研究的新课题、新成果和新动态。

是年，与厉以宁合著的现代外国经济学说丛书《宏观经济学和微观经济学》由人民出版社出版，是改革开放后国内率先介绍西方经济学的著作。

是年，兼任中华外国经济学说研究会湖北省分会理事长、湖北省金融学会顾问。

1981年　68岁

2月13日，中共华中工学院临时党委根据中共湖北省委文教工作部鄂文教干〔1981〕014号通知，印发任职通知（院发字〔1981〕19号），任命张培刚为华中工学院哲学社会科学部主任。

3月10日，中共华中工学院临时党委、华中工学院决定在社会科学部政治经济学教研室的基础上成立经济研究所，任命张培刚为所长。

4月29日至5月8日，参加在成都举行的中华外国经济学说研究会第一次学术研讨会。会议讨论的主题是发展经济学与中国社会主义发展战略、亚当·斯密《国富论》与我国的经济建设。

5月至6月，应美国罗格斯-新泽西州立大学亚洲经济研究中心邀请，赴美国新泽西州参加第一届美国与亚洲国家经济关系会议，作《中国的经济调整与外贸前景》（合撰）学术报告（该报告入选杜塔教授主编的《美国与亚洲经济关系研究》英文本，由美国艾孔出版社（Acorn Press）1985年出版）。会后，受国家教育部委托，从东部到西部访问考察哈佛大学、麻省理工学院、伊利诺瓦大学、哥伦比亚大学、贝克莱加州大学等11所大学。

6月，湖北省信托投资公司成立，张培刚等19人为董事。

秋，招收黄少明、叶强、王春育、张燕生等人为当代西方经济学研究方向研究生。他们是"文革"结束后张培刚招收的第一届硕士学位研究生。

是年，发表《熊彼特的创新理论》、《关于物资流通的理论研究和人才培养》。

1982年　69岁

2月，《美国经济与管理学科的发展动态——兼谈改革我国经济与管理专业的建议》发表于《高等教育研究》（月刊）1982年第2期。

是年，美国著名经济学家、世界银行负责发展政策的副行长霍利斯·钱纳里访问中国上海时说：发展经济学的创始人是你们中国人，是张培刚先生，这是中国人的骄傲。

1983年　70岁

1月，湖北省教育工会举办武汉地区大专院校教职工迎新音乐会。张培刚因病住院，仍回校参加华中工学院合唱团排练演出。

3月，积劳成疾，几度病危。疾病迫使他在医院治疗达一年半。病情好转即制订新的写作计划。同年冬，决定将《农业与工业化》博士论文修订定名为《农业国与工业化——农业国工业化问题初探》作为上卷出版，再陆续著述中卷《大战后农业国工业化问题再论》和下卷《社会主义中国农业与工业化问题研究》。之后，费时十余月，审阅和修订由他当年的研究生曾启贤、万典武翻译的《农业与工业化》。

4月，在华中工学院主持召开中华外国经济学说研究会湖北分会第三届年会，以纪念马克思逝世一百周年为主题。与会代表着重交流了对马克思经济学说研究的成果，评论了外国经济学者对马克思经济学说的研究。

5月26日，武汉市人民政府咨询委员会成立。咨询委员张培刚认为：市政府成立咨询委员会是为了发挥人才的作用；我们参加咨询委员会，则是理论联系实际的一个好机会。

7月10日，70周岁。书写"自古人生谁不老，奋力求真总是春"的诗句，表达矢志求真的信念。

7月16日至22日，出席中华外国经济学说研究会为纪念无产阶级导师马克思逝世一百周年在云南昆明举行的全国第二次学术讨论会和第二届会员代表大会。与胡俊杰合作撰写的论文《马克思论科学技术在社会经济发展中的地位》在会上进行了交流。

10月18日，参加华中工学院建校30周年庆祝大会。

12月22日，武汉市社会科学联合会召开成立大会，与李尔重等7人被聘为顾问，黎智当选为市社联主席。市社联是武汉市第一个全市性的社会科学各学会的联合组织。

1984年 71岁

1月、3月，参加华中工学院教研室主任以上干部讨论会，讨论如何认识和迎接世界新技术革命的挑战。

9月，参加在安徽屯溪召开的华东地区外国经济学说研讨会，提出"脱钩论"和"挂钩论"的设想。

10月12日至20日，出席中华外国经济学说研究会在华中工学院召开的第二次调研工作会议，与陈岱孙、陈彪如共同主持会议。

11月27日至12月4日，出席中南地区（河南、湖北、湖南、广东、广西）外国经济学说研究会在华中工学院召开的第一届年会。

是年，与厉以宁再度合作撰写《微观宏观经济学的产生和发展》，亲赴北京图书馆查阅资料，终于脱稿待印。

是年,《农业与工业化——农业国工业化问题初探》由华中工学院出版社出版。

1985 年　72 岁

1月29日上午,出席中共武汉市委、武汉市人民政府举行的春节茶话会,为武汉经济腾飞献计献策。

2月20日,乙丑年春节,迁居华中工学院招待所,疾笔奋书,协助商务印书馆,组织翻译熊彼特的名著《经济分析史》和《经济发展理论》,并制订新的写作计划,继续研究农业与工业化问题。

3月18日,参加湖北省社会科学界第三次代表大会和湖北省社会科学工作会议开幕式。湖北省社会科学界第三次代表大会和湖北省社会科学工作会议于3月18日至22日在武汉举行。

7月,《运用微观分析方法探讨社会主义经营管理问题》发表于《上海经济研究》1985年第七期。

暑期,应西南财经大学邀请为研究生和成都地区的经济理论工作者讲授微观经济学,并为四川省体制改革研究班第二期和第三期200多名学员讲授微观经济学。

9月至10月,应罗格斯-新泽西州立大学亚洲经济研究中心邀请,在美国纽约参加第二届美国与亚洲经济关系会议,宣读《中国的现代化:稳定、效率和价格机制》;会后应邀到密西根州立大学和内华达大学就中国的经济体制改革问题作专题学术报告。

10月14日,《世界经济导报》整版发表长篇通讯《中国经济学家——张培刚》

12月25日至26日,参加中共武汉市委、武汉市人民政府召开的市咨询委员会全体会议,为武汉市1986年经济体制改革出谋献策,提出"找准宏观控制和微观搞活的结合点"等建议。

1986 年　73 岁

3 月 26 日，出席武汉城市经济学会成立大会及首届年会。该学会是由张培刚等倡导，由武汉大学、华中师范大学和武汉市经济研究所发起成立的。市委书记黎智为名誉会长，武汉市副市长赵宝江为会长，张培刚等为顾问。

3 月 30 日，天朗气清，惠风和畅，樱花盛开。与武汉大学校长刘道玉，副校长童懋林、傅健民，以及武汉大学经济系 1945 级学生在武汉大学团聚。

6 月 19 日至 21 日，出席湖北省经济研究中心等 6 家单位联合在武昌洪山宾馆召开的中青年振兴湖北经济研讨会。

6 月，《浅谈宏观控制及其与微观搞活的关系》发表于《江汉论坛》1986 年第六期。

9 月，《熊彼特经济理论》载于由宋承先、陈招顺、张荣喜主编的、湖南人民出版社 1986 年出版的《当代西方经济思潮》。

10 月 28 日至 11 月 2 日，出席中华外国经济学说研究会在长沙湖南师范大学举行的第三届学术年会。在分组讨论上，就西方经济学的评价、西方经济学研究与我国经济体制改革的问题作了发言。会议期间，研究会面向湖南长沙高校师生举办了外国经济学说的系列讲座，由张培刚主讲西方经济学的借鉴和运用。

12 月 30 日，在湖南财经学院作《当代西方经济学的特点、发展趋势及其借鉴和利用》的报告。该报告发表于《财经理论与实践》1987 年第一期。

是年，与厉以宁合著的《微宏观经济学的产生和发展》由湖南人民出版社出版。

是年，国务院农村发展研究中心致函华中工学院："我们最近读了张培刚先生的著作《农业与工业化》，感到张先生的研究对我国当前的经济决策工作有很多的帮助，我们想把有关的课题交给张先生研究,给他提供一些帮助。"

1987年　74岁

6月29日至7月3日,中美经济合作学术会议在华中工学院召开。这次学术会议是由华中工学院经济管理学院名誉院长张培刚、经济管理学院院长林少宫和美国罗格斯-新泽西州立大学经济学教授、亚洲经济研究美国委员会主任杜塔共同发起、组织并主持召开的。美方17位知名学者,中方45位来自北京、上海、广州、吉林、武汉等地一些高校和社会科学院的经济学者出席会议。

7月,参加华中工学院第一次文科工作会议。会议总结了华中工学院8年多来文科建设取得的成绩,研究了文科发展中遇到的困难,着重讨论文科在理工科院校的地位和作用,明确了办文科的指导思想。

9月15日,在西北大学经济管理学院作《当代西方经济学说与中国经济体制改革》的报告。该报告发表于《西北大学学报》(哲学社会科学版)1988年第二期。

12月,《华中工学院学报》(人文科学版)创刊,任学报顾问。

是年,《马克思论科学技术在社会经济发展中的作用》发表于中华外国经济学说研究会湖北分会编的《外国经济学说研究》专号上。

是年,英国剑桥国际传记中心编辑出版的《国际知识分子名人录》第7卷,收录张培刚传记,并将张培刚作为其中极少数有卓越贡献的学者,特别提出列在卷首献词中。

1988年　75岁

1月,经国家教委批准,华中工学院改名为华中理工大学。

春,《当代西方经济学说与中国经济体制改革》发表于《华中工学院学报》（哲学社会科学版）1988年第一期。

8月，撰写《熊彼特〈经济分析史〉中译本序言》。《经济分析史》中文本由商务印书馆1991年出版。

9月5日至8日，作为中方主席参加在上海召开的第二届中美经济关系国际会议。

10月13日，参加在青岛召开的中华外国经济学说研究会华东分会，作《发展经济往何处去——建立新型发展经济学刍议》的学术报告，首次提出创建新发展经济学的设想，还提出"牛肚子"理论，即"中部崛起"理论，从理论上论证了中部崛起对于整个中国经济腾飞的重要意义。

10月24日，参加国家教委在中南财经大学召开的全国高校系统纪念党的十一届三中全会十周年经济学术研讨会。

是年，创办华中理工大学经济发展研究中心，任中心主任。

是年，《从世界经济的发展看生产力标准问题》收入湖北人民出版社出版的《生产力标准专题讲座》。

1989年　76岁

5月，参加在郑州召开的中华外国经济学说研究会中南分会年会。

6月，《发展经济学往何处去——建立新型发展经济学刍议》发表于《经济研究》（月刊）1989年第六期。

6月，赴德意志联邦共和国参加在杜伊斯堡大学举行的当代中国经济改革与发展战略国际研讨会。15日，主持研讨会；28日，参观法国巴黎大歌剧院。

7月23日至25日，香港《大公报》连续3天刊登青天撰写的《发展经济学创始人张培刚》、《最早探讨农业国工业化》、《老牛奋蹄，有所开创》，介绍张培刚的事迹。

9月，为《凯恩斯革命的再革命》一书撰写序言：《寄希望于青年学者》。该序言发表于《经济学动态》（月刊）1989年第九期。

12月18日,在第四次全国归侨代表大会上被评为全国优秀归侨侨眷知识分子。

12月19日,出席湖北省荆门市企业管理协会和企业家协会成立大会,作《企业管理和企业家在经济发展中的作用》的学术报告。该学术报告发表于1990年《企业管理研究》创刊号。

12月,《关于建立新型发展经济学的几个问题》发表于《经济学家》(双月刊)1989年第六期。

1990年　77岁

3月,《外贸、外资与经济发展》发表于《财经科学》1990年第三期。

5月,参加在成都召开的中华外国经济学说研究会第四届会员大会和第四次学术讨论会。会议期间,与北京大学晏智杰、上海社科院杨建文、华中理工大学孙鸿敞等邀聚十几位志同道合的学者开会研讨新发展经济学问题和撰写《新发展经济学》的筹备会。1992年9月《新发展经济学》由河南人民出版社出版。

暑期,在北京国家教委举办的全国经济学十门核心课程教学大纲教师讲习班上分别在西方经济学、发展经济学和国际贸易课程上作讲座,其《国际贸易与经济发展》报告,后发表于对外经济贸易大学主编的《国际贸易问题》1991年第二期。

9月15日,与李崇淮、谭崇台、周新民、刘涤源、王治柱等武汉大学经济系1945级任课老师和学生在珞珈山欢聚,并接受学生的鞠躬拜师礼。武汉大学党委书记任心廉、校长齐民友、副校长李进才等见证了尊师礼。

10月10日至14日,参加华中理工大学经济发展研究中心组织召开的"发展经济学展望研讨会",并致开幕词。

11月20日,参加长江日报社与武汉市经济体制改革委员会联合召开的"深化改革,走出困境"主题座谈会。

12月11日至13日,湖北省社会科学界第四次代表大会在武昌召开,被聘为湖北省社会科学界联合会第四届顾问。

是年,发表《外贸、外资与经济发展》、《企业管理和企业家在经济发展中的作用》;为《商品经济与荷兰近代化》一书作序。

1991年　78岁

2月,《创新理论的现实意义——对熊彼特〈经济发展理论〉的介绍和评论》发表于《经济学动态》(月刊)1991年第二期。

3月14日上午,与武汉市人民代表大会代表王晓瑜交谈对《武汉市国民经济和社会发展十年规划和第八个五年计划纲要》(草案)的意见。

3月,《农业与工业化》中译本扩大本以《发展经济学通论第一卷·农业国工业化问题》由湖南出版社出版。

4月,《土地改革与经济发展》发表于武汉大学《经济评论》(双月刊)1991年第二期。

春,《文化传统与中国工业化及现代化》发表于《华中理工大学学报》(哲学社会科学版)1991年第一期。

5月7日,出席上海社会科学院主办的中国90年代经济发展理论研讨会。

5月19日,《湖北日报》理论周刊第370期发表厉以宁写的《张培刚先生对市场取向改革的可贵探索》一文。

5月中旬至7月中旬,在加拿大多伦多大学访问讲学;到美国华盛顿世界银行和伯克莱加州大学、耶鲁大学访问,开展学术交流。

7月底至8月初,参加在内蒙古大学召开的发展经济学与中国区域经济发展研讨会。

7月,《新型发展经济学的由来和展望——关于我的〈发展经济学通论〉》发表于《经济研究》(月刊)1991年第七期。

12月2日,《长江日报》刊发《张培刚:发展经济学的一代宗师》。

是年,发表《国际贸易与经济发展》、《土地改革与经济发展》、《熊彼特〈经济分析史〉中译本序言》。

1992年　79岁

6月4日,出席武汉市人民政府决策咨询委员会召开的专家学者座谈会,坦言献策。

9月1日,与武汉大学经济学院名誉院长谭崇台联合培养的发展经济学方向的在职博士生徐长生、张卫东分别以《经济起飞阶段资本的形成和运用》、《大国的工业化与对外贸易》为题的博士论文顺利通过答辩。

9月,率全国众多青年学子、主撰的《新发展经济学》(全国社会科学基金会资助项目)由河南人民出版社出版(1999年修订再版),其为国内第一部有关发展中国家特色的经济专著,产生了广泛的学术影响。10月7日,参加河南人民出版社在郑州举办的《新发展经济学》出版座谈会;9日去开封参观包公祠,三鞠躬致敬。

10月15日至17日,华中工学院庆祝张培刚80华诞暨从事科研教学60周年,同时举行"张培刚学术思想研讨会"、"张培刚教授学术成就展览",并成立了"张培刚发展经济学研究基金"。时任中共湖北省委书记的关广富亲笔题写"奋力求真"条幅,表示热烈祝贺。台北武汉大学校友蔡名相送交张培刚在台湾老友万先法手书一封、贺联一副、佳句三首及张培刚存放在万先法处的60余帧旧照片一册。

10月26日,吟唱"七律·和台北挚友万先法兄"。后又于12月1日至17日回忆与万先法相识、相知的兄弟情,为"和台北挚友万先法兄"作注四五千言。

12月5日下午，出席共青团武汉市委员会召开的纪念"一二·九"运动座谈会，向参加座谈会的武汉大学、湖北大学、江汉大学等校的学生提出希望。

1993年　80岁

初春，应三亚市邀请赴海南省进行20天考察，与海南经济行政部门和研究院所进行广泛的接触，举行多次座谈会，并与中共海南省委书记和各市、县长以及农业、工商、金融部门负责人交换意见，还访问少数民族和农民家庭。中共三亚市委、市人民政府邀请张培刚每年去三亚对其经济发展作理论指导。

2月19日，香港《文汇报》以整版篇幅刊载《张培刚：发展经济学先驱》一文。

3月12日，《长江日报》刊发《劳动力必须是商品——对一个传统命题的看法》一文，援引张培刚经典名言："市场经济是真的，还是假的，是高层次的，还是粗浅的，关键是看对人的态度，对劳动力的态度，劳动者是否能自由择业、自由地支配劳动力。"

3月31日，《长江日报》刊发《关于股份制的访谈录》，载有张培刚访谈内容。

4月22日，为纪念"世界地球日"23周年到来之际，与湖北省19名著名专家学者面向全社会郑重地发出倡议：希望全社会共同行动起来，关心生态，建设生态；向湖北社会各界发出倡议：珍惜土地，保护资源，节制人口，控制污染，发展经济，造福子孙。

5月10日，出席中共湖北省委宣传部召开的武汉——中国第三个股市聚焦点座谈会。张培刚认为，汉口解放前就有"东方芝加哥"之称，是仅次于上海的国内金融中心。在区位上，它既是向东南沿海散开的扇面枢纽，又是向西北、西南散开的扇面枢纽；在长江流域也处在"蛇"之"七寸"的位置上。因此，在武汉设立第三个证券交易所，对我国中西部的经济发展乃至全国的经济起飞，都具有举足轻重的意义。

5月15日至16日，出席武汉市举办的把武汉建成国际性城市发展战略讨论会。

10月16日，出席湖北省社会科学联合会和湖北省经济体制改革研究会在武昌召开的企业转换经营机制理论与实践研讨会。

1994年　81岁

1月7日，《长江日报》的《环球经贸瞭望》专刊创刊，刊发张培刚撰写的《放眼世界　开拓未来》发刊词及人物介绍《张培刚》。

1月25日，《长江日报》以"勇于攻关，健康发展"为题刊发张培刚等专家学者的发言。

1月，《生产率与经济增长研究的一部开拓性著作——评〈生产率与中美日经济增长研究〉一书》（合撰）发表于《经济研究》1994年第一期。

4月5日，中共华中理工大学委员会、华中理工大学发出通知：经济管理学院划分为工商管理学院和经济学院，由张培刚担任经济学院名誉院长。

4月，《新发展经济学与社会主义市场经济》刊载于江苏人民出版社出版的《我的市场经济观》（下卷）。

5月5日，倡议并参加华中理工大学经济发展研究中心和湖北省社会科学院农村经济研究所联合举办的农业与经济发展学术研讨会。研讨会就农业剩余劳动力、农村工业化、土地制度、农工商一体化和生态农业以及粮食等问题进行研讨。

6月，《新发展经济学的思路》发表于《江海学刊》（双月刊）1994年第三期。

11月3日，出席在华中理工大学举行的张培刚、钟世杰经济发展基金签字仪式。该基金旨在推动我国对经济发展的研究，立足中国,面向世界,以严谨的科学态度,不断探索中国及其他发展中国家如何有效地实现工业化和现代化的理论。

是年,《怀念母校讲授基础课的诸位老师》收录于武汉大学出版社出版的武汉大学百年校庆专辑《百年树人,百年辉煌》。

1995年　82岁

4月,《新贸易理论及其与发展中国家的关系》(合撰)发表于《经济学家》(双月刊)1995年第二期。

5月7日至9日,湖北省社科界第五次代表大会召开,张培刚当选为湖北省社会科学联合会第五届委员会顾问。

5月25日,《新发展经济学》荣获第一届湖北省社会科学优秀成果一等奖。

春夏间,开始整理《中国粮食经济》手稿。

10月5日至8日,出席华中理工大学经济学院、武汉大学经济学院、湖北省社会科学院联合在华中理工大学召开的发展经济学与中国经济发展研讨会。这是我国经济学界专门就发展经济学而召开的第一次盛会。

10月9日,出席中南财经大学研究生自办的第三届全国高校研究生经济理论及热点问题研讨会。全国57所高校的120多名研究生参会,就建立现代企业制度、市场机制与宏观调控、财政金融投资理论等问题展开热烈讨论。

12月7日,《没有农业现代化就没有中国现代化——论工业化进程中中国农业发展的问题及其对策》(合撰)发表于《长江日报》1995年12月7日第一版。

12月,《中国经济在亚太经济发展中的地位和作用》(合撰)发表于《经济学家》(双月刊)1995年第六期。

是年,主持的"武汉在湖北经济发展中的'龙头作用'研究"课题获武汉市社会科学基金资助。

9月25日,赴美参加学术会议,途经上海时应聘兼任上海社会科学院经济研究所研究员。

1996年　83岁

1月24日上午，中共湖北省委书记贾志杰登门看望张培刚。

1月29日，出席国务院发展研究中心和武汉市人民政府在北京国际会议中心联合举办的武汉与中西部发展战略研讨会。

2月，《工业化进程中的中国农业》（合撰）发表于黑龙江大学《求是学刊》（双月刊）1996年第一期。

3月1日，应邀参加由武汉市人民政府主持召开的全市国民经济和社会发展"九五"计划和2010年规划研讨会，对《武汉市国民经济和社会发展第九个五年计划和2010年规划纲要（征求意见稿）》提出中肯的意见。

3月，因商务印书馆将重新翻译出版熊彼特的《资本主义、社会主义与民主》，应商务印书馆经济编辑室邀约改写中译本序言。

5月，《当前中国农业发展问题的思考》（合撰）发表于《经济学动态》（月刊）1996年第五期。

1997年　84岁

5月6日，武汉大学区域发展研究院正式挂牌成立，张培刚等21位各界名流被聘为研究院顾问。

5月16日，《"牛肚子理论"——简释中部崛起的理论基础》发表于《经济学消息报》（周刊）1997年5月16日第4版。

5月19日，向华中理工大学图书馆捐赠个人著作6种9本。

9月，中共华中理工大学委员会授予张培刚特别贡献奖，以表彰张培刚在教育战线勤奋工作，为发展经济学的创立和发展，为华中理工大学经济学科的创办和建设作出的贡献。

10月24日至31日，出席中华外国经济学说研究会在南昌江西财经大学召开的第七届年会与华东地区外国经济学说研究会第十届学术讨论会,被选为名誉会长。

12月12日,出席武汉大学经济学院、华中理工大学经济学院和山西经济出版社联合在华中理工大学举办的《张培刚选集》、《谭崇台选集》出版座谈会。

是年,主撰的《微观经济学的产生和发展》由湖南人民出版社出版发行。

1998年　85岁

3月20日,出席武汉大学谭崇台教授执教50周年庆贺会。

5月8日,出席纪念《江汉论坛》创刊40周年座谈会。

7月,华中理工大学西方经济学专业博士点获批,张培刚被聘为博士生导师。

8月,《文章风范照千秋——悼念陈岱孙先生逝世一周年》发表于《经济学家》(双月刊)第四期。

10月26日至28日,出席武汉市纪念十一届三中全会20周年研讨会。

10月29日,撰写的《要发展,就要打破旧框框》一文刊发于《长江日报》。

12月23日,武汉欧美同学会成立,被聘为名誉会长。

1999年　86岁

2月15日,《长江日报》刊发《爱吃红苕稀饭的张培刚》一文。

4月12日,华中理工大学、湖北省社会科学院哲学社会科学联合研究院成立,被聘为研究员。

5月18日,荣获第二届武汉大学杰出校友称号,接受母校褒扬,佩戴金质"杰出校友"奖章,获奖金1万元。

5月,撰写发展经济研究丛书总序。

5月,武汉市人民政府拟对汉口中山大道部分路段进行大规模整治,并本着"整旧如旧"的原则对沿街的老建筑进行维修。在专家学者论证会上,张培刚认为这是一件十分有意义的举措,并建议武汉市有关部门在整治过程中重视保护老建筑。

2000年　87岁

1月1日,《长江日报》刊发《肩负历史重任　繁荣社会科学——10位武汉学界名流寄语新世纪新千年》。张培刚寄语:新的千年来临,我们更应有紧迫感。作为中国人,不仅要在经济上争气,早日摆脱贫困,做到真正振兴和发达,而且在学术上也要争气,早日摆脱落后,做到真正独立和繁荣。

5月,出席中华外国经济学说研究会在成都西南财经大学召开的第八届会员代表大会,即兴发表题为"继往开来　同振中华"的演说,深情地缅怀学会创办者陈岱孙及其他谢世的各位元老的贡献。

7月4日,华中科技大学学术委员会成立。裘法祖任名誉主任委员,杨叔子任主任委员,周济等10人为副主任委员,张培刚等33人为委员。

7月,接受《长江日报》记者采访,认为开设二板市场,不仅能为国内企业募集大量资金,促进企业建立现代企业制度,还能带动第三产业发展,有利于资本市场的建立和完善;在武汉设立二板市场,其功能是任何其他城市(包括上海、天津、广州)所不能取代的。

7月,赋诗《和庆雄教授吾兄遥赠七律》一首。

2001年　88岁

2月20日,国务院发展研究中心、武汉市人民政府、武汉大学发起,聚合长江流域科研力量的长江发展研究院在武汉大学宣布成立,被聘任为首批学术顾问。

是年,主编的《发展经济学教程》由经济科学出版社出版。

2007年修订版出版。

2002年　89岁

1月23日，完成《二十世纪中国粮食经济》序言，并定稿。

7月8日，一群"孝顺的学生"，一群耄耋之年的老人，武汉大学经济系1945级在汉校友为张培刚90华诞祝寿。

10月18日，华中科技大学为张培刚90华诞暨从事学术活动70周年举行隆重热烈的祝寿活动。教育部副部长周济发来贺信，湖北省副省长王少阶和武汉市副市长辜胜阻代表省市政府到会祝贺，武汉市人民政府向张培刚基金会捐赠70万元；时为全国政协常委、著名经济学家的董辅礽等海峡两岸大量专家学者与会，并就发展经济学与中国工业化和现代化进行为期2天的研讨。

10月，发展经济学研究丛书《二十世纪中国粮食经济》由华中科技大学出版社出版。

是年，《农业与工业化》中文版作为上卷再版，《农业与工业化》（中下合卷）由华中科技大学出版社出版；《农业与工业化》英文版由香港花千树出版社出版。

2003年　90岁

9月5日，出席武汉市江夏区"一主三化"（即坚持主要依靠民营经济推动工业化、农业产业化和城镇化）发展战略研讨会，认为，江夏区发展经济的思路很超前，抓住了经济发展的"牛鼻子"，特赠江夏区四句话：招商引资、兴工旺农、富民强国、世界大同。

2004年　91岁

9月10日，教师节。中共中央政治局委员、湖北省委书记俞正声看望张培刚，表示节日的问候。张培刚向俞正声赠送

《农业与工业化》、《新发展经济学》。

2005年 92岁

6月6日，张培刚为其博士生、时任中共黄陂区委副书记舒炼专著《"牛肚子"论——中部经济发展战略研究》书写《序》。该专著在张培刚指导下深入研究"牛肚子"理论，提出"加快发展中部地区，完全符合世界经济增长中心转移规律"等多个论点，并对怎么看待中部地区发展问题、中部地区的家底如何、具有哪些竞争优势，作了深入的研究。

夏，书赠横批为"对待人生"的楹联给博士生舒炼："认真但不要太认真应适时而止　看透岂可以全看透须有所作为。"

9月8日，与妻子谭慧（张培刚发展经济学研究基金会理事长）参加张培刚经济学优秀博士硕士论文奖首次颁奖仪式。

2006年 93岁

4月23日，参加华中科技大学第一届张培刚发展经济学研究成果奖颁奖典礼，亲自向何炼成、林毅夫、史晋川等3人颁发获奖证书，并寄语师生。该奖项是由张培刚发展经济学研究基金会面向全国评选。

2007年 94岁

6月9日，参加首届中华发展经济学年会暨庆祝张培刚教授95华诞学术研讨会，寄望后学："我殷切地盼望，在繁星点点的夜空中，出现闪烁炫目亮光的中国新星。"

2008年 95岁

9月9日，湖北省人民政府省长李鸿忠专程看望张培刚，祝他教师节快乐。

9月14日，中秋节，参加武汉大学经济学院为谭崇台教授举办的执教60周年庆贺会，赋诗庆贺。

2009年　96岁

1月10日，中共湖北省委副书记、湖北省人民政府省长李鸿忠看望张培刚，送来新年祝福和党的关怀。

2月8日，第二届张培刚发展经济学优秀成果奖颁奖典礼暨中国经济发展论坛在北京人民大会堂举行，谭崇台、吴敬琏、刘遵义等6位学者的论著或论文获奖。96岁高龄的张培刚通过视频向获奖学者表示祝贺。

9月，由中共湖北省委宣传部、中共湖北省委党史研究室、湖北日报传媒集团主办的"功勋湖北100人"大型评选活动评选结果揭晓，张培刚荣获"新中国成立以来感动荆楚人物"荣誉证书。

11月15日，由中国社科院科研局、中国社科院经济研究所、广东省出版集团等联合主办的"未来10年中国经济走向"高峰论坛暨"影响新中国60年经济建设的100位经济学家"丛书首发式在北京举行，张培刚入选影响新中国经济建设的100位经济学家。

是年，主编的国家"十一五"规划教材《发展经济学》由北京大学出版社出版。

2010年　97岁

11月4日，中共湖北省委印发关于命名表彰首批"荆楚社科名家"的通报（鄂文[2010]62号），省委决定授予张培刚等13人首批"荆楚社科名家"荣誉称号，并予以通报表彰。

12月11日至12日，第三届张培刚发展经济学优秀成果奖颁奖典礼暨2010中国经济发展论坛在华中科技大学举行。帕金斯、李实、卢锋、张军等学者的4部论著或论文获奖。

2011 年　98 岁

8月，撰写《养牛之谈》一文。

11月23日14时，因病医治无效，在华中科技大学附属协和医院不幸逝世，享年98岁。张培刚逝世后，党和国家领导人温家宝、李长春、李克强、王岐山、刘延东、俞正声、朱镕基、吴官正、陈宗兴等以各种方式表达慰问和哀悼。国务院侨务办公室等中央国家机构和组织发来唁电并敬献花圈花篮。中共湖北省委、省人大、省政府、省政协、省纪委、湖北省人民检察院，中共武汉市委、市人大、市政府、市政协等发来唁电并敬献花圈花篮。为表彰张培刚在经济学界取得的突出成就和对学校发展的突出贡献，华中科技大学于是日授予张培刚华中科技大学终身成就奖。

11月25日，张培刚的学生、武汉市市长唐良智代表中共武汉市委、市政府赴张培刚家中吊唁慰问。

11月26日，受中共湖北省委书记李鸿忠、省长王国生的委托，中共湖北省委常委兼省委宣传部部长尹汉宁专程赴张培刚家中吊唁和慰问。

11月27日，张培刚遗体告别仪式在武昌殡仪馆举行，社会各界1000余人参加。告别仪式上，华中科技大学校长李培根介绍了张培刚的生平，中共华中科技大学委员会常务副书记冯友梅主持告别仪式。

张 培 刚 赋

（代后记）

苍天泣血，大地哀伤。长夜星垂，张老培刚。文光熠烁，学德崔嵬。命运多舛，志气轩昂！历经坎坷，能伸能屈报祖国；淡泊名利，呕心沥血育栋梁！人生百年，漫道耕耘勤又精；学贯中西，哈佛雄文①惊五洋！

珞喻山麓②，七二股肱③砥砺出彩；荆楚双雄④，三千桃李斗艳芬芳。饮水思源，雪瑞程门⑤；夺冠聚焦，辉煌马帐⑥。经济神州之灯塔，灵光海宇；干旱大地之云霓，丰登稻粱。一代宗师，一座不倒之大山；一生传奇，一曲人间之绝唱！

寻根溯迹，竟是农家之胄裔；授业传薪，原为草庶之儿郎。生活山村之偏僻，童年不慈；观闻佃雇之艰难，少时亲尝。草根萌志，富国强民之道路；夙愿脱贫，悬壶济世之心肠。珞珈⑦骄子，抗日救亡；品学摘桂，拔萃名扬。清苑⑧调研，明言第三条路

---

① 哈佛雄文：指张培刚在哈佛大学写出蜚声海内外的、发展经济学的奠基作《农业与工业化》。
② 珞喻山麓：珞指珞珈山，武汉大学所在地，位于中国湖北省武汉市武昌中部，东湖西南岸边，由十几个相连的小山组成，名副其实遍地是名胜，现有周恩来故居，郭沫若、郁达夫、蒋介石别墅；喻指喻家山，位于武汉华中科技大学北部，高149.5米，是武汉市中心城区的最高峰，属大别山余脉，喻家山是华中科技大学的一种标志，正因为如此，华中科技大学也被称为喻园。
③ 七二股肱：据《史记》记载，孔子有弟子三千，其中精通六艺者七十二人，称"七十二贤人"。七二股肱指张培刚在武汉大学和华中科技大学培养出众多团结友爱、众手相牵的优秀学生。
④ 荆楚双雄：指武汉大学和华中科技大学。
⑤ 程门：指程颐、程颢，开创理学、办书院。
⑥ 马帐：东汉旷世多才的大学者马融，设帐授徒，后以马帐为儒者授业的地方。
⑦ 珞珈：指坐落在珞珈山的武汉大学。
⑧ 清苑：指清苑县，位于河北省中部，京（北京）、津（天津）、石（石家庄）三角腹地，西倚太行山，东临白洋淀，三面环绕古城保定，为国家优质小麦基地县和花生出口基地县。

走不通；浙粮运销，独开交易费单见思想；桂粮研究，提出区位化论上规模；三大调查，奠基《农业与工业化》之目纲。

乱世工农业之凋落，苦求出路；战时国民党之衰微，问津图强。责有攸归，祖国未来之发展；常系故园，大山美丽之隆昌。独特之真知灼见，争骄世界；灵犀之放眼超前，夺冠蓬瀛。牢夯基础，挺拔于参天大厦；统御城乡，斑斓于强国前程。原始农桑之转轨，中华崛起；初端田地之拾阶，禹甸[①]飞腾。

留学哈佛，远渡重洋。初入名校，胸揣梦想。杂费打工以筹措，英才磨砺；深知与国之尊严，慧目超常。拜访赵元任[②]，归家之感觉；结缘胡适之[③]，沐河之欢畅；聆听宋美龄之演讲，结盟抗战；诚待周鲠生[④]之邀请，肝胆辅襄。师从名家，张熊布厄[⑤]；书写宏著，创格非凡。鏖战挑灯于两载，拓荒混沌；泛舟拾贝于万珠，高扬风帆。传奇理论之巨浪，波澜壮阔；昂首华人之骄傲，祛除国殇。

壮哉！《农业与工业化》，上巅峰，启先河，居顶级，达金科！建瓴高屋，毕集古人之史料；放眼未来，恢宏中外之烟波。斩获威尔士[⑥]之高奖，领航学海；传奇美利坚之荣誉，造诣达摩。流行南美，影响大洋之经济；震动西欧，香炉鼻祖之普陀。贡献于发展之国家，前瞻产业；振兴于厄运之中国，华构筑窠。重农驰想，交融工农之发展；实践昭真，协调大局之祥和。商贸齐头以并进，扶持基础；资源合力以统筹，俯仰灶锅。

---

① 禹甸：禹是中国传说时代与尧、舜齐名的贤圣帝王，他曾划定中国国土为九州。禹甸指的是中国。

② 赵元任：字宣仲，又字宜重，江苏武进（今常州）人，哈佛大学哲学博士。1942年至1946年在哈佛大学任教，后被中央研究院聘为历史语言研究所研究员兼语言组主任，同时兼任清华大学中国文学系讲师，授"音韵学"等课程，是中国现代语言和现代音乐学先驱。

③ 胡适之：胡适，现代著名学者、诗人、历史学家、文学家、哲学家。

④ 周鲠生：又名周览，1929年9月任国立武汉大学教授兼政治系和法律系主任、法科所所长。1945年担任武汉大学校长、国民政府教育部学术审议委员会委员、中央研究院院士。

⑤ 张熊布厄：指张伯伦、熊彼特、布莱克、厄谢尔四位世界级的著名经济学家。

⑥ 威尔士：指大卫·威尔士奖，是哈佛大学经济学科的最高荣誉奖。张培刚于1947年4月获得该奖。诺贝尔经济学类奖1969年设立，此前的大卫·威尔士奖，是世界最具权威的经济学奖。

噫嘻！远渡重洋以归国，执鞭母校；常萦圆梦以驰怀，播雨教坛。珞珈夹道，百废待兴以翘首；憧憬凝眸，九肠环绕以抚弦。构建一流之学府，人才荟萃；网罗顶级之专家，学术波澜。风华正茂，重振金刚名校之四大①；文脉昌明，丰瞻碧水丛林之百泉。反内战，要民主，争和平，倡人权。正义高张于六一②，衷肠壮举；救饥急赴于诸生，热血大观。走马上任，联合国之要员；受熏马列，珞珈山之中坚。不恋哈佛之诚聘，如遂终身之进步；爽弃舒适之厚酬，高张历史之夙缘。护校之统筹擘画，迎接解放；留人之洞悉英明，博大承传。肩扛使命，立足江城之新锐；开拓先锋，登台荆楚之高端。受命华工之建校，精心选址；旌功科技之峥嵘，筚路开山。奠基杰作，六十春秋之如故；创格无愧，百年风雨之依然。

呜呼！历经坎坷，讵料莫须有之反省；漫步崎岖，深知遥无际之劬劳。运动高潮之澎湃，蹉跎岁月；洗劫卅年之沉浮，淡泊风骚。放牛种地，挥汗化雨而无怨；拉粪肥田，推车小埂以胜操。栽秧割谷，抗旱挖槽，黑不溜秋，笑对煎熬。向阳湖畔③，旷达襟怀之形影；峡谷④山中，乐观品格之迢遥。启迪牛肚子之理论⑤，腾飞中部；争驱龙头角之歌行⑥，引领新标。

嗟夫！雨后出山之老骥，奋蹄驰骋；台前讲学之大师，妙语醍醐。专家联袂，坐镇撰编以经典；教授如云，交联传播以辞书。

---

① 金刚名校之四大：指民国时期的四大著名高校，即北大、清华、中央大学和武大。
② 六一：指1947年6月1日，武汉当局调集全副美式装备的军、警、宪、特闯入武汉大学教职员和学生宿舍，开枪打死手无寸铁的3位同学，打伤20多人，逮捕一批进步师生，时称"六一惨案"
③ 向阳湖畔：向阳湖位于鄂南咸宁市郊，原属咸宁地区咸宁县，现在属咸宁市咸安区。在那场史无前例的浩劫中，6000余名文化部高级领导干部、著名的作家、翻译家、出版家、艺术家、学者及家属下放鄂南的向阳湖，包括冰心、沈从文、陈翰伯、冯雪峰、张天翼、郭小川、李季、萧乾、张光年、严文井、陈白尘、臧克家、韦君宜等一大批文学大师和艺术巨匠。当年这些文化名人流放到咸宁向阳湖"五七干校"，使向阳湖一度成为一个很不平静的湖。当年张培刚曾下放到这里劳动。
④ 峡谷：指湖北省恩施大峡谷，位于恩施市屯堡乡和板桥镇境内，是清江大峡谷的一段，全长108公里。当年张培刚曾下放到这里劳动。
⑤ 牛肚子之理论：指张培刚于1988年提出的"牛肚子"理论，又叫"中部崛起"理论。
⑥ 龙头角之歌行：指中国沿海地区的改革开放。

学贯中西之讲座,创新理论;情迷商贾之道法,拓路评估。国际交流之魅力,赢尊挽臂;病中脱险之乐观,使命争趋。争创一流,打造经济研究之高地;再续辉煌,建立经济发展之新学。红安口语①,最是引人以入胜;强国宏图,赤子行藏之壮歌!诗曰——

　　一头禹甸拓荒牛,犁得芬芳播五洲。
　　炼狱千般成巨纛,淘金万苦踞高丘。
　　草根何事飞广宇,哈佛一跃展壮猷。
　　人品学品皆称硬,耕耘百载大丰收。

舒　炼
2013 年 7 月 16 日

---

① 红安口语:指张培刚是湖北省红安人。